KB261545

거부당한 몸

장애와 질병에 대한 여성주의 철학

거부당한 몸

장애와 질병에 대한 여성주의 철학

수전 웬델 지음 | 강진영·김은정·황지성 옮김

그린비 장애학 컬렉션·02

그린비

아픈 몸에 대해 고민하고 몸으로 사는 모든 사람들을 위한 몸의 철학

이 책은 1996년 출간된 장애학의 고전으로 영어권의 많은 장애학 교육과정에서 필독서로 읽히고 있으며, 최근 헝가리어로도 번역되었다. 저자인 수전 웬델은 캐나다의 사이먼 프레이저 대학에서 여성철학을 가르쳤던 여성학자이다. 웬델은 질병으로 인해 장애를 갖게 된 경험에서 얻은 통찰력을 바탕으로, 장애와 질병 그리고 건강이라는 규범에 의해 이 사회에서 '거부당한 몸'을 깊이 있게 다룬다.

영국을 중심으로 등장한 초창기 장애학은 우리의 몸 상태가 장애를 만드는 것이 아니라, 우리를 둘러싼 사회가 장애를 만드는 것이라고 하는 사회적 모델이 이끌었다. 그러나 점차 장애학 이론이 정교화되면서 몸의 차이를 간과하는 사회적 모델의 한계가 지적되었다. 여기에 몸의 경험을 중요하게 여기는 여성주의의 영향이 더해져서, 장애인 특히 장애여성이 경험하는 여러 가지 어려움을 사회적 모델로 설명할 수 없음을 이해하기 시작했다. 즉 편의시설, 사회 구조와 인식의 변화로 보상될 수 없는 몸의 한계와 통증과 피로감 등을 인정하고 드러낼 필요가 있다는 생각이 중요해진 것이다. 따라서 웬델은 장애인의 경험, 만성질병을 갖고 살아온 사람들의 경험이 사회에 많이 알려져야 한다는 것을 강조한다. 그래야 통증과 죽음에 대한 막연한 두려움이 줄어들고, 장애인이나 만성질병을 가진 사람들과 비장애인들 사이의 거리를 좁힐 수 있다는 것이다.

이 책은 서양(특히 북미 지역)을 중심으로 논의하고 있지만 현재 한국 사회와 장애인계에도 의미 있는 질문들을 던진다. 질병은 과연 장애의 범주에 포함되는가라는 질문, 다양한 사람들이 포함되어 있는 '장애인'은 과연 의미 있는 범주인가라는 질문, 특정한 상태가 장애인지 아닌지 판단하는 것은 어떤 사회·정치·경제적 의미를 가지는가라는 질문이 담겨 있다. 또한 장애인의 평등과 인권, 장애인이 가진 차이의 가치를 인정한다면 과연 장애를 예방하거나 없애려는 노력을 어떻게 생각해야 하는가라는 질문, 장애가 있는 태아에 대한 낙태와 말기 환자의 안락사 문제 등을 어떻게 생각해야 하는가라는 질문을 비롯하여 윤리적이고 정치적인 여러 질문을 이 책에서 만나게 된다.

장애인에 대한 인식과 편의시설이 과거에 비해 개선되었다고는 하지만 비장애인에게 장애인은 여전히 '낯선 사람들'로 여겨진다. 더구나 장애인의 몸은 그냥 다른 몸이 아니라 '온전하지 못한 몸', '비정상적인 몸'으로 여겨진다. 장애인이 많은 사회공간에서 배제되어 왔기 때문에, 비장애인은 장애인을 자신과 같은 사람으로 보지 않고 다른 공간에 존재하는 다른 종류의 사람들로 바라보게 된다. 이와 다르게 웬델은 장애인을 사회에 필요한 지식을 축적하고 있는 새로운 앎의 원천으로 바라본다. 장애와 만성질병의 경험을 통해 철학적 사유와 실질적인 지식을 발전시킬 수 있다는 것이다. 몸의 한계와 괴로움, 몸의 변화, 인간의 상호의존성에 대해 장애인은 이미 많은 지식과 전략을 터득하고 있다. 다양한 장애인의 지식과 경험이 널리 알려지고 가치 있게 여겨지며, 사회를 구성할 때 이런 것이 잘 반영된다면 장애인뿐만 아니라 노인과 아동, 또 다른 종류의 차이를 가진 사람들이 잘 살 수 있고, 비장애인들 또한 몸의 변화, 사고, 질병에 대해 두려워하지 않으면서 살 수 있게 된다고 웬델은 말한다.

"건강을 잃는 것은 모든 것을 잃는 것이다"라는 말이 있다. 이는 건강을 지키는 것의 중요함을 강조하는 말이다. 또 한편으로는 건강한 사람만이 모든 것을 누릴 수 있는 사회임을 보여 주는 말이기도 하다. 그러나 무작정 건강하기만을 기원할 것이 아니라 건강을 잃더라도 모든 것을 잃어버리지 않는 사회를 만들어야 할 필요가 있다. 웬델은 장애를 가진 사람들과 건강하지 않은 사람들이 이런 사회를 만드는 데 가장 큰 기여를 할 수 있다고 말한다. 우리는 웬델의 책을 읽으면서 장애인의 평등과 편의를 보장하는 정책, 그리고 장애의 몸을 가치 있게 여기는 사회문화적 변화는 모든 사람을 위한 '사회적 보험'이라는 생각을 하게 되었다. 즉 건강을 잃거나 장애를 갖게 되더라도 계속 사회에 참여하고 기여할 수 있도록 장치들을 마련하는 것이 중요하다. 이렇게 된다면 모두를 억압하는 '우월한' 유전자, 키와 외모, 기능과 건강 중심의 가치에서 벗어나, 다양한 몸이 주는 아름다움과 존재의 철학에 다가가는 것이 가능하지 않을까.

웬델은 이 책에서 장애는 질병이 아니라고 주장해 온 기존 장애인 권운동의 입장에서 한 걸음 더 나아가 질병과 장애의 경계를 무너뜨린다. 본인이 갑작스럽게 찾아온 질병으로 인해 장애를 갖게 되어 장애와 비장애, 장애와 질병이 명확하게 구분되지 않는다는 것을 경험을 통해 알게 되었기 때문에 저자의 논의는 설득력을 가진다. 책을 읽다 보면 장기간 혹은 단기간 영향을 미치는 크고 작은 질병과 만성통증, 나이 듦 자체가 장애와 겹쳐지며, 장애의 경험을 통해 많을 것을 배울 수 있다는 것을 새삼 깨닫게 된다.

그렇다면 지금까지 장애라고 여겨진 몸의 상태 이외에 만성질병, 희귀질환, 피로·통증 질환, 환경성 질환, 결핵, 암, HIV 감염, 척추질환, 우울증 등의 질병을 갖고 살아가는 사람은 현재 한국 사회에서 어떻게 이해되고 있는가? 어떤 병들은 내부장애라고 분류되어 장애로 인정되기도 한다. 하지만 확실한 진단을 받지 못한 채 계속 몸이 아픈 사람의 경우에는 주변 사람들에게 의심받을 뿐만 아니라 직장, 의료기관, 공공기관으로부터 장애인의 지위와 혜택을 받기가 어렵고, 그렇기 때문에 더욱 고통받는다. 건강하고 능력 있는 장애남성의 이미지를 통해 장애인의 권리와 평등을 주장하는 경우에는 더욱 그렇다. 장애인 올림픽에 등장하는 장애인의 이미지를 떠올리면 이를 잘 알 수 있다. 모든 장애인이 환자는 아니지만 제한의 정도가 심하고 지속되는 질병을 가진 사람은 거의 모두 장애인이라고 웬델은 주장한다.

21세기의 첫 주요 인권협약인 국제장애인권리협약이 2006년 UN 총회에서 채택되었고 2008년에 발효되었다. 이 과정에 이르기까지 비서양 국가들의 리더십이 발휘되었으며 이 나라들이 적극적으로 참여했다. 특히 성숙된 장애여성운동의 역사를 가지고 있는 한국의 장애여성들은 '장애인'이라는 말에 여성들의 문제가 가려져 왔던 역사를 고려하여 여성과 소녀를 따로 명시한 조항(6조)이 포함되는 데 큰 기여를 했다. 한국정부는 2008년 이 협약을 비준하였고 장애인의 인권을 보장하기 위해 노력하고자 하는 뜻을 국제사회에 알렸다. 하지만 비준 시 장애인에 대한 생명보험의 차별을 금지하는 조항을 현재로서는 지킬 수 없는 유보사항(25조 건강, e항)으로 제출했다(또한 2012년까지 한국은 피해진정절차를 명시한 선택의정서는 비준하지 않았다). 2009년 스페인 정부는 이에 대해 반대하는 내용을 UN에 제출하면서 "유보사항이 협약의 목적과 배치되는 경우 허용될 수 없다"라는 46조 1항을 상기시키고, 차별적이지 않고 정당하며 합리적인 방식으로 생명보험을 제공해야 한다는 협약의 목적을 이행할 의무에 대한 한국의 의지가 의심스럽다고 지적했다. 많은 장애인들이 건강과 질병에 관련된 편견과 거부감으로 인해 보험차별을 받는 실정에서 보험업체를 우선시하는 정부의 이러한 유보사항은 장애인과 장애인 가족의 삶을 더욱 어렵게 만든다. 평등한 생명보험정책을 유보한 것 이외에도 한국사회에서 많은 장애인은 다른 종류의 보험가입도 거부당하는 경우가 많다. 실제로 질병으로 인해 장애를 갖게 되는 경우를 비롯하여 장기적인 치료를 받아야 하는 장애인들도 많고 때로는 수술이 필요한 경우도 있다. 임금노동을 하기 힘든 종류의 장애를 가진 사람들에게 여러 가지 의료비 지출은 엄청난 부담이 될 수밖에 없다. 장애의 정의가 의료보장 정책에 미치는 영향, 그리고 의료체제가 가진 권위에 대한 웬델의 문제제기는 장애와 만성질병을 가진 사람들이 일상적으로 몸의 경험을 부정당하고 적절한 혜택을 받지 못하는 것에 대한 날카로운 분석을 제시한다.

질병 때문에 남들과 다른 몸을 갖고 살아가는 사람들, 사고로 인해 몸의 큰 변화를 경험한 사람들, 일상적으로 자신이나 가까운 사람들이 가진 몸의 한계를 느끼며 살아가는 사람들에게 이 책의 내용이 큰 울림을 주기를 희망한다. 웬델의 경험을 마주하며 공감하고 자기의 마음을 짓누르던 짐을 조금은 내려놓을 수 있지 않을까 싶다. 병원에서 나의 목소리가 존중받지 못했던 경험, 아프다고 했을 때 의심받았던 경험, 내 몸이 하나의 물체같이 다루어졌던 경험이 있다면 이 책의 내용이 낯설지 않을 것이다. 또한 장애에 대해 관심을 갖고 있는 여성주의자들에게도 이 책의 출간이 반가운 소식이 되기를 희망한다. 이 책은 '장애와 여성'이라는 두 가지를 합해 놓은 것이 아니라, 장애여성의 시각, 여성주의 시각으로 바라본 장애와 질병, 그리고 그것들을 구성하는 사회에 대한 논의이다. 웬델은 많은 여성주의자와 여성학자의 생각을 빌려 오기도 했지만 장애에 대한 편견을 전혀 고려하지 않은 여성주의 이론들의 한계에 대해서도 지적함으로써 이 책의 내용을 더욱 풍부하게 했다.

세계적으로 장애여성에 관한 이론과 연구가 많지 않았던 1990년대 말부터 『거부당한 몸』은 장애학을 공부하고 장애에 대한 여성주의적 접근을 고민하는 사람들에게 큰 힘이 되어 왔다. 이후 미국에서는 흑인여성의 경험을 통해 인종과 성별의 교차관계를 설명하는 교차성 이론을 빌려 장애와 성별의 교차성을 설명하는 이론들이 등장하는 등 장애여성학의 이론이 발전해 가고 있는 중이다. 한국에서는 일찍이 1990년대 말부터 장애여성의 목소리가 드러나고 장애여성운동이 성숙해져 왔기에, 이 책을 통해 그와 관련된 논의가 더욱 풍부해지고 더 많은 지식이 만들어질 수 있으리라 생각한다. 또 앞에서 잠깐 언급했듯이, 웬델은 한국에서도 많이 논의된 바 있는 안락사 문제와 출산 전 장애선별낙태에 대한 논의에서 어떤 목소리가 빠져 있는지를 지적하고, 누구의 목소리가 중요하게 여겨져야 하는지를 폭넓게 제안한다. 이 책의 논의가 한국의 생명윤리와 관련된 논쟁에 보탬이 되기를 바란다.

웬델은 이 책에서 정신적 장애보다 신체적 장애에 초점을 맞추고 있다. 앞으로 정신적 장애와 관련하여 신체적 장애와는 다른 측면에서 많은 논의가 이루어져야 한다는 것이 저자의 생각이다. 한국에서도 정신적 장애를 가진 당사자들이 자신의 경험을 이야기하거나 이론적 글을 쓰는 일은 매우 드물다. 대신 전문가 집단 혹은 관련된 영역에서 일하는 비장애인들이 그들의 경험을 대신해서 이야기하고 있는 실정이기 때문에 그러한 논의는 많은 한계를 가질 수밖에 없다. 동시에 정신적 장애라는 범주 내에서도 한 가지로 일반화할 수 없는 다양한 차이가 존재한다. 여러 범주에 대해 성찰하며 그 내부의 차이에 주목하는 이 책을 밑거름으로 하여, 앞으로 여기에서 다뤄지지 않은 정신적 장애와 관련한 논의가 다양하게 나타나기를 바란다.

번역을 하면서 수전 웬델이 얼마나 사려 깊은 성품을 갖고 있는지 글을 통해 느낄 수 있었다. 우리는 웬델의 개인적인 경험에 많이 공감했고, 다양한 주제에 대한 웬델의 깊이 있는 고민과 섬세한 분석에 감탄했다. 옮긴이들 각자의 견해가 다른 부분들도 있어서 용어 하나하나에 대해서도 많은 논의를 했고, 각자 번역한 것을 서로 바꾸어 보며 여러 번 수정하는 과정을 거쳤다. 모든 내용을 웬델의 의도에 가깝게 번역하기 위해 애썼지만 부족한 부분이나 오류가 있을 것이다. 우리의 번역을 통해 저자의 생각을 독자들에게 충분히 전달할 수 있을지 걱정이 되지만, 부족한 부분에 대해서는 독자들이 비판해 줄 것을 믿어야 한다는 웬델의 말을 떠올리며 이 책의 번역을 마친다.

들뜨고 즐거웠던 만큼 순간순간 지루하고 어렵게 느껴지기도 했던 번역과 토론, 수정의 여정에 많은 도움을 주시고 글을 다듬어 주신 강진경 님, 제이 님에게 감사드린다. 작업의 전 과정에 도움을 준 단체 장애여성공감에게도 고마움을 전하고 싶다. 무엇보다 이 책을 쓰고, 한국어판에 들어갈 새 서문을 한달음에 보내 준 수전 웬델에게 감사와 존경을 표한다. '장애학'이라는 표제를 단 책들이 조금씩 한국에서 나오고 있는 시점에서, 이 책을 통해 장애여성주의 관점을 제시할 수 있도록 출판을 맡아 준 그린비출판사에 감사를 전한다. 원고를 꼼꼼히 읽고 우리가 놓친 부분을 잘 찾아내 주었으며, 책이 나오기까지의 과정을 친절하게 함께해 준 편집자 김미선 님에게도 감사드린다. 장애여성철학자의 목소리를 통해 조금이나마 장애학의 지형이 풍요로워지는 것을 보며 한국에서 처음 장애여성운동이 꿈틀대기 시작했던 그때처럼 설레는 마음을 느낀다.

2012년 12월

강진영, 김은정, 황지성

한국어판을 위한 서문

『거부당한 몸: 장애와 질병에 대한 여성주의 철학』을 강진영, 김은정, 황지성 씨가 한국어로 번역해 주신 것에 대해 매우 기쁘고 영광스럽게 생각합니다. 여러분이 이 책을 흥미 있게 읽기를 바라고, 도움을 받기를 바랍니다.

　내가 이 책을 쓴 이후로 세계 각지에서 장애학 수업과 관련 프로그램들이 많이 생겨났습니다. 장애에 대한 학술지나 학회 등이 많아졌고, 문학, 역사, 사회학, 윤리학, 생명윤리학에서 장애가 연구 주제로 인정받게 되었습니다(이러한 변화가 나의 업적이라는 말은 절대 아닙니다. 나는 학계와 운동사회에서 일어난 흐름에 참여한 일원이었을 뿐입니다). 캐나다와 미국에서는 의학적 표준에서 벗어난 신체와 정신상의 차이가 가진 가치에 대한 대중적 인식이 더욱 높아졌고, 장애에 대한 일반적인 의식이 높아졌습니다. 장애가 구경거리가 아닌, 모든 사람이 이해할 필요가 있는 삶의 형태로 등장한 것입니다.

　장애는 대개 의학적인 상태가 아닙니다. 이것이 장애의 정치학이 우리에게 알려 준 중요한 개념입니다. 장애는 기본적으로 사회적인 상태입니다. 즉 장애란 극히 일부의 사람들(대개 문화적 이상형에 맞는 몸과 정신을 가진 남성)을 위한 사회적·물질적 세계의 구조에 따라 만들어진 것입니다. 그런데 장애가 사회적으로 구성된다는 개념으로 분석을 하니, 어떤 손상은 그 자체로 고통을 일으킨다는 점과 사회적 정의를 실현한다 하더라도 이런 고통을 예방하거나 치료할 수는 없다는 사실을 무시하는 경향이 있었습니다. 여성주의 장애운동가와 이론가들은 이런 분석의 오류를 비판함으로써 장애의 개념을 더욱 발전시켰습니다. 이 오류 때문에 만성질병이나 통증 또는 심한 손상을 가진 사람들이(이들 중 다수가 여성들이었는데) 긍정적인 관점에서 볼 수 있는 장애인에 속한다고 느끼기 어려웠습니다. 장애가 있는 여성주의자(장애여성주의자)들은 우리의 몸과 마음이 괴롭다는 것을 부정하지 않으면서도 사회적 장애를 없애기 위해 노력할 수 있다고 주장하였습니다. 지금은 『거부당한 몸』을 쓸 당시보다 장애운동가들과 학자들 사이에서 이런 생각이 더욱 널리 받아들여지게 되었습니다.

만성질병을 가지고 살아갈수록 나는 나 자신을 비장애인이나 건강한 장애인 친구들 및 동료들과 지나치게 동일시하는 것이 위험하다는 생각을 하게 됩니다. 그 사람들의 활동 수준을 따라갈 수 없기 때문에 그렇게 따라가려고 하면 할수록 나는 더 아프고 자신감을 잃게 됩니다. 우리 주변에 숨겨진 고통의 현실을 기꺼이 마주하려고 하는 것이 내가 장애여성철학자로서 가진 강점이라는 것을 알게 되었습니다. 이러한 고통 중의 일부는(어쩌면 고통의 대부분은) 사회적인 부당함 때문에 생겨나는 것입니다. 그리고 일부는 신체적·정신적 상태 때문에 생겨납니다. 나는 이러한 신체적·정신적 상태를 언젠가는 예방하고 치료할 수 있기를 바랍니다. 또 다른 고통은 인간이 가진 취약함에서 오는 것으로,

나는 이 취약함을 없애 버리는 것을 원치 않습니다.

나는 조용하게 살면서 연구하고 글을 쓰고 정원을 가꾸는 일에 에너지를 집중하기 위해 2003년에 교수직에서 은퇴했습니다. 요즘은 고통의 가치 및 윤리학에서 고통이 갖는 의미에 대한 새 책을 쓰고 있습니다. 현재 대부분의 서양 철학자들은 고통을 악惡이라 여깁니다. 하지만 성숙한 사람이라면 아마 모두들 고통이 우리의 삶에 대해 가장 중요한 가르침을 줄 수 있고, 고통에 감사하게끔 우리를 변화시킬 수 있다는 것을 알 것입니다. 이것은 장애와 만성질병을 가진 사람들이 비장애인들에게 알려 준 통찰이기도 합니다. 고통이 가치 있다는 것을 인식하면 어려운 질문들을 떠올리게 됩니다. 우리는 얼마나 많은 고통을 피하거나 예방하거나 없애기 위해 노력해야 합니까? 고통이 자신들에게 가치 있음을 인정하면서도 고통으로 괴로워하는 사람들에게 어떻게 연민 어린 마음으로 대할 수 있겠습니까? 나는 이 주제에 대해 연구하면서 많은 것을 배워 가고 있습니다. 그것은 매우 힘들기도 하지만 만족스럽기도 합니다.

나는 요즘도 세계 여러 나라의 독자들로부터 『거부당한 몸』을 읽었는데, 어떤 부분들을 이해하기 쉽게 밝혀 주었으며 유익했다는 이야기를 듣습니다. 이것은 작가로 살면서 얻는 큰 기쁨입니다. 독자 여러분들과 특히 번역이라는 어려운 작업을 맡아 준 분들에게 깊은 고마움을 느낍니다.

감사의 글

사랑하는 파트너 밥 해들리에게 가장 깊은 감사를 전한다. 그는 내가 스스로 하지 못하는 모든 일들을 해주었고, 수많은 밤에 나의 분노와 우울, 절망을 들어 주었다. 그리고 내 컴퓨터를 설치해 주었고 사용법을 알려 주었으며, 훌륭한 조언을 해주었고, 언제나 그렇듯 내 작업에 격려를 보내 주었다. 남성들에게 보살피는 능력이 없다고 생각하는 사람들은 나와 이야기해야 할 것이다.

소중한 친구이자 상담자인 조이스 프레이지는 내가 만성질병을 가지고 사는 법을 배우고 창의성을 잃지 않도록 도와주었다. 또한 메리 반스, 윌리엄 반스, 바버라 비치, 엘리엇 고스, 캐시 고스, 신시아 렌윅, 고든 렌윅의 통찰력과 응원, 그리고 아버지 워런 웬델, 새어머니 마저리 웬델, 자매들 린 웬델 포이, 엘리자베스 웬델, 캐서린 웬델의 지칠 줄 모르는 정신적 지지에 깊이 감사한다. 작업에 실제적 도움을 준 제니퍼 머나드와 원고 교정을 도와준 밸러리 오글로프에게도 감사한다.

나를 신뢰하고 진단을 내려 줬으며, 발병 초기 몇 년간 회복과 적응에 도움을 준 도로시 맥워터 박사, 매리 그리블 박사, 앤 융커 박사에게도 감사를 표하고 싶다. 현재 질병과 함께 살아가는 데 도움을 주고 있는 엘런 코번 박사, 라이 나 호 박사, 그리고 간호사 도넬 클라크에게도 매우 감사하다. 그들을 통해 환자에게 정성스레 귀 기울이는 의학 전문가들의 헤아릴 수 없는 고마움에 대해 배웠다.

캐나다여성철학회Canadian Society for Women in Philosophy는 나에게 언제나 영감을 주고 힘이 되어 주고 있으며, 이곳의 동료들은 건강할 때나 아플 때나 내 옆에 있어 주었다. 수전 셔윈, 그리고 최근에는 위니톰과 바버라 세커가 장애를 주제로 하는 내 작업에 열정적인 응원을 보내 준 것에 특별히 감사를 표하고 싶다.

나와 장애 이슈에 대해 토론했고 이 프로젝트에 도움을 준 많은 친구들과 지인들에게 무척 감사하다. 특히 론 애먼슨은 내 글에 대한 자신의 생각과 비판을 아낌없이 보내 줬다. 카렌 반 비센, 보니 번사이드, 엘런 프랭크, 보니 클라인, 조앤 메이스터, 캐럴린 포터, 애니타 실버스에게도 감사한다.

사이먼 프레이저 대학의 여성학과 동료들과 학생들은 장애학이라는 새로운 분야에 대한 가르침과 연구로 모험을 한 나를 단지 너그럽게 봐주기만 한 게 아니라 기꺼이 환영해 주었다. 특별히 메러디스 킴볼, 샌디 슈리브, 메리 린 스튜어트가 보내 준 개인적 지지에 감사한다. 1995년에 연구휴가를 잡아 준 학과에도 무척 감사한다. 덕분에 원고를 제시간에 마칠 수 있었다. 1992~1993년에 안식년을 내준 사이먼 프레이저 대학에도 감사한다.

차례

| 일러두기 |

1 이 책은 Susan Wendell의 *The Rejected Body: Feminist Philosophical Reflections on Disability*(New York: Routledge, 1996)를 완역한 것이다.

2 주석은 모두 각주로 표시했으며, 옮긴이 주는 끝에 '—옮긴이'라고 표시하여 구분했다. 본문 내용 중 옮긴이가 추가한 내용은 대괄호([ ])로 묶어서 표시했으며, 인용문에서 지은이 수전 웬델이 추가한 내용은 [—인용자]라고 표시하여 구분했다.

3 본문에 쓰인 작은따옴표는 지은이가 문제제기하는 용어를 표시하기 위해 사용한 것이며, 큰따옴표는 인용을 나타내기 위해 사용한 것이다. 이와 관련한 자세한 내용은 본문 33쪽에 서술되어 있다.

4 단행본·전집·정기간행물 등은 겹낫표(『 』)로, 논문·회화·영화 등은 낫표(「 」)로 표시했다.

5 본문에 쓰인 질병명은 대부분 대한의사협회에서 공인하고 있는 용어로 표기했다.

6 외국 인명이나 지명, 작품명 등은 2002년에 국립국어원에서 펴낸 외래어 표기법을 따랐다.

거부당한 몸

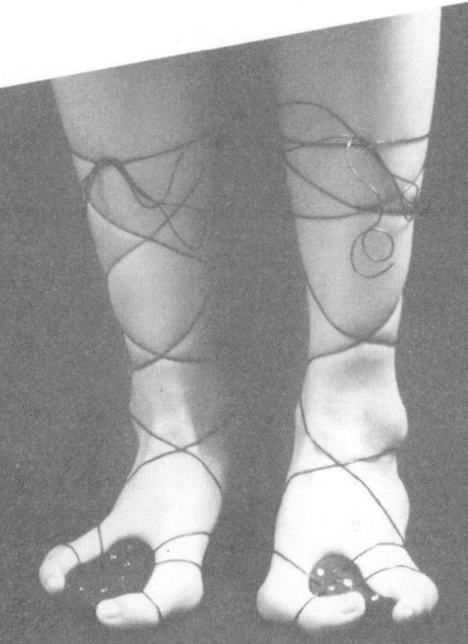

서론

이 책은 장애에 대한 여성주의 철학의 논의이다. 장애와 관련된 여러 문제들 중에서도 내가 가장 관심을 갖고 있는 부분에 초점을 맞추었다. 세상에 대한 어떤 구체적인 사실을 밝혀내는 것만으로 해결될 수 없다는 점에서 이 문제들은 이론적인 성격의 문제라고 할 수 있다. 그러나 또 한편으로는 장애인과 비장애인의 삶에서 실제로 나타나는 문제들이기 때문에 실질적이라고도 할 수 있다. 이 책은 전문적인 철학자들을 대상으로 한 책이 아니다(물론 철학자도 이 책을 읽으면 좋을 것이다). 이 책이 다루고 있는 주제에 관심이 있고 어느 정도 교육을 받은 사람이라면 누구든지 이해할 수 있도록 쓰려고 노력했다.

먼저 내가 가진 장애에 대해, 또 내가 알게 된 장애의 정치학에 대해 간단히 설명하는 것으로 시작하고자 한다. 독자들에게 내가 어떤 사람이며 이 책의 주제와 관련되어 어떤 경험을 했는지 밝히고, 또한 앞으로 다룰 내용을 둘러싼 개인적이고 사회적인 맥락에 대해 말하고 싶어서이다. 그다음에는 이 책이 가진 한계와 이 책을 쓰면서 내가 내린 선택에 대해 설명하고 용어에 관한 선택에 대해서도 설명할 것이다. 끝으로

서론 이후에 나오는 각 장의 내용을 간단히 요약하여 소개할 것이다.

개인적인 시작과 정치적인 발견

1985년 2월에만 해도 나는 건강했다. 철학과 여성학을 가르치고, 여성학 프로그램을 기획하고, 대학원생들을 지도하고, 논문도 쓰고, 친구들과 어울리는 것을 즐기며 지냈다. 규칙적으로 운동도 하고, 음식을 잘 챙겨 먹고, 비타민도 복용했다. 그러던 어느 주말, 몸이 아팠는데 지금껏 겪어 보지 못한 지독한 독감이라고 생각했다. 고열과 기침, 구역질, 빛에 민감한 증상이 나타났고, 지각능력에 이상이 왔으며, 관절과 근육에 극심한 통증이 느껴졌다. 그런 상태로 잠자리에 들었다. 일주일이 지난 후에는 열이 내리면서 좀 나아졌다고 생각했지만 통증과 지각혼동은 계속되었다. 불길한 느낌이 들 만큼 기진맥진했고 점점 더 쇠약해졌다. 한 달이 지나도록 누워만 있었고 동네 한 바퀴도 걸을 수가 없었다. 전화 한 통만 걸려고 해도 잠옷이 땀으로 다 젖어 버렸다. 6개월이 지나고 나니 상태가 좋은 날에는 편지를 쓰고 샤워도 하고 머리를 감을 수도 있게 되었다. 하지만 여전히 하루 종일 소파나 침대에 누워 있어야 했고 동네를 걸어 다닐 수가 없었다. 엄청난 의지로 가벼운 운동을 조금씩 해나가자, 아프기 시작한 지 일 년 만에 상태가 좋은 날은 동네에서 꽤 멀리까지 걸을 수 있게 되었다. 1987년 1월, 아픈 지 거의 2년이 될 무렵 나는 대학에서 반일근무를 하며 교수직에 복귀하였다. 그렇게 되기까지가 내가 했던 일 중에 가장 어려운 일이었다.

　나는 다행히 의사를 잘 만난 편이었다. 주치의는 뭔가 심각한 문제가 있다는 것을 바로 알아차렸다. 혈액검사 결과 바이러스 감염이었다.

더 이상 자세한 진단을 내릴 수 없게 되자 주치의는 나를 감염질환 전문의에게 보냈다. 주치의는 내 병을 사소하게 치부하거나 무시하지 않았고, 내 정신 상태에 대해 이런 저런 추측을 하면서 분석하지도 않았다. 주치의가 추천해 준 감염질환 전문의와 면역학 의사는 내 혈액에서 비정상적인 부분을 발견했다. 처음에는 급성 감염단핵구증acute infectious mononucleosis으로 진단받았다. 발병한 지 6개월이 지난 뒤에는 만성 엡스타인-바 바이러스 증후군chronic Epstein-Barr virus syndrome으로 진단받았다(지금은 이 진단이 오진이었다고 생각하는데, 그 이유는 나와 같은 질병을 가진 많은 사람들이 공통적으로 엡스타인-바 바이러스에 대한 많은 수의 항체를 갖고 있어도[항체는 감염되었다는 증거임], 이 바이러스 자체가 이 병을 유발하는 원인균은 아니었기 때문이다). 그러다가 마침내 근육통성 뇌척수염myalgic encephalomyelitis, ME으로 진단을 받았다. 영국, 캐나다 그리고 다른 나라들에서는 이 병을 근육통성 뇌척수염이라고 부르고, 미국에서는 만성피로 면역장애증후군chronic fatigue immune dysfunction syndrome, CFIDS이라고 부른다.

내가 병에 걸렸을 때만 해도 근육통성 뇌척수염은 북미 지역에 거의 알려져 있지 않았다. 1950년대 영국의 로열프리병원에서 이 병이 급격히 퍼져 나갔을 때(이 책의 5장에서 다룬다), 몇몇 영국 의사들이 이 병에 대해 알게 되었다. 내 병의 이력은 세계적으로 근육통성 뇌척수염/만성피로 면역장애증후군을 차츰 발견해 가던 시기와 때를 같이한다. 근육통성 뇌척수염을 연구하는 학자들은 보통 1970년대 말부터 1980년대 초 미국에서, 그리고 1984년부터 1986년 무렵 캐나다에서 이 전염병이 유행했다고 믿고 있다. 현재 이 병은 미국 질병통제예방센터에서 하나의 질병 증후군으로 인정되고, 세계보건기구에서는 신경학적 장애로 분류된다. 이 병에 걸린 사람들 중 일부는 몇 달 혹은 몇 년이 지나 완치되기도 한다. 하지만 남녀를 불문하고 평생 누워 살아야 하는 사람들도 있다. 대다수는 나처럼 초기의 심각한 상태를 지나 부분적으로 회복되지만, 활동상의 상당한 장애를 만들어 내는 증상을 갖고 살게 된다.

아직도 나는 지속적인 근육통이 있고, 근육이 쇠약하며(특히 팔 부분이 그렇다), 주기적으로 극심한 피로를 느낀다. 이 피곤함은 내가 건강했을 때 느꼈던 것과 비교할 수 없을 정도로 완전히 진이 빠지는 상태를 말한다. 어지러움, 구역질, 우울증, 두통이 며칠 동안 지속되기도 하고, 어떨 때는 단기기억에 장애가 오기도 한다. 특히 기억한 것을 말로 표현하는 일이 힘들 때가 있다. 제대로 활동하기 위해서는 하루에 10시간을 자야 하고 낮에도 몇 시간씩 누워 있어야 한다. 책과 서류가방을 옮길 때는 여행가방을 이용해 끌고 다닌다. 요즘에는 교수들이 일반적으로 하는 업무와 연구의 3/4 수준으로 일을 하지만 그 외에는 조심하면서 조용하게 살고 있다.

요즘에 느끼는 주된 어려움은 병과 관련된 것이 아니다. 발병 후 10년이 지난 지금, 병은 나에게 주어진 조건과 같은 것이 되었다. 예측하기 힘든 한계 안에서 최대한 내가 할 수 있는 만큼 계획을 세워야 한다. 어떤 날이든 아주 심하게 아플 경우를 예상하고 그 상태에서 할 수 있는 만큼의 일만 계획하려고 노력한다. 언제 병의 골짜기로 떨어질지 모르기 때문이다. 장기적인 계획을 세울 때는 평균적으로 하루에 할 수 있는 일이 어느 정도인지 봐서 결정한다. 침을 맞고, 한약을 먹고, 마사지 요법을 충실히 받고 있으며, 진통제를 먹고 쉬는 시간을 갖는다. 하지만 병이 예전처럼 내 삶을 모두 좌지우지하지는 않는다.

내가 요즘 겪는 어려움은 사회적이고 심리·윤리적인 것이 대부분이다. 나는 건강한 사람들(아니면 웬만큼 건강한 사람들)의 세상에서 살고 있다. 사람들은 언제나 내가 그렇게까지 아파 보이진 않는다고 하고, 내가 말하는 게 아픈 사람이 말하는 것처럼 들리지 않는다고 얘기한다. 하지만 나를 잘 아는 사람들은 내가 피로감, 구역질, 통증 때문에 힘들어할 때 알아차릴 수 있다. 단어가 생각나지 않거나 이름을 기억하지 못할 때는 그 어려움이 더 분명하게 드러난다. 내 동료들이나 학생들은 내가 기억하지 못하는 부분을 채워 주기도 한다. 하지만 이런 증상은 45세 이상인 사람들 대다수가 경험하는 어려움이다. 다시 말해서, 내 병 때문에 생긴 장애는 주변에 있는 대부분의 사람들에게 분명하게 드러나지 않는다. 더구나 나는 내가 하는 일을 좋아하기 때문에 보통은 기분이 좋고 어떤 생각을 하면 쉽게 신이 나기도 하는 편이다.

잘 알아챌 수 없는 장애나 질병이 있는 사람이 어느 정도 권력도 있고 존경받는 위치에 있고, 수입도 많고, 창의적이고 생산적이며, 좋은 배우자도 있고, 인생을 즐기는 사람이라면 장애인(질병이 있는 사람을 포함하여)에 대해 사회가 갖고 있는 모든 고정관념을 깨뜨린다. 이때 사람들은 어떤 심각한 문제가 있다는 것을 받아들이지 못한다. 또한 살면서 일어나는 여러 가지 어려움과 마찬가지로 장애를 갖고도 잘 살아갈 수 있기 때문에 장애인에게 아무 문제가 없다는 것도 받아들이지 못한다. 하지만 나 자신이나 다른 사람들은 이 질병에 맞추어 가야 한다. 다른 사람들이 내 신체적 한계를 받아들여 주어야 하고, 이미 하기로 한 것 이상은 할 수 없다는 내 말을 믿어 주어야 한다. 내가 휴식이 필요하다고 얘기할 땐 정말 쉬어야 한다는 것과, 전날 종일 누워 있어야 했다는 말도 있는 그대로 받아들여 주어야 한다. 어떤 사람들은 이에 쉽게 수긍하기도 하지만, 또 어떤 사람들은 내가 말하는 한계에 대한 모든 것을 의심하기도 한다. 나는 이따금씩 대부분의 사람들에게 나의 한계를 떠올리도록 해주어야 한다. 어떻게 하면 불평하는 것처럼 보이지 않고 불쌍하게 보이지 않으면서 서로 무안하지 않게 설득하고 상기시켜 줄 수 있을까? 어떻게 해야 내 몫의 일을 충분히 하려고 하지 않는다는 비난을 피할 수 있을까? 사람들이 그렇게 나무랄 때 내가 할 수 있는 건 나 자신이 이러이러한 한계를 갖고 있다고 똑같은 말을 계속 해주는 것밖에 없다. 그런 어려움에 더해 내 세대의 여성주의자에게는 자기를 희생하는 하위문화가 있다. 훌륭한 여성주의자는 착한 여자들이 어디서나 그러는 것처럼 아플 때까지 일해야 한다. 모두가 진이 다 빠질 정도로 과도하게 일해야 한다고 생각한다. 그런데 내가 어떻게 예외가 될 수 있을까? '우리들'은 아플 시간이 없고 자기 몸을 귀하게 챙길 시간도 없다.

이러니 심리·윤리적으로 나를 가장 힘들게 하는 부분이 죄책감이라는 건 당연한 일이다. 때로 나는 모든 이들에게 죄의식을 느낀다. 일을 더 많이 못 하는 것 때문에 내 학생들과 동료들에게 죄스럽다. 더 많은 시간을 내지 못하는 것 때문에 장애여성활동가들에게 죄스럽고, 좀처럼 어울리지 못하는 것 때문에 친구들에게 죄스럽다. 편지를 자주 못하고 자주 찾아가지 못하기 때문에 가족들에게 죄책감을 느끼고, 함께 있을 때 항상 지쳐 있고 아파하기 때문에 배우자에게 죄책감을 느낀다.

때로는 사회적 분석이 많은 도움이 되기도 한다. 장애나 질병이 있어도 일할 수 있고, 관계를 맺을 수 있고, 행복할 수 있다는 것을 비장애인 대부분이 이해하지 못한다는 사실을 다른 장애인들에게서 배웠다. 장애가 없는 사람들은 장애인이 인생에서 중요한 일에 참여할 수 없다고 미리 단정 짓는 경향이 있다. 그래서 일할 수 있는 사람을 보면 장애가 심하지 않다고 추측한다. 나는 사람들이 장애에 대해 갖는 선입견을 극복하는 일이 여러 훌륭한 사람들이 장기적으로 매달려 온 과제임을 알게 되었다. 그 사람들이 해온 싸움은 이제 나의 싸움이다.

이 책의 곳곳에는 내가 경험한 질병과 장애의 이야기가 담겨 있다. 어떤 주제에 대한 생각이 내 경험으로부터 비롯된 것일 때, 또 핵심적인 부분을 설명하기 위해 내 경험이 좋은 예가 될 때 나의 이야기가 등장한다. 이런 내 이야기에는 다른 사람들의 이야기가 많은 영향을 미쳤다. 병이 생긴 지 아홉 달이 지났을 때 정기적으로 진료를 하던 전문의가 나에게 해줄 수 있는 게 아무것도 없다고 말했다. 나는 여전히 많이 아픈데 말이다. 그 때문에 나는 두려움과 심한 절망에 빠지게 되었다. 몇 주가 지난 뒤에서야 병이 낫지 않아도 잘 살 수 있을 것 같다는 희망적인 생각을 처음으로 하게 되었다. 20년 이상 관절염으로 고생한 여성이 텔레비전에 나와서 인터뷰하는 것을 보았을 때였다. 내 기억에 그 분이 이렇게 말한 것 같다. "질병이 문제가 아니라, 살아가는 게 문제인 거죠."[1] 그 순간 나는 장애인들이 내가 배워야 할 것들을 이미 다 알고 있다는 것을 깨달았고, 장애인들이 쓴 글을 읽기 시작했다.

나는 20년 넘게 여성주의 사회·정치 이론을 연구해 왔다. 다른 사람들이 경험한 장애를 더 많이 알게 되고 나 자신의 경험을 성찰하면 할수록 이런 생각을 하게 되었다. 성별gender이 남녀의 생물학적인 차이를 바탕으로 해서 사회적으로 구성된다는 여성주의 분석과 장애가 장애인과 비장애인의 생물학적 차이를 바탕으로 해서 사회적으로 구성된다는 개념에 연결고리가 있다는 것이다. 더군다나 몸의 고통과 한계를 갖고

---

1 근육통성 뇌척수염을 갖고 사는 사람들 사이에서 얘기되는 심한 농담이 있다. 근육통성 뇌척수염의 좋은 점은 이 병에 걸린다고 해도 죽지는 않는다는 것인데, 이 병의 나쁜 점 역시 죽지 않고 살아간다는 것이다.

산다는 것에 대해, 또 문화가 몸으로 살아가는 삶의 측면을 어떻게 거부해 왔는지에 대해 장애인들이 가진 지식을 마주하면서 더욱 놀라움을 금치 못했다. 장애가 없는 여성주의자(비장애 여성주의자)non-disabled feminist들이 만들어 낸 몸에 대한 이론은 이러한 지식을 반영하지 않았기에 불완전할 수밖에 없으며, 건강한 비장애인의 경험에 치우쳐 있다는 것을 분명하게 깨닫게 되었다. 나는 여성주의의 입장으로 장애에 대한 이론을 만드는 작업을 시작했다.

나는 1990년에 여성과 장애에 대한 수업을 마련하고, 그 이후에도 그 수업을 여러 번 해왔다. 수업을 듣는 학생들 중 장애인이 많았는데 그들은 나에게 여러 가지를 가르쳐 주었다. 개인적으로 또 학문적인 차원에서 나는 장애여성들의 삶에 많은 관심을 갖고 있다. 장애를 경험할 때 나타나는 성별 차이, 또 장애인을 대하는 방식에서 드러나는 성별 차이에도 관심이 있다. 하지만 이 책은 여성과 장애에 관한 책이 아니다. 그 주제에 관해서는 『장애와 여성: 여성주의 연구를 위한 자료』[2], 『숨결에 담긴 힘으로: 장애여성 문집』[3], 『날개를 달고: 장애여성에 의한, 장애여성에 대한 문헌 모음』[4], 『장애여성: 심리학, 문화, 정치학에 대한 논문들』[5], 『우리의 이미지를 각인시키기: 장애여성에 의한 국제 논집』[6], 『우

2 Frances Rooney and Pat Israel eds., *Women and Disability. Resource for Feminist Research* 14(1), 1985.

3 Susan E. Browne, Debra Connors, Nanci Stern eds., *With the Power of Each Breath: A Disabled Women's Anthology*, San Francisco: Cleis Press, 1985.

4 Marsha Saxton and Florence Howe eds., *With Wings: An Anthology of Literature by and about Women with Disabilities*, New York: The Feminist Press at the City University of New York, 1987.

5 Michelle Fine and Adrienne Asch eds., *Women with Disabilities: Essays in Psychology, Culture and Politics*, Philadelphia: Temple University Press, 1988.

리가 힘을 합칠수록: 여성과 장애』[7] 등의 책들이 있다. 그럼에도 이 책은 장애여성의 글과 대화에서 많은 영향을 받았다. 여성주의자인 비장애 여성들이 쓴 관련 있는 글과 장애와 몸에 관한 관점을 보여 주는 남성들의 글 또한 이 책에 영향을 주었다.

이 책의 몇 가지 한계와 그 이유

내가 정신적 장애mental disabilities[8]보다는 신체적 장애physical disabilities에 대해 더 많이 알고 있기 때문에 이 책에서는 신체적 장애에 초점을 두었다. 몸에 관한 태도에 특히 관심이 있기 때문이기도 하다. 많은 장애인들이 신체적 장애와 정신적 장애를 함께 갖고 있다는 걸 알고 있고, 나 역시 개인적인 경험이 있어서 정신적 장애에도 관심이 있다. 그러나 정신적 장애가 다른 측면의 문제들을 덧붙여 만들어 내기 때문에 이 책에서는 아주 조금만 언급했다. 하지만 정신적 장애에 해당되는지 안 되는지 살펴보지 않고 장애를 무조건 일반화하지 않으려고 노력하였다.

굳이 말하지 않아도 되겠지만 내가 장애인을 대표하거나, 장애여성, 혹은 장애가 있는 여성주의 철학자를 대표하거나, 브루클린에서 태어났고 영어를 사용하는 독일-미국계-캐나다인인 50세의 장애가 있는 여성주의 철학자를 대표하지 않는다는 것을(이 경우에는 어쩌면 대표하

6 Diane Driedger and Susan Gray eds., *Imprinting Our Image: An International Anthology by Women with Disabilities*, Canada: Gynergy Books, 1992.

7 Houston Stewart, Beth Percival, Elizabeth R. Epperly eds., *The More We Get Together: Women and Disability*, Charlottetown, PEI: Gynergy Books, 1992.

8 여기서 '정신적 장애'란 신체적 장애와 구분되는 표현으로서 발달장애(지적 장애, 자폐성 장애 등)와 두뇌손상, 치매, 기억 장애 및 정신질환에서 오는 장애를 아우르는 개념이다. ──옮긴이

는 것인지도 모르겠다) 강조하고 싶다. 그 누구도 당사자의 공식적인 인정과 허락을 받지 않고서는 다른 사람을 대표할 수 없다고 생각한다. 그러나 나 자신만의 이야기를 한다 하더라도, 내 경험을 바탕으로 지나치게 일반화하지 말아야 할 책임이 있고, 내 생각을 선전하기 위해 협소한 쟁점을 제기하지 말아야 할 책임이 있다는 것 또한 알고 있다. 이 책에서 나는 장애 경험의 폭넓은 다양성에 대해 고려하고 이를 담아내기 위해 노력했고, 여기서 다루는 쟁점에 대해 사람들이 이미 얘기했거나 앞으로 제기할 수 있는 이견들 또한 담아내려고 했다. 이와 더불어, 나 개인의 이야기일 뿐이라고 해서 독자들에 대한, 그리고 간접적으로 이 책의 영향을 받을 사람들에 대한 책임이 없긴 않다고 생각한다. 장애에 대한 철학은 발달의 초기 단계에 있다. 내가 이야기할 주제에 대해 아직 많은 목소리가 나와 있지 않기 때문에, 여기서 결론적인 이야기를 하기보다는 다른 사람들이 이 주제에 대해 더 많은 대화를 하도록 안내해야 한다는 의무감을 느낀다. 따라서 나 자신의 견해와 그 이유를 이 책에서 분명하게 제시하면서두 내 의견으로 끝을 맺기보다는 더 많은 논의와 사고를 필요로 하는 주제를 제시하고 질문을 던지려고 노력하였다.

철학은 (또 철학자들은) 일반화를 하려는 본성이 있다. 세부적인 사항들 안에 있는 유형을 구별해 내고 설명하려고 노력한다. 그렇기에 인간과 삶에 대한 철학은 언제나 지나친 일반화를 할 위험성을 갖고 있다. 일반화하기를 거부하면 그런 위험성을 피할 순 있지만, 한 사람의 생각을 단 한 사람에 대한 관념으로, 대부분 자기 자신에 대한 관념으로만 제한해야 하는 대가를 치러야 한다. 한편으로는 그릇된 일반화를 피하면서, 또 다른 한편으로 지나치게 특수한 문제로 취급하여 부당하게 제외시키는 것도 피하려고 노력하였다. 이것이 완벽하게 지켜지지는 않았을 것이다. 우리가 이론을 만들려고 한다면, 그에 따르는 위험도 감수해야 하고, 다른 이들이 우리의 실수를 고쳐 줄 것이라고 믿어야 한다.

　"나", "우리", "그들"이란 말을 사용하는 문제는 만족할 만큼 해결하지 못했다. "나"라는 말은 마치 다른 사람이 말해 온 경험을 "내 것"인 양 말하는 것 같고, 어떤 맥락에서는 너무 개인적인 일로 만들어 버리는 것 같다. "우리"라는 말은 "우리"에 포함된 모든 사람을 대표해서 말하는 것 같다. 어떤 때는 누가 포함되어 있는 건지 불분명하고 어떤 때는 나를 포함하거나 남을 포함하는 게 주제넘은 것 같기도 하다. 예를 들어, 다른 장애인들이 내가 말하는 "우리"에 자신이 포함된다고 생각할까? 혹은 그들이 사용하는 "우리"에 날 포함시킬까? 어떤 때는 나를 배제하거나 다른 사람을 배제하고 싶지 않고, 어떤 때는 내가 어떤 집단의 사람들에게 일치감을 느낀다는 것을 표현하고 싶기도 하다. 또 어떤 때는 독자들이 장애가 있든 없든 자신의 문제일 수도 있다는 마음으로 함께 생각해 보도록 하기 위해 "우리"라는 말을 사용하고 싶기도 하다. 물론 "우리"라는 말을 사용하는 것이 저자가 자신이 말하는 바에 대한 책임을 피하려는 방법일 수도 있고, 제기될 만한 이견을 뭉뚱그리려는 것일 수도 있다. 나는 그렇게 하지 않으려고 노력했다. "그들"이라는 말에는 다른 문제가 있다. 어조나 태도의 문제이다. "그들"이라는 말은 주제로 다루어진 사람을 대상화하거나 저자와 분리시키는 것 같다. 이 과정에서 글쓰는 이의 입장에 비해 그들의 "타자성"이 더욱 두드러질 수 있다. 내가 찾은 가장 좋은 해결책은 이 세 가지 용어를 다 사용하면서, "나"라는 말을 통해 남의 것을 독차지하는 것을 피하고, "우리"라는 말이 가진 전제들과 "그들"이라는 말이 가진 거리두기를 피하면서 어조의 균형을 맞추려고 노력하는 것이었다.

학문적인 책과 글을 많이 인용하였지만, 대중서적, 신문, 잡지, 소식지도 참고하였다. 장애에 관한 대부분의 진실은 학문적인 글에서 찾을 수 없다. 그래서 좋은 생각과 정보가 될 만한 경험을 대할 때마다 진지하게 고려하였다. 내가 말하려고 한 것을 이미 이야기했거나 더 잘 표현해 주는 사람이 있을 때, 내가 풀어서 설명하기보다는 그 사람의 말을 직접 인용하였다. 나에게는 이렇게 하는 것이 그 사람의 목소리를 존중하는 방식이다.

이 책에서 나는 어떤 언어를 사용하는 것이 불편한 경우, 또 그 의미에 대해서 내가 문제제기한다는 것을 표현하기 위해 작은따옴표를 사용하여 독자들의 주의를 끌고자 하였다. 예를 들어 나는 작은따옴표를 '타자'the Other라는 말에 사용하였다(3장에서 논의하는 개념이다). 이 말은 자신과 다른 사람에 대한 사고방식의 표현으로 통용되고 있지만, '타자'라는 말이 내가 인정하거나 당연하게 받아들이는 말이 아니라는 것을 표현하기 위해서 작은따옴표를 붙였다. 큰따옴표는 다른 사람이 말했거나 글로 쓴 것을 단순히 인용할 때 사용하였다. "[원문표기sic]"라는 표현은 내가 다른 사람의 표현을 인용한 부분에서 원저자가 그 글에 나온 사람을 배제하거나 존중하지 않는 방식으로 다루었다고 느낄 때 사용하였다.

이 책의 개관

1장에서는 누가 장애인인가라는 질문으로 시작한다. 이 질문은 생각보다 대답하기 쉽지 않다. 여기서는 상당한 영향력을 가진 UN의 정의("손상"impairment, "장애"disability, "핸디캡"handicap에 대한 정의)를 포함하여 장애의 정의를 살펴본다. 생물학적인 것과 사회적인 것이 손상과 장애를 만들어 내는(혹은 예방하는) 데 상호작용하고 있기 때문에 손상이나 장애 모두 온전히 생의학적 관점으로 정의할 수 없다는 것이 나의 주장이다. 또 질병을 가진 사람들이나 병약한 사람, 노쇠한 사람들이 장애인의 범주에 포함되는가에 대한 논란을 검토한다. 누가 장애를 정의하는지, 어떤 목적에 따라 장애를 정의하는지, 그 목적이 장애를 정의하는 방식에 어떻게 영향을 끼치는지에 대해 논의한다. 마지막으로 정체화identification의 문제를 다룬다. 누가 자신을 장애인이라고 생각하는지, 누가 다른 사람에 의해 장애인으로 여겨지는지, 이 두 가지가 어떻게 갈등을 일으키는지에 대해 이야기한다. 그리고 장애인이 의미 있는 범주인가 아닌가를 포함하여 장애인 정체성의 정치적인 쟁점에 대해 논의한다.

2장은 생물학적 차이와 상호작용하여 장애를 만들어 내는 사회적이고 문화적인 요인에 초점을 둔다. 신체적 손상을 일으키거나 손상을 예방하지 못하는 사회적 조건이 이 요인에 포함된다. 사회적으로 기대되는 수행능력, 젊고 장애가 없고 '이상적인 외모'를 갖춘 건강한 성인 남성을 시민의 표준으로 삼은 사회의 물리적이고 사회적인 구조, 그러한 표준적인 틀에 맞지 않는 사람들의 능력을 계발하지 못하거나 계발하려고 하지 않는 것도 여기에 해당한다. 장애에 대한 문화적 재현과 재현의 실패, 장애의 문화적 의미도 그 요인에 포함된다. 장애가 어떻게 사회적으로 해체될 수 있는지 논의하고, 이 해체를 막는 걸림돌은 무엇인지 살펴본다.

3장에서는 어빙 고프먼Erving Goffman의 유명한 낙인이론에서 시작하여 장애와 질병에 대한 낙인을 살펴본다. 여성주의 이론에서 발전된 '타자'라는 개념을 통해 장애인들의 사회적 지위를 이해하려고 하였다. 장애와 질병의 상징적 의미를 살펴보고 그러한 특정 방식으로 '타자'가 되는 것의 결과를 설명한다. 장애가 중립적이거나 가치 있는 차이가 될 수 있는 가능성과 이 차이가 지식의 원천이 될 수 있는 가능성을 논의한다. 그리고 장애인과 관련된 입장론적 인식론에 대한 질문, 즉 장애가 있다는 것만으로 그 사람이 어떤 문제에 대해서 왜곡되지 않은 보다 온전한 관점을 가질 수 있는가라는 질문을 여성주의 입장론적 인식론을 통해서 검토한다. 더불어 장애인이 비장애인과 같다는 점을 강조해야 할 것인지, 다르다는 점을 강조해야 할 것인지에 대한 정치적인 쟁점을 알아본다. 또한 우리들 스스로를 뭐라고 불러야 하는지, 용어를 바꾸는 것이 어떤 효과가 있는지 등 용어에 대한 논쟁도 다룬다. 마지막으로 우리가 장애인이 가진 차이를 가치 있게 생각한다면(내가 그렇게 생각하듯이), 그런 생각이 장애를 예방하거나 치료하려고 하는 노력에 대해 어떤 의미를 가지는가라는 질문을 살펴본다.

4장은 상업적 미디어에 젖어 있는 북미 지역에서 이상적인 몸을 선전하고 몸을 대상화하는 것을 다룬다. 이러한 현상은 우리의 몸을 통제하고 완벽하게 하려는 욕구를 만들어 낸다. 반대로 이상적인 몸에서 벗어나는 몸과 통제되지 않는 몸을 거부하도록 하고, 그런 몸을 수치스럽고 두렵게 느끼도록 한다. 그 결과 장애인은 낙인 찍히고 타자화된다. 사람들은 몸으로 사는 삶의 총체적인 현실을 받아들이지 못하고, 문화적으로 거부당하는 몸으로 살아가는 모습이 가진 측면 또한 받아들이지 못하기 때문에, 통제의 환상을 믿게 된다. 통제의 환상은 몸을 원하는 대로 통제할 수 있다는 생각인데, 인간의 행동을 통해 우리가 원하는 몸을 만들 수 있고 질병과 장애 나아가 죽음까지 피할 수 있다고 믿는 것이다. 이 장에서는 과학적인 서양의학과 대체치료행위, 마음이 몸을 지배할 수 있다는 여러 생각, 사람들이 정신·영혼·일상생활을 제대로 관리하지 못해서 '스스로 병에 걸리거나 장애가 생기도록 만든다'는 의견을 포함하여 현대의 여러 가지 통제의 환상을 살펴본다. 나쁜 일을 추구하지 않고 위험스러운 일도 하지 않고 자기를 함부로 하지 않는 사람들, 즉 아무 잘못이 없는 사람에게도 나쁜 일이 일어날 수 있다는 것을 사람들은 절대로 받아들이려 하지 않는다. 그런 생각과 통제의 환상 때문에 비난과 죄책감의 짐이 생겨난다는 점을 검토한다. 그렇다고 내가 몸을 통제하려는 모든 시도를 포기하거나 통제의 환상을 모두 다 버리라고 주장하는 것은 아니다. 대신 그것을 어떻게 장애인에게 도움이 되는 방식으로 바꿀 수 있는지를 이야기하려고 한다.

5장에서는 과학적인 서양의학이 영향력을 갖는 사회에서 우리 몸을 설명할 때, 서양의학이 가진 인지적 권위와 사회적 권위가 어떤 결과를 가져왔는지에 대해 논의한다. 이러한 권위는 우리가 어떻게 몸을 경험하는지에 영향을 미치는데, 몸을 대상화함으로써 이미 상업적 문화로 발생한 소외를 더욱 심하게 만든다. 서양의학의 권위는 사회가 우리의 경험을 묘사하는 방식에 영향을 미치고, 이를 인정하거나 인정하지 않는 방식에도 영향을 미친다. 또한 이러한 권위는 많은 사람들이 질병과 장애를 경험할 때, 그것을 공식적으로 인정받지 못하는 부담을 가중시킨다. 특히 병이나 장애가 있는 사람들이 의학적 진단명을 받지 못해서 공공서비스 지원대상이 되지 못하고, 친구들이나 가족들로부터 빈번히 버림받는 경우를 보면, 우리의 신체적 괴로움과 힘겨운 싸움에 대해 사회가 어떻게 지원하는지 또는 지원하지 못하는지가 의학적 권위에 달려 있음을 알 수 있다. 의학이 가진 권위는 몸의 경험에 대한 의사소통에 영향을 끼침으로써 우리 사회가 인간의 몸에 대해 알고 있는 것을 결정하고 한계 짓는다. 또 의료 전문가와 환자들 사이의 관계, 의료 서비스의 질에 심각한 영향을 미친다. 가장 권위 있는 의료 전문가들은 환자의 '객관적인' 몸 상태를 통해 자신들의 성과를 측정하며 사망을 제일 큰 실패로 여긴다. 반면 환자들은 자신들의 주관적인 경험에 비추어 치료의 성공 여부를 판단하며, 아무런 인정과 도움을 받지 못하고 의미도 희망도 없이 고통받는 것을 의학의 가장 큰 실패로 여긴다. 이 장에서는 생의학적 윤리학을 연구하는 철학자들이 이런 의학의 권위에 대해 문제제기하지 않는 경향이 있다는 것과 삶과 죽음의 문제에 집착하는 의학에 동조해 왔다는 것을 지적함으로써 결론을 맺는다. 그리고 최근 등장하고 있는 여성주의 의료윤리학이 의학계에 장애인의 문제, 인정받지 못하는 질병이나 불치병을 가진 사람들의 문제를 다루어야 한다고 비판을 제기할 것이라는 희망을 가질 만한 이유를 설명한다.

6장에서는 장애인, 그리고 장애인을 돌보는 사람들의 경험과 입장이 여성주의 윤리학의 과제 및 쟁점과 상당히 관련되어 있음을 주장한다. 이러한 과제와 쟁점에는 돌봄의 윤리학을 발전시키고 그것을 정의의 도덕성과 균형을 맞추려는 시도, 자율성과 독립성의 윤리적인 이상향을 비판적으로 재고하는 것, 낙태·안락사·의료서비스 개혁에 대한 여성주의 윤리적 접근이 포함된다. 장애를 경험한 사람들 특히 장애를 경험한 여성주의자의 분석과 고민에 대해서 논의하면서, 이러한 과제와 쟁점을 다룰 때 이들이 반드시 포함되어야 한다는 것을 보여 주고자 한다. 나는 이 장에서 여성주의 윤리학은 장애인의 통찰력을 필요로 하며, 장애인은 여성주의 윤리학을 필요로 한다는 입장을 제시한다. 장애 윤리학과 정치학에 관련된 사람들 중 일부는 여성주의 윤리학을 이미 실천하고 있으며, 더 많은 여성주의 윤리학자들이 장애의 윤리학을 실천해야 한다는 것이 나의 생각이다.

7장은 어떻게 보면 수수께끼 같은 주제를 다루고 있다. 몸을 초월하는 이야기이다. 많은 장애인에게는 그것이 매일의 일상과 관련된 실질적인 문제이다. 여성주의자들은 보통 몸을 초월해야 한다는 생각을 거부해 왔다. 이는 철학과 종교가 몸을(특히 여성의 몸을) 비하하는 것에 대한 반응이기도 하고, 몸에 대한 여성주의 이론이 신체적 고통의 경험을 충분히 다루지 못하고 있기 때문이기도 하다. 이 장에서 나는 통증, 질병, 신체적인 한계를 갖고 살아가기 위한 전략을 몇 가지 설명한다. 이러한 전략은 나 자신의 경험과 다른 장애인의 글을 통해 알게 된 것이다. 여성주의에서 몸을 보다 완전하게 이해한다면 초월이라는 개념을 받아들일 수 있을 것이라고 생각한다.

1장 누가 장애인인가? 장애를 정의하기

장애를 어떻게 정의해야 하는지에 대한 물음은 분석적인 작업을 시작할 때에만 등장하는 것이 아니다. 장애에 대해 관심을 갖기 시작하자마자 우리는 장애를 정의하는 문제에 부딪치게 된다. 예를 들어, 장애를 가진 사람은 얼마나 되는가? 전 세계의 장애발생추정률과 각 국가 내의 장애발생추정률이 통계마다 다르게 나타난다. 이는 장애와 관련된 정보를 모으는 방법뿐만 아니라, 무엇이 장애라는 개념을 구성하는지에 대한 생각도 저마다 다르기 때문이다. 장애를 정의하는 문제는 수없이 많은 현실 상황에서 나타나며, 사회 정책에 영향을 끼치고, 장애를 가진 사람들의 삶에 막대한 영향을 미치는 결과를 낳는다.

장애인에 대한 지원이 이루어지는 사회라면, 정부 부처와 공공서비스 기관에서 공식적으로 채택한 장애의 정의에 따라 사람들이 많은 형태의 지원을 받을 법적·실질적 자격이 있는지가 결정된다. 이러한 지원에는 교육·훈련·재교육을 받을 수 있는 경제적 지원, 이동을 위한 휠체어 또는 의사소통을 위한 컴퓨터 등 보조기기 지원이 해당된다. 그리고 주택 개조 및 차량 개조, 신변 처리와 가사 업무를 위한 보조인력 고용,

심지어 약과 붕대 같은 의약품 구입도 마찬가지다. 실업 상태에 있는 장애인이 식료품을 사거나 주거공간을 마련하는 데 필요한 기초적인 지원도 이러한 지원에 포함된다. 또한 장애에 대한 정의는 접근 가능한 집과 특별한 형태의 이동수단을 받기 위한 자격, 심지어 사소해 보이는(하지만 실제로는 중요한) 장애인용 주차장 사용권을 얻기 위한 자격도 결정한다.

사회적으로 합의된 장애의 정의는 친구, 가족, 직장동료들이 가진 장애에 대한 인식을 결정한다. 가장 가까운 사람들이 그 사람이 가진 장애를 어떻게 인식하는지는 중요하다. 단지 그들의 도움이나 이해를 받기 위해서뿐만 아니라 장애인으로서 자기 삶을 인정받고 확인받기 위해서이기도 하다. 이러한 인정은 지역사회 내에서 사회적·심리적으로 정착해서 살아가는 데 필수적인 부분이다. 확실한 진단을 받지 못한 채 몸이 쇠약해지는 사람을 친구들이나 가족들마저 방치하는 일이 흔하다. 주변 사람들은 그 사람이 증상을 꾸며 내고 있거나 정신적으로 문제가 있고, 적절한 치료를 받는 것을 꺼린다고 생각할지도 모른다. 자신의 장애를 인정받지 못한 사람들은 종종 정상적인 척해야 하고, 아무 문제도 없는 듯 계속 일해야 하거나, 불필요한 정신과적 치료를 견뎌 내야 하는 등의 압박을 받는다.

정치적 목적을 위해 장애인을 조직하는 사람들에게도 장애를 정의하는 문제는 중요하다. 그들은 장애인의 권리에 대한 인식을 넓히고 공공장소에 대한 접근성을 높이고 취업 기회를 늘리기 위한 활동을 한다. 이러한 활동을 하는 집단 안에서도 새로운 범주의 사람들을 받아들이는 것에 대한 갈등이 있어 왔는데, 최근 몇 년간 이런 갈등이 더 심해졌다. 예를 들어 에이즈(후천성면역결핍증)를 가진 사람이나 근육통성 뇌척수염같이 몸을 쇠약하게 하는 만성적 질병을 가진 사람들은 장애인 집단 안에서 인정받기 위해 투쟁했다. 이들은 자신들도 장애인이고 비슷한 요구사항과 어려움을 공유하며, 유사한 형태의 모욕과 차별, 불신, 배제로 고통받는다고 주장한다.

장애에 대한 정의는 사람들의 자아정체성에도 영향을 미친다. 스스로를 장애인으로 인식하고, 장애를 가진 다른 사람들과 자신을 동일시하며, 그들의 경험을 알게 되는 것은 모두 자기 스스로의 경험을 이해하고 해석하는 데 도움이 된다. 그리고 혼자만의 개별적인 문제라고 생각했던 것이 자신에게만 일어나는 일이 아니라는 것도 알게 된다. 하지만 장애인으로 정체화하게 되면 대부분의 사회에서 심각한 낙인이 따라온다. 그리고 장애인으로 규정된 사람은 낙인 찍힌 집단의 구성원으로서 그 사람에게 투사되는 고정관념과 비현실적 태도, 편견에서 오는 문제를 경험할 수밖에 없다.[1]

장애를 좀더 고민해서 정의하게 되면 장애에 대한 우리의 생각이 분명해지고 오해와 잘못된 고정관념이 드러난다. 사람들이 떠올리는 전형적인 장애인의 모습이 있다. 예를 들어 사고로 인해 손상을 입어 양쪽 다리가 마비되었지만 여전히 혈기왕성하고 젊고 건강한 남성 또는 맹인이면서 교육을 통해 핸디캡을 '극복'하여 직업적으로 성공하였으며 젊고 건강한 여성을 떠올리는 것이다. 그러나 사실 캐나다와 미국, 영국에서는 관절염, 류머티즘, 심장 및 호흡기 질환, 뇌졸중, 파킨슨병,

---

1 낙인에 대해 가장 자주 언급되는 글은 어빙 고프먼이 1963년에 쓴 책 『스티그마: 손상된 정체성의 관리에 대한 소고』(Erving Goffman, *Stigma: Notes on the Management of Spoiled Identity*, New York: Simon and Schuster)이다[『스티그마: 장애의 세계와 사회 적응』, 윤선길 외 옮김, 한신대학교 출판부, 2009]. 나는 이 책이 장애인들을 굉장히 무시하는 자세를 취하고 있다고 생각한다. 고프먼의 견해에 대해서는 3장에서 논의할 것이다.

고혈압, 간질이 장애의 주요 원인이다. 이런 나라들에 사는 많은 장애인들은 나이 들었고 건강하지도 않다.[2]

UN의 정의

장애에 대한 UN의 정의[3](I.c. 6~7)는 널리 이용된다. 장애운동가들과 장애인의 권리 증진을 위해 애쓰는 사람들이 이 정의를 선호하는 경향이 있다.[4] UN에서는 손상impairment, 장애disability, 핸디캡handicap을 구분하여 아래와 같이 정의한다.[5]

2 Health and Welfare Canada and Statistics Canada, *The Health of Canadians: Report of the Canada Health Survey*, Ottawa: Minister of Supply and Services Canada, 1981; Statistics Canada, *The Health and Activity Limitation Survey*, Ottawa: Minister of Supply and Services Canada, 1986 and 1991; Andrew M. Pope and Alvin R. Tarlov eds., *Disability in America: Toward a National Agenda for Prevention*, Washington DC: National Academy Press, 1991; Mitchell P. LaPlante, *Disability Statistics Report 2: Disability Risks of Chronic Illnesses and Impairments*, Washington DC: National Institute on Disability and Rehabilitation Research, U.S. Department of Education, 1991; Michael R. Bury, "Disablement in Society: Towards an Integrated Perspective", *International Journal of Rehabilitation Research* 2(1), 1979, pp.33~40.

3 U.N. Decade of Disabled Persons 1983-1992, *World Programme of Action Concerning Disabled Persons*, New York: United Nations, 1983.

4 Beatrice A. Wright, *Physical Disability: A Psychosocial Approach*, New York: HarperCollins, 1983, pp.10~12; Michelle Fine and Adrienne Asch eds., *Women with Disabilities: Essays in Psychology, Culture and Politics*, Philadelphia: Temple University Press, 1988, pp.5~6.

5 세계보건기구(WHO)에서는 1980년에 손상·장애·핸디캡의 국제분류(International Classification of Impairments, Disabilities, and Handicaps; ICIDH)를 만들었으며, 이 분류체계는 이 책이 출판된 이후 큰 변화를 거쳤다. 1997년에 ICIDH-2가 나와 장애를 손상, 활동제한, 참여로 광범위하게 설명하여 핸디캡이라는 용어를 피하고, 장애에 대한 광범위한 사회적 접근을 제시했다. 이에 기반해 2001년에는 기능성·장애·건강에 대한 국제분류체계(International Classification of Functioning, Disability and Health; ICF)가 정립되었다. 기능성(functioning)이라는 말은 "신체의 모든 기능", "활동", "참여"를 포괄하고 있으며, 장애(disability)는 "손상"(impairment), "활동제한"(activity limitation), "참여제약"(participation restriction)을 포괄하는 용어로 이용되었다. ICF는 환경적 요소들도 기술하고 있으며, 건강에 대한 폭넓은 정의 또한 채택하여 장애와 질병이 모든 사람의 삶에 다양하게 나타난다고 이해한다. ICF는 의학적 모델에 기반한 국제 질병 분류체계(International Classification of Diseases; ICD-10)와 병용된다(WHO, 2001). ─옮긴이

손상 : 심리적·생리적·해부학적 구조나 기능의 손실loss 또는 비정상
abnormality을 뜻한다.

장애 : 인간에게 정상적이라고 여겨지는 범위 내에서 또는 정상적으로
여겨지는 방법으로 어떤 활동을 수행하는 능력의 제약restriction
이나 결손lack을 뜻한다.

핸디캡 : 손상이나 장애로 인해 개인에게 주어진 불이익으로서 나이, 성
별, 사회문화적 요인에 맞는 정상적인 역할을 수행하지 못하거
나 방해받는 것을 뜻한다.

그러므로 핸디캡은 장애인과 주변 환경의 관계에 따라 작용한다. 다른 시민들은 이용 가능한 사회의 다양한 제도에 접근하는 것을 막는 문화적·물리적·사회적 걸림돌을 마주할 때 핸디캡이 생긴다. 따라서 핸디캡은 다른 사람들과 같은 수준으로 지역사회에 참여할 수 있는 기회를 잃거나 기회가 제한되는 것을 의미한다.[6]

UN의 정의에는 두 가지 좋은 점이 있다. 첫째로 이 정의는 일반적인 사회에서 언제나 장애로 인정되지는 않는 여러 상태를 포함할 수 있을 정도로 광범위하다. 예를 들어 크론병Crohn's disease 같은 만성질병이 여기에 해당한다. 이 병은 활동을 제한하지만 그렇다고 해서 즉시 알아볼 수 있는 장애를 만들어 내는 것은 아니다. 이 장의 뒷부분에서 UN 정의가 가지고 있는 이러한 측면을 다시 다룰 것이다. 둘째로 핸디캡에

---

6 U.N. Decade of Disabled Persons 1983-1992, *World Programme of Action Concerning Disabled Persons*, 1983.

대한 UN의 정의는, 장애인이 무엇인가를 하지 못할 때 그 주된 이유가 개인적인 것이 아니라 사회적인 것일 수 있다는 점을 분명히 한다. 그러한 사회적인 이유는 기회의 부족, 접근성의 부족, 서비스의 부족, 빈곤이나 차별 등이며, 실제로 종종 그런 일들이 일어난다. UN 정의의 이 두번째 측면은 장애인 집단을 지지하는 사람들에게 호소력을 갖는다.

그럼에도 UN 정의에는 몇 가지 비판할 점이 있다. 이러한 비판은 장애의 본질과 장애를 정의하는 것과 관련된 문제를 다루는 데 실마리를 던져 준다. 먼저 "손상", "장애"에 대한 정의는 구조, 기능, 인간의 신체적 능력에 대해 생물학적 또는 의학적으로 설명할 수 있는 보편적인 기준이 있다고 간주하는 듯하다. 알다시피 몇몇 보편적인 기준을 도입할 때, 우리가 그런 기준에 동의할 수만 있다면 중요한 장점이 있게 마련이다. 하지만 "정상적인" 신체 구조나 기능, 어떤 활동을 수행하는 "정상적인" 능력이란 모두 정상성에 대한 기준이 만들어지는 그 사회에 따라 어느 정도 달라진다. 예를 들어 나는 일주일에 여러 차례 1km가 안 되는 거리를 걸을 수 있지만, 그 이상은 힘들다. 내가 속한 사회에서는 대부분의 사람들이 일상생활에서 그 거리 이상을 걷지 않아도 되기 때문에 나는 심각한 정도의 장애를 가진 것이 아니다. 하지만 여성들이 물을 길어 오기 위해 매일 두 차례 수 킬로미터를 걸어야 하는 동아프리카 같은 사회에서는 내가 훨씬 더 심한 장애를 가진 사람이 될 것이다. 그런 사회에서는 단지 내가 장애가 심하다고 여겨질 뿐만 아니라, 사실 기본적인 일상생활을 하기 위해 지속적인 도움이 필요할 것이다. 캐나다 서부 지역의 도시에서는 정상적인 능력이 케냐의 농촌에서는 정상적이거나 적절한 능력이 아닌 것이다.

신체 구조, 기능, 능력의 기준이 사회에 따라 달라질 수 있음을 인식하지 못하는 것은 장애를 가진 사람들에게 위험할 수 있다. 기술적 자원이 부족하고 산업화가 덜 된 사회나 시골 지역의 많은 사람들이 그곳에서 살아가고 사회생활에 참여하기 위해 사실상 특별한 도움을 필요로 할지라도, 만약 고도로 산업화된 사회에 있는 사람들이 만든 기준이 채택된다면 그들은 장애가 없는 것으로 여겨질 것이다.

한편 손상과 장애의 정의는 어떤 사회에서는 너무 상대적일 수 있다. 한 사회에서 대부분의 사람들이 만성적으로 영양부족에 시달린다면, 그 사회에서 "정상적인" 기능의 기준이 너무 낮아지게 되어 굶주림이 만들어 낸 광범위한 장애의 문제를 덮어 버릴 것이다. 여자아이들에게 행해지는 성기절제 문제 역시 우리를 불편하게 한다. 다수가 그 관습을 승인하고 대부분의 여자아이들이 성기절제를 당하는 사회에서는 클리토리스나 다른 외부 생식기관(절제 방식에 따라 다르다)을 갖고 있는 여자아이가 비정상적으로 여겨질 것이다. 그러나 성기절제는 여성이 성적 즐거움을 누릴 수 있는 능력을 줄이거나 없앨 뿐만 아니라, 종종 심각한 감염, 쇼크, 출혈, 만성적인 육체적·정신적 건강 문제를 일으킨다. 따라서 나는 여성의 정상적인 신체 구조와 기능에 대한 그러한 사회의 기준을 다른 사회에서 비판 없이 받아들여야 한다고 생각하지 않는다. 그것은 성기절제로 인해 삶과 건강, 그리고 성 자체가 사라질 위험에 처해 있는 여성들을 배반하는 일이라고 생각한다.[7]

7 성기절제를 없애기 위한 아프리카 여성들의 노력에 대한 자세한 이야기와 나이지리아 여성들이 성기절제로 인해 장애를 갖게 된 결과에 대한 세부적인 설명을 알고 싶다면 Ntiense Ben Edemikpong, "We Shall Not Fold Our Arms and Wait: Female Genital Mutilation", eds. Diane Dreidger and Susan Gray, *Imprinting Our Image: An International Anthology by Women with Disabilities*, Canada: Gynergy Books, 1992, pp.124~133을 보라. 여성주의자들의 도덕적 상대주의에 대해 도전하며 성기절제를 다룬 훌륭한 글을 보려면 Susan Sherwin, *No Longer Patient: Feminist Ethics and Health Care*, Philadelphia: Temple University Press, 1992를 보라.

아이리스 매리언 영Iris Marion Young은 "성차별 사회에서 여성들은 신체적으로 핸디캡을 갖게 된다"[8]고 말하면서, 이를 뒷받침하는 주장을 통해 신체 구조, 기능, 능력에 관하여 문화적으로 상대적인 기준이 받아들여져야 한다는 생각에 반대한다. 영은 성차별 사회에서는 신체적 능력을 발전시킬 기회와 자극의 부족, 여성스러운 몸가짐에 대한 경직된 기준, 끊임없는 대상화, 몸이 공격받는 것에 대한 위협이 뒤섞여서 대다수 여성이 가진 온전한 신체적 잠재력이 박탈된다고 말한다. 이런 사회에서 "정상적인" 여성은, "정상적인" 남성들이 갖고 있을 것으로 예상되는 힘과 기술, 움직임의 범위를 갖추지 못한다고 생각된다. 하지만 성차별이 덜한 사회에서 성장했다면 여성들도 그러한 능력을 발달시킬 수 있었을 것이다. 이렇게 상대적인 기준을 무비판적으로 받아들인다면 우리는 성차별적인 사회가 여성에게 신체적인 불이익을 주는 방식들을 간과하게 될 것이다.

그러므로 UN 정의에 쓰인 손상과 장애에 대한 사회적이고 문화적인 상대성을 부정하는 것도, 받아들이는 것도 문제가 있어 보인다. UN의 정의는 능력에 대한 기준의 상대성을 인식하고 있는 것 같지만 "인간에게 정상적으로 여겨지는 범위 내에서 또는 정상적으로 여겨지는 방법으로"라는 표현을 사용함으로써 그 기준을 보편화하려는 시도를 한다. 안타깝게도 그것은 장애의 상대성에 대해 실제적으로 인식하는 것이 아니다. 그 말에 따르면 나만큼만 걸을 수 있는 케냐의 여성은 여전히 걷는 능력에 장애가 있다고 여겨지지는 않을 것이다. 왜냐하면 그

---

8 여기서 영은 UN에서 정의한 개념의 "핸디캡"을 쓰는 것이 아니다. 그녀는 해부학적 구조(예를 들어 근육 발달), 기능(예를 들어 힘의 강도), 신체적 능력의 범위, 그것들과 관련된 차별을 포함하기 위해 "핸디캡"을 쓴 것이다.

정도의 걷기 능력은 세계적으로 정상이라고 여겨지는 범위 안에 들어오기 때문이다. 또한 UN은, 대다수의 사회구성원들에게 건강과 적절한 신체 기능에 대해 너무 낮은 기준을 제시하는 사회를 비판하기 위한 근거가 될 만큼 그 기준을 충분히 보편화하지도 않는다. UN 정의에 의하면 그러한 사회에서 사용되는 기준은 여전히 "인간에게 정상적이라고 여겨지는 범위" 안에 들어갈 수 있다.

철학자 론 애먼슨은 장애를 "인간의 기본 능력이 결여된 것"으로 정의하자고 제안한다.[9] "인간의 기본 능력"은 팔을 들어올리고, 일어서고, 주위 환경을 보고 들을 수 있으며, 낮에 몇 시간 동안 깨어 있고, 이유 없이 피곤함을 느끼지 않으면서 활동적인 상태를 유지하는 능력을 말한다. "생의학적인 관점에서 보면 이런 행동은 인간이라면 일반적으로 할 수 있는 것이다(나이와 성별sex에 따라 그 정도는 달라진다)." 상식을 바탕으로 하여 (또 생의학적 기준에 따라) 장애의 개념을 보편화하려는 것은 매력적인 시도이다. 하지만 우리가 "얼마나 잘해야 하는가?", "얼마나 많이 해야 하는가?"라고 묻는다면 인간의 기본 능력이라는 개념은 그다지 분명하지 않다. 기본 능력을 가지려면 얼마나 잘 보고 잘 들을 수 있어야 하는가? 얼마나 오래 서 있을 수 있고 얼마나 빨리 걸을 수 있어야 하는가? 달리는 것은 인간의 기본 능력인가? 우리가 능력을 논하고 있는 개인의 환경에 대해 먼저 묻지 않고는 이런 질문에 답할 수 없다. 능력이 얼마나 되어야 기본적인 능력을 갖춘 것인가라는 물음은 특정한 물리적·사회적 환경 속에서 일상생활의 과제를 수행하기 위해 얼

---

9 Ron Amundson, "Disability, Handicap, and the Environment", *Journal of Social Philosophy* 23(1), 1992, p.108.

마만큼의 능력이 필요한지에 따라 달라진다. 능력이 얼마나 되어야 정상적으로 여겨지는가라는 물음처럼 말이다. 예를 들어 수도시설이 안 되어 있고, 날씨는 추워지는데 중앙난방이 되지 않고, 요리를 할 때마다 불을 때야 하고, 모든 옷을 손으로 빨아야 하는 곳에서 산다면, 더 많은 힘과 체력이 필요할 것이다. 그런 환경에서라면 나는 무력하고 적합하지 않은 사람으로 여겨질 것이고, 실제로 그런 곳에서 살기 위해 필요한 기본 능력의 대부분을 갖추지 못하고 있을 것이다.

인류의 생의학적 전형이라고 여겨지는 기준에 기대 보는 것도 이런 질문을 해결하는 데 도움이 되지는 않는 것 같다. 생의학적으로 동일한 사람들이 다른 개인능력을 갖는 경우도 있고, 같은 개인능력을 갖고 있는 사람들이 생의학적으로는 서로 다른 경우도 있기 때문이다. 안경, 보청기, 좋은 의수義手 및 기타 의학기술 물품은 어떤 사람들의 능력을 극대화한다. 반면에 신체적으로 같은 조건이지만 그런 의학기술에 접근할 수 없는 사람들은 상대적으로 능력이 부족해진다. 도수가 높고 완벽하게 시력을 교정해 주는 렌즈를 낀 사람은 눈이 좋아서 교정하지 않은 사람과 같은 시력을 가지고 있을 것이다. 우리는 이들을 혹은 이들의 시력을 생의학적으로 같다고 말할 것인가? 물론 한 사람이 장애가 있는지를 물을 때 우리는 그 사람의 생물학적 특성이 인간의 전형적인 특성인가 아닌가만을 고려할 수 있다. 하지만 애먼슨은 그렇게 하지 않을 것 같다. 그가 지적한 대로 비전형적이고 심지어 병리적인 생물학적 상태가 반드시 장애를 갖게 하는 것은 아니며, 그것이 항상 기본 능력에 악영향을 끼치는 것도 아니다. 어떤 능력이 기본적인가라는 물음에 대한 답은 어떤 능력이 정상적인가라는 물음과 마찬가지로, 상당 부분 그 능력이 발휘되는 사회환경에 달려 있다는 문제에 직면하고 있다.

이것이 개인의 신체 구조, 기능, 능력이 주어진 환경에 따라 약점이 될 수도 있고 아닐 수도 있다는 주장과 같은 의견은 아니다. UN 정의를 제정한 이들과 다른 사람들처럼[10] 애먼슨은 "장애"를 "핸디캡"과 구분한다. 그는 "핸디캡"을 "개인의 (생의학적) 장애와 그가 처한 특정 환경 간의 상호작용에 따라 개별적으로 겪게 되는 기회 손실"이라고 정의한다.[11] 이것을 나의 가장 최근 상황에 적용해 보자. 내가 처한 환경에서 요구되는 대부분의 기본 능력이 부족하더라도, 다른 사람들이 스스로 해내는 일들에 대한 서비스를 구매할 수 있다면, 나는 여전히 꽤 잘 지내고 지역사회에 활발하게 참여하며 가치 있는 기회를 많이 누릴 수 있을 것이다. 곧이어 설명할 몇몇 이유들 때문에, 나는 핸디캡에 대한 애먼슨의 정의를 UN의 정의보다 선호한다.

그럼에도 불구하고 우리는 여전히 사회의 관습과 조건의 차이에 따른 신체 구조·기능·능력에 대한 기준의 상대성을 어느 정도 인식할 필요가 있다. 그렇다면 UN이 "손상"과 "장애"라고 부르는 것은 생존과 사회 참여를 위해 환경의 조정이나 직접적인 보조를 필요로 하는 개인들을 규정하는 데 유용하고 정확한 개념일 수 있다. 다른 한편으로 신체 구조, 기능, 능력에 대한 여러 사회의 기준을 다루는 문화 간 비교와 비판도 어느 정도 필요하다. 그러한 비교 작업은 한 사회의 기준을 높이고, 결국은 그 사회의 건강 수준을 높이는 데 이바지할 수 있다. 또한 병과 장애를 가진 사람들을 보호하는 것은 사회 전반의 다른 사람들에게도 이익이 될 수 있다.

---

10 예를 들어 Wright, *Physical Disability: A Psychosocial Approach*를 보라
11 Amundson, "Disability, Handicap, and the Environment", p.111.

내가 UN 정의에 대해 비판하는 다른 부분은 "핸디캡"을 정의한 방식에 대한 것이다. 이 정의는 "나이, 성별, 사회문화적 요인에 맞는 정상적인 역할"을 언급한다. 이 때문에 여성의 "정상적" 역할에 해당하지 않는 일이라면, 어떤 여성이 그런 일을 하지 못하더라도 장애가 있기는 하지만 핸디캡은 없는 것이 된다. 그러므로 이 정의에 따를 때, 예를 들어 그 사회에서 글을 읽는 것이 여성의 역할 중 핵심적인 것으로 여겨지지 않는다면, 맹인 여성이 점자로 교육받지 못하거나 활자 자료를 대신할 좋은 매체를 제공받지 못하는 경우, 지원의 부족으로 핸디캡을 갖게 되었다고 볼 수 없는 것이다. 일반적으로 여성의 사회·문화 생활 참여에 대한 기대치가 남성보다 상당히 낮은 경우 장애여성의 기회는 심각하게 제한될 것이다. UN은 이러한 장애의 정의 때문에 많은 장애여성들이 살아가는 환경에 대해 비판하지 못하게 된다.

게다가 여성의 장애는 종종 잘 인식되지 않고 여성의 재활은 최소한으로 이루어진다. 여성들은 집안일만 충분히 잘 해낼 수 있으면 된다고 기대받기 때문이다.[12] 다른 한편으로 여성의 무임 가사노동과 자원활동이 공적인 가치를 인정받지 못하는 데다가, 많은 곳에서 장애라는 것을 여전히 돈을 벌 능력이 없는 것으로 정의하기 때문에, 여성들이 전통적인 무임 노동을 수행하지 못하는 것은 장애가 있는 것으로 여겨지지 않는다.[13]

---

12 Fine and Asch eds., *Women with Disabilities: Essays in Psychology, Culture and Politics*; Nancy Felipe Russo and Mary A. Jansen, "Women, Work, and Disability: Opportunities and Challenges", eds. Fine and Asch, *Women with Disabilities: Essays in Psychology, Culture, and Politics*; Driedger and Gray eds., *Imprinting Our Image: An International Anthology by Women with Disabilities*.

13 Susan T. Reisine and Judith Fifield, "Defining Disability for Women and the Problem of Unpaid Work", *Psychology of Women Quarterly* 12(4), 1988.

더욱이 UN의 정의는 정상적인 과정에 따라 나이가 들어가면서 장애를 갖게 될 수는 있지만 핸디캡을 갖게 되는 것은 아니라고 말한다. 누군가 어떤 능력을 잃었다고 해도 그 사람의 나이에 정상적인 역할을 수행하지 못하는 것이 아니라면 "핸디캡"을 가진 건 아니라는 것이다. 하지만 한 사회에서 노인과 장애인의 운명은 서로 연결된 경향이 있다. 나이가 든다는 것은 곧 장애를 갖게 되는 것이기 때문이다. 장애인이 활동에 참여할 수 있는 자원을 거의 제공해 주지 않는 사회는 노인을 포함해 모든 장애인을 사회적으로 주변화하기 쉽고, 노인에게 적절한 역할을 극히 제한적으로 생각하여 불이익을 주기 쉽다. UN은 노인들이 사회로 인해 불필요하게 핸디캡을 가질 수 있다는 것을 인식해야 한다. 하지만 UN의 정의는 그러한 인식을 가로막는 듯하다.

나이가 드는 것이 장애를 갖게 되는 것이라는 사실을 깨달으면 비장애인이 장애인을 '타자'가 아니라 미래의 자신으로 인식하는 데 도움이 된다. 갑자기 죽지 않는 한 우리 모두는 결국에는 장애인이 된다. 우리 대부분은 아프고 움직이기 힘들거나 꼼짝할 수 없는 몸, 한때 당연하게 생각했던 활동이나 다른 사람들은 당연하게 여기는 활동을 할 수 없게 된 몸, 일상생활을 신체적 투쟁이 되도록 하는 몸으로 인생의 일부분을 살아가게 된다. 우리는 인간다움의 전형이 젊음과 건강함이라는 생각을 강화시키지 않는 방식으로 장애와 핸디캡을 이해할 필요가 있다. 모든 이들이 다양한 신체적 상태를 인정하고 수용하고 공감하도록 하는 것은 현재 장애가 있는 사람들에게 보다 많은 기회를 주는 길일 뿐만 아니라 궁극적으로 자기 자신을 받아들이는 길이다.

론 애먼슨은 노먼 대니얼스Norman Daniels가 "노약자들"frail elderly이라고 부르는 집단과 장애인을 같이 묶는 것에 반대한다. 대니얼스에 따르면 "노약자들"은 나이가 들어 감에 따라 일반적으로 생의학적 기능이 쇠퇴하는 것을 경험한다. 애먼슨은 이렇게 말한다. "몸이 약해지고 기회가 줄어드는 것이 어느 정도는 나이 듦의 자연스러운 결과이다. 하지만 장애를 노쇠함과 같이 묶는 것은 핸디캡을 인간의 자연적이고 당연한 부분으로 설명하는 잘못을 반복하는 것이다."[14]

애먼슨은 노약자들을 나이 들지 않은 장애인과 같이 묶으면 대부분의 사람들이 장애인의 기회가 줄어드는 것을 사회의 잘못이 아니라 자연스러운 것으로 여기게 될 수 있다고 우려한다. 나도 이 점을 인정한다. 하지만 나는 두 집단을 구분하기보다는 자연스럽다는 것에 숨어 있는 가정을 비판하고 싶다. 노인들이 경험하는 기회의 감소가 나이 들지 않은 장애인들이 경험하는 기회의 감소보다 더 자연적으로 일어나는 것이라고 보이지는 않는다.[15] 실제로 노인들이 다시는 결코 하지 못할 신체적 활동이 많이 있을 것이다. 하지만 이는 나이 들지 않은 장애인에게도 마찬가지이고, 이것이 두 집단 중 어느 하나라도 다른 일들을 할 수 있는 기회가 줄어들어야 한다는 것을 의미하지는 않는다. 사실상 일상생활에서 많은 제약을 당연하게 여겨 온 대다수 노인들이 이제는 경사로나 낮아진 턱같이 접근성의 발전에 따른 혜택을 누린다. 원래는 나이 들지 않은 장애인을 염두에 두고 만들어진 것인데 말이다. 만약 우리가 젊고 비장애인이며 성인인 남성에 맞추어, 또 인간다움에 대한 남성적 전형에 맞추어 환경을 구성하지 않는다면, 나이 들지 않은 장애인들

---

14 Amundson, "Disability, Handicap, and the Environment", p.115.
15 제니 모리스는 영국에서 장애를 가진 노인들이 시설에서 살아야 한다고 전제하는 점을 지적한다 (Jenny Morris, *Pride Against Prejudice: Transforming Attitudes to Disability*, Philadelphia, PA: New Society Publishers, 1991, p.128).

이 겪는 많은 걸림돌이 사라질 것이다.[16]

　나이 듦에 따른 취약함과 장애를 엄격하게 구분한다면 우리는 나이 드는 것이 장애를 갖게 되는 것이라는 통찰에서 오는 중요한 이점을 잃게 된다. 그런 통찰 덕분에 비장애인은 그들이 일시적으로 장애가 없는 것뿐이라고 인식하게 되고, 장애인이 사회생활의 모든 면에 참여할 기회를 갖는 것이 그들 자신의 직접적인 관심사가 된다. 그러므로 나는 사회적이고 정치적인 목적을 위해 장애가 나이 듦에 의해 발생했는지 아닌지를 구분하지 않는 것이 좋다고 생각한다.[17] 한편으로는 이런 이유 때문에, 다른 한편으로는 성역할에 따라 핸디캡을 다르게 적용하지 않기 위해, 나는 공신력은 덜하더라도 핸디캡에 대한 애먼슨의 정의를 UN의 정의보다 선호한다.

질병은 장애인가?

애먼슨은 질병과 장애를 분명하게 구분해야 한다고 말한다. 그는 "장애"를 "인간의 기본적 능력의 결여"라고 정의하는데, 이는 병을 가진 많은 이들에게 적용되는 듯 보인다. 그렇지만 애먼슨은 "장애에 대한 전형적인 사례를 보면 맹인 남성과 하반신마비인 여성은 특별한 의학적 치

16　애먼슨은 사회가 인간다움의 생의학적 표준을 염두에 두고 구성된다고 주장한다. 나의 사회적·물리적 환경은 아이들, 여성, 노인, 아프거나 장애가 있는 사람의 편의에 따라 구성되지 않은 것이 분명하다. 그런데 이 사람들을 모으면 그 환경에서 사는 사람의 절대 다수가 되기 때문에 나는 사회가 어떤 표준에 따라 구성되었다고 믿고 싶지 않다. 내 생각에 사회는 젊은 비장애남성이 가진 인간다움의 틀에 따라 형성된 것 같다. 나는 이 부분을 다음 장에서 더 다룰 것이다.

17　나는 어떤 목적에 따라, 장애를 가진 사람들 중 노년층을 젊거나 중년인 사람들과 구분하는 것이 적절할 수 있음을 알고 있다. 예를 들어, 자원이 매우 제한된 사회라면 앞으로 살아갈 날이 많기에 더 많은 혜택을 누릴 수 있는 사람들에게 비싼 의료적 시술을 실시하고, 더 오래 일할 수 있는 사람들에게 비용이 많이 드는 직업 재훈련을 제공하는 것이 합당할 것이다.

료가 필요하지 않다"고 말한다. "병든 사람들과 달리 장애인들은 보통 환경이 그렇게 만들지 않는 한 전반적으로 무능력한 것은 아니다."[18] 애먼슨은 두 가지 목적에서 질병과 장애를 구분한다. 첫째, 그는 가끔 의료윤리학 문헌에서 마주하게 되는 보편적인 편견, 즉 장애인들은 언제나 의학적 치료를 필요로 한다는 생각을 바로잡고 싶어 한다. 애먼슨에게는 두번째 목적이 보다 중요한데, 그는 장애인들이 신체적 조건 때문에 "전반적으로 무능력하다"는 잘못된 통념을 바꾸고 싶어 한다. 그는 "장애인이 사회적으로 낮게 평가되는 것은 많은 부분 전반적으로 무능력해 보이는 장애인의 이미지 때문"이라고 생각한다.[19]

장애를 만성질병이나 (에이즈나 암과 같이) 생명을 위협하는 질병과 구분하는 것에 우리는 얼마나 관심을 기울여야 하는가?[20] 물론 만성적이거나 생명을 위협하는 병이라고 해도 반드시 장애로 이어지는 것은 아니다. 질병 때문에 장애를 갖게 된 사람들과 질병은 있으나 장애는 없는 사람들(예를 들어 간질 환자의 경우 약을 통해 발작을 완전히 조절할 수 있고, 다발성경화증의 경우 일정한 기간 동안 병이 더 이상 진행되지 않아 장애가 될 만한 증상이 나타나지 않을 수 있다)을 구분하는 것은 유용할 수도 있다(하지만 이렇게 질병은 있으나 장애는 없는 사람들이 '불완전' 하거나 비하되는 몸을 가진 다른 사람들과 마찬가지로 불이익을 가져오는 사회적 낙인을 경험한다는 점을 알아야 한다).

18 Amundson, "Disability, Handicap, and the Environment", pp.21~22.

19 ibid., p.22.

20 애먼슨이 나와 개인적으로 이야기를 나눈 것에 따르면, 이 두 가지 사이에는 개념적인 차이가 있다. 사람들은 장애가 있지만 병은 없을 수 있고, 병이 있어도 장애는 없을 수 있다. 같은 질병이 서로 다른 장애의 원인이 될 수 있고, 서로 다른 질병이 같은 장애의 원인이 될 수 있다. 나는 이 글에서 이런 개념적 구분을 반박하려는 것이 아니고, 애먼슨이 글에서 밝힌 것처럼 실제적 구분을 강조하는 정치적 문제에 대해 논의하는 것이다.

많은 장애인들이 건강한 것 역시 사실이다. 그럼에도 나는 애먼슨이 기준으로 삼은 장애의 전형적 사례들 때문에, 질병으로 장애를 갖게 된 사람들과 장애로 인해 아프게 된 사람들의 수를 그가 낮게 추정할 수 있다고 생각한다. 북미 지역에서 실명이나 하반신마비보다 우리가 질병이라고 생각하는 관절염, 심장 및 호흡기 질환, 당뇨로 인해 장애를 갖게 된 사람들이 더 많다는 것을 고려한다면, 우리는 장애에 대해 새로운 전형을 만들어 내야 한다.[21] 게다가 척추 손상으로 인한 하반신마비나 전신마비처럼 질병 때문에 생긴 장애가 아닌 경우에도, 만성적인 통증, 피부손상을 만들어 내는 순환계의 문제, 지속적으로 재발하는 방광염을 포함해 건강상의 문제를 일으키는 경우가 매우 많다.[22]

우리가 인식해야 하는 가장 중요한 사실은 만성적인 질병 또는 생명을 위협하는 질병으로 인해 장애를 가진 사람들도 대부분 건강한 장애인들과 마찬가지로 "총체적으로 무능력하지는" 않다는 것이다. 지속적으로 많이 아픈 사람들을 일자리와 사회적 활동에서 배제시키는 경향은 다른 장애인들을 사적 영역에 숨겨 두는 것만큼 심각한 무시와 편견을 바탕으로 한 것이다. 그러므로 만성질병이나 생명을 위협하는 병

---

21 장애의 원인에 대한 통계는 나라마다 다르고 한 나라 안에서도 연령층에 따라 다양하다. 물론 장애가 어떻게 정의되느냐에 따라서도 다르게 나타난다. 나는 이 글에서 캐나다와 미국의 장애에 대한 통계를 바탕으로 서술한다. 이때 장애란 오랜 기간 동안 주요한 활동이 제한되는 것으로 정의된다 (Health and Welfare Canada and Statistics Canada, *The Health of Canadians: Report of the Canada Health Survey*, 1981; Statistics Canada, *The Health and Activity Limitation Survey*, 1986 and 1991; Pope and Tarlov eds., *Disability in America: Toward a National Agenda for Prevention*; LaPlante, *Disability Statistics Report 2: Disability Risks of Chronic Illnesses and Impairments*). 전 세계적으로 우리는 말라리아, 나병(한센병), 그리고 영양실조의 영향으로 인한 질병에 따라 장애의 유형이 매우 다르게 나타난다는 것을 볼 수 있다. 어떤 나라들에서는 이런 것들이 장애를 만들어 내는 주된 원인이 된다.

22 Jenny Morris ed., *Able Lives: Women's Experience of Paralysis*, London: The Women's Press, 1989; Robert F. Murphy, *The Body Silent*, New York: W. W. Norton, 1990.

을 가진 사람들을 위한 접근성의 문제가 고려될 필요가 있다.

만성적인 질병을 가진 사람들에게 일터에 대한 접근성을 보장하는 것은 보통 시간제로 일하며 병세에 따라 노동시간을 조정할 수 있는 유연성을 포함한다. 장애휴직과 장애보험은 종종 노동자가 아예 일할 능력이 없거나, 아니면 완전히 전일제로 일할 수 있다고 가정한다. 이로 인해 만성질병이나 삶을 위협하는 진행성 질병을 가진 사람들은 일할 수 없는 위치에 놓인다. 그들은 전일제 근무를 할 수 있다고 보여 주기 위해 참을 수 없을 정도로 스스로를 밀어붙여야만 하거나, 일을 계속하고자 하는 마음이 강할 때에도 일할 수 없다고 거짓말을 해야 한다. 직장 동료들이 질병, 특히 죽음에 이를 수도 있는 질병의 현실을 보고 싶어 하지 않기 때문에 이러한 사람들이 일자리를 찾기는 더욱 어렵다. 에이즈를 가진 사람들이 할 수 있을 때까지 일을 계속하기 위해 싸우면서 최근 이런 문제가 더욱 두드러지게 되었다. 나는 이 문제를 다음 장에서 더 깊이 있게 다룰 것이다. 여기서 주목할 점이 있다. 우리가 "건강한 장애인"이라고 부를 만한 집단에게는 시간의 유연성 문제가 중요하지 않을지도 모른다. 하지만 매우 많은 장애인들이 건강 문제 또한 가지고 있고, 병을 가진 사람들 중 다수가 질병으로 인해 장애가 생긴다. 따라서 장애인이 일할 기회를 갖는다는 접근성의 관점에서 이 문제를 인식함으로써 공통된 목표를 만들어야 한다.

장애인권 운동집단 중 일부가 초기에 질병이 있는 사람들을 장애인의 범주 안에 포함시키는 데 반대한 것은 질병의 낙인, 특히 에이즈나 암처럼 심각한 질병의 낙인을 추가로 갖고 싶지 않기 때문이었을 것이다. 이는 이해할 만하다.[23] 신체적 장애가 있는 사람들은 정신적으로 장애가 있는 것은 아니라고 자주 주장한다. 대부분의 사회에서 심리적 장애psychological disabilities나 발달 장애developmental disabilities가 있으면 낙인이 더해지기 때문이다. 물론 이 두 경우 모두 의미 있는 주장이라고 할 수 있다. 장애인이 모든 면에서 장애가 있는 것은 아니라는 점에서 그러하다. 농인이나 하반신마비인 사람이 다른 면에서는 건강할 수 있고, 뇌병변 장애가 있다고 해서 발달 장애를 가진 것은 아니다. 그럼에도 많은 장애인들은 아프기도 하고, 신체적 장애가 있는 많은 사람들이 발달상의 장애나 심리적 장애도 동시에 가지고 있다.

내가 근육통성 뇌척수염을 갖게 되면서 장애와 질병을 구분하는 것이 갖는 한계점에 민감해진 것 같다. 나는 만성적으로 아프고, 또 가끔씩은 내가 할 수 있는 활동의 양이 건강한 사람들의 활동보다 훨씬 제한된다는 점에서 삶에 "전반적으로 영향을 미치는" 장애를 갖고 있다. 특히 때때로 어떤 상황에서는 장애가 더욱 심해진다(예를 들어 어떤 날에는 팔에 너무 힘이 없고 통증이 심해서 칠판에 글씨를 쓸 수도 없고 묵직한 문을 열 수도 없고 아무것도 들 수가 없다). 나는 심리적인 장애도 경험해왔다. 내 병은 육체적 피로뿐만 아니라 심한 정신적 문제도 일으키고 우울증을 낳기도 했다(특히 발병 초기 2년간 그랬다). 집중력도 떨어지고 단기 기억력에 문제가 생겨서 대화 중에 적절한 단어를 고르거나 심지어 가까운 친구들의 이름을 기억하는 것도 어려워졌다. 병이 계속 진행되면서 심리적 증상은 보다 약한 형태로 이따금씩 나타난다. 근육통성 뇌척수염을 갖고 있는 사람들은 공통적으로 이런 증상들이 되풀이되는 경험을 한다. 어떤 사람들은 이 증상이 정신병리학적 원인 때문이기보

---

23 Carol J. Gill, "Continuum Retort — Part II", *The Disability Rag and Resource*, March/April **1994**를 보라.

다는 신체적 원인 때문이라고 강조한다. 이렇게 말하는 것은 정신병리학적 장애의 낙인을 피하기 위한 것이 아니라(혹은 피하기 위한 것뿐만이 아니라), 우리에게 아무 도움이 안 되는 정신과 진단을 피하기 위해서이다. 효과 없는 심리치료를 시도하면서 정작 우리가 필요로 하는 치료를 받지 못하게 할 수 있기 때문이다. 그럼에도 근육통성 뇌척수염은 신체적 장애와 심리적 장애를 모두 만들어 낸다. 나는 그렇게 복합적인 경험을 하면서 장애를 정의하는 데 가장 중요한 것은 사람들이 살아가고 사회에 기여하려고 할 때 부딪치는 어려움을 밝혀내는 것이라고 생각하게 되었다.

장애는 어떻게 정의되어야 하는가?

나는 여기에서 UN이 채택했으면 하는 구체적인 정의를 추천하지는 않을 것이다. UN에서 사용하는 정의는 세계보건기구나 다른 기관의 특정한 정치적 목적에 응해야 하고, 내가 잘 모르는 복잡한 정치적 절충의 과정을 거쳐야 나올 수 있다. 내가 UN의 정의를 비판하는 것은 우리가 그 정의를 너무 쉽게 받아들이거나 모든 맥락에 적용하려고 할 때 얼버무리고 넘어가거나 놓칠 수 있는 문제들을 밝히기 위해서이다.

그럼에도 이제까지 논의한 것을 바탕으로 교육적이고도 현실적인 목적에 따라 바람직한 정의의 어떤 특성들을 요약할 수 있다. 손상과 장애에 대한 좋은 정의는, 활동을 수행하기 위한 정상적인(기능상의 제약이 없는) 능력뿐만 아니라 정상적인(손상되지 않은) 신체 구조와 기능이 물리적·사회적·문화적 환경에 따라 어느 정도 달라진다는 점을 반영해야 한다. 그리고 주어진 환경에서 살아가기 위해 어떤 활동이 필수적이고 어떤 능력이 문화적으로 가장 핵심적인지에 따라, 정상적인 능력, 정상적인 신체 구조와 기능이 영향을 받는다는 것도 반영해야 한다. 하지만 한 사회의 어떤 구성원들이 '정상적인' 구조, 기능, 능력을 정의할 때, 다른 구성원들에 비해 기득권을 가지고 있어서 그들에게 불이익을 주고 그들에 대한 학대를 감출 가능성 또한 고려해야 한다. 따라서 한 사회의 정상성에 대한 기준을 받아들이기 이전에 다른 사회와 비교하는 것이 중요하다. 만약 다른 사회들보다 기준이 낮거나 눈에 띄게 차이가 있다면, 또는 성별, 인종, 계급, 계층에 따라 기준이 달라진다면, 장애가 그 기준에 따른 것보다 더 광범위하게 나타날 가능성을 조심스럽게 살펴보아야 한다.

게다가 핸디캡 같은 몇몇 용어는 개인이 물리적·사회적·문화적 환경과 장애의 상호작용으로 인해 사회생활의 주요한 영역에 참여하는 기회를 잃는 것을 명확히 밝히는 데 유용할 것이다. 한 개인이 특정한 집단(예를 들어 나이, 성별, 계급)에 속한 경우, 사회가 이 사람에게 어떤 기회가 꼭 필요하지도 않고 저절하지도 않다고 생각한다는 사실은 그 개인이 핸디캡을 가지는지 아닌지의 문제와 무관할 수도 있다.[24] 왜냐하면 사회가 그 사람이 속한 집단 전체에게 핸디캡을 부여하는 일이 드물지 않기 때문이다. 한편, 모든 사람들이 어떤 측면에서 장애를 갖거나 사회적 불이익을 경험한다는 의견[25]을 종종 접한다고 할지라도 모든 기회의 손실이 핸디캡은 아니다. 얼마나 많은 기회의 손실이 핸디캡을 구

---

24 내가 **무관할 수도 있다고** 한 것은 어떤 기회는 아이들에게 주어지는 것이 적절하지 않으며, 어떤 기회는 사회에 의해 어떤 집단에게 주어질 수 없는 것이기 때문이다. 예를 들어 남자들이 아이를 낳는 기회를 가질 수 없는 것이 그 경우이다(어쨌든 아직까지는 말이다).

25 예를 들어 Murphy, *The Body Silent*, p.66을 보라.

성하는지를 이번 장에서 자세히 설명하지는 않을 것이다. 대신 다음 장에서 장애가 사회적으로 구성되는 양상을 통해 이것을 논의할 것이다.

일반적인 용법에서 "장애"와 "핸디캡"의 구분은 대개 남아 있지 않다. 이 구분을 제시하는 것은 사람들에게 장애인이 마주하는 많은 걸림돌이 신체적 조건의 필연적 결과는 아니라는 것을 일깨우는 교육적 기능을 갖고 있다. 그런 구분은 다른 한편으로 장애는 순전히 생물학적이고 핸디캡은 사회적 문제라는 착각을 만들어 내는 경향도 있다. 사실상 두 가지 모두 생물학적 요인과 사회적 요인의 구성물이다. 이 책에서 나는 주어진 환경에서 살아가기 위해 또는 사회생활의 주요한 영역에 참여하기 위해 필요한 활동을 수행하는 능력이 일정 부분 또는 어떤 방식으로라도 부족한 것을 "장애"disability라는 용어로 나타낼 것이다. 나는 장애가 생물학적 요인, 사회적 요인, 경험상의 요인들로 이루어진다고 가정할 것이다.

누가, 어떤 목적에 따라 장애를 정의하는가?

나는 장애가 어떻게 정의되어야 하는지를 논의하는 것은 장애를 분명하게 이해하고 궁극적으로 정책을 만들어 내기 위해 필수적이라고 생각한다. 장애를 정의하고 누군가를 장애인으로 규정하는 것은 동시에 불평등한 권력의 문제가 개입되며 어떤 사람들의 삶에 중대한 경제적·사회적·심리적 결과를 만들어 내는 사회적 행위이다. 이런 측면을 무시하는 것은 장애를 정의하는 문제에 대해 이상화된 이미지만 남겨 두는 꼴이다. 정의 내리기에 얽힌 권력이 어떻게 행사되고 작동되는지를 이해하기 위해 우리는 실제로 누가, 어떤 목적에 따라 정의를 하는지, 그 정의에 해당되는 사람들에게 어떤 결과를 초래하는지를 질문해야 한다.

인종을 정의하는 문제에 대해 에벌린 브룩스 히긴보섬은 이렇게 말하였다.

성이나 계급처럼 인종은 차이에 대한 인식에 바탕을 둔 사회적 구성물로 보아야 하며, 한 집단이 다른 집단들과 구별됨과 동시에 다른 집단과 관련된 위치에 있음을 나타내는 사회적 구성물로 보아야 한다. 더구나 인종은 개인이 자신을 정체화하고 다른 사람을 규정하는 사회적 범주들 간의 권력 관계를 재현해 내는 개념으로 비판받아 왔다. 인종적 구분에 대한 인식은 권력의 복합적인 작용으로부터 나오고 그에 따라 변형해 간다. "자연적"이고 "적절하다"고 여겨지는 이러한 인종적 범주들은 수많은 제도적·이념적 형태로 나타나는 권력의 작동을 위해 전략적으로 필요하다.[26]

장애 정치학 내에서 집단의 위치 짓기(장애인 대 비장애인, 받아들여질 만한 몸을 가진 사람들과 거부당하는 몸을 가진 사람들)와 재현(예를 들어 불쌍한 불구자, 희망을 주는 장애인의 사례)에 대한 비판들은 인종정치학과 비교하여 볼 때 그 발달의 초기 단계라고 할 수 있지만, 히긴보섬이 인종에 대해서 얘기한 내용 중 많은 부분은 장애에 대해서도 마찬가지라고 할 수 있다. 비장애인과 장애인의 구분이 때때로 인종 간의 구분보다 더 많은 실제의 생물학적 차이에 따른 것이라고 해도, '장애인'이

---

26 Evelyn Brooks Higginbotham, "African-American Women's History and the Metalanguage of Race", *Signs: Journal of Women in Culture and Society* 17(2), 1992, pp.253~254.

생물학적 범주라는 믿음은 각 집단으로 사람들을 범주화하는 것이 가진 사회적인 기능과 부당함을 감춘다는 점에서 '흑인'이 생물학적 범주라고 믿는 것과 같다.

샬럿 멀러는 대개 장애인에게 여러 혜택과 의료서비스를 비롯하여 다양한 서비스를 제공하는 사람들이 자신들의 도움을 필요로 하는 사람이 누구인지를 정한다고 지적한다.[27] 이것은 정의를 내리는 권력이, 항상 그 정의로 인해 가장 많은 영향을 받는 사람들의 손에 주어지는 것은 아니라는 중요한 사실을 떠올리게 한다. 이 책의 뒷부분에서 나는 의료 전문가 및 관료들이 장애인인 우리에게 또는 비장애인들에게 장애인을 설명하는 인지적 권위cognitive authority[28]와 그 권위에 따른 실질적 결과를 더 깊이 있게 다룰 것이다. 여기서는 소위 '서비스 제공자'에 의해 만들어지는 장애의 정의와 장애인에 의해 만들어지는 정의 사이에 중요한 차이가 있음을 지적하는 것으로 충분할 것 같다. 많은 서비스 제공자들의 관심사는 장애를 좁게 정의해서 장애가 좀더 넓게 정의될 때보다 더 적은 사람들에게 혜택의 자격을 주는 것이다. 이러한 일의 많은 사례는 보험회사가 서비스 제공자로 관여하는 경우를 보면 알 수 있다. 장애를 가능한 한 좁게 정의해서 비싼 소송에 휘말리는 위험을 피하는 것은 명백하게 보험회사의 직접적인 경제적 이득과 관련된다.[29] 서비스 제공자가 다양하기 때문에 누가 장애인인가에 대한 혼란이 빚어질 수도 있다. 장애인들은 어떤 기관이 내린 정의에 의해서는 장애인이 되고,

---

27 Charlotte Muller, "Women and Health Statistics: Areas of Deficient Data Collection and Integration", *Women and Health* 4(1), 1979, p.43.

28 Kathryn Pyne Addelson, "The Man of Professional Wisdom", eds. Sandra Harding and Merrill B. Hintikka, *Discovering Reality*, Boston: D. Reidel, 1983.

또 다른 정의에 의해서는 장애인에 해당되지 않는 일을 종종 겪는다.[30]

누가 자기 자신을 장애인으로 정체화하는가?

스스로를 장애인으로 여기는 사람들이 모든 이들에 의해 장애인으로 규정되는 것은 아니다. 그리고 다른 사람들에 의해서 (권리를 주기 위한 목적이든, 차별을 하기 위한 목적이든, 그 밖의 다른 목적에서든) 장애인으로 규정되는 모든 사람들이 스스로를 장애인으로 여기는 것은 아니다. 이런 사실을 염두에 두는 것이 중요하다.

한편, 자신의 몸으로 인해 굉장한 신체적·심리적·경제적 어려움을 겪기 때문에 스스로를 장애인으로 정체화하는 많은 사람들이 공공기관 종사자들 또는 의료 전문가들에게는 장애인으로 여겨지지 않는다. 장애가 되는 그들의 상태를 인정하지 않기 때문이다. 이들은 종종 장애인으로 인식되기를 간절히 바라는데, 사회가 그들에게 건강한 비장애인처럼 행동하기를 끊임없이 기대하고, 그들의 어려움을 인정하거나 지원하려 하지 않기 때문이다. 예를 들어, 골반내감염pelvic inflammatory

---

29 한편, 이윤을 목적으로 건강관리와 치료를 제공하는 사람들에게는 "건강"을 좁게 정의해서 가능한 한 많은 사람들이 스스로 그 서비스가 필요한 것처럼 생각하도록 하는 것이 이득이 된다. 이것은 '체력 단련'(fitness) 센터를 홍보하고 운영하는 것뿐만 아니라 비정통의학 또는 대체의학에서 부추기는 태도에서도 분명히 나타난다. 여기서 "건강"은 계속해서 먼 목표이다. 그런 서비스 제공자와 특정한 문제에 대해 상담을 하는 사람들은 (새로 알게 된 기준에 따라) 그 전에 느끼고 상상했던 것보다 스스로가 훨씬 더 많이 아픈 것처럼 믿게 될 수도 있다. 그럼에도, 이런 업종 종사자들에 의해 장애인으로 규정되거나 스스로 장애인으로 규정하게 된 사람들의 수가 상당히 늘어난다고 생각하지는 않는다. 왜냐하면 장애로 인한 낙인이 너무 심해서 아픈 사람들 대부분이 장애인으로 정체화하는 것에 강한 거부감을 갖기 때문이다.

30 이에 대한 주목할 만한 사례가 『뉴스위크』(*Newsweek*)에 의해 보도되었다(1992년 2월 3일자, 57쪽). 미국은 학군에 따라 학습장애가 어떻게 정의되는지에 상당한 차이가 있으며, 이는 학습장애 아이들을 돕는 데 쓸 수 있는 자원에 따라 어느 정도 달라진다.

disease, PID은 어떤 여성들에게 심각하고 지속적인 장애를 일으킨다. 골반염이 있는 여성들은 극심한 복통을 갖고 사는 것 외에도 종종 정신과적 진단을 받고 가족과 친구들의 회의적인 반응을 견뎌야 한다.[31]

물론 장애와 관련된 사회적 낙인을 원하는 사람은 아무도 없다. 하지만 이미 지적한 바대로, 장애에 대한 사회적 인식이 의사, 공공기관, 보험회사, 자선단체, 그리고 종종 가족과 친구들로부터 받을 수 있는 실질적인 도움을 결정한다. 게다가 장애를 가진 것으로 다른 사람들에게 제대로 규정된다면 몸에 대한 자신의 경험이 (최소한 어느 정도는) 사회와 주변 사람들에게 인정받을 수 있다. 장애의 경험을 부정당하는 것은 외로움과 고립감을 느끼게 하고, 절망하게 하는 중요한 이유가 된다.[32] 더욱이 장애를 가진 많은 사람들에게 장애인으로서의 정체성은 매우 중요한 정치적 의미를 갖는다. 그들은 장애에 대한 사회적 억압을 공유하고 그것에 대항해 함께 싸워 가는 집단의 구성원인 것이다.

한편 다른 사람들이 장애인으로 여길지라도 스스로를 장애인으로 규정하지 않는 경우에도 여러 이유가 있다. 첫째, 장애는 많은 사람들이 가능하면 피하고 싶어 하는 낙인을 가져다준다. 장애아들은 대부분의 비장애인들이 장애인을 어떻게 대하는지에 대한 정보를 접하지 못하고 지내 왔기 때문에 자신들이 낙인 찍힌 집단의 구성원이라는 생각을 받아들이는 데 시간이 걸린다. 비장애인으로 살다가 나중에 장애를 갖게 된 사람들도 그러한데, 그들은 비장애인들이 보편적으로 갖고 있는 장애에 대한 고정관념을 여전히 갖고 있을 것이다. 그들은 장애를 총체적

31 Maureen Moore, "Coping with Pelvic Inflammatory Disease", eds. Frances Rooney and Pat Israel, *Women and Disability* (*Resources for Feminist Research* 14(1)), 1985.

32 Toni Jeffreys, *The Mile-High Staircase*, Sydney: Hodder and Stoughton, 1982.

인 것으로 생각하는 습관이 있어서 장애인은 모든 면에서 무능력하다고 믿을지 모른다. 비장애인으로 살다가 장애를 갖게 된 사람들은 자신들이 모든 면에서 무능력하지 않다는 것을 알기 때문에 스스로를 장애인으로 규정하는 것을 거부할 수도 있다. 그들이 두려움을 가질 만한 이유가 있다. 스스로를 장애인으로 규정한다면 다른 사람들이 자신을 완전히 무능력한 사람으로 여기고 남아 있는 능력을 보지 못하거나, 더 나쁘게는 일상적인 능력과 성취들을 '예외적인 것' 또는 '용감한 것'으로 생각할까 봐 두려운 것이다.[33]

사고나 부상으로부터 회복되기를 희망하거나 기대해 온 사람들, 또는 어린 시절부터 '치료되기를' 희망해 온 사람들이 있다. 이들에게 스스로를 장애인으로 규정하는 것은 건강해지거나 걸을 수 있거나 보고 들을 수 있을 것이라는 기대를 포기하는 것을 의미하고(예를 들어, 농아는 종종 어른이 되면 들을 수 있게 될 것이라고 기대한다), 남은 삶을 현재의 몸과 현재의 능력을 가진 채로 살아가리라는 전망을 받아들이는 것을 의미할지도 모른다.[34] 캐나다의 영화감독 보니 클라인은 뇌졸중으로 쇠약해지게 되었다. 그녀는 그 후 16개월 동안 자신이 장애인이라는 것을 받아들이지 않았다고 이야기한다. 보니 클라인은 휠체어를 사용하고 있었음에도 "휠체어 이용자가 접근할 수 있는 화장실이 없는 화려한 극장"을 영화의 첫 시사회 장소로 선택했다.[35]

강한 직업적 정체성을 갖고 있고, 달라진 몸으로 같은 일을 계속할

33 Wright, *Physical Disability: A Psychosocial Approach*.

34 ibid.

35 Bonnie Sherr Klein, "'We Are Who You Are': Feminism and Disability", *Multiple Sclerosis Journal* (*Ms.*) 3(3), 1992.

수 없을 것이라며 두려워하는(또는 그렇게 알고 있는) 사람들에게 장애를 받아들인다는 것은 정체성의 큰 변화를 의미한다. 중년의 나이에 암으로 투병하게 된 바버라 로젠블럼은 다음과 같이 썼다.

> 나의 직업적 정체성은 세포 조직으로까지 퍼져 있다. 나에게 일은 종교와 같은 것이다. 나는 내 삶을 일에 헌신해 왔다. 사회학자로 사는 것이 내 정체성의 중심이었는데 이제 그것을 포기해야 한다. 장애를 갖고 살아야 한다는 생각을 하면 겁이 났다. 사람들이 병원에 있는 내 기록에 "장애인 교수"라고 적지 않을까?[36]

스스로를 장애인으로 인식하면서 확실히 나의 자아정체성은 변화했고 나 자신에 대해 근본적으로 새로운 사고방식을 갖게 되었다. 나는 (그 현실이 정당하진 않지만) 만성질병에 대한 낙인이 있다는 현실을 받아들여야 했다.[37] 그리고 특히나 사람들이 여전히 내게 해내리라고 기대하는 많은 일들을 할 수 없다는 것에서 오는 수치심을 받아들여야 했다. 또한 새로운 몸, 전보다 훨씬 더 제한되고 언제나 불편한 상태인 몸을 가지고 사는 삶으로 내 삶을 다시 그려 봐야 했고, 이 달라진 생활을 가능하게 하기 위해 내 직장, 집, 관계들을 재조직해야 했다. 이 모든 일이 힘들었지만, 나의 정체성 변화의 또 다른 중요한 부분 덕분에 그 과정을 견뎌냈다. 나는 장애를 가진 다른 사람들과 이야기를 나누고 그들이 쓴

---

36 Sandra Butler and Barbara Rosenblum, *Cancer in Two Voices*, San Francisco: Spinsters Book Company, 1991, p.63.

37 아픈 것에 대한 낙인은 매우 복잡하다. 연관성을 위해 여기서 그것을 다루지 않고, 3장에서 깊이 있게 다룰 것이다.

책이나 글을 읽으면서 내게 어떤 일이 일어나고 있는지를 이해할 수 있었다. 그들은 장애에 대한 낙인이 어떻게 작용하는지, 질병과 신체적 제한을 갖고 어떻게 살아가야 하는지를 이미 알고 있었다. 그들이 쓴 글이나 책을 통해 내가 알고 싶었던 것을 배우면서 나는 나를 그들의 일부로 인식하게 되었다. 나 자신을 장애인으로 정체화하면서 나는 더 이상 혼자 힘들어한다고 느끼지 않게 되었다.

내가 장애인이라고 다른 사람들 앞에서 밝히는 것이 나 자신에게 내가 장애인이라고 인정하는 것보다 더 어려웠다. 이것은 단순히 내가 낙인을 두려워하기 때문이 아니었다. 나는 이미 만성질병의 낙인이 끼치는 심각한 영향을 겪어 왔다. 반일근무로 복귀할 수 있을 정도로 충분히 회복되었을 때도 나는 여전히 하루하루를 탈진, 통증, 메스꺼움, 어지러움과 싸워야 했고 균형을 잃지 않기 위해 지팡이를 써야 했다. 문제는 그런데도 다른 사람들에게는 내가 더 이상 많이 아파 보이지 않는다는 것이었다. 나는 힘들게 싸우고 있었는데, 사람들에게는 내가 고군분투하는 게 보이지 않았다. 그래서 내가 무척 애쓰고 있고, 예전에 했던 일들을 더 이상 할 수 없으며 언제 그 일을 다시 할 수 있게 될지조차 모른다는 것을 계속 설명해야만 했다. 나는 단지 친구들과 동료들이 나의 한계를 인식하고, 내가 받아들였던 것처럼 그 한계가 영원할 수 있다는 것을 받아들이기를 원했다. 하지만 계속해서 힘들다고 투덜대지 않고 동정을 구하지도 않으면서 눈에 보이지 않는 장애의 실체를 설명하기란 어려운 일이다. 사람들은 내가 예전의 건강과 능력을 되찾을 수 없다는 것을 믿고 싶어 하지 않았다. 나는 장애를 받아들이고 삶을 다시 설계하려고 했지만, 그들은 그것을 "희망을 포기하는" 것으로 보았고 내게 그런 태도에서 벗어나라고 말하고 싶어 했다.

게다가 내가 다른 사람들에게 장애인으로 인식되는 데는 또 다른 걸림돌이 있었다. 나는 장애를 가진 사람들의 투쟁, 특히 장애여성의 투쟁이 곧 나의 투쟁이라고 느꼈다(지금도 나는 그렇게 느끼고 있다). 그렇게 느꼈음에도 나는 내가 다른 장애인들보다 훨씬 나은 상태이기 때문에 스스로를 장애인에 속한다고 생각할 자격이 없는 것처럼 느끼기도 했다.

나는 다른 장애인들, 열악한 환경에 있는 일부 장애인들이 스스로를 장애인으로 여기지 않는다고 말하는 것을 들었다. "다른 사람들이 나보다 훨씬 안 좋은 상황인데"라고 생각하기 때문이었다. 나는 때때로 이것이 좌절, 비애, 수치감을 느끼지 않기 위해 자신의 어려움을 최소화하는 방법이라고 생각한다. 아니면 다른 사람들을 동정할 권리를 붙들고 있는 것일지도 모른다. 그렇게 함으로써 다른 사람들보다 자신이 더 강하고, 건강하고, 훨씬 '정상적인' 것처럼 느끼기 위해서 말이다. 나는 이런 태도가 장애를 가진 사람들은 완전히 무능력하고, 자기 자신을 포함해서 다른 이들을 위해 할 수 있는 게 없으며, 자선이 필요한 존재라는 고정관념에 따른 것이라고 생각한다. 이런 고정관념을 갖고 있는 사람들은 자신이 할 수 있는게 조금이라도 있다면 자존심을 지키기 위해, 그리고 자선을 피하기 위해서 자기 자신을 장애인으로 생각하기를 거부한다.

그 밖에 다른 것도 나를 힘들게 했다. 내가 스스로를 장애인으로 규정하기 꺼림칙했던 것은 나보다 더 심한 장애를 가진 상태로 살아온 사람들에 대한 경외감 때문이었다. 결국 나는 여러 대처 방법의 대부분을 그들에게서 배웠다. 내가 불편했던 것은 정상적인 몸able-bodied을 가지고 있을 당시 장애를 가진 사람들의 어려움과 내가 비장애인으로서 누린 특권을 거의 알지 못했고 이해하려고 하지 않았다는 죄책감과 부끄러움 때문이기도 했다. 나는 적절한 장애보험을 제공할 뿐만 아니라 장애를 갖고도 계속 일할 수 있는 전문직종의 경력을 아프기 전에 쌓아 두었다는 점에서 얼마나 운이 좋은지도 깨달았다.

클라인도 캐나다에서 열린 장애여성네트워크DisAbled Women's Network 모임에 처음으로 참석했을 때, 내가 느꼈던 것과 비슷한 느낌을 이야기했다.

나는 장애를 갖고 태어나지 않았고 다른 많은 사람들처럼 장애가 심하지 않아서 미안한 마음이 들었으며 정식으로 인정받지 않은 것처럼 느꼈다. 계급, 직업(장애연금도 제공해 준다), 가족과 관련한 나의 특권 때문에 죄책감을 느꼈다. 나는 장애운동의 새내기이다. 나는 아직 내 몫을 다하지 않았다.[38]

거부에 대한 두려움과 내가 느낀 창피함은 공유된 일과 경험, 상호 간의 이해라는 현실로 바뀌어 갔다. 내가 여성과 장애에 대한 과목을 가르치기 시작하고 많은 장애여성을 만나게 되었을 때, 장애여성들은 나를 그들의 일부로 대해 주고, 내가 장애운동에 기여하는 것을 반겨 주었다. 그리고 그들의 장애와 그들이 겪는 차별이 얼마나 심한지에 상관없이 굉장히 관대한 마음으로 나에게 자신들의 삶에 대해 가르쳐 주었다. 여전히 나는 내가 가진 특권을 매우 의식하고 있지만, 나 자신을 장애여성으로 부를 자격이 없다는 생각은 더 이상 하지 않는다.

38 Klein, "We Are Who You Are': Feminism and Disability", p.73.

장애 정체성에 대한 정치학

자신을 장애인으로 정체화할 것인지에 대한 문제는 논쟁을 불러일으키는 정치적 이슈가 될 수 있다. 예를 들어, 농인 사이에서는[39] 스스로를 장애인권 운동집단에 포함시킬 것인지를 두고 치열한 논쟁이 있다. 많은 농인들은 자신들이 장애를 가졌다고 여기지 않기 때문이다. 농인들은 수화[수어手語라고도 함]를 사용하고 있고 청인聽人들과 구별되는 풍요로운 문화를 가지고 있기 때문에 농인들이 모든 상황에서 장애가 있는 것은 아니라는 게 분명하다. 로저 J. 카버는 이러한 농인들의 현실에 대해 다음과 같이 썼다.

> 한 사람이 농인의 세계로 진입하면 삶의 요소로서 장애는 정말로 존재하지 않게 된다. 수화와 농인 공동체의 관습에 익숙하지 않은 청인이라면 농인의 세계에 들어가는 그 즉시 의사소통 영역에서의 무능력함 때문에 핸디캡을 경험하게 될 것이다. 이와 마찬가지로, 농인은 청인들 사이에서 비슷한 것을 느낀다. 이런 핸디캡은 다른 언어를 사용하는 외국을 방문했을 때 나타나는 것과 다르지 않다. 농인들은 다른 장애인들 속에 있을 때 편안함을 느끼지 못한다. 그들은 자신들과 같은 의사소통 수단을 사용하지 않는다. "휠체어 이용자"를 한 집단으로 모아 보자. 그들은 여전히 자신들이 가진 장애의 현실에 직면하게 된다. 이것은 맹인이나 난청인들에게도 마찬가지다.[40]

---

39 내가 여기서 다루는 글을 쓴 사람들은 스스로를 농인으로 여기는 사람들이다.

40 Roger J. Carver, "Deaf Culture or Disability?", *Transition*, December 92/January 93 1992.

의사나 재활전문가의 관점(이는 또한 대부분의 청인의 관점이기도 하다)에서 보면, 농아聾兒는 들을 수 없기 때문에 장애를 가진 것이다. 따라서 이 아이는 가능하면 청인 공동체에 속할 수 있을 때까지 자신을 '정상화'하려는 노력에 초점을 맞추게 된다. 하지만 똑같이 타당한 또 다른 관점에서 보면 이 아이는 (부모를 포함하여) 청인이 수화를 무시하기 때문에 불이익을 경험하는 것이다. 농인들, 즉 수화 공동체에서 이 아이는 이미 정상적이며 나이에 적절한 수화 능력을 갖고 있는 것으로 여겨진다. 농인이 스스로를 장애인으로 규정하고 자신들의 복지를 위해 장애인권운동에 함께할 때 이 두번째 관점의 타당성은 약해지거나 심지어 사라지게 된다.

한편 청인 대다수뿐 아니라 의학과 재활 분야의 권위자들 대부분이 농인을 장애인으로 여기기 때문에 농인들은 필요한 용품과 서비스를 얻기 위해 스스로를 장애가 있는 것으로 규정해야만 한다. 카버는 "우리의 기술 장비들이 청인의 시각에서 보면 의료기구이거나 '생활보조도구'이지만, 농인의 시각에서는 청인들이 전화기, TV, 알람시계, 초인종을 쓰는 것과 같이 매일 사용하는 일상적인 물건이다"라고 말한다.[41]

게다가 농인은 청인들에게 보통 장애인으로 인식되기 때문에 다른 장애인들이 겪는 것과 같은 방식의 대우를 받는다. 그래서 그들은 결함을 가졌다는 이유로 거부되지 않고 차이가 있는 것으로 받아들여지기를 목표로 하는 등 다른 장애인들과 몇 가지 공동의 목적을 갖게 된다.[42] 이 때문에 농인의 일부는 스스로를 장애인으로 정체화하고 장애인 조

---

41 ibid., pp.6~7, 24~25.

42 Henry Vlug, "Deaf Culture or Disability?", *Transition*, December 92/January 93 1992, pp.6~7, 24~25.

직 내에서 일하기를 원한다.

카버가 농인에 대해 말한 내용의 많은 부분은 대부분의 장애인들에게도 해당되는 것이다. 우리는 어떤 면에서만 장애를 가진 것일 뿐, 모든 맥락에서 그런 것은 아니다. 장애는 종종 주어진 상황에 따라 만들어지는 것이다. 다른 사람들이 '장애인'으로 지정된 사람의 신체적·심리적 현실에 맞추어 자기 자신이나 환경을 조정하지 못해서, 또는 그렇게 하는 것을 내켜 하지 않아서 말이다. 그리고 장애인들은 종종 몸 상태에 맞추어 뭔가를 조정하는 것을 일상적인 일로 여기고, 자신들의 삶을 평범하다고 생각한다. 전문가들이 그들을 의료적인 대상으로 취급하고, 대부분의 사람들이 장애인들은 보통 무기력하고 의존적이라고 주장한다고 해도 말이다. 이런 사실은 농인의 경우에 더욱 두드러지진다. 농인이 장애인이 아니라는 주장은 다른 장애인의 경우보다 더 일반적으로 여겨지고 더 대중적으로 알려져 있기 때문이다. 따라서 카버는 다른 장애인들의 경우 함께 모여 있을 때에도 여전히 그들의 장애를 직면하게 된다고 말한다. 하지만 이것이 전적으로 맞는 것은 아니다. 휠체어 이용자가 다른 휠체어 이용자하고만 함께 있을 때 여전히 똑같이 걷기 어려운 것이 사실이다. 하지만 걷기는 휠체어 이용자 집단 전체에게 어림없는 일이기 때문에 그러한 점이 집단의 활동에 완전히 참여하는 데 문제가 되거나 걸림돌이 되지 않는다. 장애는 농인뿐만 아니라 모두에게 맥락적으로 작용한다.[43]

43 장애의 맥락화에 대한 가장 좋은 예는 Oliver Sacks, *The Man Who Mistook His Wife for a Hat and Other Clinical Tales*, New York: HarperCollins, 1987[올리버 색스,『아내를 모자로 착각한 남자』, 조석현 옮김, 이마고, 2006]과 Oliver Sacks, "The Last Hippie", *The New York Review of Books*, 26 March, 1992를 참고하라.

그럼에도 농인들이 제기하는 문제의 상당수는 장애인들이 정치적인 조직을 만드는 데 있어서도 중요한 보편적 관심사이다. 만약 장애인이 가진 공통점이 있다면 무엇인가? 비슷한 장애를 가진 사람들은 공통점을 갖는가, 아니면 성별, 계급, 인종, 나이, 성 정체성 같은 다른 요인들이 장애를 경험하는 데 더 강한 영향력을 끼치는가? 우리 자신을 장애인으로 규정하는 것은 계속되는 고정관념과 전제의 밑바탕이 되는 인식, 우리를 근본적으로 '다른' 존재로 생각하는 인식을 스스로 강화하는 꼴인가? 그렇게 정체화하는 것은 문제의 원인이 접근할 수 없고 조정되지 않는 환경이 아니라 남들과 다른 우리의 몸이라고 여기는 관행을 영원히 지속시키는 것인가? 우리는 비장애인들과의 공통점을 강조해야 하는가, 아니면 우리의 다른 강점과 능력을 비롯하여 그들과의 차이점을 강조해야 하는가? 우리의 정치적 목표는 비장애인들과의 완전한 통합을 역설하는 것인가, 아니면 어떤 분리된 조직을 유지하고 우리의 다른 경험과 지식을 바탕으로 하여 분리된 문화를 키워 가는 것인가?

이런 고민은 결국 이 장의 주제인 "장애인"이라는 범주가 의미 있는 것인지에 의문을 제기한다. 몇몇 여성주의 작가들이 "여성"이라는 범주에 대해 불만을 제기하듯이 장애인이라는 범주가 잘못된 일반화의 산물은 아닐까?[44] 장애를 갖고 살아가는 것이 장애, 성별, 인종, 계급, 연령대, 직업에 따라 사람들마다 매우 다를 법하지 않은가? 어쩌면 너무 달라서 이들을 모두 하나의 범주 안에 묶는 것이 아무런 쓸모가 없는 것

---

44 이 문제는 여성주의 문헌에서 광범위하게 논의된다. 그에 대해 소개하자면 Elizabeth V. Spelman, *Inessential Woman: Problems of Exclusion in Feminist Thought*, Boston: Beacon Press, 1988; Susan Bordo, "Feminism, Post modernism, and Gender-Scepticism", ed. Linda J. Nicholson, *Feminism/Postmodernism*, New York: Routledge, 1990; Higginbotham, "African-American Women's History and the Metalanguage of Race"를 추천한다.

은 아닐까? 장애인이라는 범주가 차이를 감추고 다양한 경험을 완전히 삼켜 버리고는, 말 잘하고 특정한 장애를 갖고 있으며 상대적으로 특권을 누리는 백인 남성의 경험 속으로 그런 차이와 경험의 다양성을 흡수해 버리는 것일까?

파인과 애시가 말한 바에 따르면 장애에 대한 연구작업을 해온 사람들은 "단일한 개념으로서의 장애에 초점을 두었으며 장애가 사람을 규정하는 가장 '지배적인' 상태일 뿐만 아니라 장애인에게만 해당되는 독점적인 상태라고 생각해 왔다".[45] 그 결과 장애를 경험하는 데 있어서 성별의 차이는 최근에 들어서야 주로 장애여성의 글을 통해 드러나게 되었다. 그렇지만 성별에 따라 장애 경험에 주요한 차이가 있다는 것은 이미 강력한 증거가 있어 왔다.[46] 이는 더 많은 연구를 통해 인종, 계급 같은 다른 요인들이 장애를 경험하는 데 있어서 중요하다는 사실이 드러날 것이라고 예측할 만한 근거를 제시해 주었다. 이것이 우리가 "장애인"이라는 범주에 의문을 품어야 한다는 것을 의미하는가? 그렇다. 우리가 "장애인"이라는 범주를 폐기해야 한다는 것인가? 아니면 그 범주가 어떤 의미와 유용성을 어느 정도 보존하고 있는가? 파인과 애시는 그들 책의 주제인 "장애여성"이라는 범주에 대해 비슷한 물음을 던지면서 이런 해답을 제시한다.

이 글을 아우르는 바로 그 범주인 "장애여성"이 완전히 사회적 구성물로 존재한다는 사실에 주목하는 것은 역설적이다. 팔다리가 없는 여자

---

45 이것은 사회과학자들이 가진 장애의 낙인이 얼마나 강한지를 나타낸다. Fine and Asch eds., *Women with Disabilities: Essays in Psychology, Culture and Politics*, p.3.

46 ibid., pp.1~4.

아이와 지적 장애를 가진 십대와 시각 장애를 가진 여자아이, 또는 유방암을 가진 여성과 뇌졸중에서 회복된 여성이 왜 서로 조금이라도 공통점을 가져야 하는가? 그들은 성차별적이고 장애를 혐오하는 사회로부터 비슷한 대우를 받은 경험을 공유한다. 그들은 학교, 실업 문제, 분리된 여가 프로그램, 재활 센터, 법률 제도 안에서 뭉뚱그려져서 취급되었을 것이다.[47]

장애를 가진 사람들이 매우 중요한 부분에서 공통점을 지닌다는 통념이 "장애인"이라는 범주를 만들어 낸다. 장애인들이 사회로부터 받는 대우의 다양한 측면들은 바로 장애인들이 공통으로 경험하는 것이다. 이는 주로 사회적 억압으로 나타난다. 북미 지역에서 장애인들은 언어적·의료적·신체적 학대, 기본적인 교육 기회의 박탈, 성적 학대와 착취, 사회적 빈곤의 문제, 공·사 영역의 제도에 의한 괴롭힘, 직업 차별, 학교와 가정과 작업장에서 분리되는 경험 등을 겪는다. 그리고 건물·교통수난·공공시설에 접근할 수 없는 문제, 사람들이 가진 편견과 무지에 따른 두려움으로 인한 사회적 고립, 성적 존재로 여겨지지 않는 경험, 장애혐오를 드러내는 많은 미묘한 징후들, 일상적인 스트레스와 자존감의 손상도 겪게 된다. 억압받는 집단이 다 그렇듯이, 그 집단의 모든 사람들이 억압의 모든 측면을 경험하는 것은 아니다. 하지만 억압의 양상을 보면 집단 구성원들 간의 경험이 겹쳐지는 부분이 만들어진다. 또한 이들은 다른 사람들이 자신을 억압받는 집단의 구성원으로 여기기 때문에 자신에게 여러 가지 일들이 생긴다는 인식을 하게 된다. 다양한 억

47 ibid., p.6.

압의 경험을 가진 사람들은 이런 인식을 갖고 공통되는 경험을 하면서 공동의 복지를 위해 일하고, 스스로를 기꺼이 집단의 구성원으로 정체화하고, 집단이 의미 부여하는 존재로서 자신을 새롭게 만들어 간다.[48]

나는 장애를 가진 사람들 내에서의 다양성과 잘못된 일반화의 위험성에 대해 3장에서 상세히 논할 것이다. 지금은 장애를 바탕으로 한 사회적 억압이 존재하는 이상 "장애인"이 무의미한 범주는 아니라고 생각한다는 말로 충분하다. 비록 억압이 일어나는 형태, 그것을 경험하는 방식이 사회에 따라 또는 나이, 성별, 인종, 계급, 종교, 신분, 성 정체성 등의 다른 요인들에 따라 매우 다를 수 있지만 말이다. 앞으로는 장애인이라는 범주가 의미하는 것이(뭔가 의미가 있다면) 장애인들의 문화적 해석과 정치적 행동을 통해 제시되는 의미에 따라 어느 정도 달라질 것이다. 오드리 로드가 흑인 여성과 남성에 대해 말한 것처럼 말이다. "만약 우리가 우리 스스로를 정의하지 않는다면 다른 사람들에 의해, 그들의 편의에 따라, 우리에게 해가 되는 방식으로 정의될 것이 분명하다."[49]

우리는 여러 목적에 따라 장애가 정의되고, 어떤 사람들이 장애를 가졌다고 규정되는 것을 살펴보았다. 사회가 장애를 어떻게 정의하는지 누가 장애인으로 인식될 것인지는, 스스로를 장애인으로 정체화한 사람들과 정체화하지 않았음에도 꼬리표가 부여된 사람들 모두에게 심리적·사회적·경제적·정치적으로 매우 중요하다. 장애를 어떻게 정의하

---

48 린다 알코프는 우리가 "여성"을 이렇게 정의해야 한다고 제안한다. "여성은 '객관적으로 인식 가능한' 속성의 집합이 아니라 여성주의 정치학에서 나올 수 있는 하나의 입장이다"(Linda Alcoff, "Cultural Feminism versus Poststructuralism: The Identity Crisis in Feminist Theory", *Signs: Journal of Women in Culture and Society* 13(3), 1988, p.435). "장애인"을 정의하는 나의 접근 방식은 알코프의 제안에 영향을 받았다.

49 Audre Lorde, *Sister Outsider: Essays and Speeches,* Freedom, CA: The Crossing Press, 1984, p.45.

고 누가 장애인으로 인식될 것인지의 문제는 또한 한 사회가 몸을 다루
는 태도와 몸에 대해 기대하는 바를 드러낸다. 사회가 어떤 외모나 신체
기능을 낙인 찍는지 또는 '정상'이라 간주하는지, 누군가에게 어떤 활동
이 필요하고 바람직한 것으로 보는지, 성별이나 나이, 인종, 신분, 계급
에 대해 어떤 가정을 하고 있는지 등을 드러내는 것이다.

　　윤리적으로 이상적인 상황에서는 장애를 정의하는 실제적인 이유
가 단지 생활에 필요한 것을 제공받고, 잠재력을 계발할 좋은 기회를 부
여받으며, 지역사회에 참여하기 위해 어떤 자원을 받아야만 하는 사람
들을 규정하기 위한 필요성 때문일 것이다. 하지만 이런 필요는 장애인
뿐만 아니라 모든 사람에게 적용될 수 있다. 그러므로 이런 필요가 장애
에 대한 사회의 유일한 관심사일 때 "장애인"이라는 범주는 쓸모가 없
을 것이다. 자원이 필요한 사람을 규정하기에는 너무 세부적이거나 어
떤 자원이 필요한지를 규정하기에는 너무 광범위한 범주일 것이기 때
문이다. 이런 이상적인 환경에서는 "장애인"이라는 범주 자체가 아마
사라질 것이다.

2장 장애의 사회적 구성

1장에서 나는 손상이나 장애 모두 순수하게 생의학적 개념만으로 설명
될 수 없다는 것을 논의했다. 사회 구조와 사회적 기대가 장애와 손상이
존재하는지 여부에 핵심적으로 영향을 미치기 때문이다. 이 장에서는
이 논의를 더 심화하려고 한다. 생물학적인 실재로서의 장애와 사회적
으로 구성되는 장애는 딱 잘라서 구분되지 않는다. 장애를 만들어 낼 때
사회적인 것과 생물학적인 것이 상호작용하기 때문이다. 사회적 요소
와 우리 몸은 복잡하게 상호작용하며 건강과 신체 기능에 영향을 미친
다. 뿐만 아니라 어떤 상황에서 생물학적 조건이 관계 있는지 아닌지는
사회 구조에 의해 좌우된다. 장애를 만들어 내는 (혹은 예방하는) 생물학
적이고 사회적인 것의 상호작용을 나는 "장애의 사회적 구성"이라고 이
름 붙이겠다.[1]

---

1 너넷 서덜랜드(Nanette Sutherland)는 어떤 장애는 전적으로 사회적이라고 내게 지적해 주었다. 어
  떤 정신장애의 경우, 관련된 생물학적 상태는 존재하지 않은 채 처음 오진으로 인해 정신병이라는 꼬
  리가 붙여지고, 그렇게 붙여진 꼬리표 때문에 장애를 가지게 된 사람이 있다. 그럼에도 장애의 절대
  다수는 생물학적 요소들과 사회적 요소들이 상호작용하여 만들어진다.

장애인권운동가들과 장애학 학자들은 장애가 사회적으로 구성된다는 것을 20년이 넘게 주장해 왔다.[2] 나아가 여성주의 학자들은 이미 여성으로서의 경험이 사회적으로 구성된다는 견해를 장애의 사회적 구성에 적용해서 분석해 왔다.[3] (그 중에서도 파인과 애시는 최초로 이 두 종류의 사회적 구성을 분명하게 비교했다.[4]) 따라서 성별gender과 마찬가지로 장애가 사회적으로 구성된다는 나의 주장은 새로운 것이 아니다. 그럼에도 장애의 사회적 구성에 대해 많은 독자들이 새롭고 혼란스럽게 느낄 수 있으리라 생각한다. 또 장애가 사회적으로 구성된다고 말하는 사람들이 모두 같은 뜻으로 얘기하지는 않을 것이라고 생각한다. 그러므로 나의 주장이 의미하는 바를 좀더 구체적으로 설명하고자 한다.

나는 질병, 상해, 신체 기능의 문제를 직접적으로 일으키는 사회 조건들에 의해, 또한 정상성에 대한 표준을 만들고 이 표준에 맞지 않는 사람들의 완전한 사회 참여를 막는 미묘한 문화적 요소를 아우르는 것들에 의해 장애가 사회적으로 구성된다고 본다. 장애의 사회적 구성에 관계되는 모든 요소들을 여기에 일일이 거론하기는 어렵고, 내가 그 모든 것들을 알고 있다고 생각하지도 않는다. 다만 그 요소들의 범위에서 대표적인 예라고 생각하는 것들을 논의하면서 장애의 사회적 구성을 설명하려고 노력할 것이다.

---

2 린턴(Linton)과 멜로(Mello), 오닐(O'Neill)이 내린 장애학의 최근 정의에 따르면 "장애학은 사회적 현상, **사회적 구성**, 은유와 문화로서의 장애에 초점을 둠으로써 장애에 대한 연구를 재구성한다"(Simi Linton, "Teaching Disability Studies", *Disability Studies Quarterly* 14(2), 1994, p.46 인용. 강조는 웬델). 이만큼 장애가 사회적으로 구성된다는 관점은 장애에 대한 접근방식을 규정할 때 중요한 개념이다.

3 Susan Hannaford, *Living Outside Inside. A Disabled Woman's Experience. Towards A Social and Political Perspective*, Berkeley: Canterbury Press, 1985.

4 Michelle Fine and Adrienne Asch eds., *Women with Disabilities: Essays in Psychology, Culture and Politics*, Philadelphia: Temple University Press, 1988, p.6.

장애를 구성하는 사회적 요소들

첫째, 질병과 상해를 만들거나 이를 예방하지 못해서 사람의 신체에 영향을 미치는 사회 조건들은 쉽게 알 수 있다. 장애는 개인의 신체적·사회적·문화적 환경에 따라 상대적으로 달라지기 때문에, 질병과 상해로 인해 생긴 모든 신체적 상태가 반드시 장애를 가져오는 것은 아니다. 하지만 질병에 걸리고 상해를 입은 사람들이 환경 안에서 필요한 것이 있다는 점과 이들에 대한 지원이 부족하다는 점 때문에 사실상 많은 경우 장애가 나타난다. 장애가 되는 형태로 사람들의 몸을 손상시킨다는 직접적인 의미에서 보면, 많은 장애는 침입, 전쟁, 내전, 테러(전투원이든 전투원이 아니든 가리지 않고 직접적인 상해를 입힐 뿐만 아니라, 그것이 만들어 내는 혼돈 때문에 질병이 확산되고 기초생활조건이 박탈되어 장애가 생기는 것)와 같은 폭력에 의해 발생한다. 이에 더해, 총기 난사나 흉기 사용, 폭행, 강간 등 폭력범죄 역시 모두 장애를 일으키지만 보통 그러한 사건들이 사망과 같은 결과를 초래할 때만 알려지게 된다. 따라서 사회가 시민들을 해로운 범죄로부터 안전하게 보호할 수 있는지의 여부는 장애의 발생률에 많은 영향을 끼친다.[5]

식수, 식량, 의류, 피난처 등과 같은 기본 자원들이 이용 가능하고 잘 분배되는가의 여부 또한 장애 발생에 중요한 영향을 미친다. 장애를 주는 신체적 손상 대부분이 직접적으로는 영양실조 때문에 발생하며, 간접적으로는 영양실조로 인해 치명적인 병에 걸리게 되거나 이미 생

---

5 예를 들자면, 최근 미국의 주요 도시에 있는 병원의 척수병동에 입원했던 한 친구는 많은 환자들이 총상을 당해서 입원한다는 사실을 알게 됐다.

긴 손상이 지속됨으로써 발생한다. 또한 깨끗한 물을 구할 수 없어서 오염된 물을 섭취할 때 장애를 가져오는 질병이 발생한다. 여기서도 마찬가지로, 기본 자원이 부족해서 발생하는 죽음에 대해서 우리는 보다 익숙하게 접하지만 생존자들의 (보통 일생에 걸쳐 경험해야 하는) 장애에 대해서는 잘 알지 못한다.

이 밖에 다른 많은 사회 요소들이 특정 환경과 작용하여 장애를 일으키는 방식으로 사람들의 몸에 손상을 입힌다. (몇 가지만 언급하면) 위험천만한 노동 환경, 아동 학대나 방임, 낮은 공중안전 의식, 공기·물·식량의 오염에 의한 환경 파괴, 과다한 노동, 스트레스, 빈곤으로 인한 일상생활의 어려움 등이 여기에 해당한다. 사람의 몸을 손상시키는 사회적 요소들은 인종차별, 성차별, 이성애중심주의, 나이주의, 계급차별, 부와 교육에서의 불균등 때문에 대부분의 경우 특정 집단에게 더 많은 영향을 미친다.[6]

전통적 의료행위와 서양과학의 의료행위는 장애를 주는 신체적 손상을 예방하거나 구성하는 데 모두 중대한 영향을 미친다(또한 1장에서 서술한 바와 같이 장애를 정의하는 데 있어서도 마찬가지다). 임신 중 적절한 보호가 이루어지지 않고, 위험하거나 부적절한 방식으로 분만 시술이 행해질 때, 태아는 물론 산모에게도 장애를 만들어 낸다. 소아마비와 홍역과 같은 질병에 대한 예방접종은 상당한 수의 장애를 예방할 수 있다. 이미 병에 걸렸거나 부상당한 사람에게 부적절한 의료행위가 이루

---

6 미국에서 여성들이 산업재해로 인해 장애를 가지게 되는 비율을 볼 때 인종, 나이, 소득, 교육, 혼인 상태 등이 어떤 관계가 있는지에 대한 논의로는 루소와 젠슨의 논의를 참고하라(Nancy Felipe Russo and Mary A. Jansen, "Women, Work, and Disability: Opportunities and Challenges", eds. Fine and Asch, *Women with Disabilities: Essays in Psychology, Culture, and Politics*).

어질 때 불필요하게 장애를 만들어 내게 된다. 반면 모든 신체적 손상을 예방하거나 치료할 수 없는 상태에서 위험할 정도로 아프거나 다친 사람들의 생명을 보존할 수 있을 만큼 의료 기술이 발달하게 되면서 장애의 비율이 증가한다. 게다가 평균수명을 늘리는 공중보건 및 위생 수준 역시 한 사회 안의 노인과 장애인의 수를 증가시킨다. 사람의 수명이 길어지면서 나이가 들어 장애가 생길 때까지 살게 되기 때문이다.

삶의 속도는 장애를 구성하는 사회요인의 하나로, 내가 특별히 관심을 갖는 부분이다. 비장애인은 삶의 속도를 당연하게 받아들인다. 하지만 많은 장애인들은 삶의 속도 때문에 우리가 주변에 머물게 되고 위협받게 된다는 것을 분명히 인식한다. 삶의 속도가 빨라질 때, 사고 발생률이나 알코올 중독 및 약물 중독률이 높아지고, 사람에게 필요한 적절한 휴식과 영양 섭취에 신경 쓰지 않게 만들어서 병을 유발하는 등 신체에 매우 중대한 위험을 초래할 수 있다. 그러나 또한 삶의 속도는 장애에 영향을 미치는 이차적 사회구성물이기도 하다. 사람들의 수행능력에 대한 기대를 설정함으로써 장애를 사회적으로 구성해 내는 것이다.[7]

한 사회 내의 삶의 속도가 빨라질 때 더 많은 사람들이 장애를 가지게 되는 경향이 있다. 더 빨리 하려고 애쓸수록 결과적으로 더 많은 신체적 손상을 만들어 낼 뿐만 아니라, 그러한 '정상적인' 수행능력에 대한 기대치에 미칠 수 있는 사람이 드물기 때문이기도 하다. 새로운 속도에 적응하지 못한 사람들의 신체적 (그리고 정신적) 한계는 두드러져 보이게 되고 장애를 만들어 낸다. 반면 더 느린 속도의 사회에서는 이와

---

7 속도에 대한 사회적 기대가 장애인과 그들을 돌보는 사람에게 어떤 영향을 미치는지에 관한 논의는 힐리어의 책 4장 「생산성과 속도」를 참고하라(Barbara Hillyer, *Feminism and Disability*, Norman and London: University of Oklahoma Press, 1993).

동일한 한계가 눈에 띄지도 않고 사회생활에 온전히 참여하는 데 문제
가 되지 않는다. 삶의 속도가 빨라짐에 따라 일부 사람들은 더 나은 운
송수단과 소통수단 등 접근성의 향상을 통해 균형을 맞추어 갈 수 있다.
그러나 천천히 움직이고 천천히 생각해야만 하는 사람들, 에너지가 현
저히 부족한 사람들로서는 속도에 대한 기대치 때문에 일과 여가, 지역
사회, 사회활동에 참여하기가 어려워질 수 있다.

　　속도와 장애의 관계에 관한 직접적이고 개인적인 예를 들어 보겠
다. 나는 현재 교수들이 일반적으로 하는 업무와 연구 중에서 세 분기
동안만 일을 할 수 있고(다른 일은 거의 하지 못하면서), 한 분기는 장애
때문에 쉬어야 한다. 최근 들어 우리 대학에서는 교수의 의무강의 비율
을 가능한 한 높이자는 이야기가 많이 나오고 있는데, 그렇다고 해도 교
수의 다른 두 가지 중요 업무인 연구와 행정일이 줄어들지는 않을 것이
다. 한 분기당 한 강의만 늘리는 정도로 교수들이 일하는 속도가 빨라진
다고 해보지. 나는 (새 기준에 따르면) 분기당 절반만 일할 수밖에 없기
때문에 나머지 절반의 업무는 시간제 장애휴무를 통해 면제받아야 할
것이다. 나의 신체 조건은 전혀 변화하지 않았음에도 말이다. 동료 교수
들과 비교했을 때 나는 지금보다 더 많은 업무 장애를 겪게 될 것이다.
나보다 신체적 제약이 덜하고 현재 종일 근무를 하는 일부 교수들도 새
로운 속도에 맞춰서는 종일 근무를 하기 어렵게 될 것이고, 따라서 시간
제 장애휴무를 얻어야만 할 것이다.[8] 이러한 종류의 변화는 어떤 직종의
누구에게라도 장애를 만들어 낼 수 있다.

---

8 교수의 노동 속도 증가가 나쁘다고 이야기하려는 것이 아니다(비록 나 자신에게는 나쁜 일이라고 해도
　말이다). 단지 속도에 대한 기대가 노동 장애를 구성하는 데 어떤 역할을 하는지 보여 주려는 것이다.

게다가 직장에서 빨라진 일의 속도를 따라갈 수 있다 하더라도, 그 사람이 일상의 다른 활동들을 위해 쏟는 에너지는 감소될 것이다. 그렇게 되면 그 사람이 노동과 일상생활에 참여할 수 있도록 만드는 에너지의 섬세한 균형이 깨지고, 결국 그러한 활동을 할 수 없게 된다. 그 속도 때문에 다른 활동들에 참여하는 것도 불가능해질 수 있다. 예를 들어, 한 사회에서의 생활이 빠른 속도로 이동할 수 있다는 가정에 따라 구성될수록, 움직임과 이동에 영향을 미치는 신체적 조건을 가진 사람은 추가적인 보조가 이루어지지 않는 한 더 많이 장애를 갖게 된다. 운전을 할 수 없게 하는 종류의 간질이 있거나 휠체어를 사용하는 사람들이 그러한 예에 해당할 것이다. 이러한 장애화의 영향은 사람들의 가정생활, 사회생활, 성생활과 여가, 종교생활, 정치 참여에까지 확장된다.

속도는 수행능력에 대한 기대를 설정할 때 중요한 부분이다. 대개 비장애인은 자신의 속도를 당연시하여 장애를 가진 사람이 느린 속도로 움직일 때 못 견디고 조바심을 드러낸다. 많은 경우 속도를 조절하도록 편의를 제공하는 것은 신체적으로나 정신적으로 다양한 범위의 능력을 가진 사람이 활동에 참여할 수 있게 하기 위한 핵심적인 부분이다. 그럼에도 속도에 대한 기대가 장애 발생에 일조하는, 수행능력에 대한 유일한 기대치는 아니다. 예를 들어, 개인의 생산능력에 대한 기대치가 있기 때문에 이에 미치지 못하는 사람이 실제로 기여하는 부분을 보지 못하기도 하고, 그들이 실제로 가치 있는 일을 할 수 있는데도 고용하지 않기도 한다. 직무를 어떻게 수행하는가(수행 여부가 아닌 방식적 측면에서)에 대하여 명확한 기대가 있게 마련이다. 이를테면 많은 장애여성이 아이를 갖는 문제에서 반대에 부딪치는데, 사람들은 양육의 방식을 장애여성이 수행하기 불가능한 방식으로만 상상하기 때문이다. 하지만 양육에 필요한 모든 것이 다른 방식으로, 그것도 보통은 아주 작은 조정만으로 이루어질 수 있다.[9] 한 사람이 혼자 많은 일을 수행해야 한다는 사회적 기대는 집단으로 협력하거나 조력자의 도움을 받으며 어떤 일을 수행할 수밖에 없는 사람에게 장애를 가져오거나 확대시키는 결과를 낳는다.

수행에 대한 기대치를 전제함으로써, 장애를 구성하는 데 중요한 역할을 하는 한 사회의 사회적 조직과 물리적 구조에 그 기대가 반영된다. 모든 사람이 건강하고, 장애가 없고, 젊은 성인이고, 문화적 이상理想에 따른 외양을 갖춘 남성일 것이라고 암묵적으로 가정한 상태에서 물리적으로 만들어지고 공적으로 조직된 사회는 대부분의 사람들이 사회에 온전히 참여하기 위해 필요한 것들을 완전히 무시함으로써 장애를 폭넓게 만들어 낸다.

여성주의자들은 세상이 남성의 육체와 행위에 맞게 만들어졌음을 비판한다. 미국과 캐나다를 포함하여 산업화된 많은 국가들은 공적 영역에서 중요한 역할을 하는 사람이라면 누구나, 특히 가정 밖에서 월급을 받고 일하는 사람은 누구나 모유 수유를 할 필요가 없고 아픈 아이를 돌보지 않는 사람으로 여기고 삶과 노동을 조직했다. 흔한 감기는 공식적으로 인정되며 배려를 받지만, 월경의 경우는 그렇지 못하다. 또한 공적 세계 대부분은 모두가 육체적으로 강하고, 모든 몸이 똑같은 형태로 되어 있고, 모두가 걷고, 듣고, 잘 볼 수 있으며, 어떤 질병이나 고통과도

---

9 Gwyneth Ferguson Matthews, *Voices from the Shadows: Women with Disabilities Speak Out*, Toronto: The Women's Press, 1983; Susan Shaul et al., "Like Other Women: Perspectives of Mothers with Disabilities", eds. Mary Jo Deegan and Nancy A. Brooks, *Women and Disability: The Double Handicap*, New Brunswick, NJ: Transaction Books, 1985.

공존할 수 없는 정도의 속도에 맞춰 일하고, 여가를 즐길 수 있고, 어지럼증이나 배변조절 장애 없이 혹은 조금이라도 앉거나 누울 필요가 없이 사는 것처럼 구조화되었다(예를 들어 슈퍼마켓 안에서 쉬고 싶을 때 어디에서 단 몇 분이라도 휴식을 취할 수 있는가?). 건축뿐만 아니라 물리적이고 사회적인 구조 전체는 우리들이 강하고 건강하며 평균적인 젊은 비장애남성이 할 수 있는 일을 한다고 가정하거나, 그렇지 않으면 공적인 생활에 전혀 참여할 수 없다고 여기는 경향이 있다.

장애는 대개 사회의 이러한 물리적 구조와 사회적 조직 때문에 생긴다. 예를 들어, 형편없는 건축 설계는 휠체어를 사용하는 사람에게 물리적 장벽을 만들어 낸다. 하지만 보행은 할 수 있으되 오래 걷지 못하는 사람, 계단을 오를 수 없는 사람, 문을 열 수 없는 사람, 혹은 감당할 수 없는 엄청난 고통이 따르거나 굉장히 많은 에너지를 소모해야만 이 모두를 할 수 있는 사람에게도 역시 같은 결과를 초래한다. 이와 같은 건축적 결함의 일부는 임신한 여성과 유모차를 끄는 부모, 어린아이에게도 문제가 된다. 이는 우연이 아니다. 건축물 대부분이 젊고 성인인 비장애남성을 인간의 표본으로 하여 설계되었다. 게다가 성과와 생산성에 대한 사회적 기대를 당연시하는 사회조직적 관점, 이를테면 부적절한 대중교통수단(공적 세계에서 중요한 일을 하는 사람들은 대중교통수단이 필요 없다고 가정하는 것 같다)이나 시각 및 청각에 손상을 가진 사람이 접근할 수 없게 만들어진 의사소통 구조, 그리고 시간제 근무나 휴식 시간을 배제하고 유연성 없이 짜인 근무 배치 등은 매우 많은 장애를 만들어 낸다.

공적인 세계와 사적인 세계가 분리되어 있을 때, 여성(그리고 아동) 대부분이 사적 영역으로 내몰려 온 것과 마찬가지로 장애인, 아픈 사람들, 노인들 역시 그러했다. 공적 세계는 힘의 세계이자 긍정적인(가치 있는) 육체의 세계이며, 성과와 생산성의 세계이고, 젊고 성인인 비장애인의 세계이다. 취약함과 질병, 휴식과 회복, 고통과 죽음, 그리고 부정적인(가치 없는) 몸은 보통 사적인 세계에 숨어 있으며 방치된다. 질병과 통증이 있거나 가치 없는 몸을 가진 사람은 공적 세계 안에 들어갈 때, 두 세계가 섞이는 것에 대한 저항을 마주하게 되고, 두 세계의 균열은 생생하게 드러날 것이다. 장애와 질병을 가진 사람이 겪는 경험 대부분이 지하로 숨어 들어가는데, 장애와 질병의 경험을 표현하거나 신체 및 정신적 경험을 인정받을 수 있도록 사회적으로 허용되는 방법이 없기 때문이다. 그들이 공적 세계에 접근할 수 있도록 하기 위해서는 바로 이 경험을 인정하는 것이 필요하다. 사회가 장애를 개인적인 문제로 치부하고 장애인이 사적인 영역에 속해 있다고 생각할수록, 다양한 부류의 사람이 공적 영역에 접근할 수 없게 됨으로써 사회는 더 많은 장애를 만들어 낸다.

또한 노동 형태로 사회에 의미 있는 공헌을 하는 것과 같은 주요한 사회활동에 완전히 참여하기 위해 사람들에게 필요한 도움의 종류와 알맞은 도움의 양을 사회가 제공하지 못하기 때문에 장애가 사회적으로 구성된다. 장애인에게 필요한 지원과 관련해 기억해야 할 두 가지 중요한 사항이 있다. 첫째는 산업화된 사회 대부분이 비장애인에게 (계급, 인종, 성별 등 다른 요소에 따라 그 정도와 종류에 차이가 있겠지만) 교육과 훈련, 사회적 지원, 공공 의사소통수단과 교통수단, 공공 여가시설, 그 밖의 서비스를 통해 엄청난 지원을 제공한다는 것이다. 비장애인들이 받는 지원에 대해서는 당연시하는 경향이 있으며, 지원이 아닌 권리로 여긴다. 사회의 전형에 부합하는 시민 즉, 단연코 사회적 지원에 의존하지 않는다고 여기는 사람들에게 제공되기 때문이다. 지원이라는 명목 (보통 지원이라고 여기지도 않지만)으로 '전형적인'paradigm 시민에게 주 어지는 것과 비교할 때 다른 종류나 다른 양의 지원을 필요로 하는 사람 들이 있으면, 그 사람들은 사회적으로 의존적이라고 간주된다. 둘째, 전 부는 아니지만 대부분 장애인들이 필요로 하는 도움은 필수적이다. 장 애인들이 사회적 상황으로 인해 신체에 손상을 입었기 때문이기도 하 고, 수행능력에 대한 사회적 기대에 부합하지 못하기 때문이기도 하며, 사회의 물리적·사회적 구조를 협소하게 생각하는 것으로 인해 장애인 에게 불이익이 제공되기 때문이기도 하다. 달리 말하자면, 사회적으로 초래된 문제를 극복하기 위해 도움이 반드시 필요한 것이다.

따라서 '전형적인' 시민의 신체적·정신적 수준에 부합하지 않는 사 람들이 역량을 발휘할 수 있도록 하는 것이 실패하거나 그런 일을 내켜 하지 않을 때 장애가 사회적으로 구성된다고 할 수 있다. 장애인을 위 한 사회적 지원이 실패할 때, 부적절한 재활, 실업, 빈곤, 의료 및 돌봄 서 비스의 부족, 형편없는 의사소통 서비스, 교육과 훈련의 부족, 신체적· 성적·정서적 학대에 대한 미흡한 보호, 사회적 학습과 상호작용을 위한 기회의 최소화, 그리고 장애를 만드는 다른 여러 가지 상황이 일어난다. 이런 상황은 장애인에게 상처를 주고 사회의 주요 일상생활에 참여하 지 못하게 만든다.

예를 들어, 용블루트와 크라이턴은 다음과 같이 지적했다.[10] 일자리 를 찾고 고용상태를 유지하는 사람들에게 동기를 제공하기 위해, 사회

---

10 Lyn Jongbloed and Anne Crichton, "A New Definition of Disability: Implications for Rehabilitation Practice and Social Policy", *Canadian Journal of Occupational Therapy* 57(1), 1990, p.35.

보조 수당이 일해서 얻는 소득보다 적어야 한다는 미국과 캐나다 사회의 신념은 장애인을 빈곤 상태로 내몰았다. 장애연금이 도입되어야 한다는 인식은 1950년대부터 제기되었지만, 직접적으로 돈을 제공하는 다른 형태의 경제적 지원처럼 최저 수준의 급여에 그쳤다. 1970년대부터 캐나다와 미국 정부가 실업 상태의 장애인을 [불필요한] 잉여노동력으로 간주해 왔고, (지속적으로 높은 일반 실업률 때문에) 장애인의 취업 기회를 늘리려는 노력을 거의 하지 않았으면서도, '취업동기 부여'라는 원칙에 의해 연금을 낮게 책정했기 때문에 장애인의 수입은 빈곤 수준을 벗어나지 못하고 있다.[11] 빈곤은 장애인에게 단일 조건으로는 가장 많은 장애를 만들어 내는 사회적 환경이다. 빈곤에 처한 장애인은 비장애인이 살아가는 데 반드시 필요한 것을 간신히 감당하는 정도밖에 안 되기 때문이다. 그리고 장애인 시설 밖에서 인간답게 살아가기 위해 필요한 활동보조, 의료 서비스, 보조기구, 공적 생활에 완전히 참여하고 노동하기 위해 필요한 훈련 및 교육기회, 교통수단, 의복 등을 제공받기는 더욱 힘들기 때문이다.

지원을 제공하려 하지 않거나 아예 제공하지 않는 태도는 보험 혜택과 사회적 지원을 결정짓는 불합리한 원칙으로 나타나며 행정 절차가 지연되게 만든다.[12] 또한 그러한 태도는 장애인 프로그램의 행정가들

---

11 여기서 내가 이야기하는 대상은 사설 장애 보험으로 인한 혜택, 사고에 대한 보상 비용, 참전군인 장애 수당, 산업재해 수당 등을 받는 사람들, 어쩌면 가난하지 않을 수 있을 만큼 **높은** 수당과 혜택을 받는 사람들이 아니다. 캐나다에서 장애인의 대다수는 이와 같은 보다 바람직한 형태의 지원을 제공받을 수 있는 자격이 되지 못한다.

12 휠체어를 사용하고 장애인 연금을 받아 생활하고 있는 나의 지인은 자신의 휠체어가 수리받지 못할 정도로 닳아 버렸을 때, 보험회사 정책상 평생 단 한 대의 휠체어만이 보험 혜택을 받을 수 있다는 사실을 알았다. 휠체어는 비싸고 잘 마모된다. 이와 같은 정책은 어리석고 비현실적일 뿐만 아니라 그 사람이 장애가 낫든지 아니면 죽을 것이라고 사회가 기대한다는 메시지(아프거나 장애를 가진 사람은 어느 곳에서나 겪게 되는)를 강화한다.

사이에 만연한 불신 즉, '고객'이 받을 수 있는 것보다 더 많이 받아 내려 한다는 생각에서도 나타난다. 진 스튜어트의 반 자전적 소설『몸의 기억』에서 한 여성은 기본적인 휠체어를 구입할 돈을 받기 위해 처음으로 '직업 재활'을 신청했고, 그때 사회복지사가 던진 질문 이면에 놓인 가설의 덩어리를 발견했다고 서술한다.

① 적합한 자격을 가졌는지 증명되지 않는 한 고객-지원자client-appli-cant는 자격이 없다. ② 고객-지원자의 직업적 목표는 현실성이 없으며, 그들은 욕심이 지나치고 건방지기 마련이므로 수준에 맞게 적당히 목표를 낮춰 주어야 한다. ③ 고객-지원자가 서비스를 찾는 의도는, 다른 의도가 밝혀지지 않는 한 복지제도를 약탈하기 위해서다. ④ 기관의 역할은 고객을 직업에 적응('적응'은 두번째로 선호하는 단어)하도록 촉진 ('촉진'은 가장 선호하는 단어)하는 것(즉 고객을 세상에 맞추는 것)이지, 직업을 고객에 맞추어 주는 것이 아니다. ⑤ 고객은 사기꾼이다. ⑥ 고객은 무력하다.[13]

나는 사회적 요소만이 모든 장애를 만들어 낸다고 주장하거나 그런 암시를 하는 것은 아니다. 다만 생물학적 차이에 대해 사회가 어떻게 반응하고 대처하는지에 따라 생물학적 실재로부터 장애가 구성되고, 장애의 특성과 심각성 모두가 결정된다는 점을 주장하고자 한다. 나는 많은 장애인이 자신의 몸과의 관계에 있어서 사회적인 해결 방법으로 제거할 수 없고, 어쩌면 심지어 완화할 수도 없는 어려움을 갖고 있음을

13 Jean Stewart, *The Body's Memory*, New York: St. Martin's Press, 1989, p.190.

인정한다. 하지만 장애인들이 겪는 많은 어려움이나 장애를 가져오는 상황은 대부분 사회적으로 마련할 수 있는 방법들이 있는데도[14] 이것이 제공되지 않기 때문에 일어난다. 사회적으로 마련되는 방법들을 통해 장애인들은 신체 조건에 따라 보상받고, 편의가 제공되어 완전한 참여가 가능해지고, 어려움을 해결하기 위한 지원을 받게 되고, 그런 어려움을 평범한 삶에 대한 문화적 개념 안에 통합시킬 수 있다.

장애의 문화적 구성

문화는 장애를 만들어 내는 중요한 요소이다. 여기에는 사회적 삶을 문화적으로 재현할 때 장애 경험을 배제하는 것뿐 아니라 장애인에 대한 문화적 고정관념, 신체 및 정신의 한계나 다른 차이들에 가하는 선택적 낙인(선택적이라는 것은 모든 한계와 차이에 똑같이 낙인이 생기는 것이 아니라, 사회에 따라 다른 한계와 차이들에 낙인이 따르는 것을 의미한다), 다양한 종류의 장애와 질병에 따라붙는 수많은 문화적 의미, 장애인이 실행할 수 없거나 실행하리라는 기대조차 하지 않는 활동들이 갖는 문화적 의미에서 장애인을 배제하는 것까지 포함된다.

    장애의 경험을 현실성 있게 그리는 문화적 재현물이 없다는 점은 장애인의 '타자화'에 이바지한다. 비장애인들은 장애인들의 삶이 상상조차 할 수 없는 무엇이라는 강력한 전제를 가지게 된다. 뿐만 아니라 장애인이 어떻게 삶을 살아가는지 알지 못하게 됨으로써 비장애인은

---

14 Anne Finger, "Disability and Reproductive Rights", *Off Our Backs* 13(9), 1983; Fine and Asch eds., *Women with Disabilities: Essays in Psychology, Culture and Politics*.

장애에 대한 두려움이 심해진다. 장애인은 의존적이다, 장애인은 도덕적으로 해이하다, 장애인은 초인적 영웅이다, 장애인은 무성적이다, 장애인은 불쌍하다 등의 고정관념은 장애인을 문화적으로 재현할 때 가장 흔하게 나타나는 이미지다.[15] 고정관념은 장애인이 일과 사회생활에 온전히 참여하려고 할 때도 끊임없이 개입한다. 예를 들어, 소아마비와 괴저로 한쪽 다리에 손상을 입은 프랜신 아르세노는 자신의 결혼식에서 벌어진 일화를 다음과 같이 이야기한다.

> 가장 친한 친구가 부모님과 함께 내 결혼식에 왔다. 어릴 적부터 그 친구와 나는 서로의 집에 놀러 다니던 사이였으므로 나는 그 친구의 부모님을 잘 알고 있었고, 그분들도 내 상황을 잘 알고 계시리라 생각했다. 그런데 결혼축하 파티장에서 남편과 악수를 나누던 그 친구의 아버지는 이렇게 말했다. "프랜신은 똑똑한 아이라고 여겼는데 말일세, 이렇게 자네에게 짐을 안기다니 내가 그 아이를 처음부터 잘못 봤구먼."[16]

이처럼 장애여성이 무력하고 의존적 존재라는 편견 때문에 친구의 아버지는 프랜신이 그저 다리 한쪽을 못쓸 뿐이며 신랑이 그녀의 다른 장점을 원했을 것이라는 가능성을 보지 못했다. 더구나 친구 아버지는 당연히 새신랑도 자기처럼 고정관념의 시선으로 프랜신을 볼 거라

15 Deborah Kent, "In Search of a Heroine: Images of Women with Disabilities in Fiction and Drama", eds. Fine and Asch, *Women with Disabilities: Essays in Psychology, Culture, and Politics*; Marilyn Dahl, "The Role of the Media in Promoting Images of Disability—Disability as Metaphor: The Evil Crip", *Canadian Journal of Communication* 18(1), 1993.

16 Francine Arsenault, "Stakeholder Speech — Chairperson of the Council of Canadians with Disabilities", *Transition*, April/May 1994, p.6.

고 여긴 듯한데(아니면 장애인에 대한 몰이해나 거부감을 기꺼이 드러낸 것이다), 그것은 어쩌면 친구 아버지가 장애인에 대한 문화적 전제를 믿기 때문일 것이다. 신체적으로 '완벽하지 않음'에 대한 낙인(또한 질병으로 손상이 생겼을 때 덧붙는 낙인)과 장애에 따라붙는 문화적 의미는 이와 같은 상황에서 고정관념을 강화한다. 신체적으로 '완벽하지 않음'은 남성보다 여성에게 더욱 '치명적'이다. 신체적 외모라는 요소가 여성의 가치를 좌우하는 문화 속에서 신체적으로 '완벽하지 않은' 여성은 매력이 없기 때문이다. 다리에 손상이 있다는 것은 아마도 '불구자'crippled에 대한 은유를 불러일으킬 것이다. 무력함, 의존성, 불쌍함 등이 그것이다.[17] 장애에 대한 낙인과 고정관념, 문화적 의미 등은 모두 문화적으로 장애를 구성하는 것과 연결되어 있고 상호작용을 한다. 이와 관련해서는 3장에서 더 폭넓게 논의할 것이며, 그것의 사회적 영향력에 대해서도 일부 다룰 것이다.

사회가 받아들이거나 '정상'이라고 여길 만한 몸의 기준으로부터 일탈한 몸이 가진 차이를 생각할 때, 장애를 구성하는 독자적 요소로서 문화의 힘이 드러난다. 몸의 차이는 그런 몸을 가진 사람에게 기능적이거나 물리적인 어려움을 초래하지는 않지만, 주요한 사회적 장애를 구성한다. 중요한 예로 안면 흉터를 들 수 있는데, 이는 전적으로 외모 때문에 생기는 장애이며, 또한 순전히 낙인과 사회적 의미로 인해 구성되

---

17 장애와 질병이 가지는 문화적 의미에 대한 더 많은 논의는 Susan Sontag, "Illness as Metaphor", *Illness as Metaphor and AIDS and Its Metaphors*, New York: Doubleday Anchor, 1977[『은유로서의 질병』, 이재원 옮김, 이후, 2002]; Fine and Asch eds., *Women with Disabilities: Essays in Psychology, Culture, and Politics*; Arthur Kleinman, *The Illness Narratives: Suffering, Healing, and the Human Condition*, New York: Basic Books, 1988; Jenny Morris, *Pride Against Prejudice: Transforming Attitudes to Disability*, Philadelphia, PA: New Society Publishers, 1991을 참고하라.

는 장애이다.[18] 가벼운 간질이 있거나 '표준적' 혹은 사회적으로 받아들여지는 신체 사이즈가 아닌 몸을 갖는 것도 낙인과 고정관념, 문화적 의미로 인해 구성된 장애이다.

나는 문화가 장애의 형성 여부에 중심적인 역할을 한다고 생각한다. 하지만 이러한 관점과 '몸'이라는 개념의 문화적 구성에 대한 접근은 구별되어야 한다. 몸의 문화적 구성에 대한 접근이란 실재하는 현실의 몸을 몸에 대한 문화적 담론 및 재현과 혼동하거나, 문화적으로 재현된 몸에 매혹되어 몸의 경험을 무시하거나 부인하는 것처럼 보이는 접근을 말한다.[19] 예를 들어, 이 접근이 문제라고 생각한 건 도나 해러웨이의 「포스트모던 몸들의 생명정치학: 면역체계 내에서 자아의 구조」라는 글을 통해서였다.[20] 이 책에서 해러웨이는 "면역체계 담론"의 생체의학적 구성을 논의하며, 그와 관련된 담론과 정치적 맥락을 모두 다루고 있는 것처럼 말한다. 신체적 고통이 면역체계 담론의 발전에 일정 부분 분명히 관련되어 있는데도 신체적 고통의 현실(예를 들어 에이즈, 근육통성 뇌척수염, 다발성경화증, 근위축성 측색경화증amyotrophic lateral sclerosis,

18 안면 장애가 있는 삶에 대한 자전적 서술을 보려면 Lucy Grealy, *Autobiography of a Face*, New York: HarperCollins, 1994를 참고하라.

19 나는 맥신 시츠-존스톤이 했던 여성주의의 '몸'(the body)과 '체현'(embodiment) 이론에 대한 비판에 공감한다. 그러한 이론은 몸과 몸의 경험을 고려하지 않으며, "몸은 단지 개인이 자신의 인식 장치를 담고 있는 장소일 뿐이다"(Maxine Sheets-Johnstone, "Corporeal Archetypes and Power: Preliminary Clarifications and Considerations of Sex", *Hypatia: A Journal of Feminist Philosophy* 7(3), 1992, p.43)라고 말한다. 하지만 나는 "어떤 수정도 가하지 않은 몸 그 자체"(body simpliciter)라는 시츠-존스톤의 개념은 받아들일 수 없다. 왜냐하면 그 개념이 몸의 능력과 가능성에 대한 문화적 의미를 충분히 고려하지 못하고, 몸이 개인에게 가진 중요성이 문화마다 다를 수 있다는 점 또한 충분히 고려하지 못하기 때문이다.

20 Donna Haraway, "The Biopolitics of Postmodern Bodies: Constitutions of Self in Immune System Discourse", *Simians, Cyborgs, and Women: The Reinvention of Nature*, New York: Routledge, 1991.

ALS, 류머티스 관절염과 같은 질환을 가진 사람들이 겪는 현실)은 인정하지 않으면서 말이다. 또한 면역 장애로 인해 고통을 겪는 사람들의 삶에 그 담론이 어떻게 영향을 미치는지에 대해서도 언급하지 않는다.

내 몸의 경험이 문화적 (또한 의학적) 재현에 의해 엄청난 영향을 받고, 그에 따라 해석된다는 것을 알고 있지만, 내 몸이 문화적 재현물이라고는 생각하지 않는다. 더욱이 인간의 몸과 몸의 다양한 상태들이 달라질 수 있고 해석하기 나름이라는 것을 우리가 인식한다고 해서, 장애가 가져오는 일상적이고, 현실적이며, 경험적인 한계들을 무시하거나 지워 버리는 것은 사람들의 삶을 왜곡하는 일일 뿐만 아니라 잔인한 일이라고 생각한다. 에너지가 넘치고 통증이 없는 몸을 가졌다고 상상하거나, 아니면 내 몸이 정상으로 여겨지고 몸의 한계가 사회적·물리적으로 마련할 수 있는 방법에 의해 보완되는 사회에서 살고 있다는 상상을 해보더라도, 현재 나의 상태로 침대에서 일어나는 일이 쉬워지거나 학자로 일하는 것이 쉬워지지는 않는다. 몸에 관한 포스트모던 문화이론 대부분이 장애를 가진 사람이 직면하는 힘겨운 신체적 현실을 인식하지 않으며, 또 내가 아는 한 이런 현실을 포함하기 위해 수정될 만한 여지가 없다(아니면 포스트모더니스트들은 그러한 '현실들', 즉 담론에 의해 구축 혹은 구성되지 않은 무언가가 있는 듯 느껴지는 '현실들'이 있다는 사실 자체를 부인할 것인가? 이에 대한 대답을 찾을 수는 없다. 왜냐하면 그 점에 관한 논의가 전혀 없기 때문이다). 몸의 '정상성'과 관련된 개념을 무비판적으로 받아들이는 담론 안에서 장애인의 경험은 전혀 보이지 않는다. 이와 마찬가지로, 포스트모던 담론은 이상적이고 정상적이며 보편적인 것으로 재현된 몸을 비판하는 장점을 가졌음에도 장애인의 경험을 실제로 드러내지 못한다.[21]

장애의 사회적 구성을 생각할 때, 두 종류의 관점 사이에 균형을 이루는 것이 필요하다. 한편으로는 몸이 가진 능력과 한계가 자연적으로 혹은 우연히 주어진 것이며, 변화될 수 없고 통제될 수 없는 것으로 보는 관점이 있다. 다른 한편으로 몸의 능력과 한계가 사회와 문화에 의해 만들어지는 것이기에 인간의 사고, 의지, 행동에 의해 변화될 수 있다고 믿는 관점이 있다. 이 두 관점이 조화를 이루어야 한다. 사회정의와 문화적 변화를 통해 상당한 양의 장애가 없어질 수 있다고 믿으면서, 한편으로는 그것으로도 해결할 수 없는 많은 고통과 한계가 존재한다는 것을 인정할 필요가 있다.

장애의 사회적 해체

그렇다면 나의 관점은, 인간의 몸에 대한 손상을 예방하지 못하거나 손상을 직접 만들어 내는 사회적 조건과 같은 요인들에 의해 장애가 사회적으로 구성된다는 것이다. 그러한 요인들은 첫째, 수행능력에 대한 기대치, 둘째, 젊고 장애가 없고 '이상적인 겉모습을 갖춘' 건강한 성인 남성을 시민의 표준으로 하여 만들어진 사회의 물리적·사회적 구조, 셋째, 표준적인 틀에 맞지 않는 시민의 능력을 계발하지 못하거나 계발하려고 하지 않는 것, 넷째, 문화적 재현과 재현의 실패, 문화적 기대 등이다. 전부는 아니지만, 사회적으로 구성된 것의 상당 부분은 의지와 방법만 있다면 (단지 학문적으로만이 아니라) 사회적으로 해체할 수 있다.

---

21 포스트모던 여성주의와 여타의 여성주의 몸 이론화가 장애를 이해하는 데 가지는 한계에 대해서는 7장에서 충분히 논의한다.

장애의 상당수는 양질의 공중보건과 안전에 대한 기준을 갖고 그것을 실천함으로써 예방할 수 있다. 뿐만 아니라 다양한 신체적 특성과 능력을 가진 사람들에게 접근성을 제공하도록 물리적 환경을 약간 변화시키는 것만으로도 장애를 예방할 수 있다. 현재 장애가 있는 사람들에게 편의와 지원을 제공하는 수단으로서 일반적으로 생각하는 것들, 이를테면 빌딩이나 공공장소에 휠체어 접근성을 보장하는 것, 장애인을 위해 주차공간을 만들고 이를 준수하는 것, 청각 장애인을 위해 수화(수어) 통역과 자막, 전화장치를 제공하는 것, 시각 장애인을 위해 화면 해설과 음성 테이프를 제공하는 것 등은 예방적인 조치로 인식되어야 한다. 왜냐하면 환경, 사물, 활동 등이 매우 좁은 범위의 사람들만을 위해 설계되고 조직됨으로써 많은 장애가 생기기 때문이다. 그와 같은 선상에서 매우 다양한 신체적 능력과 특성을 가진 사람들에게 장애를 해체하는 책임을 맡김으로써 훨씬 더 많은 일들을 해낼 수 있다. 장애를 가진 사람들이 책임사가 되어야 하는 이유는 비장애인들이 환경 안에 존재하는 수많은 걸림돌들을 보지 못할 가능성이 크기 때문이다. 더욱이 비장애인들은 어떤 것이 걸림돌이라는 지적을 받더라도 그것이 왜 걸림돌이 되는지 이해하기보다는, 그것을 기존 환경의 '정상적' 측면으로 여기고 '비정상'인 사람들에게만 어려움을 준다고 생각하기 쉽다.

장애는 끼워 주기 식으로 몇몇 장애인에게 조언을 구하는 것으로 해체할 수 있는 것이 아니다. 어떤 장애를 가진 사람이 비장애인보다는 잠재적으로 접근 불가능한 요소를 잘 파악할 수 있다 하더라도, 다른 종류의 장애를 가진 사람들이 부딪치는 모든 걸림돌을 파악하기는 쉽지 않다. 더욱이 장애인이라고 해서 우리 주변 환경에 놓인 걸림돌을 언제나 걸림돌이라고 인식하는 것은 아니다. 그것이 우리에게 영향을 미칠 때조차도 말이다. 주어진 환경이나 활동의 사회적 구조가 아닌 개인의 상태를 문제의 원인으로 보려고 하는 문화적 관습이 뿌리 깊게 박혀 있다. 예를 들자면, 내가 일하는 건물에는 육중한 문이 설치되어 있는데, 그 문이 나뿐만 아니라 다른 사람들이 접근하는 데도 문제가 된다고 인식하기까지 몇 년이 걸렸다. 그동안 그 문 때문에 고생을 많이 했고 가끔은 문을 열어 줄 힘센 누군가가 나타날 때까지 기다려야만 하기도 했다. 또한 우리 대학 내에 먼 거리에서도 식별할 수 있는 안내판이 부족하기 때문에, 이동에 불편을 겪는 사람들이 강의실이나 사무실을 찾기 위해 불필요하게 너무 많은 에너지를 허비해야 한다는 사실을 한 학생이 지적해 주기 전까지 나는 알지 못했다.[22] 나 자신조차도 일상적으로 걷다 지칠 때 마찬가지로 이런 어려움을 느꼈음에도, 이를 너무 협소한 범위의 사람들과 상황들을 위해 설계된 건축 환경으로 인한 문제로 인식하기보다 자동적으로 (문을 열 때 힘들었던 것처럼) 나의 질병 때문에 생기는 문제라고 인식했던 것이다. 장애를 해체하는 데 가장 핵심적인 요소 중 하나는 바로 환경이 문제의 원인도 되고 해결책도 될 수 있다고 인식하는, 시각의 전환이다.

시각을 전환하기 위한 가장 손쉬운 방법은 아마도 몸의 차이가 약간은 있지만 다른 신체 기능에 손상이 없는 사람이 주어진 환경에서 어떻게 장애를 가지게 되는지 살펴보는 일일 것이다. 이를테면 몸집이 큰 사람은 너무 작거나 다닥다닥 붙은 의자, 너무 좁은 문과 통로, 화장실의 좁은 공간, 너무 낮은 책상이나 탁자(혹은 높낮이를 조절할 수 없는 의자) 때문에, 그리고 몸에 맞는 옷과 편안하게 작동할 수 있는 자동차가

---

22 엘런 프랭크(Ellen Frank)가 나에게 이를 지적해 주었다.

너무 비싸거나 그것을 구하기 어렵기 때문에 장애를 갖게 된다. 물론 사람들 대부분은 몸집이 큰 사람이 정상적이지 않기 때문에 여러 가지 문제가 생기게 되어 불행하다고 생각하거나 그를 나약한 존재로(비만의 경우 그렇게 생각한다) 여기는데, 이는 그 자체로 모든 사람이 신체적 이상형에 들어맞아야 한다는 강력한 문화적 요구를 입증한다. 비록 몸집이 큰 사람들이 낙인과 편견, 문화적 판단을 감수해야 하기는 하지만, 많은 문화에서 질병이 있거나 부상을 입은 사람들에게 투사하는 것처럼, 이들이 무기력하고 병적이라는 이미지에 둘러싸인 것은 아니다. 또한 공적인 생활에서 이들이 배제되는 것도 당연하게 여기지 않는다. 이런 점에서 물리적 환경과 사회적 환경이 몸의 차이에 맞는 편의를 제공하지 못함으로써 장애가 만들어지는 방식을 쉽게 간파할 수 있다.

과연 얼마나 많은 몸의 차이가 물리적인 편의를 제공받을 수 있는가? 얼마나 많은 수의 사람이 공공장소, 물품, 활동에서 배제되어야, 우리가 이를 변화시켜야 한다는 사회적 책임을 받아들일 수 있을까? 이는 합당한 질문이지만 웬만해서는 답을 찾기 어려운 질문이다.[23] 장애를 만드는 구조와 조직의 많은 부분이 창조적이고 상대적으로 돈이 적게 드는 계획 및 수정만으로도 예방될 수 있다.[24] 어떤 것은 상대적으로 적은 수의 사람들에게 접근 가능한 환경이나 활동을 제공하는 것인데 상당히 많은 비용이 들어간다(시내 버스에 휠체어 리프트를 장착하는 것이 한

---

23 사물을 설계할 때 적용되는 이러한 질문에 관한 흥미로운 논의는 Gregg C. Vanderheiden, "Thirty-Something Million: Should They Be Exceptions?", *Human Factors* 32(4), 1990을 참고하라.

24 예를 들어, 캐나다를 기반으로 한 단체인 테트라발전회(Tetra Development Society)는 중증의 장애인들이 삶의 모든 부분에 참여할 수 있도록 기존의 장비를 개조하고 새로운 장비를 생산한다. 자원봉사자들은 공학기술을 제공하며, 사업의 총비용은 대부분 얼마 되지 않는다.

예이다). 특히 애당초 협소한 범위의 사람들을 위해 만들어졌던 것일수록 비용이 더욱 많이 든다. 향수, 용매제, 세척제, 담배연기, 각종 화학제품에 심한 알러지가 있는 사람들을 위해 공공장소 접근권을 높이는 일은 다수의 사람들에게 많은 변화와 상당한 희생을 요구할 것이다. 나는 현재의 구조와 물건, 일하는 방식 등을 얼마나 많이 변화시켜야 얼마나 많은 사람들에게 편의를 줄 수 있는지 결정해 주는 윤리적 공식을 내놓고 싶진 않다. 다만 이 문제를 고민할 때 중요한 세 가지 사항을 기억하길 제안한다. 첫째, 접근권이 향상됨으로써 예상보다 훨씬 더 많은 수의 사람들이 혜택을 볼 가능성이 높다. 수많은 사람들이 사적인 영역에 머물러야 한다는 전제로 인해, 또한 공공장소나 시설에 접근할 수 없어서 사적인 공간에 숨겨져 있기 때문이다. 둘째, 연령대가 높아질수록 장애비율이 극적으로 늘어나기 때문에 접근성의 향상은 인구가 노령화될수록 더욱 많은 사람들에게 혜택을 줄 것이다. 현재 접근성을 높이고자 노력한 사람들은 나중에 그로부터 많은 혜택을 누릴 수 있다. 셋째, 장애인이 공적 영역에 존재할 때 비장애인들도 싱딩한 잠재적 혜택을 누리게 된다. 비장애인들은 사람들 사이에 존재하는 차이의 형태를 더 잘 알게 되고, 신체적 한계와 고통을 가지고 살아가는 사람들의 현실을 더 잘 이해할 수 있게 된다. 그리고 장애를 갖게 되는 것에 대한 두려움 또한 줄어들 것이다. 장애가 곧 사회생활의 주요 영역들에서 배제되는 것을 의미한다는 전제 때문에 장애에 대한 두려움이 커지는 것이다.

건축물의 변화와 의사소통의 확장은 아마 비장애인의 '태도 변화'와 함께 사람들이 가장 일반적으로 인식하는 장애 해체를 위한 노력일 것이다. 비장애인의 '태도 변화'에 대해서는 이후에 다시 논의할 것이다. 그러나 다른 종류의 변화와 편의 제공이 있을 때 더 많은 장애인이 사회생활의 모든 주요 영역에 참여할 수 있다는 것만큼은 명심할 필요가 있다. 속도와 실행에 대한 기대를 조정하는 것이 그 중 하나가 될 수 있는데, 이는 본 장의 초반부에서 논의한 것이다. 예를 들어 시간제로 근무하거나 유연하게 일하는 것이 가능하다면, 평균적인 비장애 노동자들보다 피로와 통증, 의료적 처치를 위한 휴식이 더 잦더라도 일을 조절할 수 있기 때문에 더 많은 장애인들이 노동할 수 있을 것이다.[25] 장애를 가진 사람들은 직장의 근무시간이 유연하지 않기 때문에 자신이 할 수 있는 만큼의 일을 하지 못하게 되거나 아니면 적어도 자신의 능력보다 창조적이지 않고 노력을 들이지 않아도 되는 일을 선택할 수밖에 없다. 만성질병을 가진 사람들은 대개 보다 느린 속도로 일하거나 더 적은 시간 동안 일하는 것을 지속하기 위해 투쟁해야만 한다. 나는 우리 대학에서 장애보험을 취급하는 주요 보험업자가, 복직을 한 이후 2년 이상 '부분적 장애'[26] 상태를 유지하고 있는 노동자(예를 들어 시간제 근무는 할 수 있지만 전일제 근무는 불가능한 사람)를 위한 정책을 갖고 있지 않다는 사실에 충격을 받았다. 보험회사는 2년이 지나면 노동자가 "완전한 재활"을 통해 전일제 근무를 할 수 있게 되거나 "완전한 장애"를 갖거나 둘 중 하나이길 기대한다. 불가능한 것(전일제 근무)과 달갑지 않은 것(전일제 장애휴직) 중에 한 가지를 선택해야 할 때, 분명 대부분의

---

25 예를 들어, 다발성경화증 증상을 가진 캐나다 여성들이 유급노동을 포기한 사례를 연구한 이사벨 딕의 논문에서, 여러 명의 여성들이 유연한 노동시간과 시간제 근무가 필요하다고 말했다. 그러나 단지 한 사람만이 그러한 근무시간 조정을(그것도 일시적으로만) 받아 낼 수 있었다(Isabel Dyck, "Human Geographies: The Changing Lifeworlds of Women with Multiple Sclerosis"[정확한 제목은 "Hidden Geographies: The Changing Lifeworlds of Women with Multiple Sclerosis"—옮긴이], *Social Science and Medicine* 40(3), 1995, p.310).

26 이 표현에 따옴표를 단 이유는, 내 생각에 대부분의 장애인이 '부분적 장애'를 가지기 때문이다. 즉, 적절한 환경에서는 그들도 여러 가지 일을 할 수 있는 것이다.

사람들은 일을 아예 그만둘 수밖에 없다. 이런 안 좋은 선택은 보험업자와 고용주 모두에게 엄청난 경제적 손실이 발생하게 한다. 이와 같은 현상이 장애를 가진 노동자들에게 편의를 제공하기 위한 구조적 변화를 도모하기보다 비용을 지불하는 쪽을 선택한 결과인지, 아니면 단순히 장애를 가진 사람은 일할 수 없다는 문화적 전제의 산물인지 알 길이 없다. 내가 확실히 알고 있는 건 우리 대학이 지속적인 '부분적 장애'를 가진 교수들에게 편의를 제공하기 위한 정책을 만들자, 보험회사에 근무하는 어떤 사람이 그 정책 때문에 모든 교수들이 장애인이 되고 싶어 할 거라는 경고를 들었다는 사실이다.[27]

이와 같은 종류의 반대는 일일이 따져 보는 것이 아마도 최선의 방책일 것이다. 장애에 대한 정책과 관행 대부분이 다음과 같은 전제를 만든다. 즉 장애가 있는 상태에서는 일하도록 요구받거나 기대받지 않기 때문에, 장애로 인해 경제적으로 엄청나게 불리한 상황을 만들지 않으면 많은 사람들이 장애인이 되고 싶어 하거나 장애가 있는 척한다는 것이다. 업무의 구성 형태와 일터가 장애인에게 완전히 열려 있거나 최소한 현재보다 접근성이 매우 높다면, 그리고 고용주가 장애인에 대한 차별을 멈추고 장애인이 가진 능력껏 고용하기만 한다면 장애인들 대다수는 당연히 일을 하게 될 것이다. 최상의 경우, 가장 중증의 신체적·정신적 손상을 가진 사람들만이 일할 수 없을 것이고, 사람들이 단지 노동을 기피하기 위해 그러한 중증의 장애를 갖기를 원하거나 가진 척한다는 건 있을 법하지 않다. 따라서 장애를 갖고 싶어 하는 동기에 대한 논

---

27 이 새 정책이 우리에게 (장애로 인해 생긴) 급여 손실을 전액 환급해 주는 것이 아니라, 장애휴직 중인 노동자의 급여 손실 대체액으로 계산한 액수로 지불해 준다고 했는데도 말이다.

쟁이 설령 옳다 할지라도, 노동에 대한 접근성의 향상은 소위 장애를 원하는 것을 방지하는 데 효과적인 방법일 것이며, 장애를 원하지 않게 만들려고 쓸데없이 장애인을 가난하게 만들 필요도 없을 것이다. 물론 그러한 동기에 대한 논쟁은 장애인으로 가장假裝하는 경우 따르는 불이익을 적절히 고려하지 않았고, 낙인이라는 사회적 부담을 포함해 실제로 장애를 갖고 있을 때의 불이익에 대해서는 더욱 고려하지 않았다.

장애인을 옹호하는 사람들은 권리라는 측면을 바탕으로 접근성에 대해 논의하는 경향이 있는데, 이는 권리라고 인식되면 법으로 명시될 수 있기 때문일 것이다. 또한 장애인을 위한 사회적 지원을 생각할 때 권리를 바탕으로 접근하는 것은 동정을 바탕으로 한 접근과 반대되며 장애인이 공적인 권리와 의무를 가진 완전한 시민임을 인식하도록 요구하기 때문에 호소력을 갖고 있다.

「장애와 노동할 권리」에서 철학자 그레고리 S. 카프카가 말하기를, 발전된 사회에서 사는[28] 장애인들은 "기본적 소득을 받을 권리뿐만 아니라 기본적 생활 유지가 가능한 (혹은 그 이상의) 소득을 벌 수 있는 권리가 있다".[29] 이 권리에 대해 그는 다음과 같이 논한다.

장애인이 일할 권리를 누리기 위해서는 어떤 종류의 특정한 대우 혹은 "특별한 기회"가 필요한가? 첫째, 고용과 승진에서 차별받지 않을 권리, 즉 직업에 관련된 직무를 수행하는 데 필요한 능력과 관련되지 않은 장

---

28 확실히 카프카는 발전된 사회에서의 모든 사람들을 위한 고용이나 여타의 사회에서의 장애인 고용을 '권리'로서 논하지 않았다. 카프카는 당시 그러한 사회적 목표가 실현 가능하다고 생각하지 않았기 때문이다.

29 Gregory S. Kavka, "Disability and the Right to Work", *Social Philosophy and Policy* 9(1), 1992, p.265.

애를 근거로 일자리를 거부당하지 않을 권리이다. 둘째, 국가에 의해 자금이 지원되는 보수 교육과 훈련을 받을 권리이며, 이를 통해 장애인은 핸디캡을 극복할 기회를 갖고, 괜찮은 직업을 가질 만한 자격을 스스로 갖출 수 있다. 셋째, 자격을 갖춘 장애인이 직업을 가질 수 있도록 사회와 고용주에게 합리적인 수준으로 지원받을 권리이다. 넷째는 가장 논쟁적인 것인데, 동일한 자격을 갖춘 후보들과 경쟁하여 입사하거나 승진할 때 최소한의 (다른 조건이 같을 때 우선시해 주는) "적극적 조치"나 "우대"를 받을 권리이다. 이처럼 일일이 열거할 때, 장애인이 일할 권리는 여러 가지 부분에서 사회와 정부, 개별 고용주들의 권리와 반대되는 것처럼 여겨진다.[30]

내가 보기에 이것은 좋은 출발 같다. 그러나 "괜찮은 직업"에 만족하는 것은 마음에 걸린다. 장애인은 비장애인과 동등하게, 그저 어떤 "괜찮은 직업"에서가 아니라, 자신이 최선을 다할 수 있는 분야에서 능력을 계발할 수 있는 기회를 가져야 한다. 스티븐 호킹[31] 같은 잠재력을 가진 사람들이 지금까지 얼마나 많이 '보호작업장'에서 재미없고 지루하고 사소한 작업을 하는 삶을 살아야 했단 말인가? 훈련과 교육의 제공을 계획할 때, 왜 개인과 사회 모두의 이익을 위하여 자신의 잠재력에 따라 사회에 큰 기여를 할 수 있도록 타당한 지원을 받아야 한다는 전제로부터 출발하지 않는가? 장애인이 충분히 접근 가능하도록 학교와 대

---

30 Kavka, "Disability and the Right to Work", p. 265.
31 스티븐 호킹은 세계적으로 가장 영향력 있는 이론 물리학자 중 한 사람이다. 수년 동안 루게릭병을 앓았고, 활동보조인의 많은 도움과 컴퓨터를 사용한 의사소통을 필요로 할 정도로 자율신경 운동능력이 감소했다.

학, 직장이 설계되거나 수정되고, 차별적 관습이 사라진다면, 장애를 가진 사람들이 자신의 잠재력에 도달하기 위해 필요로 하는 별도의 도움은 비장애인들이 필요로 하는 것보다 그다지 많지는 않을 것이다.

물론 한 사람의 목표를 성취하기 위해 필요한 도움은 개인이 원하는 것과 한 사회가 제공하려 하고 제공할 수 있는 것 사이에서 타협해야할 것이다. 가령 사회는 당연히 능력의 부족으로 인해 잃어버린 모든 기회들을 되돌려 줄 수는 없다. 어떤 분야에서 실력이 없는 것은 모든 사람에게 보편적인데, 가령 아름답게 춤을 추지 못하는 것 혹은 복잡한 연산 문제를 풀지 못하는 것이 그러하다. 이러한 무능력함 때문에 기회가 박탈된다 할지라도, 그리고 춤추는 능력을 상실한 댄서와 수학문제를 푸는 능력을 상실한 수학자의 경우 장애를 갖게 된 것으로 말할 수 있다고 해도,[32] 이러한 무능력을 장애라고 보는 것은 옳지 않다. 능력이 부족한 사람에게 특정한 기회를 부여하는 것이 한 사회의 책무가 된다는 의미에서 그러하다. 다른 여러 가지 무능력은 사회생활에 완전히 참여하는 데 특별히 중요하지 않은 것이고, 비록 무능력이 사람의 기회를 박탈하기는 하지만, 이 모든 무능력을 장애로 여기는 것은 부적절하다. 따라서 나는 장애를 예방하려면 한 사회에서 삶의 모든 주요한 부분들에 참여할 능력을 계발하는 데 필요한 도움을 가능한 한 언제나[33] 제공하는 것이 요구된다고 말하고 싶다. 삶의 주요한 부분들에는 최소한 (캐나다

---

32 게다가 어떤 다른 사람의 행위가 한 사람의 이러한 능력을 앗아갔다면, 우리는 그 사람에게 잃어버린 기회를 보상받을 자격이 있다고 여길 것이다. 그러나 내 생각에 만약 이 능력이 그 사람이 잃어버린 단 하나의 능력이라면 우리는 그 사람을 장애인이라고 생각하지 않을 것이다.

33 "가능한 한 언제나"라고 언급한 이유는 어떨 때는 그것이 가능하지 않기 때문이다. 한 사회 내의 모든 사람이 삶의 모든 주요한 부분들에 참여할 수 있는 능력을 부여받을 수 있는 것은 아니다. 예를 들어, 정신적 장애를 가진 일부 사람들은 정치적 쟁점이나 투표 절차를 이해할 수 있는 능력을 부여받지 못한다.

와 미국의 경우) 노동과 사회생활, 정치생활, 종교생활, 문화생활, 인간관계, 여가생활 등이 포함된다.

이러한 설명에도 나는 여전히 만족하지 못하겠다. 나는 장애인을 위한 사회적 지원의 궁극적 목표가, 장애인이 잠재력을 최대한 실현할 수 있게 하고, 삶을 즐길 수 있게 하고, 할 수 있는 한 사회에 충분히 기여할 수 있게 하는 것이지, 단지 장애인이 사회에 참여할 수 있게 하는 것만은 아니라고 강하게 믿는다. 그러나 이 지점에서 갈등에 부딪친다. 장애인을 위한 사회적 지원의 목표가 대부분의 비장애인들에게 현재 적용되는 목표보다 높아야 하는 것인가? 그렇다. 모든 사람들을 위해 목표가 더 높아져야 하기 때문이다. 그러나 나는 장애인들의 정당한 요구가 사회정의와 정치경제의 일반적 논의에 갇혀 묻혀 버리는 것을 원치 않는다. 장애인의 요구와 필요에 대해 분명하고 정확하게 생각하는 것을 방해하는 걸림돌이 너무 많기 때문에 그것을 다른 사람들의 요구와 필요에 견주어 보는 것은 나에게 아직 너무 이른 것으로 보인다.

장애를 해체하려고 할 때의 걸림돌

론 애먼슨이 지적했듯이,[34] 이론가들이나 여러 사람들은 접근권이 시민권의 성격으로 제공될 경우, 도움을 필요로 하는 매우 많은 사람들이 자원을 "사회적으로 강탈할" 가능성에 대해 염려하는 경향이 있다. 장애인에게 어떤 지원을 제공하자는 제안은 어쩔 수 없이 비용과 혜택, 자원의 고갈 가능성에 대한 염려를 불러일으킨다. 이러한 염려는 장애인을 위한 지원 덕분에 많은 부분들에서 전체 비용이 삭감될 것이라는 점을 대부분이 실감하지 못하기 때문이다. 또한 대다수의 사람들이 여전히 장애를 개인이나 가족의 책임으로 생각하기 때문이며, 장애인을 위한 공공의 지원이 능력과 생산성을 위한 사회적 투자가 아니라 순전히 자선행위라고 오랫동안 여겼기 때문이기도 하다. 캐나다와 미국에서 장애인에 대한 완전한 접근성을 보장할 경우 드는 비용이 생활보조금이나, (접근성이 보장되는 사회에서는 이러한 접근이 필요하지 않을 장애인들에게) 비싼 시설수용 정책을 제공하고 있는 현재의 일반적 접근에 따른 비용보다 더 많을지 적을지는 의문이다.

경제학자와 재활연구자들 사이에는 재활의 총비용과 접근성을 위한 총비용에 대해 상당한 의견 차이가 있으며, 이러한 질문은 상당한 규모의 연구(그리고 아마도 어느 정도의 실험)가 실행되어야만 대답할 수 있을 것이다.[35] 재활과 접근성을 높이기 위한 조정 작업에 드는 비용을 누가 지불하는가의 문제 또한 논쟁적이다. 그것은 기업의 몫인가? 정부의 몫인가? 아니면 사설보험업자들의 몫인가? 나는 이러한 질문들에 대해 대답하지 않을 것이다. 다만, 스웨덴 사람들이 캐나다나 미국에서 우리가 이룬 것보다 훨씬 높은 접근성을 이루어 냈다는 사실에 주목하고 싶다.[36] 그리고 재활과 접근성의 문제에 대한 창의적인 해결책으로서 스

---

34 Ron Amundson, "Disability, Handicap, and the Environment", *Journal of Social Philosophy* 23(1), 1992, pp.115~116.

35 이와 관련해 현재 한창 진행 중인 논쟁과 여러 가지 참고자료에 대해 잘 정리한 『계간 장애학』 (*Disability Studies Quarterly*)의 1994년 봄호를 참조하라.

36 스웨덴에서는 장애인 접근성에 관한 모든 것이 완벽하게 갖춰져 있다고 말하려는 것은 아니다. 스웨덴 장애인의 상황을 연구하기 위해 현지에 방문한 것을 토대로 보고서를 쓴 빌 볼트에 따르면, 장애수당과 실질적인 지원에 있어서 스웨덴이 (미국과 캐나다의 기준에서 봤을 때) 매우 풍부한 편이라고 한다. 하지만 그의 견해에 의하면 "스웨덴 장애인들은 물리적인 면, 경제적인 면, 심리적인 면에서의 장애주류화를 거의 이루지 못했고 자유와 생산성에서도 얻은 것이 거의 없다"고 한다(Bill Bolt, "Sweden: Not All It's Cracked Up To Be", *The Disability Rag and ReSource*, September/October 1994, p.18).

웨덴을 눈여겨볼 수 있다고 말하고 싶다. 스웨덴은 장애인을 위한 보조 공학에서 눈부신 발전을 이루었고 스웨덴 정부는 필요한 이들에게 이를 제공한다.[37] 스벤 E. 올손Sven E. Olsson이 1987년에 수행한 연구에 따르면, 스웨덴에서 "중증 장애인이 있는 가구의 평균 수입은 장애인 가족 구성원이 없는 가구의 평균 수입에 아주 조금 미치지 못할 뿐이다".[38] 최근 미국의 통계는 장애성인 가구의 59퍼센트가 2만5천 달러 이하의 소득을 벌어들인다고 보여 준다. 비장애성인 가구의 경우 37퍼센트만이 이런 소득 수준에 해당하는 것과 비교된다.[39]

비용-효과 논쟁에서 장애인에 대한 현재의 복지정책과 시설수용화 접근 방법에 따를 때, 경제적인 부분뿐만 아니라 사람에 대한 부분도 희생된다는 것을 인식하는 게 중요하다. 이런 접근은 수천 명의 사람들이 최소한의 존엄성을 유지할 수 있는 삶을 빼앗고, 사람들이 일반적으로 인생에서 가장 의미 있다고 여기는 사회생활의 영역에 참여할 수 있는 수많은 기회를 박탈한다. 더욱이 이는 장애인만이 아니라 비장애인에게도 해를 끼친다. 많은 비장애인들이 아끼는 지인들 중에는 이런 식의 복지 정책과 접근 방법 때문에 피해를 보는 장애인들이 있다. 하지만 그것만으로 비장애인에게 문제가 되는 것은 아니다. 현재의 장애인 정책이 초래한 접근성의 문제와 고충을 보완하기 위해 장애가 있는 친구와 가족을 둔 비장애인들이 훨씬 더 많은 노동을 해야만 하는 것도 문제

---

37 Henry Milner, *Sweden: Social Democracy in Practice*, New York: Oxford University Press, 1989, p.193.

38 ibid., p.191.

39 본 수치는 루이스 해리스 회사(Louis Harris Associates)가 전미장애인단체(the National Organization on Disability)를 위해 수행하고 『계간 장애학』 1994년 여름호(13~14쪽)에 실린 통계조사 결과에 근거한 것이다.

다. 뿐만 아니라 비장애인들은 자신들이나 (비장애인인) 사랑하는 사람들의 삶이 질병, 사고, 나이 듦으로 인해 스스로에게나 사회적으로나 가치 없는 삶이 될 것이라는 두려움을 갖고 살아가야 한다.

장애가 (생물학적 원인 또는 사고에 의한 것이라는 발상에 근거해서) 사회적 책임의 문제가 아닌 개인이나 가족의 문제라는 태도는 장애를 만들어 내는 문화적 요인이며, 장애인의 능력을 향상시키는 사회정책에 강하게 역행하는 요인이다. 장애인이 역경을 극복하고 자기 스스로의 특별한 노력으로 사회활동에 참여하기를 기대받을 때 장애를 개인적 문제로 생각하는 태도가 명백히 드러난다. 엄청난 역경을 딛고 '장애를 극복'했다고 여겨지는 몇 안 되는 장애인 영웅에게 보내는 대중의 찬사는 장애인에 대한 이러한 기대를 설명해 주며 또 거기에 일조하는 것이다. 장애를 가진 가족구성원이 필요로 하는 것이면 무엇이든 다른 가족구성원의 엄청난 개인적 희생을 감수하고서라도 그 가족이 제공해야 한다고 기대받을 때, 장애를 가족의 문제로 보는 태도가 명백히 드러난다. 바버라 힐리어는 어머니나 돌보는 역할을 하는 사람들이 장애가 있는 가족구성원(특히 장애아동)의 삶을 '정상화'하기 위해 필요한 것이면 무엇이든 할 것이라 여기는 기대가 강하다는 점을 설명한다. 그들은 돌봄만을 제공하는 것이 아니라, 대개 가족 안에 '문제'가 전혀 없다는 환상을 깨지 않기 위해 두 사람 몫의 일을 한다.[40]

이러한 태도는 현대의 많은 사회가 인간의 삶을 공적인 세계와 사적인 세계로 구분한 사실과 연관된다. 대표적으로 질병을 가진 사람들과 장애인은 여성, 아동, 노인과 함께 사적 영역으로 추방되어 왔다. 이

40 Hillyer, *Feminism and Disability*.

와 같은 전 세계적 경향은 특히 장애여성들에게 풀기 어려운 문제를 제기한다. 장애여성은 장애인이며 여성이기에 '사적' 영역에 중복되어 속한다. 그 때문에 대개 집에만 있고, 고립되고, 과잉보호를 받는다.[41] 더욱이 장애인을 사적 영역에만 국한시킴으로써 전통적으로 보살피는 역할을 해온 여성들이 장애인의 요구를 충족시키기 위해 착취된다.[42] 또한 공적 영역을 모두에게 접근 가능하도록 만드는 정책의 필요성을 보지 못하게 한다.

자신이 책임감을 가져야 할 장애인 친구나 가족이 없는 일부 비장애인들의 경우처럼, 어떤 사람들에게는 장애를 생물학적 불행이나 개인적 악운, 개인이나 가족의 문제로 여기는 것이 확실한 물질적 이점이 있는 것 같다. 접근성을 높이고 능력을 계발하려면 시간과 에너지, 돈이 필요하다. 장애인을 위한 자선사업은 엄청나게 많은 비장애인 전문가들에게 일자리를 제공하는 거대한 사업이다. 이런 자선사업은 장애인이 직면하는 어려움에 응하는 것이 가족 외의 사람에게는 의무사항이 아니며, 정부가 앞서야 할 사회적 책임도 아닌 선의에 기반한 행동이라는 믿음을 바탕으로 한다. 더욱이 자선사업가와 (역시 많은 비장애 전문가들로 이루어진) 대부분의 정부 관료조직 모두가, 다양한 신체적·정신적 능력을 가진 사람들이 참여할 수 있도록 계획되고 조직된 사회에서라면 필요 없을 법한 지원을 뿌려댄다. 이렇게 장애에 대한 기득권을 가진 사람들이 만들어 내는 잠재적 저항을 과소평가해서는 안 된다.

장애를 '개인적 불운'으로 보는 접근 방식은 내가 인생에 대한 '요

---

41 Diane Driedger and Susan Gray eds., *Imprinting Our Image: An International Anthology by Women with Disabilities*, Canada: Gynergy Books, 1992.

42 Hillyer, *Feminism and Disability*.

행식' 접근이라고 부르는 것의 일부이기도 하다. 이러한 접근에 따르면 모든 사람들의 능력, 요구와 한계, 고통의 분배를 실질적으로 처리하는 사회 계획이 개인의 행운을 바라는 것으로 대체된다.[43] 캐나다와 미국 내 대부분의 사람들은 자신과 가족의 응급치료나 자녀의 기본교육과 관련한 문제들에 대해서는 이러한 '요행식' 접근을 거부한다. 우리는 뭔가를 필요로 하는 그때에 그것이 있기를 기대하며 이를 위해 적든 많든 기꺼이 돈을 지불한다. 장애와 관련해서 요행식 접근이 지속되는 이유는 부분적으로 장애에 대한 잘못된 믿음과 무지에서 비롯된 두려움 때문이다. 이런 두려움으로 인해 비장애인 대부분이 장애인과 동일시하는 것이 어려워진다.[44] 만일 비장애인들이 잠정적으로 장애인이 될 수 있다고 생각하거나 미래에 장애를 갖게 될 수 있다고 생각한다면, 사회가 접근성을 충분히 갖추고, 장애인의 능력을 최대한 계발하는 데 필요한 자원을 투자하는 것을 원할 것이다. 그렇게 된다면 비장애인들이 장애인에게 필요한 자원을 생각할 때 응급의료서비스나 기본교육을 생각할 때처럼 '자선'의 방식이 적절하지 않음을 느끼게 될 것이다.

철학자 애니타 실버스는 비장애인 대부분이 장애인으로의 삶이 어

---

43 미래의 장애에 대비해 대책을 마련하는 것을 원하지는 않는 사람들의 마음에 깔려 있는 행운에 대한 믿음이, 장애를 가진 사람들은 불운하다는 믿음과 완전히 짝을 이루지 않는다는 것은 모순적이다. 많은 경우, 장애인은 자신의 상태 때문에 비난받기 때문이다. 아마도 비장애인들은 장애가 운에 걸려 있다고 전혀 믿지 않고, 자신 스스로의 통제와 노력, 도덕적 자격의 문제로 믿는 것 같다는 생각이 든다. 그도 아니면 사람들의 믿음은 이 둘의 혼란스럽고 일관성 없는 혼합인 것 같다. 통제에 대한 환상과 그로 인한 결과는 4장에서 논의할 것이다.

44 그레고리 카프카는 장애의 우연성에 대해 생각할 때 느끼는 불쾌함이 장애에 대한 장기적인 계획을 세우고자 하는 마음을 저지한다고 믿는다(Kavka, "Disability and the Right to Work", p.277). 사고나 갑작스러운 질병 역시 유쾌하지 않은 일이지만, 우리는 응급치료에 대해서는 미리 계획을 한다. 때문에 나는 장애와 관련하여 작동하고 있는 더욱 강한 심리적 동력은 공포라고 생각한다. 이러한 공포는 장애인과 동일시하는 것을 막을 정도로 강력하다.

떠한지를 상상하는 것이 거의 불가능하며, 스스로가 장애인이 된다는 것은 그들에게 생각도 못할 일이라고 주장한다.[45] 확실히 많은 비장애인들은 장애를 가진 삶은 살 가치도 없을 것이라 믿는다. 이와 같은 믿음은 장애가 생길 가능성이 있는 경우 낙태를 할 충분한 이유가 된다는 가정에서도 드러난다. 뿐만 아니라 휠체어를 사용해야만 하거나, 시력을 잃거나, 다른 사람의 보살핌에 의존해야 하는 상황에서는 살고 싶지 않을 것이라고 비장애인들이 자주 말하는 것을 봐도 그런 믿음이 잘 나타난다.[46] 장애를 가진 삶이 살 가치가 없다는 믿음은, 당연하게도 자기 스스로 장애를 갖는 것을 상상하기 어렵게 만든다. 장애인들의 삶에 대한 무지와 편견 때문에 이런 믿음이 더욱 강화된다. 예를 들어, 주요한 장애 중 어떤 것이라도 영구적이고 총체적인 무능력을 초래한다는 전제가 여전히 널리 퍼져 있다. 능력 있는 사람은 중대한 신체적 혹은 정신적 한계가 전혀 없거나 아니면 공적 생활과 사회생활에서 그 한계를 숨길 수 있다는 강한 가정이 존재한다.

장애를 사회적 책임과 사회적 문제로 바라보는 사람들이 많아질 수 있도록 하기 위해서, 장애에 대한 공포를 낳는 낙인과 편견, 무지 등을 포함하는 장애의 문화적 구성을 최소한 부분적으로라도 해체해야 한다. 그러한 관점의 변화가 일어나기 전에는 장애인과 그 가족들은 장애를 '극복'해야 하는 커다란 개인적 책무를 안고 살아가야 하며, 공적인 삶에서 장애인의 참여에 대한 기대는 매우 낮은 수준에 머무를 수밖에

---

45 Anita Silvers, "'Defective' Agents: Equality, Difference and the Tyranny of the Normal", *Journal of Social Philosophy* 25(1), June 1994.

46 애니타 실버스는 비장애인들이 흔히 "휠체어에 갇혀" 사느니 죽는 것이 낫다고 선언하듯 말하지만, 이에 비해 장애인 인구의 자살률은 현저히 낮다고 지적한다(ibid., p.159).

없다. 또한 현재 사회적인 부당함으로 (최소한 추상적인 수준에서나마) 인식되고 있는 장애인 차별도 제대로 이해되지 못할 것이다.

　설명을 위해 장애인 차별에 관한 문제를 잠시 살펴보겠다. 어떤 행위나 상황이 능력에 기반한 차별인지 아닌지를 고려할 때의 전략은 분명히 관련된 일을 할 수 있는 능력과 관련되지 않은 일을 할 수 있는 능력을 구별하는 것이다. 그러나 수많은 공간과 활동들이 매우 좁은 범위의 능력을 가진 사람들에게 맞도록 구조된 상황에서, 이 두 가지를 구분하는 것이 항상 쉽지는 않다. 타이핑 하는 일을 위해 걸을 수 있어야 하는 건 아니다. 하지만 만일 회사가 휠체어로 접근할 수 없는 빌딩 안에 있어서, 타이핑을 잘하고 휠체어를 사용하는 어떤 사람을 위해 빌딩을 개조하는 데 너무 많은 비용이 들기 때문에 그 사람을 고용하지 않는다면, 이는 장애에 대한 차별인가? 법은 이를 차별로 볼 것이다. 그러나 타자수打字手가 그 회사에서 일할 수 없는 이유가 그 사람 개인의 특성 때문만이 아니라는 사실을 사람들이 인식하지 못한다면 사람들은 그런 법에 반대할 것이다. 이미 휠체어 접근을 위한 편의시설이 되어 있는 사무실에서, 휠체어 이용자가 가장 뛰어난 타자수인데도 고용되지 않는다면 대부분의 사람들은 이것이 장애 때문에 생긴 차별임을 알아챌 수 있을 것이다. 사람들은 장애를 (인종과 마찬가지로) 업무와는 관련이 없는 개인적인 특성이라고 여길 것이다. 하지만 이런 사람들이 휠체어를 사용하는 타자수를 고용하게끔 휠체어가 접근 가능한 환경을 만들도록 회사에게 요구할 준비가 되어 있을까? 이 점은 1990년 제정된 미국장애인법Americans with Disabilities Act으로 인해 현재 미국에서 시험되고 있는 중이다. 나는 이 법이 엄청난 교육적 기능을 할 것이라고 기대한다. 하지만 더 많은 사람들이 접근성을 공공의 의무로 여기지 않는다면 이

법을 집행하기는 매우 어려울 것이다. 접근성이 공공의 의무라는 인식이 있을 때 비로소 사람들은 잘못된 설계와 조직으로 인해 발생한 무능력을 구별할 수 있게 될 것이다.

『장애 소식과 정보』에서 서술한 바 있는, 버거킹 사건에서 표출된 정서를 상기해 보라.

청각 장애를 가진 여배우 테릴린 사케티Terrylene Sacchetti가 버거킹을 미국장애인법 위반으로 고소했다. 테릴린은 인터콤을 통해 말로 주문하는 대신 주문내역을 써서 음식을 서빙하는 창구의 종업원에게 제시했는데, 종업원은 주문을 거절했다. 당시 캘리포니아음식점협회의 수석 부대표 스텐 카이커Stan Kyker는 이렇게 이야기했다. "그 (장애가 있는) 사람들은 자신이 100퍼센트 온전하지 않다는 사실과 살아가면서 수행하는 모든 일에서 100퍼센트 온전해질 수 없다는 것을 받아들여야만 한다."[47]

한 여성이 카운터까지 걸어가기 위해 지팡이를 사용해야 했기 때문에 서비스를 거절당했다면, 그녀가 받은 처우는 단번에 차별로 인식됐을 것이라고 생각한다. 그러나 사케티의 경우 행위(음식 주문)를 음식점이 요구하는 방식(말로 하기)으로 수행할 수 없었기 때문에 서비스를 거절당했고, 이는 즉시 차별로 인식되지 않았다. 오히려 음식점협회 대표자는 사케티의 개인적 특성이 서비스를 받는 데 방해가 되었다는 근거로 그러한 처우를 당연한 듯이 변호할 수 있었던 것으로 보인다.

47 *The Disability Rag and Resource*, March/April 1994, p. 43.

나는 장애가 없는 사회를 상상할 때 모든 신체적·정신적 '결함'이나 '비정상성'이 치료될 수 있는 사회를 상상하지 않는다. 오히려 언젠가 모든 것을 '치료할 수 있다'는 환상이야말로 장애의 사회적 해체를 막는 심각한 걸림돌이라고 믿는다. 나는 그 대신 완전하게 접근 가능한 사회를 상상한다. 가장 넓은 범위의 인간 능력을 고려해 모든 건축물이 지어지고 모든 활동이 조직되어야 한다는 보편적인 인식을 가장 근본적인 특성으로 하는 그런 사회 말이다. 그러한 사회에서라면 걸을 수 없는 사람이 장애를 갖지는 않을 것이다. 걸을 수 있는 사람에게 접근 가능한 모든 종류의 주요 활동이 걸을 수 없는 사람에게도 가능할 것이다. 또한 그런 사회에서는 걸을 수 없는 사람뿐만 아니라 보고, 듣고, 말하지 못하거나, 팔을 움직이지 못하거나, 휴식 없이 긴 시간 일하지 못하거나, 여러 다른 신체적이고 정신적인 기능들을 수행하지 못하는 사람들도 주요 활동에 참여하는 것이 가능할 것이다. 모든 사람이 모든 것을 할 수 있어야 한다는 의미가 아니라, 사회 안에서 일어나는 삶의 주요한 부분들에서, 걷거나 보거나 들을 수 있는 사람과 그렇지 못한 사람의 능력 차이가 걷거나 보거나 들을 수 있는 사람들 내부의 능력 차이보다 더 커서는 안 된다는 것이다. 장애가 없는 사람들 모두가 현재 야구를 하거나 합창단에서 노래를 할 수 있는 것은 아니지만, 비장애인은 누구나 스포츠나 게임에 참여할 수 있고, 예술활동을 할 수 있다. 바로 이와 같은 종류의 보편적 능력이 장애를 해체하는 것의 목표가 되어야 한다.

나는 지금까지 독립이나 통합이 아니라 접근성과 능력에 대해 이야기했다. 독립이나 통합 모두 장애인들에게 언제나 적절한 목표는 아니라고 생각하기 때문이다. 항상 보살피는 사람에게 많은 도움을 받아야 하기 때문에 독립적으로 살 수 없는 사람들이 있다.[48] 그리고 이를테면 농인들 같은 일부 장애인들은 비장애사회에 통합되기를 원하지 않는다. 그들은 자기들만의 분리된 사회생활을 선호한다. 그렇다 하더라도 모든 사람은 자신의 능력을 계발하고, 노동을 하고, 사회의 다른 이들에게 허용된 공적이고 사적인 모든 범위의 활동에 참여하는 기회에 접근할 수 있어야 한다.

48 장애인을 흔히 비장애인으로 살아오다가 갑자기 휠체어를 타게 된 사람으로 생각하는 "신(新) 고정관념"에 나의 이러한 주장이 위배된다는 것을 인정한다. "신 고정관념"이라는 말은 휴 갤러거가 썼던 용어이다(Hugh Gallagher, "The New Stereotype", *Polio Society Update*, August 1993). 그러나 중증의 장애를 가진 많은 사람들이 타인으로부터 매일, 잦은 도움을 받지 않고 살아갈 수 없는 것이 사실이다. 이를테면, 스티븐 호킹이 독립적으로 사는 게 자신의 목표라고 말하는 장면을 상상해 보자. 독립에 관한 쟁점에 대해서는 6장에서 상세히 다룬다.

3장 차이로서의 장애

1963년에 출간된 사회학자 어빙 고프먼의 『스티그마: 손상된 정체성의 관리에 대한 소고』는 낙인 찍는 과정을 다룬 것으로서 지금까지도 가장 영향력 있는 책이다.[1] 고프먼은 장애를 낙인의 사례로 자주 사용하였다. 그래서 그는 장애인의 사회적 비하를 이해하려고 하는 사람들에게 더욱 많은 영향을 끼치고 있다. 고프먼의 연구는 장애의 경험에 적용되는 매우 중요한 통찰력을 지니고 있지만, 내 생각엔 고프먼이 낙인을 가져오는 여러 가지 원인을 한꺼번에 뭉뚱그려 취급하는 바람에 지나친 일반화에 이르렀고, 질병과 장애에 따르는 낙인에 관련된 결정적인 요소들을 보지 못하게 된 것 같다. 더욱이 장애인을 낙인 찍는 사회적인 '기준'에 대해 문제제기하지 않았다. 이 때문에 기준에 미치지 못하는 사람들에 대해서 이야기할 때, 낮추어 보는 듯한 어조를 사용하고, 다른 종류의 '기준'을 갖고 살아가려는 노력을 무시하는 경향을 보인다.

---

1 Erving Goffman, *Stigma: Notes on the Management of Spoiled Identity*, New York: Simon and Schuster, 1963.

고프먼이 낙인을 어떻게 묘사하는지 살펴보자.

낙인에는 서로 매우 다른 세 가지 종류가 있다. 첫째는 몸에 대한 혐오, 즉 여러 종류의 신체 기형에 대한 혐오감이다. 다음은 나약한 의지, 제멋대로 하는 태도, 부자연스럽게 격한 감정, 신뢰할 수 없거나 경직된 사고방식, 부정직함과 같은 인격적인 오점이다. …… 마지막으로 인종, 국가, 종교로 이루어진 종족 낙인tribal stigma이 있는데, 이런 낙인은 혈연을 통해 계승되고, 가족의 모든 구성원에게 주어지는 낙인이라고 할 수 있다. 이렇게 다양한 종류의 낙인 안에서도 …… 동일한 사회학적 요소들이 발견된다. 어떤 한 사람이 보통 사회생활에서 잘 받아들여진다 하더라도, 어떤 한 가지 특성 때문에 사람들이 그 개인을 멀리하게 되고 다른 특징이 주는 인상을 다 망쳐 버릴 수 있다. 그럴 때 그 사람이 바로 낙인을 가진 것이며, 이 낙인은 우리의 기대와는 나쁜 쪽으로 다르다는 점을 지칭한다.[2]

여기에서 고프먼은 사회에서 장애인이 다른 사람들에게 떠올리는 특정한 상징적 의미의 중요성을 놓치고 있다. 흥미롭게도 고프먼이 사용하는 언어가 이러한 의미를 잘 반영한다. 책 전체에서 청각 장애, 말더듬증을 비롯한 여러 가지 종류의 장애를 예로 들면서도 고프먼은 문제의식 없이 이를 모두 "신체 기형"physical deformities이라고 언급하고, 또 이를 "혐오감을 불러일으키는 몸"이라고 표현하면서 낙인의 여러 가지 유형 중에 가장 강도 높은 표현을 사용한다. 부정직함은 대조적으

2 Goffman, *Stigma: Notes on the Management of Spoiled Identity*, pp.4~5.

로 인격적인 "오점"이라고 부른다. 책의 다른 부분에서는 "고통", "희생자", "병신" 이라는 말을 사용하고, 사람들을 "사례"라고 소개한다. 물론 1963년에 쓰인 글이고, 그때는 그런 언어가 일반적으로 사용되고 있었기 때문에, 장애에 대한 고프먼의 개인적인 태도를 비판하기 위해 이런 말을 하는 것은 아니다. 중요한 것은 고프먼이 문화적인 고정관념과 장애의 의미를 면밀히 검토하지 않고 그것에 동조한다는 것이다.

책의 후반부에서 고프먼은 낙인에 대해서 이렇게 말한다. "낙인은 피낙인자와 정상인이라는 두 부류로 나누어지는 특정한 사람들에 관련된 것이 아니다. 그보다는 모든 사람들이 피낙인자와 정상인이라는 두 역할에 모두 참여하게 되는 지속적인 사회적 과정이며, 누구나 최소한 어떤 식으로든 또는 인생의 어떤 시기에서든 이 과정을 겪게 된다".[3] 하지만 그다음에 고프먼은 "특정 개인은 평생 지니고 있는 특성 때문에 틀에 갇혀 버릴 수 있다. 그 사람은 거의 모든 사회적인 상황에서 피낙인자의 역할을 수행해야만 한다"라고 말한다.[4] 고프먼은 왜 어떤 특성은 개인을 틀에 가두고 왜 어떤 특성은 그렇지 않은지 설명하려는 시도조차 하지 않는다. 낙인이 되는 특성의 상징적인 의미를 고려하지 않고 이를 설명하기는 어렵다. 장애의 상징적인 의미에 대한 주제는 나중에 다시 다룰 것이다.

고프먼은 미국 내에서, 또 미국과 비슷한 문화를 가진 곳에서 장애인으로 살아가는 사회적이고 심리적인 부담에 대해 대중의 관심을 모음으로써 장애를 이해하는 데 도움을 주었다. 특히 비장애인으로 '가장'

---

3 ibid., p.138.
4 ibid., p.138.

假裝하는 것에 대한 역동의 일정 부분을 잘 설명한다.[5] 또한 '다르다'고 규정된 사람들이 '정상인'을 상대하는 사회적인 상황에서 '정상인'이 불편해하지 않도록 그 상황을 '관리'해야 하는 의무에 대해서도 잘 얘기하였다.[6] 또 피낙인자가 기존 가치체계 내에서 자신과 비슷한 종류의 사람들에게 속한다고 생각하는 경향에 대해서도 설명했다.[7] 더구나 장애가 시민권의 문제라는 것을 직접적으로 주장한 적은 없지만, 장애의 낙인을 인종과 민족의 낙인과 비교함으로써 어느 정도는 그러한 가능성을 암시했다.

하지만 어떤 피낙인집단의 구성원이 되는 것이 좋을 수도 있듯이, 어떤 장애는 '정상성'만큼 좋을 수도 있고 또 그보다 더 나을 수도 있다는 가능성을 고프먼은 전혀 인정하지 못한다. 자신이 가진 차이를 좋은 것으로 생각하는 것은 피낙인자가 쓰는 대응전략일 뿐이라고 하면서, 그런 사람들을 '정상'에 미치지 못하는 사람으로 규정하는 가치체계의 객관성이나 불변성을 의심하지 않는다. 오히려 고프먼은 한 사람이 가진 차이의 가치를 인정하고 비슷한 사람들과 가깝게 동일시하는 것을 대응전략 중에서도 저급한 것으로 평가한다.

가장 먼저 동정심을 가지고 잘해 주는 사람들은 물론 그 사람과 같은 낙인을 가진 사람들이다. 자신의 경험을 통해서 그런 낙인을 가진 것이 어떻다는 것을 잘 알고 있는 이들은 그 사람이 살아가는 데 필요한 기술을 알려주고 한탄을 들어 주어 힘들 때 마음껏 기댈 수 있고 자기 집 같은

5 Goffman, *Stigma: Notes on the Management of Spoiled Identity*, p. 42.
6 ibid., pp. 21~23, pp. 115~116.
7 ibid., p. 107.

편안함을 느끼게 해주며 정상적인 사람과 다를 바 없는 한 사람으로서
받아들여 준다. ……
자신과 같은 부류 속에서 이 피낙인자는 자기가 가진 불리함을 새 삶을
시작하는 기반으로 이용할 수 있지만, 그러기 위해서는 자신을 반쪽짜
리 세상 속에 격리시켜야만 한다. 그 속에서 그는 자기가 어떻게 낙인을
가지게 되었는지 설명하는 비극적인 이야기를 완성시킬 수 있다. ……
다른 한편으로 이 사람은 자신과 함께 고통받는 사람들의 이야기에 싫
증이 나기도 한다. 모든 게 고생한 이야기 아니면 자기집단의 우월성,
또는 사기 친 이야기 등 자신들이 가진 "문제"에만 온통 집중해 있기 때
문이다. 그렇게 집착할 수밖에 없다는 것이 그 문제에 따라오는 가장 큰
형벌이라는 것을 알게 된다.[8]

고프먼은 (농인들이 가진 자부심과 같이) 한 집단의 구성원으로서
진정으로 느끼는 자부심의 가능성을 상상조차 할 수 없는 것 같다. 고프
먼은 다르다고 구분되는 사람들끼리 가진 연대의식을, 외부에서는 불
가능하지만 내부에서라도 '정상인'으로 받아들여지고 싶어 하는 저급
한 보상심리로만 보았다. 심지어 그는 피낙인 민족집단이 가지는 자부
심의 진정성도 놓친다. 따라서 고프먼은 다른 피낙인집단과 장애인 사
이의 중요한 차이점도 놓친다. 대부분의 피낙인자는 피낙인집단의 구
성원으로서 하위문화를 가지고 있고, 그 안에서의 가치체계에 따라 외
부의 낙인은 무의미해지거나 약해진다. (전부는 아니지만) 장애인들의
대부분은 비장애인들 속에서 자라나고 비장애인들에게 둘러싸여 있으

며 비장애인들의 가치와 사고방식을 흡수한다. 장애인들은 비장애인들과의 차이에 긍정적인 가치를 부여하거나 낙인을 없앨 수 있는 하위문화와 거의 접촉하지 못한다.[9] 고프먼이 집단자부심을 상상하지 못한 것은 아마도 이러한 장애인들의 사례로부터 지나친 일반화를 했기 때문일 것이다.

하지만 다수가 낙인 찍은 어떤 차이에 대해 (방어적이거나 자기기만적이지 않은) 진정한 자부심을 가질 수 있다는 것을 고프먼이 상상하지 못하고 받아들이려고 하지 않은 것은 다수가 가진 가치체계를 의심하지 않았기 때문이다. 실상 고프먼은 그런 가치를 대변하고 있을 뿐, 분석하고 있지 않다. 고프먼의 생각에는 피낙인자가 가질 수 있는 공통의 희망은 그들이 가진 차이가 언젠가 재평가되고 가치를 인정받을 수 있는 가능성에 있는 것이 아니라, 언젠가는 차이가 무시되고 다른 특성에 비해 중요하지 않은 것으로 여겨질 수 있다는 가능성에 있다. 차이는 여전히 저주로 남아 있는 것이다.

'타자'로서의 장애인

여성주의 이론에서 발전된 '타자'the Other라는 개념은 장애인의 사회적 지위를 이해하는 데 낙인보다 여러 모로 더 유용하다. 시몬 드 보부아르는 이 개념을 이용하여 남성이 여성을 보는 관점(또 여성이 자신을 보는

---

9 Irving Kenneth Zola, "Self, Identity, and the Naming Question: Reflections on the Language of Disability", *Social Science and Medicine* 36(2), 1993, p.167. 다행히도 이런 상황에 변화가 생기고 있다. 장애인권리단체들과 장애인의 권리에 대한 관점이 문화적으로 많이 등장하면서 자부심을 중심으로 한 하위문화를 만들어 내고 있고, 그 중에는 멀리서 참여할 수 있는 것도 있다.

관점)을 설명하면서, 남성은 본질적 존재로 간주되고 여성은 그렇지 못하다는 것을 강조한다. 남성은 주체이고, 여성은 타자이다.[10] 『포르노그라피와 침묵』이라는 책에서 수전 그리핀은 '타자'라는 개념을 확장시켜서 우리가 받아들일 수 없는 자신의 특성을 어떻게 '타자'라고 규정된 사람들의 집단에 투사하는지 설명한다.[11] 내가 '타자'라는 개념을 이해하는 바로는 여기에 두 가지 본질적인 과정이 따른다. 사람들을 '타자'로 여길 때 우리는 그 사람들을 우리가 동일시할 수 있는 경험을 하는 주체라고 보지 않고, 우리가 하는 경험의 대상으로 묶어 버린다. 또 그 사람들이 어떤 것을 상징한다고 우선 생각한다. 상징은 대부분 (늘 그런 것은 아니지만) 우리가 거부감 또는 공포감을 느끼는 것이고 또 우리가 그 사람들에게 투사하는 것이다. 치명적인 병 또는 불치병에 걸린 사람들이나 장애인들은 비장애인들에게 무엇보다도 우리가 불완전하다는 것, 몸을 마음대로 통제하지 못한다는 것을 상징하고, 모든 사람이 가진 나약함, 고통, 죽음에 대한 취약함을 떠올리게 만든다.

「모든 이데올로기의 방식」이라는 글 중 통찰력이 매우 잘 드러나는 한 부분에서 그리핀은 어떤 사람이 다른 사람을 자신에게 의미 있는 상징으로 만드는 과정을 이렇게 설명한다.

이 책을 완성하기 위해 메모를 하고 있는 동안 나 자신의 자기부정과 투사를 직면하지 않을 수 없었다. 내가 한 식당에서 줄을 서서 기다리고

---

10 Simone de Beauvoir, *The Second Sex*, trans. H. M. Parshley, New York: Alfred A. Knopf, 1952, p.xvi [*Le Deuxième Sexe*, Paris: Gallimard, 1949].

11 Susan Griffin, *Pornography and Silence: Culture's Revenge Against Nature*, New York: Harper&Row, 1981.

있는데 어떤 나이 많은 여자가 테이블에 혼자 앉아 있는 모습이 눈에 들어왔다. 그 여자는 아무것도 먹고 있지 않았고, 굉장히 안 좋아 보였다. 짐작건대 누구를 기다리고 있는 것 같았다. 그 여자의 얼굴 표정과 창백함, 몸짓, 이 모든 것들이 그녀가 몹시 아프거나 죽을 때가 다 되었다는 것을 말해 주고 있었다. 그 여자의 속이 메스꺼울 거라는 상상을 했다. 배가 고팠지만 그 여자를 보면서 식욕이 점점 사라져 갔고 그 여자가 거기에 있다는 것만으로 내 속도 메스꺼워질 것 같았다. 그 여자 옆 테이블에 앉게 되어 나도 속이 더 안 좋아지거나 전염이 될까 봐 걱정이 되었다. 내 안의 또 다른 목소리가 이성적으로 생각하고 연민을 가지라고 말하고 있었지만 나는 그 여자에게 서서히 화가 나기 시작했다. 이 여자는 아프면서 왜 식당에 있는 거야? 왜 사람들에게 자기의 고통을 함께 느끼게끔 강요하고 있는 거지? 그 여자에게 집으로 가라고 소리치고 싶었지만 물론 그렇게 하진 않았다. 나는 내가 느낀 감정이 몹시 부끄러웠다. 이 수치심 때문에 내 감정을 숨길 수 있었다.

…… 그 여자의 아들에 대한 나의 상상을 살펴보니, 그 안에서 나 자신을 발견할 수 있었다. 남성이 여성에게 가진 적대감에 대한 나의 사상적 이론에 따르면 남성들이 여성을, 특히 자신의 어머니를 두려워하는 이유는 죽음을 무서워하기 때문이다. 언젠가 내 몸을 내 맘대로 할 수 없게 된다는 것과 나 자신의 죽음에 대한 두려움이 내가 그 여자에게 투사했던 감정이고, 그러한 감정 때문에 배고픔 대신에 구역질을 느낀 것이 아니었을까?[12]

이런 종류의 감정투사는 우리 모두가 서로에게 하고 있는 것이다. 하지만 그 과정은 보통 일방적으로 이루어진다. 한 집단의 사람들이 다른 집단에 비해 더 많은 권력을 가지고 있어서 자신을 인간다움의 표준으로 여기고 자신의 필요에 따라 세상을 맞추어 가고 자신들의 경험을 정당화한다. 비장애인이 장애인과의 관계에서 그런 집단이라고 할 수 있다. 어떤 때는 비장애인이 장애인에 의해 타자화되기도 한다(장애인이 비장애인을 일시적 정상인이라고 부를 때처럼 말이다). 하지만 비장애인의 타자화가 만들어 내는 결과는 미미하다. 비장애인 대부분은 자신이 장애인에게 타자가 될 수 있다는 것을 쉽게 무시할 수 있는 반면, 그 반대의 경우는 그렇지 않다.

하지만 장애인이 다른 장애인을 타자화할 수도 있고 장애인들 사이에서 그런 일은 종종 일어난다. 예를 들어 신체 기능을 잘 통제하지 못하는 사람을 무시하는 경우이다. 재활시설 내에도 권력과 가치의 위계가 존재하며, 맨 위에는 비장애인처럼 행동하는 사람이 있고, 몸을 제일 가누지 못하는 사람이 맨 아래에 있게 된다.[13] 이것으로 볼 때 장애가 가지는 가장 강력한 상징적 의미는 바로 몸을 마음대로 통제하지 못하는 것이라고 할 수 있다.

질병과 장애의 상징적 의미

치명적이고 치료가 불가능한 질병과 장애가 지닌 상징적 의미는 이를 가진 사람들이 타자화되는 것에 따른 결과물인 동시에 타자화를 돕기

---

12 Susan Griffin, "The Way of All Ideology", *Signs: Journal of Women in Culture and Society* 7(3), 1982, pp.648~649.

13 Gelya Frank, "On Embodiment: A Case Study of Congenital Limb Deficiency in American Culture", eds. Michelle Fine and Adrienne Asch, *Women with Disabilities: Essays in Psychology, Culture and Politics*, Philadelphia: Temple University Press, 1988.

도 한다. 물론 여러 장애와 질병이 한 사회에서 다른 의미를 가질 수도 있다(간질과 에이즈, 조울증과 반신마비가 가지는 서로 다른 의미를 생각해 보라). 같은 장애와 질병이 사회마다 다른 의미를 가질 수 있고 한 사회에서도 시대에 따라 다른 의미를 가질 수 있다(결핵은 서양사회에서 더 이상 낭만적인 질병이 아니지만 과거에는 그러했다). 더욱이 그 사람이 가진 다른 특성들 즉 인종, 나이, 성별, 계급, 성적 정체성과 같은 것들이 장애의 의미를 변화시킬 수 있다. 예를 들어 파인과 애시는 장애가 의존성, 무능함, 아이 같음의 특성과 문화적으로 연관되기 때문에 남성다움에 문화적으로 요구되는 것과는 충돌을 이루고 여성다움에 대해 문화적으로 요구되는 것과는 겹쳐진다고 지적한다.[14] 장애남성은 "손상된 남성"으로 보이지만 장애여성은 여성에 대한 문화적 기대를 과도하게 충족시킨다.

수전 손택은 결핵, 암, 에이즈와 같은 병이 서양사회에서 가지는 상징적 의미를 비판적인 관점에서 상세히 기술하였다. 과도한 열정(과거의 결핵과 같은 경우), 감정의 억제, 특히 분노의 억제(암의 경우), 외부 세력의 침입(암과 에이즈의 경우), 오염(에이즈), 부도덕함에 대한 자연적인 형벌(에이즈), 건강하지 않은 생활(암과 에이즈), 도덕적으로나 영적으로 악에 의해 오염될 가능성(암과 에이즈) 등이 그러한 상징적 의미의 예이다.[15] 근육통성 뇌척수염이나 만성피로 면역장애증후군 같은 경우, 한동안 언론에서 주로 1980년대 중반에 만들어진 상징적 의미와 관련

<hr>

14 Fine and Asch eds., *Women with Disabilities: Essays in Psychology, Culture and Politics*, p.3.

15 Susan Sontag, "Illness as Metaphor", *Illness as Metaphor and AIDS and Its Metaphors*, New York: Doubleday Anchor, 1977; Sontag, "AIDS and Its Metaphors", *Illness as Metaphor and AIDS and Its Metaphors*, New York: Doubleday Anchor, 1988.

된 용어로 묘사했다는 점이 흥미롭다. 그것은 바로 "여피족 독감"yuppie flu이라는 용어인데, 이는 야심이 있는 사람에게 주어지는 자연의 형벌로서, 특히 야심 많은 여성들이 걸린다고 생각하는 것이었다. 그 병이 어린이나 노인, 모든 사회경제 계층에 있는 사람에게 나타나고, 사람을 쇠약하게 만드는 만성적인 질병이라는 것을 아는 사람은 지금도 별로 없다. 건강한 사람들은 허구적인 이야기들이 현실보다 더 재미있고 확실하다고 여기는 법이다. 더욱이 심각한 정도의 피로를 가져오는 병은 1980년대에 모든 생활 전반에 걸쳐 요구된, 빠른 속도로 강도 높은 일에 맞춰 가기 위해 애쓰던 사람들이 경험했거나 우려했던 피로감을 상징하기에 걸맞는 것이었다. 흥미롭게도 이 병의 이름(미국 질병통제예방센터에서 만든 이름)에 들어 있는 "면역기능장애"라는 말은 대중문화에서 언급될 때 보통 빠져 버리곤 한다. 내 친구들이나 지인들은 내 병의 주된 증상이 만성통증이라는 사실을 자주 잊어버리고 발병 초기 몇 년 동안 겪었던 극심한 피로만을 기억한다. 사람들은 아직도 자기가 경험했던 피곤함을 생각하면 내가 겪는 것이 어떤 것인지를 알 것 같다고 나에게 말하곤 한다.

질병마다 제각기 다른 상징적 의미를 가지고 있지만 특히 만성적으로 아프다는 것과 연관된 의미들이 존재한다. 내가 속한 사회는 개인의 질병이 만성적임을 받아들이는 일을 곧 희망을 포기하는 것으로 여긴다. 그것은 곧 아픈 사람은 그런 상태로는 괜찮지 않기 때문에 나아지려고 하는 희망을 가져야 한다는 것을 의미한다. 만성질병은 만성적인 괴로움과 불행을 의미하는 것처럼 인식된다. 사람들은 내가 아파서 줄곧 괴로울 것이라고 생각하는 것 같다. 또 내가 잘 지내고 있다고 하면, 사람들은 내 건강이 좋아진 줄 아는 경향이 있다. 사람들이 "요즘 어때?”라고 물어 볼 때 “아프지만 행복해”라고 대답하는 실험을 한 적이 있다.[16] 내가 그렇게 대답하면 사람들은 가만있거나 알 수 없다는 듯한 표정을 짓는다. 나를 아는 대부분의 사람들은 나도 자기들처럼 일과 인간관계로 얽힌 복잡한 삶을 살고 있다는 것을 알고 있다. 하지만 그들은 그러한 사실과 내가 장애를 주는 병을 갖고 살고 있다는 사실을 조화시키지 못하는 것 같다. 그러한 어려움을 난 잘 이해한다. 나도 처음 병에 걸렸을 때 몇 년 동안이나 병을 갖고 잘 살 수 있다는 것을 상상조차 하지 못했다. 나는 다른 사람들이 내가 말하는 것만큼 아프지 않다고 의심하는지, 아니면 내가 강한 척한다고 생각하는지 궁금할 때가 자주 있다. 건강하거나 괴롭거나 둘 중에 하나여야 하는 사회적인 의무가 주는 무게도 느낀다. 하지만 나는 항상 아프지만 자주 행복하다는 결론을 내렸고, 그것이 내가 사는 문화에서는 아주 이상하게 보인다는 결론도 내리게 되었다.

질병과 마찬가지로 한 사회에서 장애는 저마다 각기 다른 의미를 가지고 있지만 어떤 신체적 장애이든 거기에 따라오게 되는 의미가 있는 것 같다.[17] 여러 사회와 시대에 걸쳐 신체적 장애를 가지고 있다는 것

---

16 세리 레지스터가 인터뷰한 필리스 뮬러(Phyllis Mueller)는 이렇게 회상한다. “내가 평생 처음으로 사람이 행복하게 느끼면서도 아플 수 있다는 것을 깨달은 날은 정말 특별한 날이었다”(Cheri Register, *Living with Chronic Illness: Days of Patience and Passion*, New York: Bantam, 1987, p.315). 낸시 메어스는 뮬러의 통찰력에 동의하면서 이렇게 말한다. “아프면서 행복할 수 있다는 것은 가능하다. 이 좋은 소식을 발견했으니 많은 사람들에게 알려야 한다”(Nancy Mairs, *Voice Lessons: On Becoming a (Woman) Writer*, Boston: Beacon Press, 1994, p.127).

17 영국에 관해서는 Micheline Mason, “‘The Courage of Crippled Clara’: The Media and Disability”, eds. Kath Davies, Julienne Dickey, and Teresa Stratford, *Out of Focus: Writings on Women and the Media*, London: The Women’s Press, 1987; Jenny Morris, *Pride Against Prejudice: Transforming Attitudes to Disability*, Philadelphia, PA: New Society Publishers, 1991. 캐나다에 관해서는 James W. Vargas, “Enhancing Self-Esteem”, Keynote Address to the 10th Annual Adult Special Education Conference, Vancouver, BC 22-23

에 주어지는 의미에 나타나는 공통점도 있는 것 같다.[18] 장애는 비극적인 손실, 약함, 수동성, 의존성, 무력함, 수치심, 총체적인 무능력과 관련되는 경향이 있다.[19] 서양 과학과 의학의 힘이 크고 과학과 의학이 자연을 지배할 수 있을 것이라는 전망을 대다수가 믿고 있는 사회에서는, 장애인의 존재를 통해 그 전망이 실패할 수밖에 없다는 것과 과학과 의학이 사람들을 병, 장애, 죽음으로부터 지켜 줄 능력이 없다는 것을 깨닫게 된다. 그들은 과학이 잊어버리고 싶어 하는 타자이다. 몸의 완벽함을 이상으로 추구하는 사회에서 장애인은 온전하지 못한 타자이며 그 이상에 절대로 근접할 수 없는 사람들이다. 비장애인이 장애인과 동일시할 때, 비장애인은 자신들이 추구하는 이상향이라는 것이 고작 언젠가 사라져 버리는 통제력의 차이에 불과하다는 것을 깨닫게 된다.[20]

'장애인 영웅'the disabled heroes이라고 불리는 어떤 장애인은 모든 어려움을 이겨내는 영웅적인 통제력을 상징한다. 그런 사람들의 대중적인 이미지는 몸을 극복할 수 있다는 가능성을 재확인시켜 주면서 비장애인을 편안하게 해준다. 장애인 영웅은 쉽게 눈에 띄는 장애를 가졌으며, 비장애인들에게도 쉽지 않은 일을 해내기 때문에 대중에게 알려

February, Personal copy, 1989; Marilyn Dahl, "The Role of the Media in Promoting Images of Disability-Disability as Metaphor: The Evil Crip", *Canadian Journal of Communication* 18(1), 1993. 미국에 관해서는 Zola, "Self, Identity, and the Naming Question: Reflections on the Language of Disability"를 참고하라.

18 사례를 보려면 드리저와 그레이가 1992년 발행한 국제논문집에서 장애여성들이 자신의 삶을 묘사하는 것을 참고하라(Diane Driedger and Susan Gray eds., *Imprinting Our Image: An International Anthology by Women with Disabilities*, Canada: Gynergy Books, 1992).

19 이런 일반화에 중요한 예외가 되는 것이 어떤 사회에서는 노인의 장애와 노인이 아닌 사람들의 장애를 구분한다는 것이다. 노인에게 있어서는 장애가 이 분들이 받는 존경이나 남아 있는 능력에 대한 인정에 영향을 덜 미칠 수 있다.

20 통제와 이상화의 주제에 관해서는 4장에서 더 논의할 것이다.

진 사람을 말한다. 거의 예외 없이(헬렌 켈러나 최근에는 스티븐 호킹이 예외에 속한다), 장애인 영웅들이 신체적인 힘과 끈기를 요하는 업적을 보여 줌으로써 알려지게 된다는 점은 흥미롭다. 장애인 영웅이 장애인에게 힘을 주고 감동을 주기도 하지만, 이들은 비장애인에게 장애는 누구나 '극복'할 수 있는 것이라는 잘못된 인상을 심어 준다. 장애인 영웅은 주로 대부분의 장애인이 가지지 못한 사회적·경제적·신체적 자원을 풍부하게 가지고 있다. 또한 대부분의 장애인들은 신체적으로 영웅적인 행위를 보여 줄 수 없다. 왜냐하면 장애가 단순히 어떤 신체적인 활동에 제약을 주는 것뿐만 아니라 장애인의 힘과 에너지를 많이 소모시키거나 감소시키기 때문이다. 장애인 영웅의 이미지는 몇몇 장애인의 타자성을 줄일 수는 있다. 하지만 대다수의 장애인이 도달할 수 없는 이상을 만들어 내기 때문에 결국 대다수 장애인의 타자성을 증가시킨다.

'타자'화의 결과

장애인이 비장애인에게 타자라는 점 때문에 생겨나는 결과에는 장애가 사회적으로 구성되는 데 관련된 모든 요소들이 포함된다. 이는 비장애인이 장애인을 자신과 같은 사람으로 보지 않으며, 자신이 장래에 장애인이 될 수 있다고 생각하지 못하기 때문이다. 사회가 협소한 범위에 들어가는 능력만을 기준으로 하여 계획을 세우고 설계하는 것, 모든 사람의 능력을 계발하는 책임을 다하지 않는 것으로 인해 장애가 생겨난다. 또한 수행능력에 대한 경직된 기준과 상상력이 부족한 기대감, 부적절하거나 잘못된 문화적인 이미지가 장애를 만들어 내는 것이다. 이것은 순환적으로 되풀이되는 사회 구조이다. 사회의 많은 생활영역에서 장애인이 배제되기 때문에 비장애인은 장애인을 알지 못하게 되고, 또한 장애인은 문화적으로 자신들의 존재를 드러내지 못하게 된다. 이 두 가지 모두 장애인이 비장애인에게 상징적인 타자로 남아 있게 되는 이유이다.

타자화된 다른 사람들처럼 장애인은 언어적·신체적·성적 폭력을 더욱 많이 겪는다.[21] 눈에 쉽게 띄는 장애를 가진 사람들은 바깥 세상에 나갈 때마다 놀림과 욕설, 수모와 폭행의 대상이 되는 위험을 감수해야 한다. 손과 다리가 없고 짧은 팔을 가지고 태어난 다이앤 드브리스Diane DeVries는 어린 시절에 있었던 일을 이렇게 설명한다.

내가 다르다는 것은 알고 있었죠. 슬프게 하거나 화나게 만드는 일이 언제든 일어날 수 있어요. 아무 일도 일어나지 않으면 몇 주 동안이나 그런 것에 신경 쓰지 않고 지낼 수도 있죠. 하지만 어떤 일이 일어날 수도 있어요. 내가 어렸을 때처럼요. 나는 여행용차량 전용공원에 있을 때 차 안에 앉아 있었어요. 그때 어떤 아이가 와서 칼을 들이댔어요. 그 남자 아이는 "야, 넌 팔도 없고 다리도 없잖아. 이제 곧 머리도 없어질거야"라고 말했어요. 그 아이는 내 멱살을 잡고 목에 칼을 들이댔어요. 그 아이는 이상한 짓을 많이 하고 다니는 나쁜 애들 중 한 명이었어요.[22]

---

21 Gwyneth Ferguson Matthews, *Voices from the Shadows: Women with Disabilities Speak Out*, Toronto: The Women's Press, 1983; Jillian Ridington, "Beating the 'Odds': Violence and Women with Disabilities", Vancouver, BC: DisAbled Women's Network Canada Position Paper 2, 1989; Dick Sobsey, "Sexual Offenses: Research and Implications", *Transition*, May 1989, pp.17~18. 딕 섭시는 미국과 캐나다에서 수행한 연구에 근거해 장애인이 비장애인보다 50% 이상 더 성적으로 학대당한다고 추측한다.

22 Frank, "On Embodiment: A Case Study of Congenital Limb Deficiency in American Culture", p.48.

앤 핑거Anne Finger가 지적했듯이[23] 장애인은 여러 종류의 학대를 겪는다. 병원에서 사람들 앞에서 옷을 벗어야 하는 것은 특히 장애인의 성적 정체성과 자아존중감에 심각한 해를 끼치지만, 장애인을 타자로 간주하는 사람들은 이것이 학대라고 인식조차 못할 수 있다. 다른 사람이 어떤 경험을 하는지, 그 사람이 남의 행위에 따라 어떤 영향을 받는지 상상할 수 있으려면 그 사람의 주체성을 인식하고 있어야 하기 때문이다.

'타자성'은 문화에 의해 유지되지만 문화 자체에 매우 심각한 한계를 가져온다. 캐나다와 미국 문화에서 일상을 평범하게 살아가는 사람들을 보여 줄 때 장애인은 거의 포함되지 않는다. 인간의 경험에 대해 문화적으로 공유되는 생각을 보여 줄 때, 장애인이 겪는 힘든 일, 생각, 느낌은 다루지 않는다. 이러한 경향 때문에 장애인은 투명인간같이 느끼게 된다(영웅이나 비극적인 피해자같이 상징적인 역할로 과도하게 노출될 때를 제외한다면 말이다). 또한 이 때문에 장애인이 문화적으로 기여할 수 있는 지식과 관점을 비장애인에게 전해 주지 못하게 된다. 장애인은 몸과 마음에 한계와 고통을 가지고도 살아갈 수 있는 방법에 대한 지식을 축적하고 있다. 장애인의 경험이 문화에 통합되어 있지 않기 때문에 비장애인으로 살다가 막 장애인이 된 사람은 장기간 영향을 미치거나 생명을 위협하는 질병을 갖고 어떻게 살아야 하는지 거의 알지 못한다. 자신이 가진 문제에 대해서 의사와 간호사, 병원의 행정 직원들과 어떻게 소통해야 하는지도 알지 못하고, 의사가 해결해 줄 수 없는 한계

---

23 Mary Louise Fellows and Sherene Razack, "Seeking Relations: Law and Feminism Roundtables", *Signs: Journal of Women in Culture and Society* 19(4), 1994, p.1055.

와 불확실함, 통증과 다른 증상을 가지고 어떻게 살아가야 하는지도 알지 못한다. 또한 그런 사람들은 장애의 경험을 통해 무엇인가 얻을 수 있다는 것도 전혀 생각하지 못한다. 장애인과 비장애인 사이에는 문화적 간극이 있고 장애인이 된다는 것은 전혀 다른 세계로 들어가는 것이다. 하지만 장애를 갖고 사는 것은 개인적인 일도 아니고, 사회 전반과 일상의 전반으로부터 분리될 수 있는 일도 아니다. 우리가 사랑, 일, 가족의 생활을 다른 사람들에게 알리듯이 장애의 경험은 문화 전반에 잘 알려져야 한다.

나는 자신의 신체적이고 정신적인 한계를 구체적으로 선명하게 깨닫고 있는 사람들이나, 모든 것을 마음대로 통제할 수 없고 인생에서 가장 중요한 일도 마음대로 할 수 없음을 경험을 통해 잘 이해하고 있는 사람들은 장애인과 쉽게 동일시한다는 것을 알게 되었다.[24] 이런 사람들은 장애인을 타자로 생각하고 대우하는 경우가 별로 없다. 하지만 나는 반대로 징애의 범주를 너무 확장시켜서 장애인이 경험하는 타자화를 가볍게 치부해 버리는 시도에 대해 불편함을 느끼기도 한다. 모두가 한계와 불완전함을 갖고 있기 때문에 모든 사람들이 어떤 면에서 장애인이라는 말이 그런 예이다. 이 말은 타자화되는 것 이외에도 신체와 정신적인 조건 때문에 그리고 사회적으로 만들어진 걸림돌 때문에 한계와 괴로움을 겪는 사람들의 어려움을 과소평가하는 것이다.[25]

---

24 다른 '타자들'은 장애인을 '타자'로 취급하는 경향이 적을 수 있다. 컬럼비아 대학 인류학과 교수인 로버트 머피는 중년에 마비가 되었는데, 휠체어를 사용하기 시작했을 때, 학생들 중 대부분의 여성과 흑인 남성들("동료 아웃사이더들")이 그에게 더 열려 있었고 긴장하지 않고 편안하게 대했다고 말했다(Robert F. Murphy, *The Body Silent*, New York: W. W. Norton, 1990, pp.126~128).

25 이 주제에 대한 흥미로운 논의에 관해서는 Carol J. Gill, "Continuum Retort — Part II", *The Disability Rag and ReSource*, March/ April 1994를 참고하라.

차이로서의 장애

장애는 사회가 정상적이거나 평범하거나 표준적이라고 여기는 것과는 다른 한 종류의 차이로 생각될 수 있다. '타자성'이나 낙인도 차이의 형태이지만 차이는 이 두 가지보다 더 일반적인 개념이다. 차이는 낙인이나 '타자성'보다 더 가치중립적이고, 그 때문에 어떤 특정한 종류의 차이가 '정상성'만큼 좋은 것이거나 그보다 더 좋을 수도 있는지에 대한 질문을 하는 것이 가능하고, 또 그러한 질문은 반드시 필요한 것이다. 차이라는 개념이 가치에 대한 질문에 열려 있기 때문에 나는 장애를 차이의 한 형태로 보는 것을 선호한다. 물론 낙인과 '타자' 모두 장애인에 대한 사회적 억압을 이루는 측면이라는 것을 인식하고 있다.

심지어 차이를 가진 사람들과 차이와 관련된 사람들이 사회의 주변부로 내쫓기는 상황에서도 차이를 신기하거나 흥미 있는 것으로 보고 가치를 부여하는 경우는 흔하다.[26] 장애인은 이렇게 모순적인 형태로 인정을 받는데, 이는 생색내기 위한 형식으로 장애인을 문화에 등장시키는 것과도 관련된다. 장애인들이 가진 차이로 인해 그들이 흥미 있다고 생각하기 때문에 차이가 강조된다. 계속 차이에 초점을 유지시키기 위해 비장애인과 비슷한 점은 축소되거나 아니면 놀랍고 신기하다는 식으로 언급된다. 물론 장애인에게 자신들이 가진 차이는 신기하지 않다. 장애인에게 차이는 그 자체로, 혹은 다른 종류의 지식과 관점, 경험을 제공해 준다는 점에서 가치 있게 여겨질 수 있다. 비장애인들 사이에서는 장애인을 호기심의 대상으로 보지 않으면서 장애를 차이의 가치

---

26 Leslie A. Fiedler, "The Tyranny of the Normal", *The Hastings Center Report*, April 1984.

있는 형태로 보는 것이 일반적이지 않다. 하지만 이런 예가 신경과 의사 올리버 색스의 글에서는 반복적으로 등장한다.

색스는 신경학적인 '이상'으로 진단받은 장애인의 삶을 설명하면서 차이의 가치를 인정한다. 첫째, 색스는 여러 '증상'이 이를 경험하는 장애인에게 어떤 의미를 가지는지 존중하는 태도로 설명한다. 둘째, 그는 자신의 환자들이 겪는 고통을 가볍게 보지 않으면서도, 질병의 결과로 나타나는 특정한 의식 상태에 내재된 가치를(때로는 외부적으로 존재하는 이점을) 보고자 한다. 셋째, 자신의 환자들이 '정상'에서 벗어나는 차이가 불이익이 되지 않는 상황을 설명함으로써 장애가 맥락에 따라 다르다는 점을 우리에게 알려준다.

예를 들어 색스는 "재미있는 틱키 레이"Witty Ticcy Ray의 단순하지 않은 상황을 이야기한다. 틱키 레이는 투렛증후군이 있는 남성인데, 극도로 강도 높은 틱행동이 일이 초 간격으로 자주 나타났기 때문에 거의 아무것도 할 수 없었다. 레이는 이 틱행동 때문에 열두 곳의 직장에서 해고당했다. 투렛증후군 때문에 나타나는 그의 "조바심, 호전성, 거칠고 기발한 '건방진 말버릇'"으로 인해 그는 여러 사건에 자주 휘말렸고 큰 목소리와 본의 아니게 튀어나오는 야한 단어들 때문에 결혼 관계에도 문제가 있었다. 다른 한편 레이는 투렛증후군 덕분에 유명해지기도 했다. 주말에는 즉흥적인 재즈 드럼 연주를 했고, 탁구에도 비범한 재능을 보였다.

색스는 레이에게 할돌HALDOL[항정신병 약물]이라는 약을 처방했고 레이는 틱행동이 사라지게 되어 꾸준히 일을 할 수 있게 되었다. 결혼 생활도 좋아졌고 아이도 갖게 되었으며, 친구들도 많이 생겼다. 하지만 레이는 무엇인가를 잃어버렸다.

평일의 근무시간에 레이는 할돌을 복용하여 '정신이 멀쩡했고 사리분별이 분명하고 안정되었다'. 레이는 이런 자신을 '할돌자아'라고 묘사한다. 레이의 움직임과 판단이 느긋하고 신중해진다. 할돌 복용 이전에 나타났던 조바심이나 성질 급한 태도는 사라졌다. 하지만 즉흥성과 영감도 사라졌다. 예전만큼 날카롭고 민첩하지 않으며 활달함이 덜하다. 더 이상 탁구나 다른 게임을 즐기지도 않고 탁월한 실력을 보이지도 않는다. 예전보다 경쟁심이 덜하고 장난기도 줄었다. 충동과 재능이 사라지고 모든 사람들을 놀라게 하던 갑작스럽고 장난스러운 움직임도 없다. 야한 장난도 없어졌고 거칠고 건방진 과시와 용기도 없어졌다.

가장 심각한 문제는 자신을 표현하는 방식으로서 필수적이었던 것을 하지 못하게 된 것이다. 그가 할돌을 복용하면 음악적으로 '특색이 없고', 평범해진다. 연주실력이 있긴 하지만 에너지가 없어지고, 열정도 화려함도 기쁨도 그에게서 사라진다. 틱행동이나 충동적으로 드럼을 치는 것은 없어졌지만 야성적이고 창조적인 순간을 잃어버렸다.[27]

결국 레이와 색스는 해결책을 찾아냈다. 레이는 일을 하는 주중에는 할돌을 복용했고 주말에는 복용하지 않았다. 그래서 자기가 살고 싶은 삶을 놓치지 않으면서도 투렛증후군의 "야성성"을 계속 경험할 수 있었다.

색스의 또 다른 환자 중 나타샤 K는 90세에 처음 색스를 찾아와서는 88세 생일 이후부터 정신 상태에 이상을 느끼게 되었다고 말했다.

27 Oliver Sacks, *The Man Who Mistook His Wife for a Hat and Other Clinical Tales*, New York: HarperCollins, 1987, pp. 100~101.

"더 기운이 나고, 생기 넘치고 다시 젊어진 것처럼 느껴졌어요."[28] 나타샤가 생각한 대로 이런 변화는 신경매독neurosyphilis이 발병하여 나타난 결과였다. 이것은 나타샤가 70년 전에 매독에 감염된 후 치료하지 않았기 때문에 잠복기간을 거쳐 나타난 것이었다. 나타샤는 이 병이 심각한 치매로 발전될 수 있다는 것을 알았고, 그렇게 되기를 원하지 않았다. 하지만 '완치'를 원하지도 않았다. 신경매독으로 인해 느껴진 변화가 지난 20년간의 삶보다 더 좋았기 때문이다. 색스는 페니실린을 처방하여 감염이 진행되는 것을 막았다. 다행히 이것이 뇌에 이미 일어난 변화를 되돌리지는 않았다. 나타샤는 이 치료에 매우 만족스러워했다. 색스는 나타샤 K와 그 비슷한 사례에 대해 이렇게 말한다.

우리는 지금 일반적인 생각이 뒤바뀌는 이상한 나라에 와 있다. 이곳에서는 질병이 건강이 되고, 정상이 질병이 된다. 흥분된 상태가 족쇄가 될 수도 있고, 해방이 될 수도 있다. 맨정신이 아니라 만취했을 때가 더 현실적인 곳이다. 이곳이 바로 큐피드와 디오니소스의 세상이다.[29]

서양 과학과 의학의 문화에서는 병적인 몸의 상태 때문에 생겨나거나 그와 관련된 정신 상태를 병적인 것으로 여기고, 그 정신 상태의 관점과 내용 모두 허상이라고 묵살해 버리는 것이 일반적이다. 이러한 태도는 일시적인 질병에서 완전한 회복으로 이어져 과거의 자신으로 돌아가는 것을 목표로 하는 모델을 바탕으로 한다. 그로 인해 질병과 장애

---

28 ibid., p.102.
29 ibid., p.107.

를 지식의 원천으로 보거나 가치 있는 존재방식으로 볼 수 있는 가능성에 열려 있기가 힘들다.[30]

하지만 색스의 연구가 보여 주듯 장애를 차이의 형태로 보고 그것이 가치 있을 수 있다는 것을 진지하게 고려하면, 단순히 능력을 잃고 불행해진 상태라고 생각했던 사람의 삶의 현실을 알아볼 수 있게 된다. 그러고 나면 장애인이 장애 덕분에 비장애인이 할 수 없는 경험을 하게 되고, 그것을 바탕으로 비장애인은 직접 접할 수 없는 지식을 갖게 된다는 것이 분명해진다. 이 지식의 일부는 고통스러운 몸으로 살아가는 방법에 대한 것으로, 앞서 말했듯 모든 사람에게 실질적으로 매우 도움이 되는 것이다. 이런 지식은 우리의 문화를 풍요롭게 하고 확장시키며, 우리의 사고방식과 삶의 방식을 근본적으로 바꿀 수 있는 잠재력이 있다.

예를 들어 비장애인이 '정상적이고' 온전하고 행복하기 위해 스스로 해내야 한다고 생각하는 어떤 일들을 장애인은 할 수 없고, 그에 맞는 종류의 사람도 될 수 없기 때문에, 장애인은 몸과 마음에 대한 문화적인 환상들[31]을 더 잘 알아채고 비판할 수 있는 위치에 있다. 자존감, 친밀함, 성, 의존성, 독립과 같은 문제에 대해서도 마찬가지이다. 사람들이 몸에 대한 문화적 이상향이나 수행능력에 대한 사회적인 기대에 일치하지 않아서 자존감을 가질 수 없을 때, 이러한 이상과 기대의 본질에 대해, 또 그런 것을 무조건적이고 무비판적으로 수용하는 것에 대해 장애인은 더 잘 알아볼 수 있게 된다. 대부분의 사람들이 결국은 이런 것

---

30 급성질병에 대한 다른 관점을 보려면 Arthur W. Frank, *At the Will of the Body: Reflections on Illness*, Boston: Houghton Mifflin, 1991을 보라. 그는 이렇게 말한다. "건강한 사람이 자기 삶을 측정하는 생산성의 기준을 믿지 않음으로써 질병을 가치 있는 것으로 볼 수 있게 된다"(p.118).

31 몸의 통제에 대한 문화적 환상에 대해 4장에서 논의한다. 7장에서는 몸을 초월하는 것이 가지는 가치와 그렇게 하기 위한 전략에 대해 자세히 논의한다.

에 맞출 수 없다는 사실도 드러나며, 특히 현재 그 이상과 기대에 맞출 수 있는 사람들이 대부분 직면하고 싶어 하지 않는 사실도 잘 알 수 있게 된다. 성기에 감각이 없어지고 마비가 일어났을 때, 목표 지향적이고 성기중심적인 성에 대한 문화적 집착에 일조하는 사람들이 알지 못하는 친밀성과 성의 본질에 관한 것들을 발견할 수 있다.[32] 또한 먹고, 씻고, 입고, 화장실을 이용하기 위해 매일 다른 사람의 도움을 필요로 하는 성인의 경우, 문화가 이런 종류의 의존성을 얼마나 경멸하는지 매우 분명하게 알 수 있다. 또한 이런 문화가 '독립적인' 성인은 다른 사람의 도움을 전혀 필요로 하지 않으며 사람들이 서로에게 전혀 의존하지 않는다는 기만적인 생각을 부추긴다는 것도 알 수 있다.[33]

장애인의 입장론적 인식론은 가능한가?

장애인이 가진 지식에 관한 이러한 사고는 여성주의 이론에서 집중적으로 논의된 것과 같은 질문을 제기한다. 피억압자가 가진 인식론적인 이점과 입장론적 인식론standpoint epistemologies의 가능성에 대한 질문이다. 『여성주의가 던지는 과학적 질문』이라는 책에서 샌드라 하딩은 여성주의 입장론적 인식론을 설명한다.[34] 이는 지식의 본질과 지식을 생산하는 과정에 대한 여성주의의 설명이다.

---

32 David G. Bullard and Susan E. Knight eds., *Sexuality and Physical Disability*, St. Louis: C. V. Mosby, 1981; Jenny Morris ed., *Able Lives: Women's Experience of Paralysis*, London: The Women's Press, 1989를 참조하라.

33 의존과 상호의존의 주제에 대해서 6장에서 논의한다.

34 Sandra Harding, *The Science Question in Feminism*, Ithaca: Cornell University Press, 1986 [『페미니즘과 과학』, 이재경 옮김, 이화여자대학교출판부, 2002].

입장론적 인식론의 기반에는 어떤 지배적인 사회관계 안에서 "지배자의 위치"가 그 사회관계 내에 실존하는 규칙성과 내재된 인과론적인 경향에 대한 왜곡된 시각을 만들어 낸다는 인식이 자리 잡고 있다. 이 사회관계에는 인간이 자연과 상호작용하는 것이 포함된다. 여성주의 입장론적 인식론은 남성이 여성에 대해 지배자의 위치에 있기 때문에 여성의 사회적 경험(여성주의 이론의 관점에서 인식되는)이 우리의 세상에 대해 심하게 왜곡하지 않고 이해할 수 있도록 하는 바탕을 제공할 수 있다고 본다.[35]

하딩[36]과 다른 학자들은 입장론적 인식론이 가진 의심스러운 가정을 지적했다. 여성, 혹은 여성주의자란 이러한 이론에서 꼭 필요한 사회적 집단인가, 또 성별과 교차되는 정체성이나 사회적 지위, 즉 인종, 계급, 문화적 배경과 같은 것들이 성별만큼 지식 생산에 중요하지 않은 것인가, 이런 정체성이나 사회적 지위와 역사적인 맥락이 성별을 경험하는 방식에 근본적으로 영향을 미치지 않는가 하는 깃들이다. 하딩과 다른 학자들은 이러한 전제들에 대한 비판들을 "포스트모던적"이라고 불렀다. 이러한 비판은 "보편주의"와 "본질주의"에 대한 비판을 포함하고 있으며 1980년대 초반부터 여성주의 이론에 매우 큰 영향을 미쳤다.[37] 이러한 비판들은 무엇보다도 '여성'을 하나의 사회적 집단으로 묘사하

---

35 Harding, *The Science Question in Feminism*, p.191.

36 ibid., ch.7.

37 내가 이러한 주제에 대해서 수년간 읽어 온 글의 저자들을 여기에서 모두 일일이 인용하기는 어렵다. 보편주의와 본질주의에 관한 논의들에 주된 기여를 한 사람들에 대해서도 그렇다. 여기서는 다만 최근에 내가 하고 있는 생각들(이런 논의가 어떻게 장애와 관련된 문제에 적용될 수 있는지)에 영향을 많이 끼친 글을 쓴 여성주의 학자 몇 명만을 언급하였다.

려는 시도들과 '여성의 경험'을 존중하려는 작업들이 여성들 사이의 드러나지 않는 차이를 무시하고 보이지 않게 만들어 버렸다고 지적한다. 이러한 차이에는 인종, 계급, 성 정체성, 나이, 민족, 장애 여부가 포함된다. '여성'을 하나의 집단으로 만들려는 작업들이 비교적 특권을 가진 소수 여성들 집단의 사회적 지위와 경험으로부터 그릇된 일반화를 한다고 비판한 것이다.[38]

"여성"이라는 범주로 인해 생겨났고 지금도 자주 일어나고 있는 오류를 "장애인"이라는 범주를 가지고 똑같이 범하는 것은 피해야 한다고 생각한다. 똑같은 장애를 갖고 살더라도 남성인지 여성인지에 따라 다르다는 것을 장애여성들이 쓴 많은 글을 통해 알게 되었다. 요즘 등장하는 연구들은 또한 비슷한 장애를 갖고 사는 여성들의 삶이 인종, 계급, 성 정체성, 민족에 따라 다르다는 것을 밝혀내고 있다.[39] 더욱이 반신마비와 시각 장애가 다른 것처럼 장애인으로 사는 것은 장애의 종류에 따라서도 다르다. 또한 눈에 띄는 장애를 가진 사람과 숨겨진 장애를 가진 사람 간에도 차이가 있다.[40] 따라서 한 장애인이 다른 모든 장애인과 동일시할 것이라고 전제하지 않는 것이 매우 중요하다. 또한 장애인들이

---

38 Elizabeth V. Spelman, *Inessential Woman: Problems of Exclusion in Feminist Thought*, Boston: Beacon Press, 1988; Fine and Asch eds., *Women with Disabilities: Essays in Psychology, Culture and Politics*; Evelyn Brooks Higginbotham, "African-American Women's History and the Metalanguage of Race", *Signs: Journal of Women in Culture and Society* 17(2), 1992, pp.253~254.

39 예를 들어 Frances Rooney and Pat Israel eds., *Women and Disability. Resources for Feminist Research* 14(1), 1985; *Canadian Woman Studies: Women and Disability* 13(4), North York, Ontario: York University, 1993을 참조하라.

40 Milana Todoroff and Tanya Lewis, "The Personal and Social Implications of 'Passing' in the Lives of Women Living with a Chronic Illness or Disability", eds. Houston Stewart, Beth Percival, and Elizabeth R. Epperly, *The More We Get Together: Women and Disability*, Charlottetown, PEI: Gynergy Books, 1992.

장애에 대해 (혹은 다른 것에 대해) 단일한 견해를 갖는다거나 장애가 그 사람의 정체성과 사회적 지위에서 가장 중요한 측면이라고 전제하지 않는 것도 중요하다.

장애에 대한 그릇된 일반화 경향 중 가장 영향력 있는 것은 의학적 모델에서 나온다. 의사나 연구자, 재활 전문가들은 특정 질병이나 장애의 경험을 한 가지로 보편화하는 경향이 있는데, 이는 사람들의 경험을 질병이나 장애에 대한 '과학적인' 설명에 끼워 맞추려고 하기 때문이다. 몸의 같은 부위에 골관절염이 생겼다면 이러한 동일한 신체적 조건을 가진 사람들은 몸의 경험과 이에 따른 어려움에 대해 꽤 많은 공통점을 가질 것이다. 하지만 그런 사람들도 사회적 경험, 기회, 경제적 복지, 지역사회에서의 지위가 모두 다를 것이고, 이런 차이는 관절염이 어떻게 장애가 되는지(예를 들어 관절염이 사회의 주요 생활영역에 대한 참여를 얼마나 제한하는지), 또 어떻게 장애를 경험하는지에 막대한 영향을 미친다. 의료적 모델은 이렇게 특정한 방식으로 일반화하는 경향이 있고 아직도 많은 사람들이 장애를 생각하는 방식에 큰 힘을 발휘하고 있다.

하지만 장애인들 간의 차이를 없애 버리는 것에 따르는 위험은 어떤 범주를 가지고 분석을 하고 정치학을 만들어 갈 것인가 선택하는 문제에서도 온다. 제인 롤런드 마틴은 어떤 범주는 다른 범주보다 차이를 덜 가릴 수도 있겠지만, 모든 범주가 어느 정도의 차이는 가려 버리기 마련이라고 지적한다.[41] "장애인"이란 범주는 장애를 뺀 모든 차이를 가린다. "장애여성"은 성별 차이를 가리진 않지만, 인종, 계급, 성 정체성, 나이, 다른 종류의 장애에서 오는 차이를 가린다. "노동자계급이며 아프리카계 캐나다인이면서 이성애자이고 류머티스 관절염이 있는 중년 여성"이라는 범주는 차이를 덜 가리긴 하지만 이렇게 자세한 범주라 할지라도 어떤 차이는 가릴 수밖에 없다. 이 범주는 그 여성이 자녀가 있는지, 직업이 있는지, "정신병력이 있는 사람"이라는 꼬리표가 달려 있는지 말해 주지 않으며, 또 그 사람의 상황과 관점을 이해하기 위해 필요한 다른 많은 정보는 말해 주지 않는다. 하지만 어떤 범주를 선택하지 않고 사회적인 분석을 하거나, 조직화할 어떤 범주를 선택하지 않고 정치적 행동을 계획하는 것을 불가능하다. 결국 모든 범주는 차이를 가린다. 마틴은 이렇게 제안한다. "어떤 범주를 택할 것인가 하는 질문은 연구를 시작하기 전에 답할 수도 없고, 한 번에 영원히 해결할 수도 없는 문제다. 우리의 모든 연구의 맥락이 시간이 지남에 따라 달라지고 우리의 관심과 목적도 달라지기 때문이다."[42]

　　범주를 선택해야 하긴 하지만 한 범주를 영원히 선택해야 할 필요는 없으며 모든 상황에 이를 이용할 필요도 없다. 가장 차이를 적게 가리는 범주는 가장 적은 수의 사람을 포함할 수밖에 없고, 이는 사회적 분석과 정치적 행동에서 중요한 고려사항이다. 특정한 맥락과 목적에 따라 범주를 선택하고, 그 범주와 함께 작업하며, 그 범주와 동일시하지 않는 사람들의 목소리를 귀 기울여 듣고, 범주에 속하는 구성원과 그들의 경험에 대한 일반화에 동의하지 않는 사람들의 목소리를 잘 들으면 차이를 드러낼 수 있다. 한 범주에 속한 모든 사람에게 공통적으로 (분석적이거나 정치적인 목적으로) 중요한 무언가가 있는가 하는 질문은 열려 있는 질문이고, 그 범주 안에 있는 모든 사람들을 알아야만 대답할 수 있는 질문이다. 현실적으로 봤을 때, 범주를 가지고 작업하면서 그것

41 Jane Roland Martin, "Methodological Essentialism, False Difference, and Other Dangerous Traps", *Signs: Journal of Women in Culture and Society* 19(3), 1994, p.637.
42 ibid., pp.637~638.

이 부적절할 수 있다는 가능성을 염두에 두고 그 범주가 가리고 있었던 차이들을 드러내는 작업을 통해 그 질문에 대답할 수 있을 것이다.

두번째 중요한 문제가 남아 있다. 정체성과 사회적 지위는 추가적으로 더해질 수 있는 것이 아니라 상호적인 것이기 때문에, 장애의 영향, 인종의 영향, 성별의 영향, 성 정체성의 영향 등등을 각각 이해하고 관련된 특성을 개인마다 합산하는 방식으로는 어떤 한 사람의 인식론적 관점과 사회적 지위를 이해할 수 없다.[43] 정체성과 사회적 지위가 상호작용한다는 것의 의미는 장애가 있는 한사람 한사람의 이야기를 모두 들어 보지 않고서는 장애인이 하는 경험을 정확하게 이해할 수 없다는 것이다. 이는 그 사람들의 각각의 이야기에 공통적인 것이 있을 수도 있고 없을 수도 있으며, 이런 문제는 계속적인 연구가 필요한 열린 질문으로 남겨져 있다는 것을 의미한다.

하딩이 처음 논의한 여성주의 입장론적 인식론은 어느 정도 부정적이고 옳지 않은 전제를 가지고 있다. 그럼에도 어느 집단의 사람들이 다른 사람은 할 수 없는 경험에 접근할 수 있다는 생각과, 이 경험 때문에 세상의 어떤 측면에 대해 단지 다를 뿐만 아니라 보다 진실하고 완전한 관점을 가질 수 있다는 생각은 여전히 많은 사람들에게 그럴 듯하게 들린다. 그렇기에 여성주의 입장론적 인식론은 폐기되지 않았다. 퍼트리샤 힐 콜린스는 흑인여성주의 사상의 입장론적 인식론을 발전시키면서 이렇게 정의했다.[44]

43 Spelman, *Inessential Woman: Problems of Exclusion in Feminist Thought*.
44 Patricia Hill Collins, "The Social Construction of Black Feminist Thought", *Signs: Journal of Women in Culture and Society* 14(4), 1989; Patricia Hill Collins, *Black Feminist Thought*, New York: Routledge, 1991.

흑인여성주의 사상은 아프리카계 미국여성 지식인들이 흑인여성의 입장을 표현하기 위해 고안한 특화된 사상과 이론으로 구성되어 있다. 이 입장에는 여러 가지 차원이 존재한다. 특징적이라고 할 수 있는 핵심 주제들과 이런 주제들에 대한 흑인여성들의 경험의 다양성, 흑인여성들의 아프리카중심적 여성주의 의식의 다양한 표현방식과 그 경험, 그리고 흑인여성들의 경험, 의식, 행위 간의 상호의존성이 그것이다.[45]

콜린스는 흑인여성의 입장론적 인식론이 다양할 수 있다는 것을 예상하고, 이를 흑인여성주의 사상의 정의에 포함시킨다. 콜린스는 모든 흑인여성이 혹은 모든 흑인여성주의자가 비슷한 방식으로 생각한다고 가정하지 않는다. 콜린스는 흑인여성들의 생각이 얼마나 비슷한지 알아보기 위해 잘 듣고 살펴본다. 그녀는 흑인여성들의 글과 말을 연구하고, 그들의 사상에서 중심이 되는 투쟁의 유산과 같은 주제들을 발견하는 것을 통해 흑인여성 입장의 핵심 주제들을 확인한다. 그녀는 경험이 사람들의 의식, 즉 어떻게 알고, 무엇을 아는지에 영향을 미친다는 전제에서 출발한다. 하지만 비슷한 경험이 언제나 비슷한 관점을 낳는다고 가정하지는 않는다.

흑인여성의 일과 가족 경험, 그리고 전통적 아프리카계 미국인들의 문화라는 바탕 때문에 아프리카계 미국여성은 하나의 집단으로서 흑인여성이 아닌 사람들과는 다른 세상을 경험한다. 더욱이 이러한 구체적인 경험은 물질적 현실에 대한 독특한 흑인여성주의 의식을 불러일으킬

---

45 Collins, *Black Feminist Thought*, p.32.

수 있다. 흑인이고 여성이라는 것 때문에 아프리카계 미국여성은 공통적으로 특수한 경험을 할 수 있다. 이 때문에 곧 우리는 특수한 집단의 식을 갖게 될 수 있다. 하지만 이러한 의식이 모든 여성에게 나타날 것이라거나, 같은 방식으로 주장될 것임을 보장할 수는 없다.[46]

장애를 갖고 있다는 것 자체로 어떤 의제에 대해 특정한 관점을 갖게 되거나, 왜곡이 덜하고 보다 완전한 관점을 가질 수 있을까? 그렇지 않다. 퍼트리샤 힐 콜린스의 가르침에 따라 나는 장애를 가졌다는 것이 보통 그 개인에게 비장애인의 세계와는 다른 세계를 경험할 수 있도록 해준다고 말하고 싶다. 그리고 장애를 가진 여성이라는 것이 대개 여성이 아닌 사람, 장애인이 아닌 사람들과는 다른 경험을 하도록 하고, 이 다른 경험이 특정한 의제에 관해 인식론적으로 이점이 있는 새로운 관점을 가능하게 해준다고 이야기하고 싶다.[47] 모든 장애인이나 모든 장애여성이 같은 인식론적 이점을 가지고 있다거나, 그들이 스스로의 경험에 대해 같은 해석을 하거나 모두 비슷한 경험을 한다고 주장하는 것은 아니다. 우리는 이제 겨우 우리가 비슷한 점을 얼마나 많이 가지고 있는지에 대한 연구를 시작하고 있다. 하지만 장애인의 생각을 많이 듣고 읽어 본 결과, 이렇게 주장하고 싶다(여기서 나는 인식론적 의제에 대한 콜린스의 경험론적 접근을 따르고 있다). 우리가 비장애인들과는 다른 입장(들)을 갖고 있고, 상당한 정도의 지식을 축적해 왔으며, 이 지식은 비장

---

46 Collins, *Black Feminist Thought*, p.25.
47 초기 여성주의 입장론적 인식론자들 대부분이 인식론적 이점에 대한 자신들의 주장에 공통적으로 제한점을 달았다는 것을 명시할 필요가 있다. 즉 사회적 위치 자체가 그 위치에 있는 모든 사람들에게 같은 인식론적 입장을 만들어 준다고 주장하지는 않는다.

애인 문화에서 무시되고 억압되어 온 것이지만 앞으로 더욱 발전되고 알려져야 한다는 것이다.

비슷함과 차이의 정치학

장애인들 간의 비슷함과 다름의 문제는 아직 결론이 나지 않았지만, 이미 많은 장애인들은 장애인의 입장을 대표하여 정치적인 활동을 하고 있다.[48] 지배집단에 대해 '타자'가 된다는 문제는 언제나 정치적으로 매우 복잡하다. 이 문제의 많은 부분이 지배집단과 비슷한 점을 강조할지 다르다는 점을 강조할지의 문제에 중심을 두고 있다.

장애인과 비장애인 간의 비슷함을 강조하는 것은 장애인의 '타자성'을 감소시킨다는 전망에 맞는 것처럼 보인다. 이는 비장애인이 장애인과 동일시하도록 하고, 장애인의 인간성과 권리를 인식하게 하고, 모든 사회생활의 측면에서 농질화를 늘림으로써 이루어진다. 많은 장애인들은 오로지 혹은 주되게 그들의 장애만 가시화되어 비장애인들에게 상징으로 취급되는 것을 몹시 지겨워하며, 다른 이들에게 '장애인'이라는 집난의 일원이라기보다는 그냥 한 개인으로 보여지는 것을 그 무엇보다도 바란다.

비장애인과의 비슷함을 강조하는 것과 장애를 다른 인간적 특성에 비해 중요하지 않게 여기는 것은 장애인 한사람 한사람을 주류에 동

---

48 장애여성들은 또한 분리되어 조직화를 하고 있는데, 초기 장애인 단체들이 남성과 여성이 가진 경험의 차이와 장애여성에게 더욱 중요한 의제들을 무시하는 경향이 있다는 것을 발견했기 때문이었다. 캐나다에서는 여성들이 장애인 조직들 내에서 리더가 되었는데, (그로 인해) 여성의 경험과 의제가 어느 정도는 잘 반영되고 있다. 하지만 장애여성들은 여전히 분리된 조직을 만들고 있다.

화시킬 수 있는 좋은 전략일 수 있다.[49] 이런 접근은 인간다움에 대한 비장애인의 패러다임에 직접적으로 문제제기하지 않는다. 여성이 남성과 비슷하다는 것을 주장함으로써 전통적으로 남성중심적인 권력의 장에 들어가는 것이 인간다움에 대한 남성의 패러다임에 문제제기하지 않는 것과 같다. 물론 이러한 접근방식이 패러다임에 점진적인 변화를 가져올 수 있다고 하더라도 말이다. 더욱이 장애인이 동화되기는 매우 어렵다. 비장애인들은 자신들과 그리 달라 보이지 않고 온갖 역경을 '극복'할 수 있는 가능성에 확신을 주는 장애인을 좋아하고 끼워 준다. 그렇다 할지라도 몸에 대한 이상을 버리지 않고 몸을 계속해서 통제하고자 하는 한, 그들은 부정적인 몸이 주는 부담을 떠맡을 누군가를 필요로 할 것이다. 주체가 되는 사람들은 자신의 두려움과 부정적인 특성을 떠안을 '타자'가 필요한 것이다. 장애가 없는 사람들은 따라서 대부분의 장애인이 동화되는 것을 거부한다.

다른 한편, 지배집단과의 차이를 강조하면, 이런 차이를 공유하는 사람들 사이에 강한 연대감을 형성할 수 있고, 지배집단이 그 사람들의 차이를 비하하는 것에 저항하기가 쉽다. 게다가 어떤 장애인들은 비장애인의 사회생활이나 비장애인의 정치집단에 동화되기를 원하지 않는다. 이런 사람들은 사회의 가치체계가 급진적으로 바뀌지 않는 이상 통합된 환경에서는 언제나 불이익을 받을 수밖에 없다고 우려하거나, 분리된 삶과 조직이 가진 장점을 더 중요하게 여기기 때문이다.[50]

---

49 어떤 면에서는 비슷함을 주장하는 극단적인 예가 바로 '가장하기'이다. 비장애인처럼 가장하는 것에 대한 잘 논의된 글을 보려면 Todoroff and Lewis, "The Personal and Social Implications of 'Passing' in the Lives of Women Living with a Chronic Illness or Disability": Barbara Hillyer, *Feminism and Disability*, Norman and London: University of Oklahoma Press, 1993, ch.8을 보라.

　　분리된 장애인 집단들 내에서는 장애인을 불리하게 만드는 주류문화의 강력한 '기존 체제', 즉 비장애인을 인간다움의 표준으로 삼는 가치관, 특정한 몸을 이상화하는 문제, 몸을 통제해야 한다는 요구와 같은 것에 대해 드러내 놓고 문제제기할 수 있고, 나아가 아예 무시해 버릴 수 있다. 다른 사람의 도움 없이 독립적이어야 한다는 비장애 문화에서 추구하는 가치를 논의할 때, 장애인이 의존적이고 무능력하다는 고정관념이 잘못되었다는 것을 알고 있는 사람들 사이에서는 더 안전하게 문제제기하고 토론할 수 있다.[51] 이런 가치들을 장애인의 삶과 관련해서 문제제기하고 토론할 때, 비장애인의 기준에 맞추지 못하는 사람들에게 해가 되는 방식으로 아무 생각 없이 주류의 기존 가치들을 적용할 가능성이 낮다. 신체적이고 정신적인 도움을 받아야 하는 사람들이 비슷한 가치관을 갖고 있고 더 잘 이해할 만한 사람들과 함께할 수 있을 때, 뭐하러 자기는 '독립적'이라고 순진하게 믿으면서 잘난 척하는 사람들과 어울리려고 하겠는가?

　　문화를 보존하려는 욕망은 비장애인의 사회에 동화되고 싶어 하지 않는 강력한 동기 중의 하나이다. 많은 농인들은 '청인' 사회에 동화되기를 원하지 않는데 이는 농인들이 만들어 온 분리된 문화를 보존하고 싶어 하기 때문이다. 올리버 색스는 캘리포니아 학교의 한 농인 학생이 텔레비전에 나와 수화로 한 말을 인용한다. "우리는 청인들과는 다른 우리만의 문화가 있고 우리만의 언어가 있는 독특한 사람들이다(미국 수

---

50 물론 분리된 조직화가 비장애인과의 연대의 가능성을 없애는 것은 아니다.

51 다른 사람의 도움을 받지 않는 독립의 가치에 대해서는 여성주의 윤리학을 논하는 글과 장애인이 쓴 글에서 문제제기되고 있다. 지금까지는 이 두 분야의 이론 사이에 많은 의사소통이 있지 못했다. 이 주제에 대한 더 많은 논의를 보려면 6장을 보라.

화는 최근 하나의 언어로 공식적으로 인정되었다)."[52]

장애인 전체를 봤을 때 장애인만의 고유한 문화가 있다고 주장하기는 힘들다. 그럼에도 장애인들이 쓴 장애에 대한 문학이 있고, 장애의 경험과 그로부터 생겨나는 생각들을 표현하는 연극, 시, 예술이 있다. 더욱이 장애인은 비장애인에게는 없는 지식과 앎의 방식이 있다. 그들의 지식이 궁극적으로 모든 문화에 통합되기를 바라지만, 장애를 두려워하고 낙인 찍는 문화에서는 이 지식을 받아들이기 위한 사회 변화를 추구하기보다는 이 지식을 무시하거나 억압할 것이다. 비장애사회가 이를 받아들이고 통합시킬 수 있을 만큼 변화되기까지 따로 분리되어서 이를 더욱 키워나가는 것이 필요할지도 모른다.

이렇듯 여러 장점이 있긴 하지만 장애 정치학에서 비장애인과의 차이를 강조하고 비장애인과 분리된 조직을 키우는 것은 무시할 수 없는 위험성을 갖고 있다. 첫째, 우리가 그렇게 할 때 우리는 우리를 낙인 찍는 사람들, 우리를 '타자'로 보는 상대집단의 사람들이 만들어 낸 범주에 따라 우리 자신을 동일시하는 것이다. 둘째, 차이를 선언하고 이에 가치를 부여하는 것은, 지배집단이 표준적인 인간이며 이에 따라 다른 사람들을 차별하는 것에 타당한 근거가 있다는 지배집단의 전제를 더욱 강화하는 것이다. 여성주의 정치학과 이론은, 차이를 묘사하고 차이에서 오는 결과를 통제하는 데 더 큰 권력을 가진 집단과 다른 점을 중요하게 생각하는 것 때문에 생기는 문제를 오랜 시간 동안 고심해 왔다.[53] 이런 문제를 될수록 피해 가는 것이 좋겠지만, 피하는 게 과연 가능

52 Oliver Sacks, "The Revolution of the Deaf", *The New York Review of Books*, 2 June 1988, p.28.

한 것일까? 범주를 바탕으로 한 억압에 공동으로 대항하려고 할 때, 그 범주를 이용하지 않고, 그 범주를 중심으로 조직화하지 않고 어떻게 싸울 수 있을까? 만약 범주를 이용한다면, 범주를 계속해서 유지하기 위한 공동의 목표를 만들어 내는 것은 아닐까? 지배집단과 다르며 가치가 있는 차이를 선언하거나 차이의 중요성을 주장하지 않으면서도 차이를 보존할 수 있을까? 그렇게 가치 있는 차이를 선언함으로써, 영원히 '타자'로 남아 있을 가능성을 더 높이는 것은 아닐까? 우리가 인정하는 차이를 보존하고, 동시에 우리의 '타자성'을 줄여 가면서, 공동체적인 정체성을 이용하는 것이 가능할까? 내가 대답할 수 없는 이런 질문들 때문에 정치적인 집단과 장애 정치학의 전략들에서 다양성이 더욱 중요해진다. 한편으로 비장애인과의 비슷함을 강조하는 집단과 전략이 있다면, 다른 한편으로는 다름을 강조하는 집단과 전략이 있다.[53]

아마도 내가 가진 장애의 종류 때문에 장애의 정치학에서 다양성을 더 중요하게 생각하게 된 것 같다. 내 장애는 더 이상 눈에 잘 띄지 않고, 또 매일 매일 증상이 달라지는 병이기 때문에, 장애인의 세상과 비장애인의 세상 중간에서 사는 것과 같다. 나는 건강하고 장애가 없는 사람들과 나의 차이를 잘 알고 있으며, 내가 가진 차이가 무시당할 때 그 차이가 인정되어야 할 필요를 종종 느낀다. 더욱이 나는 장애인들과 동일시하며 장애의 문제를 내 지적인 삶의 중심으로 삼고 있다. 다른 한편으로 내가 가진 사회적이고 경제적이고 개인적인 자원들, 또 모르는 사람들 앞에서는 비장애인으로 '가장'할 수 있다는 점이 내가 비장애인들 사이

---

53 Ann Snitow, "A Gender Diary", eds. Marianne Hirsch and Evelyn Fox Keller, *Conflicts in Feminism*, New York: Routledge, 1990; Meredith M. Kimball, *Feminist Visions of Gender Similarities and Differences*, Binghamton. NY: The Haworth Press, 1995.

에서 동화된 삶을 살아갈 수 있게 한다는 점도 잘 알고 있다. 이러한 점에서 나는 다른 여러 장애인들보다 더 많은 선택을 할 수 있다. 이런 상황 때문에 나는 비장애인과의 비슷함을 강조하는 것과 다름을 강조하는 것의 좋은 점과 나쁜 점을 일상 속에서 반복적으로 경험한다.

언어의 정치학

비장애인과 비교해서 우리가 강조해야 할 점이 비슷함인지 다름인지에 관한 논쟁은 우리가 스스로를 어떻게 불러야 할 것인지에 대한 논쟁에서도 잘 드러날 수밖에 없다. "핸디캡이 있는", "장애가 있는", "다른 식으로 능력 있는", "불편함을 겪는" 이런 말들이 있다. 내가 선호하는 용어들은 앞서 설명했고 앞으로도 더 설명할 것이다. 하지만 먼저 장애인에게 왜 꼬리표의 문제가 매우 중요한지 논의하고자 한다. 그것은 우리의 언어가 너무나 자주 우리를 배신하기 때문인 것 같다. 우리의 언어에는 우리를 모욕하는 말이 너무 많고 우리가 '타자'라는 전제가 포함되어 있다.[54] 또한 장애인에게 의도적으로 언어적인 모욕을 주거나 무의식 중

---

54 암에 걸린 경험을 표현할 때 영어가 부적절하다는 점에 대해서는 Sandra Butler and Barbara Rosenblum, *Cancer in Two Voices*, San Francisco: Spinsters Book Company, 1991, pp.136~138을 보라. [저자가 추천한 『두 목소리로 말하는 암』에 실린 바버라 로젠블럼의 챕터에서는 암의 경험을 표현하는 데 언어 자체가 가진 한계를 설명하고 있다. 웬델은 모든 언어에 대한 일반화를 피하기 위해 이를 영어의 부적절함이라고 표현하고 있다. 암에 걸린 로젠블럼은 새로운 언어와 새로운 단어들을 배워야 한다고 말한다. 몸을 해석하던 예전의 체계에 더 이상 의존할 수 없게 되며, 몸이 매일 매일 바뀌기 때문에 단어와 의미가 사라진 세상에서 감각이 부유하고 있는 것처럼 느껴진다고 말한다. 순간 순간 달라지는 느낌을 "증상"(symptom)이라고 불러야 할지, "부작용"(side effect) 또는 "신호"(sign)라고 불러야 할지 혼란스럽게 되며, 단어와 그 단어가 의미하는 것이 분리되어 버린다고 한다. 인간의 언어로 자신이 느끼는 감정을 설명할 수 없기 때문에 동물들이 몸으로 표현하는 것이 더 적절하다고 느껴지며, 언어가 가진 한계 때문에 자신의 몸에서 일어나는 일들을 전달하지 못하는 것에 대해 괴로움을 느낀다고 설명한다.—옮긴이]

에 욕을 하는 경우가 너무 흔하다. 모욕적이고 불필요한 꼬리표로 우리를 따로 묶어서 취급하지 말라고 요구하기 위해 비장애인과의 비슷함을 강조하는 것이고, 이는 또한 비장애인을 설명하기 위해 쓰이는 여러 단어들처럼 존중하는 의미를 가진 단어들로 우리를 설명해 달라고 요청하는 것이다. 우리가 가진 차이를 강조하는 방식은 곧 우리를 설명하는 언어를 우리가 통제하면서 현실적이며 긍정적인 방식으로 우리 자신을 설명하는 것이다.

영어에는 매우 많은 종류의 용어들이(모든 용어가 원래 모욕적인 의미는 아니었다) 장애인을 모욕하는 데 사용된다. 예를 들어 "병신"crip-ple, "절름발이"gimp, "뇌성마비 같은"spastic, "덜떨어진"retard, "온전하지 못한"invalid, 그리고 "싸이코"psycho와 같은 말이 있다. 이런 말들과 장애를 묘사하는 비교적 중립적인 말들 중에 어떤 것들은 비장애인에게 장애가 있다는 것을 모욕적으로 암시함으로써 그 사람을 비하하기 위해 사용된다. "너 장님이야?(사지마비야? 귀머거리야? 등등)"와 같은 식으로 말하는 것이다. 이런 말들은 물질적인 물건에 있는 결함을 표현하는 데 쓰이기도 한다(내가 지팡이를 짚고 물건을 사려고 하고 있을 때 점원이 나에게 바느질이 잘못된 옷을 사지 말라고 하면서 그 물건이 "절름발이"라고 표현했다). 따라서 어떤 장애인이 다행히 직접적인 욕을 들어 보지 않았다고 하더라도, 이들은 자신들이 낙인 찍혀 있고 '타자'라는 것을 상기시켜 주는 언어에 자주 노출되어 있다.

어빙 졸라[55]와 바버라 힐리어[56]의 책에 언어와 장애의 정치학에 대

---

55 Zola, "Self, Identity, and the Naming Question: Reflections on the Language of Disability".
56 Hillyer, *Feminism and Disability*, ch.3.

한 깊이 있는 논의가 나와 있다.[57] 이런 논의는 특정한 표현의 사용을 받아들일 것인지, 그에 따르는 부작용은 무엇인지를 판단할 때 맥락의 중요성을 강조한다. 두 사람 모두 "병신"이라는 말도 장애인들 사이에서 사용될 때는 받아들여질 수 있다고 주장한다.[58] 졸라는 장애를 받아들이는 단계에서, 또 장애인으로 정치적인 커밍아웃을 하는 과정에서 "나는 장애인이다"라는 개인적인 "자기주장"이 필수적이며, 다른 한편으로 "연대의 정치학이 필요한 경우에는 '장애를 가졌다는' 개념이 '장애인이라는' 개념보다 다중의 정체성과 유대관계를 인정하는 좀더 효과적인 방법일 수 있다"고 본다.[59] 하지만 졸라는 일반적으로 전치사의 사용을 선호하는데 이는 나도 동의하는 방식이다. 그 이유는 다음과 같다.

'장애화된 자동차'a disabled car는 완전히 고장이 난 차를 말한다. '장애화된 사람'이 이보다 더 안 좋게 인식될 수 있을까? (of, with와 같은) 전치사는 한편으로는 '관련된' 것, '분리된' 것 둘 다를 의미한다. 이 역사적인 시점에서 그런 어색한 말을 사용하는 것은 '색이 있는 사람[유색인]'people of color이나 '장애를 가진 사람'people with disability과 같은 말처럼 사용하는 사람이나 듣는 사람들이 잠시 멈추고 이 말이 무슨 의미인가를 생각하게 한다는 점에서 좋을 수도 있다.[60]

---

57 졸라의 논문은 장애인들 사이에서 꼬리표를 둘러싸고 갈등이 벌어졌던 역사에 대해 정치적인 관점을 제공한다. 여기에서 일일이 설명하지는 않을 것이다. 힐리어의 책에는 여성주의자와 장애인들 사이에서 논의되고 있는 용어와 정치적인 적합성에 대해 내 논의보다 더 자세한 논의가 나와 있다.

58 Zola, "Self, Identity, and the Naming Question: Reflections on the Language of Disability", p.169; Hillyer, *Feminism and Disability*, p.23.

59 Zola, "Self, Identity, and the Naming Question: Reflections on the Language of Disability", p.171.

60 ibid., p.170.

졸라는 용어에 대한 논의에서 '정치적으로 올바른' 언어를 사용할 것을 요구하고 여기에서 벗어나는 말을 사용하는 사람을 비판하는 것은 장애운동가의 연대감을 해치고, 주된 문제로부터 우리의 관심을 빼앗아 간다고 우려한다. "우리는 장애인을 비하하고 차별하고 무능력하게 만드는 사회에 살고 있기 때문에 투쟁은 반드시 필요하다. 우리가 사회에 완전히 통합될 가치가 있고 자원을 제공받을 가치가 있다는 것을 증명하는 것은 우리가 할 일이 아니다. 잘못은 우리한테 있지 않고 우리의 병과 장애에 있지 않다. 잘못은 우리가 도달할 수 없는 환상을 요구하는 것, 사회적 구조, 정치적 우선순위와 편견에 있다."[61] 25년이 넘게 여성주의 정치학이 합의를 이루지 못한 상태에서 연대의식을 요구하는 것이 조심스럽긴 하지만, 졸라가 용어 사용에서 오는 불화와 분열에 대해 우려를 표현한 것에 공감한다. 그것은 우리가 함께 일하는 능력을 약화시키고 보다 중심적인 문제로부터 우리의 관심을 흐트러뜨린다.

힐리어도 같은 문제를 비판한다. 나는 힐리어가 언어에 정치적인 유행이 있다는 것을 인정하고서, 언제나 모든 집단과 지지자에게 완선히 수용되는 언어를 사용하며 그런 글을 쓰는 것의 어려움을 솔직하게 시인하는 점이 마음에 든다. 어떤 용어가 좋은 것인지에 대한 기준이 계속해서 바뀌고 있으며 이에 대해서 늘 갈등이 있기 때문에 어려움이 생기게 마련이다.

여성주의 운동과 장애운동의 정치학은 각각의 용어를 계속적으로 재점검하고 비판해야 한다는 것을 내포한다. '장애화'라는 말 그 자체는 '핸

61 ibid., p.171.

디캡'이 있다는 말보다 더 좋지 않은 것으로 여겨졌다가 더 괜찮은 말로 여겨졌고, 또 장애가 형용사가 아닌 명사형으로 쓰이는 것이 더 적합하다고 여겨지게 되었다("장애화된 사람"a disabled person보다 "장애를 가진 사람"a person with diability). 언어는 논쟁적이기 마련이고 정치적인 적합성은 변하기 마련이다.[62]

힐리어는 모순적이고 계속 달라지는 용어 사용의 여러 사례를 제시한다. 하지만 그녀가 이런 어려움에 대해서 단순히 불평을 하는 것은 아니다. 힐리어는 용어 사용과 그에 관련된 논쟁에 대한 정치적인 자아 의식의 가치를 높게 평가한다. 그녀는 이렇게 결론 내린다.

결국 내가 내린 결론은 풍부하고 복잡한 언어가 가진 가치이다. 좋은 단어와 나쁜 단어의 이분법을 만들기보다는 정확하고 개별적인 서술어를 사용할 수 있다. 한 집단이나 다른 정치집단에 의해 정해진 의미를 당연하게 받아들이기보다는 우리 스스로의 정의를 다른 사람들의 정의와 구분 지어 설명하려고 고심할 수 있다. 이 과정은 어색하게 느껴지고 대화의 속도를 늦추고 불편하게 하기도 하다. 이것은 생각의 속도를 늦추고 좀더 깊이 있게 생각하도록 해준다.[63]

나는 졸라와 힐리어가 말한 것처럼 맥락이 정말 중요하다는 점에 동의한다. 하지만 장애와 관련되어 내가 사용하는 모든 용어를 일일이

62 Hillyer, *Feminism and Disability*, p.21.
63 ibid., p.46.

여기에 나열하고 왜 그런 선택을 했는지 설명하기보다, 최근 논쟁을 촉발한 용어 사용의 두 가지 흐름에 대해서 논의하고 싶다. 나는 이런 논의를 통해 용어를 개선하려는 시도가 가지는 위험성을 어느 정도 보여 줄 수 있다고 생각한다. 첫째는 장애와 장애인을 표현하는 말로서, 우회적이라고 생각하는 새로운 표현의 등장이다. 그 중 하나가 "다른 능력이 있는"differently-abled이란 표현이고, 이는 여성주의자들 사이에서 1980년대 초반부터 선호된 용어이다. 이 용어를 사용하는 이유는 장애인인 것이 다르다는 점 이외에 잘못된 것이 하나도 없음을 보여 주기 위해서라고 생각한다. 어느 정도는 교육적인 가치가 있어 보이는 것 같다. 이 말은 어떤 측면에서 장애가 있다는 것이 모든 측면에서 장애가 있는 것은 아니라는 점을 비장애인들에게 상기시켜 준다. 또 비장애인이 장애가 없기 때문에 갖고 있지 못한 능력이 장애인에게 있을 수 있다는 것을 알려 준다.

하지만 누군가를 "다른 능력이 있는 사람"이라는 말로 부르는 것은 한 여성을 "다른 색깔인 사람" 혹은 "다른 성별인 사람"이라고 부르는 셈이다. 이 말은 "이 사람은 인간다움의 표준이나 정상이 아니다"라고 이야기하는 것이다. 이 말이 하는 역할은 고작 장애인의 '타자성'을 증가시키는 것이다. 왜냐하면 젊고 강하며 건강하고 모든 몸의 기관이 '완벽하게' 작동하고 있는 인간을 인간다움의 표준으로 강화하기 때문이다. "다른 능력이 있는 사람"이라는 말을 사용하는 것은 장애인들이 직면하는 특수한 어려움이나 고생, 고통을 (예의 있게? 애 취급하면서? 보호하려고? 아니면 자기보호를 위해?) 무시하는 것이다. 우리는 장애화되었다. 우리는 우리 몸의 조건에 따른 결과로 인해, 또 한편으로는 우리 사회의 구조와 기대에 따른 결과로 인해 특정한 사회적·신체적 어려움을 갖고 살아가고 있다. 하지만 이 어려움은 우리와 같은 몸과 마음을 가진 사람들만이 경험하는 것이다. 이 현실을 밝게 포장하려고 하는 시도에서 나오는 표현들은 현실을 부정하는 것이며, 장애인과 비장애인에게 모든 것이 다 괜찮은 척해야 한다는 사회적 압력을 준다.

용어 사용과 관련된 두번째 흐름 또한 현실을 부정하는 것이다. 이것은 내가 여러 번 들은 것이고, 힐리어도 간략히 논의하는 것으로, 아직 하나의 흐름이라기보다는 언어적 관습을 변화시켜야 한다는 요구라고 할 수 있다.[64] 이는 몇몇 사람들이 갖지 못한 능력을 사용하는 은유적 표현을 쓰지 말아야 한다는 요구이다. 이런 이야기가 언제나 시각을 은유로 사용하는 것과 관련하여 논의되는 것을 자주 들어 보았다. 예를 들어 "내 말이 무슨 뜻인지 알겠나요(보이나요see)?", "그 여자는 나무는 보지만 숲은 보지 못한다"라는 표현이 그런 예이다. 이런 생각을 갖고 있다면 시력 외에 다른 능력과 관련된 은유적 표현도 반대할 수 있다.

영어에 넘쳐나는, 시각을 이용한 은유방법이 앞을 보지 못하는 사람의 기분을 상하게 하거나 상처를 줄 수 있을지 모른다.[65] 또 앞을 볼 수 있는 사람들도 시각 장애인과 함께 있으면 갑자기 이런 은유를 의식하게 되고 상처를 줄 수 있다고 걱정하게 된다. 나는 "장님"blind이라는 말을 욕으로 사용하지 않아야 한다는 것에 매우 동의하지만, 영어의 용어에서 시각적인 은유를 모두 다 없애 버리려고 하는 것은, 길을 다 없애 버려서 더 이상 여행할 수 없게 되는 상황과 비슷하다고 생각한다. 그리

---

64 Hillyer, *Feminism and Disability*, pp.29~30.

65 힐리어는 시각에 관련된 은유가 시각 장애인에게 상처를 주고 기분을 상하게 한다고 주장한다 (**ibid., p.29**). 이런 말을 시각 장애인이 직접 하는 것을 들어 본 적도, 읽어 본 적도 없지만, 나는 힐리어의 경험을 받아들인다.

고 왜 시각에 관련된 말만 없애야 하는가? 은유가 그 능력이 없는 사람들에게 모욕이 된다면 사람들이 가지지 못한 능력이나 활동을 묘사하는 말, 즉 듣기, 걷기, 달리기, 기어가기, 수영하기, 춤추기 같은 말이 모두 같은 이유로 모욕이 될 수 있다. 냄새 맡을 수 없고, 맛을 느낄 수 없고, 촉감도 없고, 색깔을 구분하지 못하고, 통증을 느끼지 못하고, 말하지 못하고, 읽거나 쓰지 못하고, 아무것도 기억하지 못하고, 사랑을 느낄 수 없는 사람들이 있다. 이런 능력들을 이용한 은유는 그 능력이 없는 사람들에게 상처가 될 때도 있지만 사람들이 가지지 못한 능력을 이용한 은유를 다 없애 버리면 언어 자체가 빈곤해진다. 더욱이 능력의 은유적인 표현들이 그 능력이 없는 사람들에게 그 능력에 대한 다른 식의 언급이나 그에 따른 결과보다 더 큰 상처가 된다는 것이 과연 사실일까? 이런 언급이나 그로 인한 결과는 우리가 언제나 피할 수 없는 것들이다. 시각 장애인이 있을 때 "꿰뚫어 보기"insight라는 말을 하는 것이 다른 사람에게만 "와, 너의 정원이 정말 아름다워 보여"라고 말하는 것보다 더 상처가 될까?

힐리어는 언어를 개선하고자 하는 요구에 대해 또 다른 반대 이유를 제시한다. "시각 장애인을 위해서 모든 시각적인 이미지를 피하려고 하는 것은 시각적인 경험이 중요한 청각 장애인을 차별하는 것일 수 있고, 또 시력이 있는 사람 중에 시각적인 능력이 자아 인식에 중요한 역할을 하는 사람을 차별하는 것일 수도 있다".[66] 이러한 주장이 얼마나 확대될 수 있는지를 고려하면 이 반대 의견이 가진 장점이 분명해진다. 대부분의 장애인에게는 남아 있는 능력이 대단히 중요하다. 그리고 어떤

66 ibid., p.30.

능력이든 그것을 갖고 있는 사람이 있고, 그 능력을 갖지 못한 사람이 있게 마련이다.

　　개인적으로 이야기하자면, 나는 내가 많이 가지지 못한 체력에 대해 사람들이 언급하거나 은유적으로 사용하는 것을 피하기를 원치 않는다. 아니면 뛰어다니기, 춤추기, 등산하기, 문 열기 등과 같이 나에게는 어렵고 또 불가능한 것들에 대한 언급을 피하는 것도 원하지 않는다. 하지만 간혹 사람들이 누군가의 대단한 체력에 대해 오랫동안 계속 얘기할 때는 가끔 기분이 안 좋을 때가 있다. 특히 대단한 체력이 마치 도덕적인 자질인 것처럼 말하는 태도를 보일 때는 더 그렇다. 또 어떤 때는 사람들이 등산을 한 이야기나, 나로서는 너무 힘들어서 갈 수 없는 곳에 여행 갔다온 이야기를 할 때는 슬프기도 하고 부럽기도 하다. 하지만 나는 이런 기분으로부터 보호받기를 원하지 않는다. 또 사람들이 나에게 없는 능력을 가지고 있지 않은 것처럼, 또 자신들의 삶에서 그런 능력이 중요하지 않은 것처럼 내 앞에서 연기하기를 원하지 않는다. 언어를 개선하려는 이 두 가지 시도가 나에게는 차이를 부정하고 차이에서 오는 고통스런 결과를 부정하는 것처럼 여겨진다. 이러한 부정이 화가 나는 감정이나 슬픔, 부러움보다 더 위험하다고 생각한다.

차이의 미래

내가 이 장에서 논의하고 싶은 마지막 의제는 차이의 보존에 관련된 것이다. 장애인이 가진 차이를 가치 있게 생각한다면 장애를 예방하거나 치유하려는 노력들은 어떤 함의를 갖는 것일까? "누구나 건강한 아이를 원한다"라는 말이 "누구나 백인 아이를 원한다"라는 말과 도덕적으로,

정치적으로 비슷한 것일까? 그렇지 않다면 어떻게 다른 것일까? 인간 신체의 기능적인 손상이나 구조적인 불완전함을 보존하는 것이 유전적인 다양성을 보존하는 것처럼 타당한 이유가 있는 것일까? 여성주의 환경론자들은 자연의 취약함과 불완전함의 가치를 인정하고 보호해야 한다고 주장한다. 신체의 취약함과 불완전함 또한 가치로 인정하고 보호해야 할 것인가 아니면 초월하고자 시도해야 할 것인가?

태아에게 나타날 수 있는 잠재적 장애를 출산 전에 감별하고, 후손에게 생길 수 있는 잠재적인 장애에 대한 유전학적 '진단'을 제공하는 의학적 기술과 관련해 실질적으로 이런 질문이 제기된다. 6장에서 이 주제를 낙태에 대한 여성주의 윤리학과 관련해서 다시 논의하겠지만 장애인의 삶에 대한 전반적인 무지, 장애에 대한 공포, 장애가 사회적으로 구성된 것이 아니라 생물학적으로 결정된 현상이라고 보는 전제가 장애를 예방하려는 욕망에 기여한다는 점을 지적하고 싶다. 장애를 예방하려는 욕망은 사회의 신체적이고 정신적인 '규준'에서 벗어나는 차이를 예방하고자 하는 것이다. 장애를 차이로서 가치 있게 여기는 사람들은 장애인이 태어나는 것을 막음으로써 장애를 예방하려는 시도들을 남아선호사상에 따라 남자아이의 출생을 보장하려는 것이나, 유전적 기술을 이용해 피부색의 차이를 없애려는 것과 같다고 본다.

장애가 사회적으로 심각한 결과를 초래하는 곳에서는 장애를 차이로 인정하기 힘들다고 주장할 수도 있을 것이다. 이분척추나 다운증후군을 가지고 태어난 아이는 살아가면서 사회적으로 만들어진 걸림돌을 수없이 만날 것이다. 물론 백인 지배 사회에서 태어나는 유색인 아동의 경우도 이와 같다고 할 수 있다. 하지만 이것이 유색인 아동이 세상에 태어나지 못하게 하는 충분한 이유가 될 수 있다고 주장하는 유색인은 거의 없다. 오히려 그것이 유색인에 대한 정당한 대우를 위해 투쟁해야 할 이유가 된다고 주장할 수 있다. 잠재적인 장애 때문에 아이를 태어나지 못하게 할 수 있다고 생각하게 만드는 것은 보통 '비정상'이나 '병적'이라고 여겨지는 신체적이고 정신적인 차이 자체라는 것을 우리는 인정해야 한다. 더욱이 백인 사회에서 살아가는 유색아동이 유색인 가족이나 공동체에 태어나는 것과는 달리, 장애아동은 장애인의 권리와 차이를 존중하는 생각을 가진 장애인 가족이나 장애인으로 구성된 사회에 태어나지 않는다.[67] 그나마 괜찮은 경우는 장애아의 부모가 될 것을 알고 자신과 아이를 위해 지원을 제공하는 공동체를 찾아야 함을 알고 있는 경우이다. 안 좋은 경우는 부모 자신들끼리 대처해 나가야 한다고 믿는 경우이다. 접근성이나 지원이 적절하지 않은 사회에서 장애를 가진 아동을 키우는 부담이 두렵다면 그건 당연한 일이다.

또 한 가지의 고려사항은 장애를 차이로 인정하는 것의 실질적인 함의에 대한 문제이다. 얼마만큼의 신체적이고 정신적인 고통이 차이 그 자체에 본질적으로 존재하는 것인가? 즉 사회 구조가 장애인의 삶에 얼마나 지원을 제공하는지 여부와 관계 없이 우리가 없앨 수 없는 고통은 얼마만큼인가? "누구나 건강한 아이를 원한다"라는 말에 들어 있는 감정은 어린아이가 고통을 겪지 않기를 원하는 마음이다. 장애에 대한 무지 때문에 장애가 없는 사람들의 생각 속에서 대부분의 장애인이 겪는 신체적인 고통이 과장되긴 하지만(사회적인 고통은 과소평가된다), 우리가 없앨 수 없는 고통의 중요성 또한 간과해서는 안 된다. 행복하게 자아실현을 하면서 살고 장애인으로서의 정체성을 굳게 지닌 장애인일

67 한 가지 언급해야 할 예외는 농인 가정에 태어난 농인 아동이다.

지라도 사회적인 이유 때문이 아니라 통증을 줄이고, 신체적이고 정신적인 어려움을 없애고 싶은 마음에 장애가 치유되기를 바랄 수도 있다.

차이를 위해 고통을 겪는 게 너무 심한 대가를 치르는 것 아닐까? 이런 질문에 누가 답할 수 있고, 누가 답해야 하는가? 개인적인 경험을 통해 장애와 관련된 어려움을 잘 알고, 장애 때문에 생겨나는 차이를 알고 이를 존중할 수 있는 충분한 경험이 있는 사람이 누구보다 이 질문에 대답할 자격이 있다. 하지만 그런 사람들에게도 이 질문은 답하기 힘든 것이라고 할 수 있다. 많은 장애인이 겪는 고통의 사회적인 요소, 즉 외로움, 소외, 빈곤, 자아존중감의 상실, 접근성이나 서비스 부족으로 인한 좌절감 등은 사회적으로 없앨 수 없는 신체적이고 정신적인 요소와 완전히 분리되기 힘들기 때문이다. 어려운 사회적 상황이 신체적이고 정신적인 고통을 더 힘들게 만들고 참기 어렵게 한다. 그렇기 때문에 고통이 너무 심한 대가인가라는 질문에 "그렇다"라고 대답하는 오류가 생긴다. 하지만 내 생각엔 장애에 대해 경험이 전혀 없거나 조금밖에 없는 사람들이 가진 무지와 공포로 인한 오류가 더 많을 것 같다.

장애를 차이로 인정하는 사람들에게는 장애인이 태어나는 것을 예방하는 기술의 발전과 같이 장애를 '치유'하는 방법을 찾는 욕구가 고통을 덜고자 하는 노력만큼이나 차이를 없애 버리고자 하는 시도로 보일 수 있다. 생의학 논의나 자선을 바탕으로 한 논의는(즉 대부분의 논의는) 가능한 '치료법'에 대해 너무 많은 중점을 두고 있고, 장애인의 실제 삶의 가치와 잠재력에 대해서는 거의 인식하지 못하고 있기 때문에 그런 생각이 드는 것도 당연하다. 장애인은 '치유'되기 전에는 쓸모가 없다는 전반적인 메시지 때문에 장애인의 자아존중감이 '치유'되고자 하는 욕망과 갈등을 일으키게 된다.

　내 안에는, 온전히 받아들여지기 위해서는 먼저 '치유'되어야 한다
는 태도에 대한 저항감과 '치유'에 대한 욕망이 애매하게 섞여 있는 것
같다. 나는 더 강한 체력을 갖고 싶고 통증이 없어졌으면 좋겠고 또 어
느 정도 몸이 예측 가능하기를 원한다. 이 부분에는 애매한 점이 없다.
더욱이 누군가 근육통성 뇌척수염으로 진단받았다는 말을 들으면 가슴
이 너무 아프다. 어떻게 내가 그 병을 가진 모든 사람들을 위한 치료법
을 원하지 않을 수 있단 말인가? 하지만 나는 내가 그 병에 걸리지 않았
었다면 하고 바랄 수 없다. 왜냐하면 그 병 때문에 내가 다른 사람, 즉 내
가 기꺼이 되고 싶고 놓치고 싶지 않은 사람이 되었고, 내가 '치유'된다
고 하더라도 이런 변화를 포기하는 것은 상상할 수도 없기 때문이다. 예
를 들어 내가 장애인과 나 자신을 동일시하기를 그만두는 것은 상상할
수 없다. 내가 만약 '치유'가 되어 다른 사람들이 나를 장애인으로 생각
하지 않을 것이라는 가능성을 떠올릴 때, 어떻게 내가 그 부조화를 감당
할 수 있을지 상상하기 어렵다. '치유'에 대한 내 입장을 정리하면 이렇
다. 나는 치유가 가능하다면 기꺼이 받아들이겠지만 치유가 꼭 필요한
것은 아니다. '치유'에 대한 이러한 태도가 사회에서 당연하게 받아들여
진다면, 치유를 찾고자 하는 시도가 지금처럼 모욕적인 의미를 갖지 않
을 수 있을 것이다.

　장애의 모든 생물학적 원인(사회적 원인에 반대되는 것들)을 없애
버리는 것이 좋은 일이라고 당연시하는 사람들은 자연과 인간을 완전
하게 만드는 방법에 대해 나보다 잘 알고 있다고 매우 자신하는 사람들
이다. 그런 노력에 참여하는 모든 사람들의 동기가 고통을 덜어 주고 예
방하려는 것이라고 해도 고통 이외에 우리가 잃어버리게 되는 것이 무
엇일까 질문하지 않을 수 없다. 그 사람들은 언제 멈추어야 하는지 알

수 있을까?[68] 장애인이 가진 차이의 가치를 인정하지 않는 사람에게 인간을 '완벽하게' 만들려는 노력을 언제 멈출 것인지 결정하도록 결코 맡길 수 없다. 더욱이 장애의 생물학적 원인을 없앤다는 약속은 곧 우리가 모두 동의할 수 있는 장애에 대한 문화중립적이고 생의학적인 정의가 있다고 가정하는 것이며, 이는 장애가 신체적·정신적 차이로부터 사회적으로 구성된다는 점을 흐려 버린다.

그럼 장애를 차이로 인정한다는 것은 실질적으로 어떤 의미가 있는 것일까? 모든 장애가 비극적인 손실이고 모든 장애인이 '치유'되기를 원한다고 가정하는 것은 분명 아닐 것이다. 그것은 장애인이 가진 지식과 관점을 찾아내고 존중하는 것을 의미한다. 그것은 익숙하지 않은 생각의 형태나 존재의 방식을 존중하고 그로부터 배우고자 하는 태도를 의미한다. 또한 인간 신체의 완벽함을 추구하고 통제하려는 환상을 포기한다는 것을 의미하기도 한다.

---

68 인간게놈프로젝트(Human Genome Project)와 연관된 이러한 의제들에 대한 아주 훌륭한 논의를 보려면 "The Politics of Genetics: A Conversation with Anne Fausto-Sterling and Diane Paul", *The Women's Review of Books* 11(10-11), Wellesley, MA: The Women's Review, July 1994, pp. 17~20을 보라.

4장 거부당한 몸으로부터 떠나는 비행

상업적인 대중매체에 물든 북미사회에서[1] 몸은 너무나 이상화되고 대상화된다. 이런 문화적 관습 때문에 우리는 몸을 통제하고 완벽하게 만들려고 한다. 이로 인해 사람들은 결국 몸을 통제하지 못하는 것, 이상적인 몸과 거리가 먼 것에 대해 거부감과 수치심, 그리고 두려움을 느끼게 된다. 하나의 몸을 어떤 식으로든 이상화하는 것은 다른 종류의 몸과 신체 생활의 여러 측면들을 거부하는 것을 의미한다. 사회와 문화 속에서 무시와 거부를 당하고, 두려움과 경멸의 대상이 되는 몸이 있다. 나는 그런 몸으로 살아가는 것(질병, 장애, 허약함을 갖고 살아가는 것, 죽어

---

1 나는 "상업적인 대중매체에 물든 북미사회"라는 표현을 사용한다. 북미 대륙에 살면서 고유한 문화와 사회 형태를 유지하려는 집단 중에 두드러진 사람들은 캐나다와 미국의 원주민 사회의 사람들이다. 그들은 어쩔 수 없이, 침입한 유럽인들에 의해 수입되고 개발된 문화의 영향을 받지만, 그것과는 완전히 다르며 독립적인 전통에 기반한 가치와 실천양식을 가지고 있다. 단일하게 "유럽에 기반한 문화"라고 가리키는 것은 정확하지 않다. 하시디즘 유대인과 아미시 같은 집단 또한 유럽에서 왔지만 많은 원주민들처럼 유럽인들이 만든 상업적인 문화와는 독립된 삶의 방식을 고수하기 때문이다. 북미 지역만 보더라도, 모두 똑같은 방식으로 상업적 매체에 물들어 있는 단 하나의 사회가 존재하는 것이 아니다. 캐나다와 미국만 해도 가치와 실천양식 면에서 상당한 차이가 있어서, 서로 다른 국가인 것은 물론이고, 다른 종류의 사회를 이루고 있다. 그리고 캐나다와 미국 내의 여러 지역들 안에서도 엄청난 차이가 있다. 이 논의에서 나는 미국과 캐나다의 모든 지역을 아우르는 매체에서 보았으며, 캐나다인과 미국인 사회 양쪽의 관찰자들이 논의한 문화적 경향과 영향력에만 집중하려고 한다.

가는 것)과 그런 몸(보통 문화적으로 이상적인 몸에서 벗어나 있는 몸)을 드러내는 것과 (몸의 괴로움에 대한 대부분의 형태를 포함하여) 그런 몸을 경험하는 것의 여러 형태를 나타내기 위해 나는 "거부당한 몸"rejected body과 "부정적인 몸"negative body이라는 용어를 사용한다. 이 장에서는 몸을 이상화하고 대상화하는 여러 형태에 대해서 논의할 것이다. 그것이 비장애인에게 어떻게 영향을 끼치고, 우리의 몸을 통제하도록 하는 문화적 요구에 어떻게 기여하는지 살펴볼 것이다. 그리고 몸이 통제될 수 있다는 환상myth이 현대에 어떻게 영향력을 드러내는지를 설명하고 이를 비판하고자 한다.

인간의 몸은 실제로 크기, 모양, 색, 감촉, 구조, 기능, 움직임의 범위와 습관, 발육의 면에서 굉장히 다양하다. 그리고 끊임없이 변화한다. 하지만 많은 문화, 특히 현대의 상업화된 문화는 이런 분명한 사실을 받아들이거나 반영하는 것 같지 않다. 그보다는 인간의 몸을 이상화한다. 이상적인 몸은 시대에 따라 달라지지만, 이상형이 언제나 존재한다는 사실은 변함이 없다. 이상적인 몸은 여성들에게 특히 영향을 끼치는 외양뿐만 아니라,[2] 힘과 에너지, 움직임, 기능, 적절한 신체조절 능력에 대한 이상형도 포함한다. 후자는 그 기준을 통과하는 사람들은 잘 알아챌 수 없지만 질병이 있거나 장애를 가진 사람들에게는 크게 느껴지는 것들이다. 캐나다와 미국 어디를 가나 이런 이상을 담은 모습, 이상에 대한 수요, 그런 이상에 도달하도록 돕는 상품과 서비스가 넘쳐나고 있다.

특정한 몸을 이상화하는 것은 분명히 소비사회의 경제적 흐름과

---

2 Sandra Lee Bartky, *Femininity and Domination: Studies in the Phenomenology of Oppression*, New York: Routledge, 1990.

복잡한 방식으로 관련되어 있다. 이런 몸에 대한 이상화는 엄청난 이윤을 만들어 내고, 이윤추구를 위해 사람들에게 계속해서 현재의 이상적인 몸에 대해 떠올리도록 요구하며 지속적으로 새로운 이상형을 제시한다. 게다가 아름다움, 건강, 신체적 능력에 대한 현대의 문화적 기준에 부응하는 실제 사람들의 모습이 여태껏 이렇게 많은 이들에게, 이렇게 자주 보였던 적이 없었다. 이제는 몇몇 사람들의 모습이 우리가 실제로 마주하는 대다수 사람들의 현실을 몰아내는 것이 가능해졌다(예를 들어, 평균적인 북미 여성들이 텔레비전에 나오는 여성들보다 훨씬 뚱뚱하다는 것을 아는 사람은 별로 없다). 이러한 사실은 신체적 이상형과 신체적으로 '정상적'인 것에 대한 우리의 생각을 뒤섞어 버리고, 이 때문에 점점 더 많은 수의 사람들이 자신과 남들의 기준에서 볼 때 비정상적이고 사회적으로 받아들여지지 않는 몸을 가지고 있다고 생각하게 된다.

몸을 이상화하는 것은 몸을 대상화하는 데 기여한다. 또 다른 대상화의 요인은 마음과 몸을 문화적으로 분리하고 몸을 폄하하며, 몸의 겉모습만을 강조하고, 몸을 의학적으로 바라보고 다루는 데 있다. 또한 성적인 착취, 신체적 수행능력에 대한 압박, 특정한 경쟁방식 등이 몸의 대상화에 관련되어 있다. 다른 사람의 몸을 대상화하는 것은 몸으로 터득하여 체화한 의식수준을 (적어도 일시적으로) 무시하는 것이고, 그 사람을 주체적인 몸의 경험을 가진 개인으로 인정하지 않는 것이다. 자신의 몸을 자기가 대상화하는 것은 더욱 복잡한 문제다. 그 사람은 자신의 몸을 남처럼 여기거나 다루기 위해 어떤 의미에서는 자신의 생각을 몸과 분리시키고 자신의 내면이 가진 몸에 대한 주체적인 경험을 무시한다. 자신의 몸을 대상화하는 것 중에서 현재 널리 이루어지는 형태는 몸을 무엇보다 목표 달성을 위한 도구로 다루는 것이다. 몸을 물리적인 사물처럼 바라보고, 이용하고, 조정한다. 그리고 몸을 물질적인 재산으로서 유지하고 착취하고 거래한다.[3] 그런 형태에 적합한 대상으로 유지하기 위해 몸을 잘 통제할 수 있다고 가정하고 그렇게 통제할 것을 요구한다. 계속해서 다른 사람의 몸이 문화적으로 대상화되는 것을 관찰하고 이에 참여하는 것은 우리 자신의 몸을 스스로 대상화하도록 한다. 자신의 몸을 대상화하는 것이 어떤 경우에는 불가피하며, 반드시 해로운 것은 아니다. 하지만 만약 그것이 자신의 몸을 경험하는 주요한 방식이라면, 자신의 느낌, 본성, 무의식으로부터, 그리고 우리 몸에서 통제될 수 없는 모든 부분들로부터 스스로가 심각하게 소외되는 원인이 된다.

정상성의 훈육

여성의 몸이 문화적으로 어떻게 다루어지는가에 대한 여성주의의 분석이 내 생각의 많은 부분을 형성했다. 샌드라 리 바트키는 이상화, 대상화, 여성의 몸을 통제하려는 요구를 통해 여성성이 사회적으로 구성되는 방식에 대해 누구보다 많은 것을 밝혀 주었다. 그녀는 근대 사회기관들이 요구하는 "온순한 몸"을 만들어 내는 훈육 방식disciplinary practices에 대한 미셸 푸코의 이론[4]을 상세히 설명한다. 바트키는 "한눈에 여성적으로 보이는 자세와 겉모습을 지닌 몸을 만들어 내는 훈육의 방식"에 대해 자세한 예를 제시했다. 이런 훈육 방식은 "특정한 크기와 일반적인

---

3 Maxine Sheets-Johnstone ed., *Giving the Body Its Due*, Albany: State University of New York Press, 1992.

4 Michel Foucault, *Discipline and Punish: The Birth of the Prison*, trans. Alan Sheridan, New York: Vintage Books, 1979[*Surveiller et punir: naissance de la prison*, Paris: Gallimard, 1975].

형태의 몸을 만드는 것을 목표로 한다. 그리고 특정한 몸짓, 자세, 움직임을 반복하도록 한다. 이런 몸을 장식된 겉모습으로서 보여 주는 것을 지향한다".[5] 게다가 바트키는 이렇게 주장한다. 식이요법, 운동, 얼굴 표정에 대한 통제, 움직임에 대한 조심스러운 억제, 체모 제거, 피부 관리, 머리 관리, '적절한' 화장품 사용을 포함한 이런 훈육 방식은 특정한 누군가에 의해 여성에게 강요되는 것이 아니기 때문에 자연스럽고 자발적인 것처럼 보인다는 것이다(외부의 강한 강제력이 있지만 사실상 종종 스스로에게 짐을 지우기도 한다). 그런 훈육 방식이 여성들의 삶에 막대한 힘을 휘두르는데도 말이다.

훈육의 힘은 적절하게 체화된 여성성을 생산함으로써 점점 더 강해지는데, 이 힘은 분산되어 있고 익명성을 지니고 있다. 훈육의 힘을 휘두를 수 있도록 공식적으로 허가받은 개인은 없다. 이 힘은 특정한 누구 한 명에만 집중되어 있지 않고 모든 사람에게 집중되어 있다. 이런 훈육의 힘은 특히 근대적인 성격을 띤다. 폭력적이거나 공식적인 강제력에 의존하지 않고, 여성의 몸이 여기 저기 움직일 수 있는 자유를 속박하려고 하지도 않는다. 그럼에도 훈육은 거의 절대적인 힘을 갖고 몸을 침략한다. 여성의 몸은 "그것을 파헤치고, 붕괴시키고, 재배열하는 힘의 장치 안으로 들어가게 된다". 여성의 "온순한 몸"을 만들어 내는 훈육의 기술은 지속적이고 전체적인 통제를 목표로 한다. 신체 사이즈, 곡선, 육체적 욕망, 자세, 몸짓, 공간에 알맞은 전반적인 행동, 눈에 보이는 신체 부위의 겉모습에 대한 통제가 그 목표인 것이다.[6]

5 Bartky, *Femininity and Domination: Studies in the Phenomenology of Oppression*, p.65.

바트키가 묘사한 여성성에 대한 훈육의 방식과 유사한 면을 많이 가진, 신체적 정상성에 대한 훈육의 방식 역시 존재한다고 나는 생각한다. 신체적 정상성의 훈육은 푸코가 설명한 몸에 대한 훈육, 특히 군대, 학교, 병원, 감옥과 같은 특정한 근대 사회제도에 참여하는 것과 관련된 훈육과는 다르다. 그것은 바트키가 설명한 여성성에 대한 훈육과 비슷하게 "제도적으로 자유롭고" 우리 대부분에게 내면화되어 있으며 사회 전반에 스며들어 있다. 신체적 정상성에 대한 훈육은 여성성에 대한 훈육과 마찬가지로 우리를 신체적 표준에 맞추도록 하고, 우리의 몸을 대상화하고 우리의 몸을 통제하도록 요구한다.

정상성의 훈육은 사회생활의 모든 영역에 참여하기 위한 필수조건이지만 의식적인 노력 없이 그 훈육 방식에 따를 수 있는 대다수 성인들은 이를 알아채지 못한다. 어린이들은 정상성이 요구하는 것들을 매우 잘 인식하고 있다. 아이들 사이에서는 신체 사이즈, 행동거지, 움직임, 몸짓, 말솜씨, 감정 표현, 외모, 체취, 먹는 방법 그리고 침, 방귀, 대소변과 같은 몸의 기능을 조절하는 방식들에 있어서 정상성의 표준에 따르도록 매우 어릴 때부터 강요된다. 놀림, 괴롭힘, 따돌림이 위협을 통해서 말이다(어린 시절 가장 수치스러운 일은 학교나 운동장에서 바지에 오줌을 싸는 것이었다. 일부러 저지르는 다른 어떤 짓도, 그것이 아무리 도덕적으로 나쁜 행동일지라도 이보다 더 수치스러울 수는 없었다). '정상적'이 되는 것을 배울 수 있는 사람들과 '정상적'으로 보일 수 있는 사람들은 정상성의 표준에 따른다. 그 표준에 도달하지 못하는 사람들은 보통 최대한 할 수 있는 만큼 근접한 목표라도 달성한다.

6 ibid., p.80.

정상성에 대한 훈육은 여성성에 대한 훈육처럼 다른 사람들에 의해 강요될 뿐만 아니라 내면화되기도 한다. 많은 사람들에게 정상성의 기준에 근접하는 것은 우리의 정체성과 사회적으로 받아들여지는 것에 대한 자각에 있어서도 중요하다. 이는 우리가 자신을 존중할 수 있도록 하는 요소이다. 정상성의 기준에 부합하는 우리의 능력이 어떤 식으로 위협받기 전에는 이를 알아채기 어렵다. 병이 계속 지속될 때, 비장애인들은 예전엔 몰랐던 이러한 자아상의 한 부분에 관심을 갖게 된다. 이미 장애를 가진 사람들은 장애가 더 심해질 가능성 앞에서 이와 비슷한 경험을 하게 된다. 우리가 정상성의 기준에 따라가지 못할 때 수치심과 스스로에 대한 혐오를 마주하게 됨으로써, 그 기준이 강력하게 내면화된 훈육에 의해 강요된다는 것을 알 수 있다.

신체적으로 '정상적으로' 보이지 않거나 '정상적으로' 행동하지 않는 사람들은 정상성에 대한 훈육이 존재함을 알게 해준다. 여성성에 대한 훈육을 따르지 않는 여성들이 훈육의 존재를 더욱 두드러져 보이게 하는 것처럼 말이다. 이 두 경우에 모두 작동하고 있는 규칙들이 존재한다. 하지만 우리들은 규칙의 존재를 모르는 체 하려고 노력하며, 그것이 사회적으로 강요된 것이 아니라 '자연스러운' 것이고 노력을 기울이지 않아도 저절로 되는 것인 척하려고 애쓴다(기분이 가라앉고, 배가 아프고, 화장실이 급하다고 느낄 때가 많지만, 이에 비해 이런 상태를 사람들 앞에서 드러내 놓고 말하는 사람이 얼마나 드문지 생각해 보아라. 그런 말을 하는 것은 어떤 여성이 사람들 앞에서 다리 털을 밀 시간이 없었다고 말하는 것만큼이나 창피한 일일 것이다). 게다가 거의 대부분이 가능하면 '정상적으로' 보이도록 노력하기 때문에, 사회의 기준에 따라 명백하게 '비정상으로' 보이는 사람들은 현재 그 기준에 맞춰 가고 있는 사람들에게 여차하면 기준에서 벗어나게 될 수 있다는 것을 계속 떠올리게 한다. 이런 측면에서 장애인들은 두려움을 불러일으킨다. 하지만 비장애인들은 장애인을 대하면서 그들과의 비교를 통해 '정상적인 것'을 더욱 '정상적으로' 느끼며 안심하기도 한다(이 때문에 반대로 죄책감을 느끼기도 한다).[7] 정상성의 훈육이 일어나는 상황에서 이런 반응은 충분히 이해할 만하지만 이 모든 것들이 장애인의 '타자성'에 기여하는 것이다.

신체적 정상성에 대한 기준을 건강, 외모, 몸의 수행능력에 대한 이상ideals으로부터 구별하는 것은 쉽지 않다. 여성적인 몸의 이상형과 여성성에 대한 최소한의 기준을 구별하기 어려운 것처럼 말이다. 사람들은 사회적 정상성의(의학적 '정상성'이 아니다. 이것은 다른 개념이다) 범위가 문화적으로 이상적인 몸에 대한 범위보다 상당히 넓을 것이라고 예상한다. 그렇지 않다면 정상적으로 여겨질 수 있는 사람이 거의 없기 때문이다. 하지만 실제로 이 두 가지, 정상성과 이상형은 서로 연결되어 있다. 신체적 건강, 외모, 수행능력에 대한 이상에 도달하기 어려울 때, 정상성에 대한 사회적 기준에 도달하기 어렵기는 마찬가지이다. 자존감을 지키고 사회적으로 받아들여지기 위해 최소한으로 요구되는 기준 이하로 내려갈 수 있다는 생각이 우리를 더욱 두렵게 한다. 게다가 많은 이들은 '정상적인' 범위 안에 있는 것만으로는 충분하지 않다. 그들이 이상형에 맞추도록 계속해서 압력을 받고 부추김을 당할 때 특히 그러하다. 사람들은 문화적 이상형을 추구하면서 정상성의 기준을 높이게 된다.

---

7 '정상인들'이 '비정상'을 향해 보이는 반응의 심리적인 양상에 대해서는 Leslie A. Fiedler, "The Tyranny of the Normal", *The Hastings Center Report*, April 1984를 보라.

캐스린 폴리 모건은 이런 현상을 여성들의 성형 수술과 관련하여 논의한다.

성형 수술에 대한 기술적인 문헌과 대중적인 문헌을 보면 예전에 여성의 체형에서 정상적인 범위로 설명되었던 것이나 상대적으로 악의 없는 표현인 "문제가 되는 부분"이라고 묘사되었던 것들이 점차 "기형", "추한 돌출부", "부적절한 가슴", "보기 흉한 지방세포 덩어리"로 묘사된 것을 알 수 있다. 혐오감과 수치심을 일으키고, 이런 "기형들"을 고칠 수 있는 방법이 있다는 가능성에서 오는 안도감을 강화하기 위해 긴 설명이 이어진다. 성형 수술은 거의 모든 여성에게 아름답고 젊게 보이는 몸을 만들어 줄 것을 약속한다. 그 결과, 수술로 만들어진 아름다운 얼굴과 몸을 가진 사람이 늘어나면서 점점 더 많은 여성들이 "못생기고", "늙었다"는 꼬리표를 얻게 될 것이다. 말하자면 나는, 자연적으로 "타고난 것"이 점차 기술적으로 "원시적인 것"처럼 보여지리라고 생각한다. "보통의" 모습이 "못생긴" 것으로 인식되고 평가받게 될 것이다.[8]

다른 이상형도 우리가 모르는 새에 갑자기 정상성의 기준으로 등장할 수 있다. 그것들이 사회의 경쟁구조 안으로 들어오기 때문이다. 예컨

---

8 Kathryn Morgan, "Women and the Knife: Cosmetic Surgery and the Colonization of Women's Bodies", *Hypatia: A Journal of Feminist Philosophy* 6(3), 1991, p.41.
역설적으로 캐시 데이비스(Kathy Davis)는 정상과 비정상에 대한 명확한 구분이 없다는 것을 근거로 성형 수술을 선택하는 것이 합리적일 수 있다고 방어한다. 어떤 특정한 한 사회의 기준을 놓고 보아도 그 구분은 모호할 수 있다. "몸을 가꾸고 더 좋아지게 하기 위한 일상적인 관리로 충분한 '정상적인' 결함과 견디기 힘들 만큼 비정상적으로 추한 것 사이의 경계는 어디란 말인가?"(Kathy Davis, "Remaking the She-Devil: A Critical Look at Feminist Approaches to Beauty", *Hypatia: A Journal of Feminist Philosophy* 6(2), 1991, p.37).

대, 삶의 속도가 높아지면 사회의 모든 영역에 참여하기 위해 체력은 더욱 중요해진다. 그리고 원래 이상적인 힘의 수준이라고 여겨졌던 것이 점차 정상적인 것으로 간주된다. 이를 따라잡을 수 없는 사람들은 체력을 높이기 위해 조치를 취하거나 약물을 섭취하라고 설득당한다. 한때 정상적이라고 여겨졌던 몸이 병적인 몸이 된다. 나는 우리 사회에서 나이 들어가며 "느려지는 것"이 예전에는 당연시되는 일이었지만 시간이 지날수록 점점 더 받아들여질 수 없는 일이 되었다는 것을 알게 되었다.

바트키는 여성성에 대한 훈육 방식을 "좀더 큰 규모의 훈육 체계, 즉 성적 종속이라는 억압적이고 불평등한 체계의 일부로 이해해야 한다"고 주장한다. "이 체계는 여성들을 남성들의 온순하고 말 잘 듣는 도우미로 바꾸는 것을 목표로 한다. 이는 군대가 미숙한 신병을 군인으로 변화시키는 것처럼 확실하게 이루어진다."[9] 내 생각엔 이 지점에서 여성성에 대한 훈육과 정상성에 대한 훈육 간에 차이점이 존재한다. 정상성의 기준은 장애인과 비장애인의 종속 관계로 인한 측면임이 분명하고, 정상성에 대한 훈육은 소비사회에 이윤을 창출하며(많은 광고기 우리의 신체적 '비정상성', '과잉' 비만, 치아 결손, 모발 부족, 축 늘어진 근육, 약한 방광 등을 감추거나 바로잡는 데 도와주는 상품을 제시한다), 그 결과 어떤 사람들은 직접적인 이득을 얻는다. 하지만 이뿐 아니라 정상성의 기준은 장애가 없는 모든 사람들 역시 무겁게 짓누른다. 여성성에 대한 훈육 아래서 여성들은 분명 여성성이 부족해지는 것을 두려워하지만 남성들은 여성이 될 리가 없으므로 여성이 되는 것 자체를 조금도 두려워할 필요가 없다. 하지만 정상성의 훈육 아래서는 누구나 반드시 억압받는 집

---

9 Bartky, *Femininity and Domination: Studies in the Phenomenology of Oppression*, p.75.

단subordinated group의 일원이 되는 것을 두려워해야 한다. 갑자기 죽지 않는 한 누구나 언젠가는 나이가 들어서 억압받는 집단의 일원이 될 것이다. 이런 기준 때문에 괴로움을 겪지 않는 사람이 누가 있는가?

어떤 사람들은 자신들의 몸이 현재의 이상적인 몸에 '충분히 가깝다'고 믿으며 일시적이나마 스스로를 받아들일 수도 있다. 하지만 이로 인해 이상형에 신경을 많이 쓰게 되고, 끊임없이 실제를 이상에 맞추려는 과정의 수렁에 빠지게 된다. 대부분의 사람들은 자신들의 강점(문화적 기준에 의한 강점)에 동일시하도록 배운다. 그리고 자신들의 약점을 증오하고 두려워하고 무시하도록 배운다. 모든 사람들은 몸의 약점을 부정하고, 나이 드는 것을 두려워하는 압박을 느낀다. 이상형과 멀어지는 것을 창피해하며 그것이 자기 잘못이라고 느끼고, 자신의 몸에 대한 주체적인 생각을 망가뜨리면서 자신의 몸을 대상화하도록 하는 문화적 압력을 받는다. 이런 압력은 몸을 통제하고 그것을 유지하려는 욕구를 조장한다. 반대로 우리의 몸을 통제할 수 있다는 환상은 우리에게 이상적인 몸에 맞추기 위해 노력하도록 부추긴다.

장애인 대부분은 몸에 대한 문화적 이상형에 맞추기 위한 시도조차 할 수 없다. 그들은 좌절하고, 창피해하고, 때로는 스스로를 혐오하면서 자기가 가질 수 없는 몸을 바랄 수도 있다. 반대로 몸에 대한 이상형을 편협하고, 상상력이 부족하고, 억압적인 것으로 보고 이를 거부할 수도 있다. 아니면 나처럼 이 두 관점 사이에서 분별력 없이 왔다갔다 할 수도 있다. 어떤 경우든 장애인들은 현실적이고 긍정적인 자아상을 위해 비장애인들보다 힘들게 싸워야 한다. 장애인에 대한 다른 사람들의 반응으로 인해 이런 싸움은 더욱 어려워진다.[10] 몸을 이상화하는 사회에서 이상에 충분히 가까워지지 못하는 사람들, 통제할 수 없는 몸을 가진 사람들은 가치가 떨어지는 몸 때문에 무가치한 사람이 된다.[11] 게다가 장애인들은 일시적으로 '정상적인' 사람들에게 그들이 피하고, 잊어버리고, 무시하기 위해 애쓰는 거부당한 몸을 계속해서 상기시킨다.[12]

물론 거부당한 몸을 꺼리는 것은 비정상이 되는 것에 대한 두려움 때문만은 아니다. 그것은 통증, 질병, 한계, 괴로움, 죽음에 대한 두려움 때문이기도 하다. 반대로 거부당한 몸을 문화적으로 추방하는 것은 통증, 질병, 한계, 괴로움, 죽음의 경험들을 잘 알지 못하게 함으로써 그에 대한 두려움을 만들어 낸다. 설령 모두가 부정적인 몸에 대한 경험을 가지고 있거나 갖게 될 수도 있다고 해도, '정상적인' 몸에 대한 문화적인 개념이 젊고, 건강하고, 힘이 넘치고, 통증이 없고, 몸의 모든 부분을 갖추고 있고, 최대의 범위로 우아한 움직임을 할 수 있는 것이라면 사람들은 부정적인 몸에 대한 경험을 마주하거나 이해하려고 하지 않을 것이다. 그런 경험은 장애와 병을 가진 주변화된 사람들, '평범하지' 않은 사람들, '우리'가 아닌 사람들에게나 해당되는 것이다.

장애와 질병을 가진 사람들은 자신들의 몸 때문에 경험하는 괴로움

---

10 장애여성들은 대중들이 가지고 있는 이상적인 또는 '정상적인' 몸에 대한 요구로 인해 장애남성들보다 더 많은 괴로움을 겪는다. 남성 지배적인 문화에서는 대개 여성들이 남성들보다 몸에 따라 판단되는 경우가 많기 때문이다(Jo Campling ed., *Images of Ourselves: Women with Disabilities Talking*, London: Routledge and Kegan Paul, 1981; Gwyneth Ferguson Matthews, *Voices from the Shadows: Women with Disabilities Speak Out*, Toronto: The Women's Press, 1983; Susan Hannaford, *Living Outside Inside. A Disabled Woman's Experience. Towards A Social and Political Perspective*, Berkeley: Canterbury Press, 1985; Michelle Fine and Adrienne Asch eds., *Women with Disabilities: Essays in Psychology, Culture and Politics*, Philadelphia: Temple University Press, 1988; Diane Driedger and Susan Gray eds., *Imprinting Our Image: An International Anthology by Women with Disabilities*, Canada: Gynergy Books, 1992).

11 Hannaford, *Living Outside Inside. A Disabled Woman's Experience. Towards A Social and Political Perspective*.

12 Jill Lessing, "Denial and Disability", *Off Our Backs* 11(5), 1981, p.21.

을 대부분의 사람들이 알고 싶어 하지 않는다는 것을 인식하게 된다. 장애에 관련된 의학적 진단과 신체적 외양, 성적인 특성과 다른 은밀한 부분에 대한 호기심은 보편적이다. 그러나 장애에 대한 주관적인 경험에는 관심을 잘 갖지 않는다.[13] 이것 또한 이해할 만하다. 예를 들어 사람들에게 우리의 고통에 대해 이야기한다면 우리는 그들에게 고통의 존재, 몸의 불완전함과 허약함, 그들도 고통받을 수 있다는 가능성, 그것을 피할 수 없다는 사실을 떠올리게 할 것이다. 사람들은 이 모든 것을 받아들이려고 하지 않을수록 그에 대해 알고 싶어 하지 않는다. 만약 그들이 우리가 갖고 있는 통증에 직면하는 것을 피할 수 없다면 우리를 만나려 하지 않을지 모른다. 그들은 어쩌면 통증을 갖고 있는 것 때문에 우리를 비난할지도 모른다. 그들은 그 통증을 피할 수 있다고 믿기 위해 우리가 그것을 피할 수 있었다고 스스로에게 말할지도 모른다. 그들은 우리와 같지 않다고, 고통에 취약하지 않다고 믿고 싶어 할 수도 있다. 만약 그렇다면, 그들은 우리가 가진 차이에 매달릴 것이고 우리는 '타자'가 될 것이다. 우리 문화는 이런 식의 해결책을 제시하고, 장애인과 비장애인의 경험 사이에 좁히기 힘든 거리를 만든다. 많은 장애인들이 가장 가까운 친구들을 제외하고는 가능하면 다른 사람들에게 자신의 장애를 숨기려고 하는 것은 당연하다.

바트키가 여성성의 훈육에 저항하기 위해 등장한 형태로 꼽은 (다수가 여성주의적인) 대항담론 및 실천방식과 유사한 방식으로 정상성의 훈육에 대한 저항을 보여 주는 사례가 있는가? 나는 장애인들이 스스로의 몸과 삶의 방식에 가치를 부여한다는 사실과, 장애에 대한 자부심에

---

13 Matthews, *Voices from the Shadows: Women with Disabilities Speak Out*.

서 생겨난 여러 형태의 문화들을 대항담론 및 실천방식으로서 확실히 인식하고 있다. 이런 대항담론과 실천방식들을 통해 정상성의 훈육이 우리 장애인들에게 끼치는 내부적 영향력은 점점 약해진다. 하지만 그것이 이런 훈육에 따르고 정상성의 사회적 기준에 통과할 수 있는 사람들이 가진 비정상성에 대한 두려움을 약화시키는가, 아니면 기껏 해봐야 겨우 '타자'에 대한 어떤 태도를 변화시키는 것뿐인가? 나는 우리가 아직 이 질문에 답할 수 없다고 생각한다. 다만 최근에 장애 문화가 전반적으로 조금 더 나타나고 있다는 것과, 몸에 대한 이상화는 여전히 넘쳐나고 있다는 말을 할 수 있을 뿐이다.[14]

몸에 대한 여성주의적인 이상화

여성주의자들은 여성의 몸을 이상화하고 대상화하는 것을 착취와 소외의 근원이라고 보고, 이를 비판해 왔다.[15] 여성주의자들은 특히 외모, 차림새, 여성다운 행동거지에 대한 이상형 및 여성의 몸에 대한 성적이고 의학적인 대상화에 초점을 맞춰 왔다. 하지만 여성주의 운동은 종종 여성의 강점을 주장했는데, 이때 많은 여성들의 몸이 강하지 않다는 것을 간과함으로써 몸에 대한 스스로의 이상화를 드러냈다. 우리들은 기쁨, 만족, 연결된 느낌을 주는, 여성의 몸이 가진 경험들을 기념해 왔다. 하지만 우리들은 사회적 정의로 막거나 완화시킬 수 없는 몸의 좌절과 괴

---

14 장애 문화에 대한 뉴스를 보려면 『장애소식지』(*The Disability Rag Resource*)라는 잡지에 실린 세럴 매리 웨이드(**Cheryl Marie Wade**)의 칼럼 「컬처 랩」(**Culture Rap**)을 보아라[정확한 제목은 **"Disability Culture Rap"** — 옮긴이]. 나는 또한 노년층이 젊음, 건강, 신체적 완벽함을 추구하며 죽음을 거부하는 문화를 고집하는 모순적인 태도가 달라지기를 바란다.

15 7장에서 몸에 대한 여성주의적인 논의를 더 깊게 살펴볼 것이다.

로움에 대해서 과소평가해 왔다. 또한 여성주의자들은 여성의 몸에 대한 남성들의 통제를 비판하고 무효화하려고 했다. 여성들이 스스로의 몸을 통제할 수 있다는 환상을 유지한 채로 말이다. 몸으로 사는 삶을 논의한 가장 영향력 있는 여성주의 저서의 하나인 『여자로부터 태어난』에서 에이드리엔 리치는 다음과 같이 얘기했다. "완전히 인간적인 삶을 살기 위해서 우리의 몸을 통제하는 것만 필요한 것은 아니다(통제는 필수조건이다). 우리는 육체성의 하나됨과 그 울림에 닿을 수 있어야 하고, 자연의 질서와 맺는 유대에 닿을 수 있어야 하고, 우리의 지성의 원천이 되는 육체에 닿을 수 있어야 한다."[16]

여성주의자들이 몸에 대한 스스로의 이상을 비판하지 않는 한, 또 여성주의 이론화와 실천방식에서 약하고, 고통받고, 통제할 수 없는 몸을 직면하지 않는 한 장애와 질병을 가진 여성들은 자신들이 여성주의의 골칫거리가 된다고 느끼기 쉽다. 캐나다의 여성주의자이자 영화감독인 보니 클라인은 1992년에 쓴 글에서, 뇌졸중 이후 처음으로 참가한 여성주의 영화제에서의 경험을 묘사했다.

영화제를 조직한 캐나다 여성 감독들은 나의 "편의를 위해" 노력할 것이라고 약속했다. 하지만 그들이 나의 요구에 따라 제공해 주는 것은 전혀 없다. 나는 그들에게 맞춰 가야 하고, 그들은 내가 따라오기를 기대

---

16 Adrienne Rich, *Of Woman Born: Motherhood as Experience and Institution*, New York: W. W. Norton, 1976, p, 21[『더 이상 어머니는 없다』, 김인성 옮김, 평민사, 2002]. 이 책을 처음 읽었을 때 나는 이 글귀를 보고 감동받고 고무되었다. 따라서 리치가 내가 10년이란 시간이 지나서(장애를 받아들이라는 압력을 받을 당시에) 어쩔 수 없이 깨달은 것을 알았어야 한다는 것을 뜻하는 게 아니다. 그보다는 예전에는 나도 여성주의에서 몸에 대해 생각하는 일반적인 태도를 가졌다는 것을 얘기하려는 의도이다.

한다. 그리고 내가 너무 피곤해하는 늦은 밤 시각에 나의 영화 일정을 잡는다. 나를 토론회나 기자회견에 포함시키지 않고, 접근 불가능한 장소에 부대행사를 마련한다. 나는 영화제 경험을 나눌 수 있는 비공식적이고 개인적인 대화를 할 기회를 갖지 못한다.

나는 내가 누비고 다녔던 세계에서 더 이상 움직일 수조차 없다. 나는 내 영화 때문에 이용된 것처럼 느낀다. 무시당하는 것 같고, 보이지 않는 사람이 된 것만 같다. 나를 포함한 여성주의자들이 그토록 열렬히 나타내고자 한 강하고, 자신감 넘치고, 독립적인 이미지가 나와 더 이상 맞지 않아서 동료들이 나를 부끄러워하는 것처럼 느낀다. 통합에 대한 여성주의의 미사여구와 여성주의가 장애를 통합하지 못하는 것 사이에는 분명히 일치되지 않는 점이 있다. 나의 일기를 보면 이때가 내가 자살을 생각한 유일한 순간이다.[17]

몸을 통제할 수 있다는 환상

몸으로 사는 삶의 온전한 현실을 받아들이려고 할 때 주요한 걸림돌은 몸을 통제할 수 있다는, 널리 퍼진 환상이다. 거꾸로 사람들이 몸을 통제할 수 있다는 환상을 받아들이는 이유는 거부당하는 몸을 회피할 수 있기 때문이다. 통제할 수 있다는 환상의 핵심은 인간의 행동을 통해 우리가 원하는 몸을 갖고 질병, 장애, 죽음을 예방할 수 있다는 믿음이다. 다른 많은 환상처럼 몸을 통제할 수 있다는 환상은 어느 정도 진실성 있는 중요한 요소들을 담고 있다. 예를 들어 우리는 신체적 위험 요인을

17 Bonnie Sherr Klein, "'We Are Who You Are': Feminism and Disability", *Ms.* 3(3), 1992, p.72.

감수하거나 피하는 것을 통해, 그리고 건강을 위해 몸을 돌보면서 우리 몸 상태를 부분적으로 통제할 수 있다. 반대되는 강력한 증거가 있는데도 사람들이 계속해서 환상에 매달림으로써, 그리고 환상의 형태 대부분이 그런 강력한 반증에도 꺼떡없는 방식으로 공식화됨으로써, 환상이 만들어지는 것이다.

사람들이 적절하게 몸을 돌보는데도 이상적이지 않은 몸을 갖게 되는 것에 대해 비난받거나 그것이 자기 탓이라고 느낄 때 통제의 환상이 작용하고 있는 것이다. 누군가가 자신이 어떻게 아프지 않을 수 있는지 설명하기 위해 증명할 수 없는 이론을 만들어 낼 때, 장애인들의 몸이 심리적·도덕적·영적으로 실패한 사람임을 증명하는 것처럼 여겨질 때, 모든 죽음이 인간의 노력의 실패로 여겨질 때, 통제의 환상이 작용하고 있는 것이다. 이러한 환상은 과학적 세계관뿐만 아니라, 비과학적이거나 반反과학적인 세계관에서도 공통적으로 나타난다. 그것은 여러 형태로 지속되지만 나는 그 중에서도 우리 사회에서 장애와 질병을 가진 사람들에게 영향을 끼치는 형태에 집중하고자 한다.

과학적 서양의학과 통제의 환상

몸이 통제될 수 있다는 근거 없는 믿음은 자연을 통제할 수 있다는 현대 서양과학의 일반적인 전제의 일부이다. 자연에 대한 광범위한 전제도, 몸에 대한 보다 협소한 환상도, 그에 반대되는 많은 실패가 일어나도 심각하게 의심받지 않는다. 사람들은 이러한 전제와 환상을 경험을 통해서 검증해야 하는 가설로 취급하지 않고, 발견의 기반이 되는 출발점으로 삼고 장기 목표와 과학 사업을 이끌어 간다. 아직도 과학적 의료계에서는 통제에 대한 믿음이 진실인 척하는 경향이 아주 강하다. 의사와 의학 연구자들 모두 자신들의 지식에 대한 겸손함이 부족하다. 그들은 과학적 의학이 인간의 몸을 충분히 알지 못하는 것에 대해, 괴로움과 한계와 죽음을 만들어 내는 대부분의 신체적 상태를 고치거나 낫게 할 수 없다는 것에 대해 환자들이나 대중에게 좀처럼 인정하는 법이 없다. 의학은 몸을 통제할 수 있다는 환상을 부추기고 이에 적극적으로 참여한다. 이는 목숨을 살리는 치료방식과 완치법에 지나치게 몰두하고, 만성질병, 재활, 통증 관리, 죽음의 경험을 비롯한 환자들의 경험의 질을 무시하는 경향을 통해 이루어진다. 연구, 자금 지원, 의료적 치료, 여러 종류의 의료 전문가들의 수와 지위가 모두 이렇게 치우친 상황을 드러낸다.

셔윈 눌런드는 미국에 노인병 전문의(나이 든 환자들을 전문으로 보는 의사)는 4,084명뿐이지만 심장 전문의는 17,000명이나 된다는 것을 지적한다.[18] 수술이나 생명을 살리는 일과 관계된 이런 전문 분야는 단언코 최고의 명망을 갖는다. 또한 길고 참을성 있는 재활의 과정이나 장기간의 질병 관리에서 하는 것보다 훨씬 더 통제에 대한 환상을 강화한다. 재활이나 질병 관리는 눈에 잘 드러나지 않는 의학의 기능을 통해 이루어진다. 그리고 간호사, 물리치료사, 지위가 낮은 전문가들, 치료를 전문적으로 하는 의사들보다 지위도 낮고 수입도 적은 일반 진료 의사들이 재활이나 질병 관리를 수행한다.

서양과학 전통에 속해 있는 모든 의사들은 몸을 통제하기 위해, 그리고 '나아지게 하기 위해' 무엇인가를 하도록 수련을 받는다.[19] 더욱이

---

18 Sherwin B. Nuland, *How We Die: Reflections on Life's Final Chapter*, New York: Vintage Books, 1993, p.71.

통제를 갈망하는 사람들이 의학에 끌릴 것이다. 외과 의사로 수년간 일했고 수술법과 의학의 역사를 가르쳐 온 눌런드가 관찰한 바에 따르면, 많은 의사들은 대부분의 사람들이 합당하게 여길 만한 정도를 넘어서는 통제를 원한다.[20] 그는 의사들이 이런 통제를 필요로 하기 때문에 환자의 상태에 대한 통제를 잃는 것을 안 좋게 받아들인다고 생각한다.

특정한 형태의 방치가 있는데 특히 암으로 인해 죽음에 가까워진 환자들에게서 보편적으로 나타난다. 그것을 지적할 필요가 있다. 여기서의 방치는 의사들이 환자들을 방치하는 것을 말한다. 의사들은 좀처럼 포기하는 것을 원하지 않는다. 수수께끼를 풀 수 있는 조금의 가능성이라도 있는 한 의사들은 그것을 계속할 것이고, 때로는 의료적인 헛고생을 끝내기 위해 가족이나 환자 스스로의 개입이 필요하기도 하다. 하지만 집중할 수수께끼가 사라지면 많은 의사들은 열정을 지속하게 한 동기를 잃어버리는 것이 분명하다. 치료를 오랫동안 질질 끌게 되고, 처치가 잇따라서 실패하기 시작하면 그런 열정은 사그라드는 경향이 있다. 그러면 의사들은 몸도 마음도 환자 곁을 떠나 버린다. 어떤 때는 그냥 사라져 버리는 게 그들이 할 수 있는 전부이다.[21]

의학계가 몸을 통제할 수 있다는 환상에 참여하는 이런 경향과 관련된 다른 현상들을 의사들의 성격이나 사회화된 태도의 탓으로 돌리

19 Arthur Kleinman, *The Illness Narratives: Suffering, Healing, and the Human Condition*, New York: Basic Books, 1988.

20 Nuland, *How We Die: Reflections on Life's Final Chapter*, p.258.

21 ibid., pp.257~258.

기는 너무 쉬울 것이다. 의사들은 의학계에서 영웅의 역할을 맡고 있기 때문에 영웅적인 통제력을 추구한다. 그들은 영웅으로서의 역할을 즐길지도 모른다. 하지만 우리도 의사들이 그런 역할을 맡는 것을 좋아하고 그들을 계속 그 자리에 머물도록 한다. 왜냐하면 우리는 누군가가 언제나 우리의 몸을 '나아지게 만들 수 있다'고 믿고 싶어 하기 때문이다.[22] 의사가 아닌 우리들이 이런 환상을 유지하게 되는 것은 몸, 죽음이 우리의 통제력을 벗어나 대부분 의료적인 문제가 되었고, 우리에게 숨겨진 채로 의료 제도에 의해 '관리되기' 때문이다. 1949년에는 미국인의 50%가 병원에서 죽었지만 이제는 80%에 이른다.[23] 눌런드는 이것이 죽음을 알고 싶어 하지 않는 사회에서 나타나는 죽음에 대한 경시라고 보고 이렇게 말한다.

우리는 오늘날 죽음의 기술이 아닌 생명을 구하는 기술의 시대를 살아간다. 목숨을 살리는 기술을 둘러싼 갈등은 무수히 많다. 반세기 전만 해도 훌륭한 의술은 죽음의 과정을 다루는 능력이 있다는 것에 여전히 자부심을 보였다. 전문적인 친절함으로 할 수 있는 만큼 최대한 죽음의 과정을 평온하게 만들 수 있었다. 호스피스 같은 매우 드문 프로그램을 제외하면 그 분야의 의술은 이제 대부분 사라졌고, 목숨을 살리는 뛰어난 의술로 대체되었다. 불행하게도, 생명을 살리는 게 불가능하다고 드러나면 환자를 방치해 버리는 일이 너무 흔해졌다.[24]

22 조이스 프레이지(Joyce Frazee)가 이것을 수년 전에 내게 지적해 준 것에 감사한다.
23 ibid., p.255. 내 생각에 몸의 통제력을 잃는 것에 대한 두려움이 죽음과 탄생을 의료적인 문제로 만드는 데 이바지해 왔다. 탄생의 의료화에 대해서는 이 책의 5장에서 좀더 이야기할 것이다.
24 ibid., p.265.

몸을 통제할 수 있다는 환상에 과학적 의학이 이바지해 왔다는 것은, 이제 더 이상 노령으로 자연사했다고 인정되는 사람이 없다는 사실에서 가장 잘 나타난다. 눌런드의 말에 따르면, 세계보건기구의 지시와 세계 도처에 있는 현지 권위자들의 규정상 노령을 사망원인으로 기록하는 것 자체가 사실상 불법이다.[25] 노령 때문에 사망에 이르는 것을 믿지 않으려는 생각은 보통 노인을 사망하게 하는 질병이 논의되는 방식에서도 나타난다. 최근 들어 의학연구자들이나 보건전문가들이 사실상 죽음을 아예 없앨 수 있다고 기대하고 희망하는 것 같은 인상을 받는다. 의학연구 보고서를 보거나 의학연구를 위해 돈을 기부하라는 요청을 들을 때, 지방 섭취와 흡연과 운동하지 않는 것의 위험성에 대한 경고를 접할 때, 특히 미국인 수백만 명과 캐나다인 수천 명이 매년 뇌졸중이나 심장병으로 사망하는 것을 몹시 염려하는 어조로 이야기하는 것을 들을 때 그런 생각이 든다. 물론 나는 사람들이 나이 들기 전에 죽는 것을 예방하려는 노력을 지지한다. 하지만 젊은 사람들이 질병으로 죽게 되는 것과 오랜 세월을 산 사람들이 질병으로 죽게 되는 것 사이에 구분이 없는 것이 이상하다. 사망 원인이 뭔가 특별한 것이 아닐 수는 없는가? 심장마비나 뇌졸중으로 죽는 것이 때로는 알츠하이머 병이나 암으로 죽는 것보다 낫지 않은가? 왜 공적인 자리에서 이런 말을 하는 사람은 없는 걸까?

역설적으로 의학이 죽음을 막는 데 성공할수록 더 많은 장애인들이 계속 살아갈 수 있게 되고, 의학에서 제공할 생각이 별로 없는 장기적인 지원에 대한 필요가 높아진다. 게다가 만성질병 및 장애를 가진 우리들

---

25 Nuland, *How We Die: Reflections on Life's Final Chapter*, p.43.

과 불치병으로 죽어 가는 사람들은 자연을 통제하고자 하는 서양 과학과 의학의 목표가 실패했다는 것을 상징한다. 우리는 의학과 문화 속에서 이런 낙인을 갖고 살아가고 있다.

대체치료와 통제의 환상

과학적인 서양의학으로부터 별 도움을 받지 못한 많은 환자들과 자신들의 상태가 치료할 수 없는 것으로 여겨져서 서양의학으로부터 버림받은 느낌을 가진 사람들은 대체치료 행위를 통해 관심과 도움을 얻고자 한다. 나는 이런 대체치료 중 어떤 것들은 매우 높게 평가한다. 누군가가 기꺼이 관심을 가져 준다면 치료할 수 없는 고통이 좀더 견딜 만해진다고 믿고, 대체치료가 불치병 환자들에게 고통을 덜어 줄 수 있는 기법을 쓴다고 생각하기 때문이다.[26] 비서양의학, 비정통의학에서는 치유를 완치가 아니라 환자들의 경험의 질을 개선시키는 것으로 정의한다. 이는 만성질병이나 치명적인 질병을 가진 사람들을 돕는 데는 특히 잘 맞을 것으로 보이는 접근 방법이다. 나는 완치되지는 않았지만 미사지요법, 자연요법, 접촉요법과 전통 한의학을 통해 많은 도움을 받았다.

한편 나는 비서양의학이나 비정통적인 치료 전문가들에게 치료를 받았는데도 나아지지 않을 때 죄책감을 느끼거나 거부감을 갖는 사람들을 알고 있다. 이런 방법을 쓰는 전문가들 또한 과학적 서양의학의 종사자들만큼이나 환자를 치료하지 못했다는 것을 받아들이려 하지 않을

---

26 나는 서양과학적 의학에 의해 치료할 수 없는 것으로 간주된 어떤 환자들을 치료한 대체치료 행위에 대해 들은 바가 있다. 하지만 이에 대한 개인적인 경험은 전혀 없다.

수 있다. 환자들은 자신이 원하지 않아서, 충분히 '순수한' 생활을 하지 않아서, 마음속에 건강한 상태에 대한 그림을 적절하게 떠올리지 못해서, 몸을 해치는 심리적이고 영적인 문제를 해결하지 못해서 낫지 못하는 것이라고 느끼게 될 수 있다.[27] 이런 반응들이 치료 행위의 근본 철학을 거스르는 것일 텐데도 그것을 대체치료 전문가에게서 발견하게 되는 경우가 종종 있다. 대체치료 전문가들은 환자들이 (때로는 그들 스스로가) 통제와 치료를 기대하도록 교육받은 문화적 맥락 안에서 일하고 있는 것이다.

거의 무제한적인 수의 치료법이 가능하기 때문에 치료가 효과가 없다는 증거를 부정하게 되고 통제의 환상을 유지시킨다. 시도할 수 있는 또 다른 통제 방법이 항상 있기 때문이다. 장애나 불치병을 가진 사람들은 스스로의 몸 상태를 받아들인 지 오랜 뒤에 친구들이나 지인들이 계속해서 치료법을 찾도록 부추기는 것을 자주 경험한다. 사람들은 친절한 마음에서, 도와주고 싶은 마음에서, 또한 몸을 통제할 수 없다는 것을 믿고 싶지 않기에 안절부절 못하는 마음에서 가능한 치료방법을 끊임없이 제안한다. "네가 자연요법을 시도해 본 것은 알아. 하지만 내가 소개해 준 자연요법은 안 해봤잖아." 이런 제안을 거절할 때는 나아지기를 원하지 않는다는 비판을 감수해야 한다. 이 모든 제안에 따라가는 것은 직업이나 다름없다(하지만 월급을 받는 대신 돈을 내야 하는 직업이다). 삶을 위협하는 질병을 가진 사람들은, 사랑하는 이들이 치료법을 찾아보라고 압박하는 바람에 의학과 유사의학을 좇는 데 남아 있는 시

---

27 많은 '자연적' 치유 방법을 시도해 왔지만 나아지지 않은 환자들은 자신들이 자연 자체로부터 소외되었고, 자연으로부터 추방된 사람이나 자연의 실패자라고 느낄 수 있다. 대체치료의 이런 함정에 대해 관심을 갖게 해준 바버라 세커(Barbara Secker)에게 감사하다.

간을 낭비하게 될 수도 있다.

나는 사회적 맥락을 변화시키지 않고는 치유 기술로서의 생의학이 가진 부정적인 면에 대한 해결책은 없다고 확신한다. 단순히 대체요법의 접근방식을 바꾸거나 서양의학 지식을 전통적 한의학이나 동양적인 심리기법 또는 영적인 치료법과 결합시킨다고 해서 답이 나오는 것이 아니다. 몸을 통제하는 것을 목표로 하는 한, 모든 치료법에는 희생자들을 비난할 가능성이 있다. 주기적으로 또는 만성적으로 아픈 사람들, 장애인, 비만인, 중독자들을 포함해 통제에서 벗어난 몸을 가진 사람들을 내버리고 무시할 여지도 얼마든지 있다. 치료를 위한 어떤 시도든 그 맥락에는 몸을 통제하는 것이 온전한 인간다움을 갖추고 사회적으로 받아들여지는 것의 기준이 되는 문화가 우리 사회에 자리 잡고 있다. 의학이 전 생애에 걸쳐 대다수 사람들의 요구에 답하고자 한다면 이러한 문화가 바뀌어야 할 것이다.

마음이 몸을 극복한다는 생각과 통제의 환상

정신분석은 의학계와 대중문화에 모두 영향을 끼쳤으며, 마음에서 오는 심인성 질병psychosomatic illness과 상상의 질병이라는 개념을 통해 통제의 환상에 이바지했다. 또한 정신분석은 마음이 몸을 통제할 수 있다는 더 오래되고 모호한 생각을 강화해 왔다. 심인성 질병과 사람들이 신체적인 증상을 상상하는 정신병이 실제로 있긴 하지만, 의료계 종사자들이 환자의 질병에 대해 다른 이유를 찾지 못하거나 일반 사람들이 의학적 치료로부터 도움을 얻지 못할 때 이 두 가지 이유가 너무 쉽게 이용된다.

1972년에 어빙 졸라는 심인성 질병이라는 진단을 통해 질병이 개인의 탓이라는 생각이 다시 등장하는 것에 대해 경고했다.

도덕성과 개인의 책임에 대한 문제가 병인학病因學 분야에서 완전히 사라졌는지 분명하지 않다. 무책임함이 모든 현상의 원인임을 말하기 위해 '질병'이라는 꼬리표가 이용된다. 이와 동시에, '개인적인 책임'의 문제가 의학계 내에서 다시 나타나는 것으로 보인다. 스트레스에 대한 개념과 심인성 질병에 대한 관점이 가진 진실과 통찰력에 관계 없이, 스트레스와 심인성 질병은 어떤 경우이든 박테리아가 아닌 사람을 무대의 중심으로 데려온다. 그렇게 함으로써 그 사람의 죽음, 장애, 심지어 회복에 있어서 그 개인의 역할을 재검토하게 된다.[28]

장애와 만성질병의 경험을 묘사한 글에는 발병 초기에 "심인성 질병"이라는 진단을 받았다는 이야기가 매우 많다. 심지어 의료과학에서 잘 알려진 병과 상태를 가진 환자들의 경우에도 말이다. 예를 들어, 수전 러셀은 캐나다에서 다발성경화증을 가진 21명의 여성과 14명의 남성을 대상으로 한 연구에서 다음과 같은 사실을 발견했다. 여성 일곱 명과 남성 한 명이(성별 차이에 주목하라), 즉 35명의 환자 중 22.8퍼센트가 의사에게서 심인성 증상이라는 말을 들었다는 것이다.[29] 틀림없이 의사들은 다발성경화증인 경우 처음에는 피곤함, 어지러움, 몸에 감각이 없는 증상이 짧게 여러 번 나타난다면서, 이 병이 진단하기 어려운 것으로

---

28 Irving Kenneth Zola, "Medicine as an Institution of Social Control", *Sociological Review* 20(4), 1972, p.491. 졸라는 또한 질병에 대한 개인의 도적적 책임감을 의학적으로 다시 들여오는 것이 일반인의 상식에 잘 맞아들어 간다고 주장한다(ibid., p.491).

널리 알려져 있다고 변명할 것이다. 하지만 다발성경화증이 진단하기 어렵다는 것을 의사들이 알고 있다면(다른 신체적 질병에서도 마찬가지로), 왜 환자들에게 아직 무엇이 잘못된 것인지 모르겠으니 좀더 기다리고 살펴봐야 한다고 말하지 않고 그 증상이 심리적 원인 때문이라고 말하는 것일까?

만약 잘 알려진 신체적 질병과 상태를 가진 환자들이 심인성 질병이라는 진단을 받을 수 있는 가능성이 있다면, 거의 알려져 있지 않거나 전혀 알려지지 않은 신체적 문제를 가진 환자들은 증상이 심리적 원인 때문이라는 말을 들을 가능성이 훨씬 더 높다. (근육통성 뇌척수염이 널리 알려지기 전인) 1970년대 후반에 이 병에 걸린 토니 제프리스는 어느 날 너무 아파서 걸을 수가 없었는데, 그 병이 심리적 문제로 인한 것이라는 말을 계속해서 들었다. 배우자인 짐이 토니의 증상이 심각해지는 것을 보고 두려워서 응급실에 전화해 전문가를 찾았을 때, 의사는 짐에게 그녀를 떠나라는 충고를 했다고 한다. "의사는 냉정해지는 게 나을 것이라고 말했다."[30] 나는 근육통성 뇌척수염을 가진, 어느 정도 알려진 공인이기 때문에 수십 명의 근육통성 뇌척수염 환자들이 나에게 연락을 하고 자신의 경험을 말해 주었다. (근육통성 뇌척수염 또는 만성피로 면역장애증후군이 의학계에서, 특히 질병통제센터에서 '법적인' 신체 질

29 Susan Russell, "Social Dimensions of Disability: Women and M.S."[정확한 제목은 "Social Dimensions of Disability: Women with M.S."—옮긴이], *Women and Disability: Resources for Feminist Research* 14(1), 1985, p.56.
여기에 근거가 더 있다. 제프리스는 이같이 보고한다(Toni Jeffreys, *The Mile-High Staircase*, Sydney: Hodder and Stoughton, 1982, pp.177~178). "최근의 연구에 따르면, 근육의 기능에 심각한 손상을 일으키는 질병인 근무력증(筋無力症)을 가진 것으로 판별된 26명의 환자 중 9명이 초기에 건강염려증, 우울증, 히스테리로 진단받았었다고 한다"(J. Sneddon, "Myasthenia Gravis: The Difficult Diagnosis", *British Journal of Psychiatry* 136, 1980, p.92~93).

30 Jeffreys, *The Mile-High Staircase*, p.85.

병으로 인정받기 시작하던) 1988년 이전에 아프기 시작한 경우라면 그들은 보통 정신과 의사에게 보내졌다. 만약 그들이 1988년 이후에 아프기 시작했다면 그렇지 않았다. 그 차이는 증상에 있었던 것이 아니라 질병에 대한 의사들의 인식에 있었다. 심인성 질병이라는 진단은 심리적 문제에 대한 확실한 증거를 바탕으로 진단되지 않았다. 그것은 심리적 증상에 대한 자동적 진단이었다.[31] 의사들은 무엇이 문제인지 모른다고 인정할 수 있는데도 왜 환자들에게 비싸고 불필요한 심리치료를 받게 하고 심지어 자신을 의심하는 짐을 안게 하는가?

토니 제프리스는 이런 답을 제시한다.

진단되지 않은 환자 또는 실험실에서 나온 결과와 '상충되는' 상태를 보이는 환자는 깔끔하지 못한 상태, 모욕을 상징한다. 의학은 정신과를 통해서, 이해를 모색하는 초기의 여정에 놓인 과학이 아닌 '완벽한 과학'이 되는 것이 가능했다. 이보다 더 편리한 것이 어디 있을까? 의사가 무엇이 문제인지를 결정하지 못하면 환자의 정신 감정을 위해 정신과로 보낸다. 정신과 전문의는 의사들이 신체적으로 잘못된 것이 전혀 없다고 한 것을 확신하면서 진단되지 않은 질병의 원인을 정신적인 데서 자연스럽게 찾아낼 것이다.[32] 이는 완벽한 공생 관계이다. 의사들은 걱정

---

31 잉그리드 데린저는 결국 근육통성 뇌척수염을 가진 것으로 진단받은 8명의 여성에 대한 심층면접에서 다음을 발견했다. 그들이 전에 우울증, 스트레스, 식욕부진, 심인성 장애, 치매를 포함하여 총 8번의 심리적인 진단(어떤 사람들은 9개의 진단을 받았고, 어떤 사람들은 1개 이상의 진단을 받았다)을 받았다는 것을 말이다(Ingrid C. Deringer, "Women's Experiences of Myalgic Encephalomyelitis/ Chronic Fatigue Syndrome", Unpublished MA Thesis in the Department of Women's Studies, Simon Fraser University, 1992, pp.56~59).

32 제프리스의 설명에서 다른 모든 부분에 동의하지만, 나는 정신과 의사로부터 신체적인 문제가 있는 것이 틀림없다는 메시지를 받고 원래의 의사에게 돌려보내진 사람들을 많이 접해 왔다.

거리를 덜고, 정신과 전문의는 환자를 얻는다. 그것은 달팽이의 성생활을 떠올리게 한다.[33]

심인성 질병이라는 진단은 두 가지 방식으로 몸을 통제할 수 있다는 환상을 뒷받침한다. 첫째, 그런 진단에 따르면 진단이 불가능한 신체적 문제는 존재하지 않기 때문에 과학적 의학이 우리를 치료하기 위해 알아야 하는 모든 것을 (우리가 충분히 협조하기만 한다면) 알고 있다는 환상에 이바지한다. 둘째, 몸을 통제하는 것에 대한 책임을 치료되지 못하는 환자들의 마음에게로 돌려 버린다. 문제는 신체를 통제하지 못하는 의학이 아니라 몸과 조화되지 못하고 따로 노는 마음에 있는 것이다.

게다가 마음이 몸을 통제한다는 생각은 환자의 증상에 대한 신체적 원인이 분명히 밝혀졌을 때조차도 이용된다. 의사, 가족, 친구들, 환자들 스스로 질병에 걸리고 심지어는 사고를 당했을 때조차 이에 대한 심리적인 이유가 있다고 생각한다. 그리고 회복하는 것과 회복하지 못하는 것에 대한 심리적인 이유를 추측한다. 치료가 실패하게 되면 환자의 마음이 회복되기를 거부한 탓이라고 생각하며 의학의 전능함을 유지하려고 한다. "그 사람 스스로 나아지기를 원하기만 하면 치료될 수 있다"는 생각은 치료를 맡은 사람들과 자신들의 힘을 믿고 싶어 하는 환자들 모두에게 위안이 된다. 사고나 발병에 대한 이런 설명은 원인을 돌릴 필요가 있는데 다른 것을 찾을 수 없는 사람들에게 위안이 된다. 아픈 사람들보다 더 건강한, 또는 적어도 그들과 다른 정신 상태를 갖고 있기에 비슷한 재앙을 피할 수 있다고 믿고 싶어 하는 사람들에게도 그렇다.

33 Jeffreys, *The Mile-High Staircase*, p.175.

질병과 사고에 대한 심리적 추측은 어떤 질병들이 문화 속에서 갖는 은유적 의미로 인해 조장된 것일 수 있다. 수전 손택은 소위 '암을 일으키는 성격'이 담고 있는 광범위한 믿음을 묘사한다. 그것이 주장하는 바에 따르면 '암을 일으키는 성격'은 우울과 자기연민, 대인관계에서의 어려움을 나타내며 상실로부터 회복되지 못하는 특성을 지닌다. 손택은 암의 원인에 대한 이런 현대의 설명을, 과잉행동과 감정의 과격함으로 인해 암이 생긴다는 19세기의 믿음과 대조시킨다.[34] 배리 J. 마셜Barry J. Marshall 박사는 위궤양이 심인성 질병이라는 은유적 믿음 때문에(환자들이 스트레스와 충족되지 않은 욕구로 인해 '스스로를 갉아먹는다'는 믿음), 그것이 세균에 의한 전염성 질병이라는 증거를 고려해 보도록 의사들을 설득하는 것이 얼마나 어려웠는지를 이야기한다.[35] 한 사회나 개별 환자가 특정한 질병이나 장애에 부여하는 의미[36]는 질병, 사고, 지속적인 신체적 제약에 대한 원인, 동기, 의식 또는 무의식과 쉽게 혼동된다.

아서 클라인만은 만성질병을 가진 사람들의 경험과 그들이 이런 경험을 어떻게 의미 있게 만들어 가는지에 대해 많은 관심을 가진 정신과 의사이다. 환자들의 삶의 특성, 사회적이고 문화적인 맥락, 질병의 경험에 관한 환자들의 해석에 대해 그는 깊은 연민과 이해심을 가지고 현명

---

34 Susan Sontag, "Illness as Metaphor", *Illness as Metaphor and AIDS and Its Metaphors*, New York: Doubleday Anchor, 1977, pp.50~55[이 글의 최초 출간연도는 기재된 대로 1977년이며, 저자가 인용한 통합본의 발행연도는 1988년임—옮긴이].

35 이제는 임상연구를 통해 마셜 박사의 가설을 확인시켜 주는 강력한 증거들이 제시되었다. 많은 궤양 환자들이 항생제를 통해 치료된 것이다(Terence Monmaney, "Marshall's Hunch", *The New Yorker* 20, September 1993, p.68).

36 일인칭으로 서술한 질병의 경험을 보면, 질병에 대한 어떤 해석상의 은유가 "환자들이 자아의식과 존엄성에 위협을 느낄 때 그것을 유지하는 데 도움을 줄 수 있음을 알게 된다"고 얼 셸프는 지적한다(Earl E. Shelp, "The Experience of Illness: Integrating Metaphors and the Transcendence of Illness", *The Journal of Medicine and Philosophy* 9(3), 1984, p.254).

하게 접근하였다. 하지만 클라인만조차도 현대의 과학적 의학이 충분히 인식하지 않거나 이해하지 못하는 질병이나 증후군을 이야기할 때, 사람들이 흔히 생각하는 방식대로 몸을 통제할 수 있다는 환상에 빠지고 만다. 그는 종종 사회적·심리적·문화적인 요인이 환자들에게 아픈 상태를 유지하도록 동기를 부여하고, 환자들이 그들의 질병에 대해 구성한 맥락과 의미가 질병을 만들어 낸 것처럼 글을 쓴다. 예를 들어, 『질병의 서사』의 6장에서 클라인만은 두 환자에 대해 이야기한다.[37] 이 두 사람은 만성적인 피로와 통증에 시달리고 있는데 한 명은 중국에, 다른 한 명은 미국에 살고 있다. 클라인만은 이 여성들이 보인 증상 패턴이 어떤 전염인자가 원인이 되어 발생한 것인지, 또는 이 여성들이 삶의 문제를 해결하기 위해 심리적으로 만들어 낸 것인지에 대한 새롭지 않은 당시의 논란을 언급한다. 하지만 두 사례에 대한 자신의 생각을 다음과 같이 정리한다.

> 두 여성 모두 자신이 가진 만성질병이 삶에 존재하는 긴장 요소들을 표현해 주고 해결해 주기도 한다는 것에 대한 통찰력을 보이지 않는다. 이는 전 세계적으로 나타나는 공통점 같다. 만성질병을 가진 사람들은 당장의 급박한 문제에만 빠져 있기 때문에, 그러한 문제들의 구조적인 원인과 결과에 대해 어떤 통찰력을 가지고 있다 하더라도, 이를 드러낼 수 없을 것이라고 여겨지게 마련이다. 하지만 이는 질병역할이라고 불리는, 사회적으로 만들어진 허구적인 생각에 불과하다. 환자는 이 역할수행을 통해 인정받기 위해, 질병을 통해 자신이 원하는 것이 무엇인지 또

---

37 Kleinman, *The Illness Narratives: Suffering, Healing, and the Human Condition*.

질병이 실질적으로 어떤 유용성이 있는지 의식적으로 인식할 수 없다고 여겨진다.[38]

질병에 대한 이러한 관점 때문에 만성적인 질병을 가진 사람들은 자기모순적인 상황에 놓이게 된다. 만약 그들이 질병으로 인한 한계 속에서 용케 의미 있는 삶을 만들어 간다면 그들은 질병을 유지하고자 하는 동기를 가진 것이 된다. 만약 그들이 질병으로 인한 한계 속에서 의미 있는 삶을 살아가지 못한다면 그들은 성공적인 적응을 하지 못한 것이 되고, 그것은 그 자체로 심리적인 문제나 질병의 징후로 여겨질 것이다. 어느 쪽이든 심리적으로 뭔가 문제가 있는 것이다. 따라서 만성적 질병의 존재 자체가 심리적인 기능 장애를 의미하는 것이다. 과학적 의학은 만성질병을 가진 환자들을 치유하지 못하는 것을 이런 식으로 해명해 낸다. 몸을 통제할 수 있다는 의학적 환상을 지속시키고 건강한 마음이 건강한 신체를 보장한다는 환상을 부추기면서 말이다.

나는 나쁜 건강 상태와 장애를 만들어 내고 지속시키는, 통제 가능한 어떤 심리적인 힘이 때때로 존재한다는 것을 부인하지는 않는다. 하지만 우리는 어떤 면에서든 이런 가설을 책임감 있는 방식으로 이용할 수 있어야 하고, 그것을 개별적인 사례를 통해 시험해 봐야 한다. 그리고 진단이나 치료를 할 수 없을 때마다 과학적 의학이 체면 차리기 위한 수단으로 이런 가설을 이용하는 것을 피해야만 한다. 타성에 젖어 심리적인 데서 그 원인을 추측하는 것은 적절한 치료를 지연시키고 잘 밝혀지지 않은 신체적 변화에 대한 과학적인 연구를 방해할 수 있다. 그런

38 Kleinman, *The Illness Narratives: Suffering, Healing, and the Human Condition*, p.119.

추측은 또한 이미 질병, 장애, 다가오는 죽음으로 힘겨워하는 사람들에게 죄책감, 비난, 자기혐오라는 엄청난 괴로움을 가져다준다.

마음이 몸을 극복할 수 있다는 환상 중 널리 알려진 또 다른 형태는 바른 태도를 가지면 질병이나 장애로부터 회복될 수 있다는 생각이다. 이것은 당연히 회복하지 못한 사람들은 모두 잘못된 태도를 가지고 있다는 것을 암시한다. 질병과 사고의 재앙을 피하는 것이 언제나 가능하다고 믿는 우리의 문화적 절박함은 여러 잔인한 거짓말에 나타나 있다. 1993년에 나는 15년간 인간면역결핍바이러스HIV에 감염되어 있었던 한 예술가의 인터뷰를 보았다(그의 혈액 견본이 1970년대 후반에 시작된, HIV와 관계없는 연구를 위해 저장되어 있었는데, 의사들은 이 혈액 견본을 보고 그가 HIV에 감염된 것을 알았다). 그는 HIV 관련 질병이 발병한 적이 없었고, 연구자들은 그 이유를 찾아내기 위해 그의 면역체계를 조사했다. 인터뷰 진행자가 그 사람에게 아프지 않을 수 있었던 것을 어떻게 생각하느냐고 묻자, 그는 자신감에 차서 좋은 태도를 가진 덕분이라고 길게 설명했다. 그는 어떤 상황에서든지 언제나 좋은 것을 보려고 했고 삶에 감사하려고 노력했다. 그의 주장에 따르면 이것이 그를 살아나게 했고, 에이즈로부터 그를 계속 보호해 주었다는 것이다. 그의 말을 듣고 인터뷰 진행자는 감명받았다. 하지만 그 사람과 진행자 모두, 그 주장대로라면 유아를 포함해 이제껏 에이즈로 사망한 모든 사람들이 삶에 대해 안 좋은 태도를 가진 꼴이 된다는 생각을 하지 못했던 것 같다.

사람들은 종종 마음이 신체에 강한 영향을 끼친다고 보고, 질병과 장애를 심리적인 문제로 만드는 것을 정당화한다. 이것은 나도 동의하는 바이다. 마음은 신체에 영향을 준다. 예를 들어 나는 내 팔을 들어올리려고 마음먹을 수 있다(전형적인 철학적 예시이다). 마음이 몸에 영향을 주는 것이 꼭 이런 식의 분명한 형태로만 나타나는 것은 아니다. 이를테면 나는 만성적인 통증을 갖고 살아온 경험을 통해 통증을 두려워하고 그것을 거부하려고 하는 것이 통증을 더 심하게 만들고, 즐거움, 흥분, 강한 집중력이 (이미 극도로 심한 통증이 찾아온 게 아니라면) 통증을 약화시킨다는 것을 알게 되었다.[39] 질병과 장애를 심리적인 문제로 보는 인식에서 잘못된 것은 마음이 몸에 영향을 끼친다는 주장이 아니라, 마음속에서 무슨 일이 일어나는지에 대해서, 그것이 어떻게 몸에 영향을 주는지에 대해서 순진하고 단순하게 묘사한다는 것이다. 통증을 완전히 사라지게 하는 것처럼 내가 정말로 하고 싶어 하는 것이면 무엇이든 내 몸이 해내도록 만들 수 있다는 생각은 통제에 대한 환상의 일부이며 원하는 것은 뭐든지 가능하다는 유치한 발상이다. 인간의 마음mind이 자아ego보다 훨씬 크고, 심지어 인간을 뺀 자연의 나머지 부분이 우리의 자아보다 큰 것이 분명한데도(내 생각에 이것은 우리가 감사해야 할 사실이다), 이를 인정하지 못하는 것이다.

우리의 마음은 자아보다 훨씬 크고, 우리는 마음속에서 일어나는 일의 대부분을 의식적으로 자각하지 못한다. 이 때문에 마음과 몸의 관계는, 마음이 몸을 지배한다는 식의 통제에 대한 환상이 의미하는 것보다 훨씬 신비롭고 복잡하다. 게다가 이런 환상의 여러 종류는 이상한 형이상학적 바탕을 가지고 있는 것으로 보인다. 그런 환상은 몸을 사건의 원인으로서 고려하지 않는다. 아무 일도 안 했는데 갑자기 일어난 지진 때문에 삶이 파괴될 수 있음을 인정하는 사람들이 질병이나 장애 때문에 그렇게 될 수 있다는 것은 부정하려고 애쓴다. 알코올을 섭취하면 판

---

39 통증을 가지고 살아가는 것에 대한 현상학을 7장에서 더 깊이 있게 다룰 것이다.

단력이 손상될 수 있다는 것을 쉽게 아는 사람들이 신체적으로 비정상적인 상태 때문에 치료할 수 없을 정도로 우울해지거나 평생 통증을 가지게 될 수 있다는 것을 인정하려고 하지 않는다. 이것은 증거를 통해 비판할 수 없는 환상 같은 비이성적인 것이 작용함을 강하게 시사한다.[40]

환상의 여러 종류들

몸을 통제할 수 있다는 환상에는 여러 가지 대중적인 종류가 있다. 하나는 몸을 적절하게 돌본다면 죽을 때까지 잘 지내고 건강할 수 있을 것이라는 생각이다(이런 생각은 사람이 갑자기 알 수 없는 이유로 죽게 된다고 전제한다). 이것은 만약 병이나 장애를 갖게 된다면 그 사람은 틀림없이 자신을 잘 돌보지 못한 것이라는 나쁜 의미를 갖고 있다. 또 다른 환상은 사람들이 일상생활, 정신, 영혼을 어떤 식으로든 잘 가꾸지 못해서 '스스로 병이나 장애를 갖도록 만든다는' 것이다.

나는 꼼짝도 못하고 침대에 누워 있으면서 내가 어쩌다 내 삶을 제대로 관리하지 못해서 아프게 된 것인지 의문을 가지며 많은 시간을 보냈다. 나처럼 바쁘게 살다가 갑자기 근육통성 뇌척수염으로 쓰러지게 된 여성들이 흔히 나처럼 생각한다는 것을 알게 되었다. 이것은 아마 대중매체에서 근육통성 뇌척수염을 '강한 성취욕을 가진 사람들'의 질병으로 특징지었기 때문일 수도 있다. 그것은 또한 대개 우리에게 '적절하

---

40 대중적인 소위 "뉴에이지"의 신념 체계, 특히 우리가 '우리의 현실을 창조한다'는 주장의 여러 형태는 최근 수년간 통제에 대한 환상에 엄청나게 기여해 왔다. 정신적인 관점을 유지하면서 이런 환상의 유형들을 폭로한 최고의 논의는 켄 윌버와 트레야 윌버가 낸 『뉴에이지 저널』에 있다(Ken Wilber and Treya Wilber, "Do We Make Ourselves Sick?", *New Age Journal*, September/October 1988).

지 않은' 것으로 여겨지는 목표를 추구했던 것에 대해 느끼는 죄책감이나 불안감을 나타내는 것일 수도 있다. 이것은 새로운 몸을 새로운 삶의 방식에 적응시키기 위하여 그 전의 건강했던 자신을 거부하며 합리화하는 것일 수도 있다. 나는 결국 스스로 관리를 잘 못해서 아프게 되었다는 가설을 내다 버렸다. 한편으로는 나보다 몸 관리를 못하면서도 건강하게 살고 있는 여러 사람들을 알고 있다는 이성적 근거와, 다른 한편으로는 지금 내가 다른 여자가 되었을지라도 이전의 내 모습을 좋아했다는(지금도 여전히 좋아한다는) 정서적인 근거에 따른 것이었다. 내가 인생 관리를 잘 못했다고 하더라도, 그것은 어차피 그때 알 수 없었을 것이며, 지금도 결코 알 수 없을 것이다.

사람들이 질병이나 장애를 갖고 살아가기 위해 인생을 다시 설계할 때, 특히 그들이 새로운 생활을 더 좋아하게 되거나 예전 생활보다 더욱 충족감을 느낄 때, 당사자들과 주변 사람들은 생활을 바꾸기 위해 또는 그들의 생활이 변화를 필요로 해서 아프게 되었거나 장애를 갖게 된 것이라는 추측을 하곤 한다. 내가 말했듯이 사람들은 질병과 장애를 그들의 삶에서 의미 있는 것으로 만들어 갈 때, 그것이 주는 의미를 때때로 질병이나 장애를 갖게 된 원인으로 해석한다. 이 두 반응은 실제로 삶을 파괴하는 일은 좋은 의도를 가지고 일어난다는 것을 믿으려는 시도이며, 통제에 대한 환상의 한 양상으로 보인다.

나는 관리를 잘못해서 아프게 된다는 가설 외에도 다른 통제의 가설을 거쳐 가야 했다. 여러 친구들이 그 당시에 있었던 그들과 나의 갈등 때문에 내가 아프게 된 것일 수 있다고 이야기했다. 어떤 사람들은 내가 아프게 된 이후에 인식한, 나를 향한 무의식적인 적대감이 나를 육체적으로 아프게 했을 수도 있다고 이야기했다. 내가 아프게 된 것에 대한 책임감을 가지려는 이런 시도들은 감동적이면서 꽤 무섭기도 했다. 그들 때문에 나는 진지하게 고려해 보지 않았던 취약함의 형태를 생각해 보게 되었다. 나는 그들의 의견을 무시하지 않았고 지금도 무시하지 않는다. 나의 세계관이 완벽하거나 매우 정확하다고 생각하지 않기 때문이다. 그리고 현명하고 연민이 많은 사람들은 갈등이나 적대감 때문에 아플 수 있다고 믿으며, 그런 믿음에 따라 살아간다는 것을 알기 때문이다.[41] 하지만 앞서 말한 이야기를 해준 친구들도, 나도, 이런 생각들이 인정되는 문화에서 살고 있지 않다. 그렇기 때문에 그들의 의견과 그에 대한 나의 반응을 통해, 우리 모두가 자신에게 병에 대한 통제력이 어느 정도 있다는 것을 믿으려고 얼마나 애쓰는가를 깨닫게 되었다.

몸을 통제할 수 있다는 환상을 유지하기 위해 누군가를 비난하고 싶을 때 가장 일반적인 대상이 되는 사람은 의사와[42] 어머니이다. 바버라 힐리어는 "엄마 비난하기" 논의에서 자녀가 장애를 갖고 있거나 장애가 심한 것에 대해, 또는 아이들이 '독립심'이 부족한 것에 대해, 또는 아이들이 진전이 없으며 잘 자라지 못하고 치료법에도 반응하지 않는 것에 대해 엄마들이 비난을 받는다고 지적한다.[43] 힐리어가 말한 대로 개별적인 여성에 대한 이런 비난이 사회 구조와 책임감에 대한 관심을 빼앗아 간다. 또한 나는 이런 비난이 고통스럽고, 좌절스럽고, 무서운 상황에 대해 아무도 통제할 수 없다는 것을 부인하는 하나의 방식이라는 점을 지적하고 싶다.

---

41 예를 들어, 캐나다에 있는 토착민이 "나쁜 의학"이라고 부르는 것에 대해 내가 어설프게 이해한 바는 이렇다. "나쁜 의학"이 간접적으로 사람을 아프게 하는 심리적인 작용을 한다는 것이다.

42 나는 의사들을 탓하는 것에 대해서 5장에서 더 이야기할 것이다.

43 Barbara Hillyer, *Feminism and Disability*, Norman and London: University of Oklahoma Press, 1993, ch.6.

환상 때문에 생긴 결과

몸을 통제할 수 있다는 환상의 여러 종류는 불치병에 걸린 사람들이나 영구적인 장애에 적응해 가려고 애쓰는 사람들에게 엄청난 영향력을 끼친다. 로버트 머피가 지적한 대로 우리는 아플 때 지켜야 하는 첫째 계명이 나아라[44]는 것임을 정확하게 인식하게 된다. 내가 말하려는 계명은 더 가혹하다. 낫든지 아니면 죽어야 한다.[45] 낫지 않는 것은 모든 사람들(당신을 고쳐 주려고 애써 온 의사와 간호사, 친구들, 친척들, 심지어 잘 모르는 사람들)을 우울하게 만든다. 당신이 계속 회복되지 않은 채로 지내고 있다는 것은 모든 일들, 심지어 매우 중요한 일들도 마음대로 고칠 수 있는 것은 아니라는 사실을 사람들에게 떠올리게 한다.

셰리 레지스터는 만성적인 질병을 가진 사람들이 느끼는 수치심에 대해 썼다.

조울증과 간질의 낙인을 가지고 있지 않은 질병조차 수치심을 불러일으킬 수 있다. 스스로 몸을 완벽하게 통제하기 위해 말 그대로 지나치게 내달리는 사람들의 문화 속에서 통제를 거부하는 몸은 굴욕의 원인이 된다. 몸에 결함이 있고 제대로 기능을 하지 못한다고 느끼는 것은 단지 완벽한 모습에서 벗어난 것보다 훨씬 더 나쁘다. 게다가 "건강"하기 위한 치유와 자조 접근법self-help approaches에서 최근에 인기 있는 유형

---

44 Robert F. Murphy, *The Body Silent*, New York: W. W. Norton, 1990, p.20.

45 캐럴 J. 길은 더 가혹한 버전도 알고 있다. 그녀는 말한다. "질병이 있는 사람들은 장애인인가? 죽지도 않고 낫지도 않을 수 있는 무모함을 가지고 있을 때만 그렇다"(Carol J. Gill, "Continuum Retort — Part II", *The Disability Rag and ReSource*, March/ April 1994, p.6).

은 올바른 식이요법과 운동 프로그램을 실행하거나 바른 마음가짐을 갖고 있다면 누구나 완벽하게 건강해질 수 있다는 생각을 강화한다. 그것은 의지와 신체 기능 사이에 너무 단순한 인과관계를 만듦으로써 많은 사람들이 이미 느끼고 있는 실패감을 더욱 깊어지게 만든다. 스스로 치유하도록 강조하는 것은 환자를 비난하는 또 다른 형태이다.[46]

우리들 대부분이 통제 속에 있다는 환상의 대가는 죄책감, 그리고 통제에서 벗어난 몸을 가진 사람들에게 부과한 낙인이다. 나는 통제의 환상이 장애에 대한 낙인을 만드는 주요한 원인이라고 생각한다. 대중 매체가 장애인들이 장애를 '극복'한 어떤 경우를, 그래서 인터뷰하는 사람이 "사람들은 정말로 원하기만 하면 무엇이든 할 수 있다"는 결론을 이끌어 낼 수 있는 경우를 가장 선호한다는 사실에 그것이 반영되어 있다. 몸을 통제하고 장애를 극복할 수 있다는 환상 때문에 휠체어에서 일어나 걷고 싶어 하거나 아니면 그저 죽지 않기를 바라는 사람들은 자기 회의와 심리적인 고통을 느낀다. 그것은 더욱 미묘하게 현재 몸을 통제할 수 있다고 느끼는 사람들에게 통제력을 잃게 될지도 모른다는 두려움을 계속해서 안겨주기도 한다.

개인과 의학이 가진 통제력에 대한 환상은 질병과 사고에 대해 개인에게 책임을 돌리는 문화를 만들어 냄으로써 역설적으로 질병과 장애의 사회적·환경적 원인을 찾고 이를 예방하려는 노력을 막는다.[47] 하

---

46 Cheri Register, *Living with Chronic Illness: Days of Patience and Passion*, New York: Bantam, 1987, pp.44~45.
47 어빙 졸라는 "건강이나 질병이라는 꼬리표는 문제를 놀랍도록 탈정치화한다"고 지적한다. "문제의 원인과 치료법을 개인에게서 찾음으로써 다른 수준의 중재는 효과적으로 차단된다"(Zola, "Medicine as an Institution of Social Control", p.500).

지만 일부 환자들 모임은 질병의 환경적 요인에 주목하기 시작했다. 특히 다수의 여성암 연구 모임이 암의 전염병학epidemiology 및 암과 산업 오염물질 간의 관계를 연구하고 있다.[48] 여러 질병과 장애의 예방 가능한 환경적 요인을 밝혀내려는 노력은 매우 가치 있고 중요하며, 통제에 대한 다른 탐색과 달리 아픈 사람들과 장애인들이 갖고 있는 죄책감과 비난의 짐을 덜어 줄 것이다. 그들의 '생활방식'이나 나쁜 태도가 아니라 그들의 통제력을 넘어서는 조건이 질병이나 장애를 만들어 낸다는 것을 보여 줌으로써 말이다.

하지만 이와 반대로, 이런 식의 접근은 당사자들에게 죄책감과 비난의 짐을 더욱 많이 안겨 줄 여지가 있다. 만약 당신이 가까이 살았거나 근무했던 화학약품 공장이 건강에 해로울 수 있다고 의심했다면, 왜 이사를 가거나 일을 그만두지 않았는가? 만약 당신이 먹는 음식이 살충제를 함유하고 있을 수 있다면, 왜 유기농 식품을 사지 않았는가? 회사나 정부의 착취와 방치가 상습적으로 개인적인 선택과 책임의 측면에서 재해석되는 사회라면, 예방을 위한 노력은 사실상 선택의 폭이 극히 제한되어 있는 개인들에게 더 큰 죄책감과 비난의 짐을 만들어 낼 위험을 안고 있다. 나는 환경적인 개선에 근거한 예방 노력이 새로운 통제에 대한 환상을 만들어 내지 않기를 바란다. 그런 식의 새로운 환상은 아프거나 장애를 갖게 된 사람들에게 더 많은 낙인을 가져다줄 것이다. 완치법을 찾으려는 노력과 질병이나 장애의 현실을 기꺼이 받아들이려는

---

48 예를 들어, 샌프란시스코에는 보스턴암연구여성모임(Boston-based Women's Community Cancer Project), 유방암운동본부(Breast Cancer Action)가 있고, 워싱턴 DC에는 마우트너 프로젝트(Mautner Project)가 있고, 롱아일랜드에는 아홉명중의한명(One in Nine)이 있다. 『여성서적리뷰』(The Women's Review of books, 1994년 7월호)에서는 미국에 이런 단체가 거의 100개 가까이 된다고 보고한다.

노력이 조화를 이뤄야 한다. 이처럼 어떤 원인은 발견하고 없앨 수 있다는 믿음을 바탕으로 예방법을 찾는 노력과, 삶은 위험으로 가득 차 있다는 사실을 받아들이려는 마음 사이에 균형이 필요하다.

안 좋은 일은 일어나기 마련

여성주의 이론가들은 유럽의 가부장제 문화에서 몸에 대한 통제를 요구하는 이유를 조사해 왔다. 죽음에 대한 두려움, 몸이 주는 강한 욕구와 느낌에 대한 두려움, 자연에 대한 두려움, 엄마가 아이에게 갖는 영향력에 관한 두려움과 원망을 그 원인으로 꼽았다.[49] 여기서 이 이론들을 되풀이하지는 않을 것이다. 내가 설명하는 것보다 더 나은 방식으로 널리 알려져 있기 때문이다. 나는 문화를 통해 몸을 이상화하고 대상화하는 것뿐만 아니라 이 네 가지 요인 또한 몸에 대한 통제에 이바지한다는 강력한 증거가 있다고 생각한다. 하지만 나는 이보다 좀더 일반적인 요인이 있다고 생각한다.

대부분의 사람들은 나쁜 일을 당할 이유가 없는 사람들, 그런 일을 굳이 추구하지 않는 사람들, 위험한 일을 피하는 사람들, 스스로를 잘 돌봐 온 사람들에게 안 좋은 일이 일어날 수 있다는 것을 조금도 믿고 싶어 하지 않는다. 이것을 일반적인 명제로 믿는 것은 인간의 삶이 나약하다는 것을 인식하는 것이다. 아는 사람의 일을 통해 이것을 깨닫는다

---

49 Simone de Beauvoir, *The Second Sex*, New York: Alfred A. Knopf, 1952; Dorothy Dinnerstein, *The Mermaid and the Minotaur: Sexual Arrangements and Human Malaise*, New York: Harper&Row, 1976; Susan Griffin, *Pornography and Silence: Culture's Revenge Against Nature*, New York: Harper&Row, 1981.

는 것은 사람의 취약함을 정확하게 인식하게 되는 것이다.

철학자 수전 브라이슨은 낯선 사람에 의해 강간을 당하고 죽을 뻔했지만 살아남았다. 그녀는 자신이 직면한 재앙, 피할 수 없는 그 재앙을 믿고 싶지 않았던 심정을 감명 깊게 묘사한다.

> 내 주변 사람들의 엄청난 현실 부정으로 인해 나에게도 현실이 아닌 것 같이 느껴지는 감각이 생겨났다. 이런 반응은 강간에 대해 거의 보편적으로 일어나는 반응과 일치한다. 부정할 수 없는 사실 앞에서도 이러한 현실 부정은 어떻게든 목격자의 세계관을 무너뜨리지 않는 방식으로 폭행을 설명하려고 시도하는 형태로 나타난다. 폭력의 존재를 인정하는 사람들조차도 폭력이 일어나는 세계가 자신이 살고 있는 세계라는 깨달음으로부터 자신을 보호하려고 하며, 그 때문에 피해자와 동일시하기 어렵다. 그들은 스스로가 피해자의 산산이 부서진 삶을 상상하도록 허락할 수가 없다. 만약 피해자의 삶을 상상한다면 그들 자신의 안전과 삶에 대한 통제의 환상이 부서지기 시작할 것이다. 아무리 좋은 의도를 가진 사람이라도 자신은 면제되어 있다는 환상에 사로잡혀, 폭행을 피할 수 있었을지도 모른다거나 피해자의 잘못이라고 함으로써 무심코 피해자들에게 괴로움을 더해 줄 수 있다. 내가 법적 조언을 구하기 위해 통화했던 어느 피해자 지원 상담원은 자신은 절대 피해자가 아니었다고 강조했다. 그리고 사람들을 너무 믿으면 안 된다는 것과 밤 늦게 밖에 나가지 않는 것같이 기본적인 안전 예방조치를 따라야 한다는 것을 알아두라고 말했다. 그 상담원이 쉴 새 없이 설교를 늘어놓는 바람에 내가 대낮에 뒤에서부터 갑자기 공격을 받았다는 사실조차 말할 새가 없었다.[50]

질병이나 사고에 대한 반응은 종종 브라이슨이 묘사한 반응과 비슷하다. 대부분의 사람들이 병이나 사고를 피할 수 있었을 만한 방법에 대해 한마디씩 꼭 하고야 만다. 아니면 질병이나 사고를 피하기 위해 그 사람이 통제할 수 있는 임의적인 요소들이라도 찾으려고 하기 마련이다. 아프거나 다친 사람들 스스로도 어떤 개인적인 참사의 피해자들과 마찬가지로 그것을 막을 수 있었다고 믿기 위해 대개 스스로를 탓하는 것을 선호한다. 브라이슨은 말한다. "나는 화가 났고, 무서웠고, 무기력했다. 나는 그 일이 일어난 것에 대해 나 자신을 탓할 수 있었으면 싶었다. 그래야 취약함을 덜 느끼고, 내 삶을 더 통제할 수 있다고 느낄 것 같았다."[51]

다른 사람들에게 상징적인 의미를 주면서 장애인들 스스로도 느끼는 취약함에 대해 메리 제인 오언은 말한다.

장애를 가진 우리들은 바로 인간이라는 존재가 얼마나 허약하고 취약한가를 사회에 증명해 주는 사람들이다. 우리는 "그런 일이" 누구에게나, 어디에서나, 언제나 일어날 수 있다는 것을 모든 방식으로 증명한다. 그런 현실은 때때로 비장애인들을 위협하여 우리들을 회피하도록 만든다.

그것은 우리에게도 무섭게 느껴지는 일이다. 몸의 일부 시스템이 무너져 버리는 것이 어떤 느낌인지 우리 모두 뼛속 깊이 알고 있다. 완벽에 대한 실낱 같은 희망은 칼날이 내리쳐 이미 끊어져 버렸다. 우리는 이미

---

50 Susan T. Brison, "Surviving Sexual Violence: A Philosophical Perspective", *Journal of Social Philosophy* 24(1), 1993, p.11.

51 ibid., p.13.

결점이 있는 사람들이다. 안 좋은 일이 한 번 일어났다면, 또 다시 일어날
수 있다.

아마도 우리는 현재의 기능적인 수준에 맞게 살아가는 법을 배웠을 것
이다. 하지만 다음에 또 안 좋은 일이 일어나면 어떻게 하는가? 사람들
은 우리가 어디까지 극복하기를 기대하는 것인가? 우리는 앞으로의 일
에 가장 취약하다.[52]

나쁜 일을 당할 이유가 없는 사람들, 그런 일을 굳이 하려고 하지
않는 사람들, 위험한 일을 피하는 사람들, 스스로를 잘 관리하는 사람
들에게도 안 좋은 일이 분명 일어난다는 것은 대부분의 사람들을 두렵
게 한다. 뿐만 아니라 그것은 신이 전지전능하고 자애롭다고 믿는 사람
들이 감당하기 어려운 종교적·영적 문제를 제기한다. 유일신 또는 강력
한 힘을 가진 여러 초월적인 존재가 보살펴 준다고 믿는 사람들, 우주가
그 자체로 자애롭지 않다면 최소한 나쁘진 않다고 믿거나 그렇게 느끼
고 있는 사람들에게도 그러하다. 나는 성경의 욥기를 다시 읽으면서 다
음과 같은 것을 발견하고 매우 즐거웠다. 욥의 친구들과 동료들이 욥의
행동과 실수가 어떻게 본인에게 끊임없는 재난을 가져오게 되었는지
에 대해 자발적으로 많은 이론을 제시하는 것이었다. 성경에는 욥이 왜
신이 자신에게 그렇게 가혹한 벌을 내리는지를 이해하려고 고통스럽
게 애쓰는 것이 묘사되어 있다. 독자들이 알고 있듯이 사실상 신이 그를
벌주는 것이 아니라 사탄이 그의 믿음을 시험해 보도록 둔 것이다. 신이

---

52 Mary Jane Owen, "Like Squabbling Cubs", ed. Barrett Shaw, *The Ragged Edge: The Disability Experience from the Pages of The First Fifteen Year of The Disability Rag*, Louisville, KY: Advocado Press, 1994, p.8.

타락한 천사에게 가르침을 주기 위해 자신의 충실한 신하를 오랫동안 고문당하게 내버려 둔다는 것은 매력적이고 편안함을 주는 신의 이미지를 보여 주지 않는다. 욥기는 나쁜 일을 당할 이유가 없는 사람들, 그런 일을 굳이 하려고 하지 않는 사람들, 위험한 일을 피하는 사람들, 스스로를 잘 관리해 온 사람들에게도 끔찍한 일이 일어날 수 있다는 것에 대한 생생한 이야기이다. 그 이야기의 저자는 독자들에게 완벽한 부모에 대한 환상에 근거한 종교적 믿음을 넘어서서 생각해 보도록 한다. 당신은 신이 이렇다 하더라도 신을 사랑하고 신을 알고자 할 수 있는가? 또는 더욱 일반적으로 가보면(플라톤 식으로 말하자면 이렇다), 당신은 현실이 이렇다 하더라도 현실을 사랑하고 현실을 알고자 할 수 있는가? 종교적인 사람들은 이런 영적인 도전을 피하고 싶은 마음 때문에 재앙의 피해자에게 너무 많은 책임감을 돌리고, 폭력, 사고, 질병으로 황폐화된 삶을 살아온 사람들에게서 도덕적이고 영적인 결점을 찾게 된다.

잃어버린 지식

통제에 대한 환상과 몸에 대한 이상화가 막대한 영향을 미치며 질병과 장애를 갖고 사는 사람들을 주변화하는 문화 속에서는 고통받고 한계가 있는 몸을 갖고 사는 방법에 대한 지식이 전파되지 못한다. 그 결과, 많은 사람들이 질병과 장애의 문제에 대처할 준비가 되어 있지 못하고 그것을 배울 기회를 갖지 못한다. 통증, 한계, 괴로움, 죽음에 대한 문화적 침묵은 그에 대한 우리의 두려움을 증가시킨다. 그리하여 우리가 몸을 통제할 수 있다고 믿고 싶어 하도록 만든다.

통증의 예를 다시 생각해 보자. 오랫동안 지속되는 통증이나 되풀이하여 나타나는 통증을 갖고 살지 않았던 대부분의 사람들은 그것을 받아들일 때의 이점을 이해하기 어렵다. 하지만 만성적인 통증을 갖고 살아가는 어떤 사람들은 통증과 "친구가 되는 것"에 대해 이야기하며, 그것이 기분을 더 좋게 하고 삶을 더 즐기게 되는 길이라고 말한다. 그들은 통증을 마음속에 어떻게 그려내고, 통증에 대해 어떻게 생각하는 것일까? 그들은 어떻게 통증과 함께하고 이를 겪어 내면서 삶을 살아가는 것일까? 그리고 그들은 통증으로부터 무엇을 배우는 것일까? 우리 모두는 이것을 교육의 일부로 배워 갈 수 있다. 통증을 경험하는 것에 대한 두려움은 안내의 부족과 무지에 따른 결과이다. 통증을 피하려는 노력 때문에 마약, 알코올 중독, 식이장애, 늘 앉아만 있는 생활 같은 광범위한 문제가 발생한다. 장애인들은 우리에게 통증에 대해서 많은 것을 가르쳐 줄 수 있다. 장애인들은 통증을 피할 수 없고 통증에 직면하고 함께 살아가는 법을 배워야 했기 때문이다. 몸을 통제함으로써 거의 모든 통증을 피할 수 있다는 치명적인 환상은 통증에 대한 두려움을 응당 가져야 할 정도보다 훨씬 크게 만들고, 피할 수 없는 통증의 피해자들을 비난한다. 통증에 대한 두려움은 통증을 갖고 있는 사람들에 대한 두려움으로 표현되거나 대체된다. 이런 두려움은 종종 통증을 동반하는 장애를 가진 사람들을 격리시킨다. 하지만 이럴 필요가 전혀 없다. 통증을 갖고 있는 사람들과 통증에 대한 지식은 모두의 이익을 위해 문화 속에 완전히 통합될 수 있다.

만약 우리가 통증, 신체적 한계, 능력의 상실, 몸에 대한 문화적 이상형으로부터 '너무 멀어지는' 것이 어떤 것인지 조금 더 안다면 아마도 우리는 부정적인 몸에 대해 덜 두려워하고, 우리가 가진 약점과 '불완전함', 우리 몸이 어쩔 수 없이 나빠지는 것과 죽는 것을 덜 무서워할 것이다. 아마도 우리는 우리의 이상화를 어느 정도 포기하고 몸을 통제하려는 욕망을 내려놓을 수 있을 것이다. 그렇게 할 때까지 우리는 그것을 유지한 채 이상형에 맞지 않는 몸을 가진 사람들을 희생시키고, 우리의 진짜 몸을 갖고 편안하게 살 수 있는 모든 사람들의 능력 또한 희생시키고 있는 것이다.

몸을 통제할 수 있다는 환상은 비장애인들이 장애인들에게 동일시하지 못하는 것을 영원히 지속시키는 데 일조하며, 우연의 원칙을 바탕으로 하여 사회적 계획을 세우도록(또는 사회적 계획이 이루어지지 않도록) 한다. 현재 장애가 없는 사람들의 대다수는 미래에 장애를 갖게 될 것이다. 만약 비장애인들이 그 사실을 인정한다면 의학, 식이요법, 운동, 태도, 도덕적 선함이 그들을 구해 줄 것이라고 믿지 않을 것이다. 그 대신 장애인들에게 필요한 것을 제공하고, 공적 영역에서의 접근성을 높이고, 모든 사람들이 사회적이고 창조적인 생활의 모든 영역에 참여할 수 있는 좋은 기회를 보상하도록 사회적 조치를 취할 것이다.

몇 가지 결론

나는 결코 우리가 몸을 통제하려는 모든 종류의 노력을 포기해야 한다고 주장하는 것이 아니다. 신체 부상과 질병을 통제하기 위한 서양의학의 탐구는 많은 고통과 때 이른 죽음을 예방해 왔다. 나는 특히 서양의학이 외상으로 인한 부상을 다루는 부분에서 이룬 성과가 대단하다고 생각한다. 나의 배우자가 계단에서 거꾸로 떨어져서 목뼈 3개가 부러진 적이 있었다. 그 사고 이후 처음 몇 주 동안 나는 남편의 목숨을 살린 것이 서양의학의 현대적인 기술이라는 점을 분명히 인식했다. 게다가 의학기술은 목뼈를 (일렬로) 바르게 하여 잘 치유되도록 척추에 손상이 가지 않게 하는 치료법을 제공해 주었다. 남편은 운이 좋았다. 사고의 유형도 그렇고(1mm 차이로 척추의 손상을 피했다), 그런 종류의 외상에 필요한 최상의 의학적 처치를 받을 수 있었다는 점 모두 말이다. 어떤 사람은 다친 부위를 부어오르지 않게 하는 약을 발견하여 사고 직후 처음 며칠 동안 남편의 척추를 손상시킬 수 있는 부종을 막아 주었다. 어떤 사람은 견인재활치료기를 발명했다. 또 어떤 사람은 뼈를 보여 주는 시각화 기법과 기구를 발명하여 남편의 상태 평가를 가능하게 해주었다. 어떤 사람은 흉부보조기를 발명하여 건강에 위협이 되는 견인재활치료기 사용을 여러 달 단축시켜 주었다. 아마도 남편이 받았던 치료법 뒤에는 내가 전혀 알지 못하는 더 많은 연구와 창의력이 동원되었을 것이다. 또한 남편은 집에 도착한 응급처치 팀과 부상을 알아본 응급실 의사, 처방을 내리고 실행한 훈련된 전문가들, 치료법을 잘 따라가도록 보조한 간호사들, 목에 있는 근육의 기능이 회복하도록 도와준 물리치료사들에게도 신세를 졌다. 생명을 살리고 부상을 치료하고자 하는 강한 열망 덕분에 남편을 매우 위험한 사고로부터 회복시켜 준 의학적 치료가 가능했다는 것에는 의심의 여지가 없다. 그런 열망이 있었기에 장애의 유무를 떠나 세계 곳곳에 있는 수많은 사람들이 예로부터 지금까지 많은 이들을 사망에 이르게 한 사고와 전염병으로부터 살아남게 되었다.

나는 몸을 통제할 수 있다는 환상의 모든 요소들을 버리기를 원하는 것이 아니다. 그 환상의 대부분의 종류에는 진실이 담겨 있다. 의학은 종종 죽음과 고통을 막고 질병과 장애를 치료한다. 질병의 원인과 질병에 기여하는 것에는 심리적인 측면도 있다. 어떤 사람들은 자신들의 몸을 방치하거나 학대하고, 어떤 사람들은 스스로를 혐오하거나 체념해 버리기도 한다. 어떤 사람은 문화적으로 이상적인 몸에 맞추기 위해 다이어트를 하며 노력한다. 때때로 환자의 태도가 병이 진전되는 상태나 회복되는 것에 영향을 끼치기도 하는 것 같다. 그리고 아프거나 장애를 갖게 되는 것을 통해 배우게 되는 영적인 교훈들 또는 다른 교훈들도 있는 것 같다. 하지만 이런 사실들을 지나치게 일반화하고 잘못 적용하면 몸을 통제하려는 강한 문화적 요구와 합쳐져서 내가 말한 것과 같은 피해를 만들어 낸다.

우리는 서양의학이 예방법과 완치법만을 추구함으로써 많은 고통을 예방하고 덜어 주기도 했지만 또한 많은 고통을 만들어 냈다는 것을 인식할 필요가 있다. 우리는 대부분의 사람들이 살아가는 동안 장애를 경험한다는 것을 인정해야 한다. 의학계가 환자들의 경험의 질을 높이고, 치료할 수 없는 신체적 한계와 고통을 가지고 살아가는 사람들을 도와주고, 죽음에 이르는 치명적인 병을 가진 사람들이 삶을 잘 마감할 수 있도록 헤주는 데 더 많은 관심을 기울이고 자원을 쏟도록 요구할 필요가 있다. 그리고 장애를 가지고 있는 사람들, 죽어 가는 사람들의 경험과 지식을 주류 문화 속에 통합시키고 평범한 삶의 개념에 포함시키는 것이 필요하다. 우리는 사람들이 언제나 자신의 몸을 통제할 수는 없다는 것을 받아들이는 법을 알고, 그들에게 불가능한 일을 해내도록 하는 책임을 지우지 않는 것을 배워야 한다. 간단히 말하자면 몸으로 사는 삶의 현실을 좀더 기꺼이 마주할 필요가 있다는 것이다.

현재 미국과 캐나다에서 나이 들어 가는 사람들과 노인들의 다수가 삶이 끝나는 시점의 어떤 상황을 죽음 그 자체보다 더 두려워한다. 의사와 의료계 기술자들의 손에서 한낱 물질적인 대상처럼 되는 일이 두려운 것이다. 의사와 의료계 기술자들은 그들을 그냥 죽게 내버려 두지 않고, 치료법을 강구하고 그들의 생명을 연장시키려고 할 것이다. 이들은 자신들이 환자들에게 실행한 '치료'에 대한 주관적인 경험에 대해서는 알지 못하고 신경 쓰지도 않는다. 사람들이 점점 이런 상황을 두려워한다는 것은 몸을 통제하는 환상을 담은 의료적 형태들, 죽음을 회피하는 집단적인 자기기만에 맞설 수 있는 가능성과 희망을 보여 준다. 죽음과 죽어 가는 과정에 대한 정직한 논의를 통해 인간의 몸에 대한 우리의 문화적 그림을 더욱 현실적으로 그릴 수 있을 것이다.

셔윈 눌런드는 이 문제에 대해 어느 정도 비관적인 입장이다.

환자로서, 가족으로서, 심지어 의사로서, 실행하기 힘들고 위험으로 가득 찬 치료법 말고 좀더 현실적인 방법에서 희망을 찾을 필요가 있다고 주장하는 사람이 내가 처음은 아니다. 암이든 죽음이 예견된 다른 병이든 말기 단계에 접어든 질병을 다룰 때 희망을 다시 정의해야 한다. 병세가 가장 심각한 나의 몇몇 환자들은 죽음이 확실할 때에도 가질 수 있는 희망에 대해 내게 알려주었다. 나는 희망을 기대하는 사람들이 많다고 말하고 싶지만 실제로는 소수에 불과하다. 거의 대부분의 사람들은 종양학자들이 말기 환자들에게 제시한 얄팍한 통계에 기대어 기회를 잡기를 원하는 듯하다. 대개 사람들은 그것 때문에 고통받고, 그것 때문에 마지막 몇 개월을 낭비해 버린다. 어쨌든 그들은 죽게 되고, 그들과 사랑하는 사람들이 마지막 순간까지 짊어져야 할 짐만 더 크게 만들어 놓는다. 모두가 평온한 죽음을 갈망하는데도 살아 있고 싶은 기본적인 본능이 훨씬 강한 힘을 발휘한다.[53]

---

53 Nuland, *How We Die: Reflections on Life's Final Chapter*, pp.233~234.

환자들뿐만 아니라 의사들도 비현실적일 만큼 광적으로 치료를 추구하는 것에서부터 해방될 필요가 있다. 이것은 단순히 의학의 실제에 "의료적 윤리"를 주입하는 것이 아니라 문화적 변화가 필요한 것이다. 환자들이 의사들에게 무엇보다 죽음으로부터 구해 주기를 원하는 한, 의사들은 환자들의 기대를 충족시키려는 윤리적 힘을 느낄 것이고, 당연히 그렇게 할 것이다.[54]

눌런드는 비관적인 입장을 보이면서도 생명을 구하는 것이 불가능할 때조차 희망이 가능하다는 것을 계속해서 강조한다. 자신의 죽음을 예상하며 그는 이렇게 말한다.

나의 마지막 시간이 다가오면, 나는 가능하면 내가 고통받게 내버려지거나 삶을 지속시키려는 불필요한 실험의 대상이 되지 않을 것이라고 생각하며 희망을 찾을 것이다. 내가 혼자 죽도록 내버려지지 않을 것이라고 확신하며 희망을 찾을 것이다. 또한 나는 내 삶을 원하는 방식대로 살아가며 지금 희망을 찾고 있다. 그리하여 나를 아끼는 사람들은 내가 이 세상에 머무는 동안 이로움이 있을 것이고, 내가 떠난 뒤에 우리가 서로에게 어떤 의미였는지를 추억하며 위로받을 것이다.[55]

만약 우리 사회가 죽음을 준비할 수 있도록 도와주고, 죽음의 과정을 지원해 준다는 것을 알게 된다면 최소한 죽음에 대한 두려움과 통제를 필요로 하는 어떤 부분은 사라질 것이라고 나는 확신한다. 죽음을 숨

---

54 나는 이 문제에 있어서 의료적 윤리의 역할에 대해 5장에서 더 이야기할 것이다.
55 ibid., p.257.

기고 부인하는 사회는 분명히 죽음에 대한 사람들의 두려움을 부추긴다. 에이즈나 암을 가진 사람들은 그들의 죽음에 대해 이야기하면서 남겨진 우리에게 죽음이 인간 경험의 풍부한 부분이 될 수 있다는 것을 보여 준다. 죽음이라는 것이, 우리 문화에서 죽어 가는 사람들을 외면하는 것으로부터 그려 볼 수 있는 단일한 고통이나 절망이 아니라는 것을 말이다. 사람들이 가능한 한 편안하고 평화롭게 죽을 수 있도록 돕는 것이 의학과 심리학의 없어서는 안 될 부분이 된다면, 죽음과 죽어 가는 것을 준비하는 일이 친구와 가족들이 보통 예상하는 삶의 중요하고 창조적인 단계로 여겨진다면 사람들을 계속 살아 있게 만들려는 우리의 문화적인 강박이 아마도 사라질 수 있을 것이다.

통제의 환상에 대한 문화적 집착을 쉽게 줄일 수 있을 것이라고 생각하지 않는다. 나는 예측할 수 없는 만성질병을 가지면서 내 몸을 통제하려는 나의 강렬한 욕망을 제대로 인식하게 되었다. 10년이 넘도록 내 몸이 아픈 것에 대해 계속해서 항복해야 했고, 깊은 피로감, 취약함, 통증에 대해 계속 포기해야 했음에도 나는 여전히 매 순간 그것에 저항한다. 나 자신에게 항복을 요구하는 것은 계획을 세우고, 약속을 하고, 선택을 하는 나의 자율성과 능력을 위반하는 것이기 때문이다. 그것은 나를 무력하고 부끄럽게 느끼도록 했다. 셰리 레지스터는 만성질병에 대해 이렇게 말한다. "통제력을 잃는 것에 대처하는 일이 질병을 받아들일 때 가장 힘든 부분이다. 만성질병이 우리를 가장 두렵게 만드는 단일한 특성은 불확실성이다."[56] 내 몸을 통제하고자 했던 나의 마음을 버렸다는 것, 내 병에 대한 다른 사람들의 반응, 그리고 장애인들의 투쟁에 대해 더 많이 알게 된 점들이 나를 문화 내에서 작동하고 있는 통제의 환상에 대해 매우 민감하게 만들어 주었다는 것을 믿어 의심치 않는다. 나는 문화적으로 뭔가 맞지 않는 것처럼 느끼기도 하고, 일상적인 상호작용에서 마주하는 신체 생활에 대한 많은 전제들이 불편하기도 하다.

나는 문화적 이상화, 대상화, 완벽함에 대한 추구, 몸을 통제하려는 요구의 현재 수준을 집단적으로 영혼이 병든 상태라고 보며 경험과 현실로부터 소외된 것이라고 본다. 나는 장애인과 비장애인들이 몸을 통제하려는 욕망을 줄이고, 몸의 연약함과 실패의 경험도 받아들이며 몸을 존중하고 조화롭게 살아가려는 바람을 늘리는 것으로부터 도움을 받을 것이라고 믿는다. 바버라 힐리어가 이런 부분을 잘 이야기하였다. "몸을 긍정적으로 인식하는 것은 이상형을 위해 애쓰는 것이 아니라 실제의 몸을 받아들이는 것으로부터 온다. 우리 몸이 변하고, 나이 들고, 아프거나 장애를 갖게 되고, 그리고 죽을 것이라는 사실을 말이다."[57]

이 장을 바버라 루스Barbara Ruth의 시로 마무리하려고 한다. 나는 이 시에서 나처럼 동시대의 통제에 대한 환상과 절박하고 힘들게, 그리고 재미있게 씨름하는 것을 본다.

* * *

자궁경부종양의 병인학

"바버라, 왜 이런 짓을 하니? 또 그래야만 해?"라고
　말하거나 생각하는 모든 사람들을 위해

나는 그 모든 것이 오클랜드로 이사를 가면서 시작되었다고 생각해
14년 동안 피임약을 먹었다는 사실
아이를 향한 신경증적 욕망

---

56 Register, *Living with Chronic Illness: Days of Patience and Passion*, p.208.
57 Hillyer, *Feminism and Disability*.

그것은 두번째 차크라에 들어 있는 나쁜 업보의 증거야

그것은 핼리혜성과 관련되어 있어

내가 월경을 일찍 시작했기 때문이야

그것은 가부장제 때문에

인종차별주의 때문에 생겨났어

반유대주의

생활보호 대상자라는 것

아니면 그것은 태양 흑점의 움직임

그것은 내 몸이 훼손되길 바라기 때문에 내가 만들어 낸 것

그것은 내가 섹스를 너무 즐긴 것에 대한 형벌

나쁜 종류의 섹스

나쁜 종류의 파트너

내가 잘못된 음식을 먹었기 때문이야

잘못된 침술사를 선택했기 때문이야

잘못된 한약

잘못된 시각화 기법

그것은 과다 복용한 비타민 C

그것은 나를 아들로 만들려고 했던 아버지

그것은 내 안에 분노로 단단히 굳은 돌덩어리

그것은 나 자신에 대한 비난

그것은 받지 못한 용서

그것은 후기자본주의하에서 무정부주의자인 것

그것은 내가 냈던 세금

니카라과를 침략하고

인종차별정책에 투자됐던

그것은 내가 세금 회피자가 아니라는 것

그것은 핵무기에 저항하기 위해 사우스캐롤라이나의 감옥에 가는 것

그곳의 물에는 세슘이 더 많아

세상 어느 곳보다도

그것이 내가 마시며 살아 왔던 것

그것은 필라델피아에서 경찰에게 배를 차였다는 것

그러고 나서 남자 응급의사가

내 피 흘리는 엉덩이를 검진하지 못하게 한 것

그것은 너무 많은 저항

아니면 충분하지 않은

그것은 머리를 발로 차인 나의 고모할머니

코사크의 말馬에

그것은 레드아이 인디언 보호구역에서 폭탄을 맞은 나의 아버지의 가족

그러고 나서 콘도미니엄 위스키에 마취되어야 했어

그것은 페요테 교회의 박해

그것은 내가 히피였을 때 했던 너무 많은 마약

그것은 내가 하는 어떤 것

수술 후 모르핀을 얻기 위해

그것은 내가 관심을 받기 위해 하는 어떤 것

나는 그것을 도와주기 위해서 하는 거야

외과의사들이 업보를 갚을 수 있도록

나는 그것을 X-레이 기술자를 만나기 위해 하는 거야

나는 그것을 이 시를 쓰기 위해 하는 거야

그것은 나쁘게 군 것에 대한 형벌

너무나 나빠 무슨 짓을 했는지도 잊어버릴 만큼 나쁜 짓을 했던 것에 대한

하지만 그것은 아마도 내가 다섯 살이 되기 전에 일어난 것 같아

어쩌면 내가 태어나기 전이었을지도 몰라

내 탄생 시간에 나타난 아픈 별자리들

그것은 유전적 성향

염색체의 불운한 순열

그것은 모국이 없다는 것

나의 모국을 빼앗겨 버린 것

그것은 강제당한 이주

그것은 빅 마운틴

그것은 골란 고원

그것은 추수감사절과 크리스마스가

너무 가깝게 있다는 것

그것은 겨울의 기나긴 밤

그것은 내가 사랑하는 사람들로부터 얻어맞는 것

아이로서

아내로서

레즈비언으로서

그것은 내가 들이마시는 독성물질

그것은 녹고 있는 북극과 남극의 빙하

그것은 코리올리의 효과

나는 그것이 불확실성의 문제라고 생각해

몸이, 세계가

늘어 가는 혼돈 속으로 돌진해 가는 것

안타깝게도 사랑의 약은 부족해

이 우주 전체 안에서

더 이상 아프지 않게 해줄

나를 낫게 해줄

<u>5장</u> 의학의 인지적·사회적 권위

내가 사는 사회와 이 사회의 영향을 받는 많은 곳에서 자신과 다른 사람들에게 우리 몸을 설명할 때 과학적 서양의학은 인지적 권위와 사회적 권위를 모두 갖는다. "인지적 권위"라는 용어는 여성주의 철학자 캐스린 파인 아델슨에게서 빌려 온 것이다.[1] 이러한 인지적 권위를 가진 사람이 세상에 대한 설명을 하면 사람들은 그것을 중요하게 여기고, 그대로 믿으며 대개 진실로 받아들인다. 이에 대해 트리스트람 잉글하트는 "경험의 세계가 만들어질 때, 의학이 그 틀을 만든다. 의학은 우리의 현실을 조정한다"고 말한다.[2] 그리고 잉글하트의 견해를 발전시킨 수전 셔윈은 이렇게 말한다. "의학이 창조하는 현실은 사회적으로 인정받는다. 의학의 전문지식에 부여되는 권력과 권위를 볼 때, 의학이 만들어 내는 현실은 전반적으로 사회를 지배한다."[3]

<hr>

1 Kathryn Pyne Addelson, "The Man of Professional Wisdom", eds. Sandra Harding and Merrill B. Hintikka, *Discovering Reality*, Boston: D. Reidel, 1983.
2 H. Tristram Englehardt Jr., *The Foundations of Bioethics*, Oxford: Oxford University Press, 1986, p.157.

　　의사, 연구자, 의학 전문가가 가진 사회적 권위는 한편으로는 그들의 분야 안팎에서 인정되는 인지적 권위로부터 온다. 그리고 다른 한편으로는 권력기관 안에서의 지위, 사회적 지위, 또 그러한 전문적·사회적 연계망으로부터 사회적 권위가 생긴다. 그들의 권위는 의료기관을 훨씬 초월하여 정부부처, 보험회사, 법원, 학교, 자선단체, 재활기관, 장기 요양시설 등에도 영향을 끼친다. 또한 의료 전문가는 사람들이 의학적으로 노동할 능력이 있는지 없는지를 인증해 주는 역할을 하는데, 이를 통해 모든 직업 형태의 고용주에게 상당한 권위를 행사한다.

　　1972년에 어빙 케니스 졸라는 이렇게 경고했다. "의학은 사회를 통제하는 주요한 체제가 되어 가고 있다. 종교와 법이라는 더 전통적인 체제에 영향력을 행사하는 것은 물론이고 여기에 통합되어 간다고도 할 수 있다. 의학은 진리의 새로운 집결지, 즉 소위 도덕적으로 중립적이고 객관적이라고 여겨지는 전문가들이 모여 절대적이고 최종적인 결정을 내리는 곳이 되어 간다."[4] 졸라는 정신의학이 가진 사회적 권력이 커지는 것에 상당한 관심이 집중되고 있지만, 정신의학 외에도 전체 의학 분야가 가진 비슷한 권력과 위험이 확대되고 있는 것을 사람들이 아직 폭넓게 인식하지 못한다고 지적했다. 지금도 여전히 의학의 사회적 권위에 대한 저항과 비판의 초점은 정신의학에 맞추어져 있다. 이것은 아마도 우리들의 마음과 행동에 대해 설명하는 정신의학의 인지적 권위가 아직까지 종교와 같이 단순하지 않은 세계관들과 경쟁하고 있기 때

3　Susan Sherwin, *No Longer Patient: Feminist Ethics and Health Care*, Philadelphia: Temple University Press, 1992, p.191.

4　Irving Kenneth Zola, "Medicine as an Institution of Social Control", *Sociological Review* 20(4), 1972, p.487.

문일 것이다. 반대로 내가 살고 있는 사회를 포함한 여러 사회에서 인간의 몸을 설명하는 과학적 의학이 갖는 인지적 권위는 거의 의심받지 않는다. 또한 정신의학의 권위에 더 많은 비판이 가해지는 것은 아마도 존 우드워드가 주장하는 것처럼 대부분의 사람이 이미 그 권위에 대해 두려움을 가질 만큼 충분히 알고 있기 때문이다.

인간의 마음이 과학적으로 연구되어야 한다고 당신이 믿든 그렇지 않든 간에 정신의학이 매우 강력한 힘을 갖고 있다는 것을 인정해야 한다. 정신과 의사는 법정과 일터, 학교 등 우리의 삶 곳곳에 영향을 미친다. 대부분의 주에서, 정신과 의사들은 재판이라는 절차 없이도 당신을 강제로 무기한 감금할 수 있도록 법이 공식적으로 허용하는 유일한 사람들이다. 그들은 의약품의 매출 성장에 큰 영향을 끼친다. 오락매체가 정신과 의사들을 농담거리로 삼지만, 그들에 대한 농담이 재미있는 이유는 바로 정신과 의사들이 그만큼의 권력을 가지고 있기 때문이다. 경찰은 당신을 구타하거나 구치소에 가둘 수 있다. 하지만 정신과 의사는 당신을 설득시켜서 바로 당신 그 자체이며 가장 친밀하다고 할 수 있는 당신의 마음에 결함이 있다고 스스로 믿게 만드는 힘을 가지고 있다.[5]

다른 의학 전문 분야에 비해 정신의학은 종사자 사이에 의견이 분분하고 가설에 대한 신중하고 과학적인 검증이 부족하다는 것 때문에 비판받아 왔다. 다른 의학분야에서는 모두가 받아들이는 지식이 축적

5 John R. Woodward, "A Place for Everyone, and Everyone in Place: A History of the Diagnostic and Statistical Manual of Mental Disorders", *The Disability Rag and ReSource*, March/April 1995, p.17.

되어 있고, 과학적 절차가 신중하게 적용된다는 것에 내부적으로 의견 일치가 이루어지는 편이다.[6] 다시 말하면, 정신의학의 인지적·사회적 권위는 다른 의학분야만큼 과학적이지 못하다는 점 때문에 종종 비판을 받는다. 그러나 이러한 접근은 다른 의학분야의 권위에 대한 비판까지 불러일으키지는 못한다. 우리 몸을 설명하는 의학의 권위는 관심을 받지 못하는(혹은 당연시되는) 경향이 있으므로, 이번 장에서 나는 마음이나 행동을 설명하는 의학의 권위보다는 몸을 설명하는 의학의 권위에 대해 논의를 집중할 것이다. 하지만 내가 제기하는 많은 우려가 정신의학에도 해당될 수 있다. 나는 사람들이 정신의학의 인지적·사회적 권위를 고민할 때, 그것이 다른 의학분야만큼 과학적이지 않다는 게 문제의 핵심이 아니라는 것을 알았으면 한다.

몸을 설명하는 의학의 사회적·인지적 권위는 우리가 몸과 우리 자신을 경험하는 방식에 영향을 미친다. 그리고 사회가 우리의 경험을 어떻게 설명하고 그것에 정당성을 부여하는지의 여부, 또한 우리 몸의 고통과 힘겨운 싸움을 지원하는 방식에도 영향을 미친다. 의학의 사회적·인지적 권위는 우리 문화가 인간의 몸에 대하여 알고 있는 것에도 영향을 미친다. 그것은 또한 환자와 의료서비스를 제공하는 사람 간의 관계와 의료서비스의 질에 심각하게 영향을 미친다. 의학의 권위는 몸의 경험을 지식의 원천으로 인정해 주지 않는다. 신체적 상태에 대해 의학적·과학적 권위를 갖는 것은 제삼자의 설명이기 때문이다. 예를 들어, 우

6 이러한 접근은 예를 들어 『정신장애 진단 및 통계편람』(*The Diagnostic and Statistical Manual of Mental Disorders*)의 네번째 개정판(1994년)을 비판적으로 검토한 글에서도 사용된 우드워드의 접근방식이다(John R. Woodward, "A Place for Everyone, and Everyone in Place: A History of the Diagnostic and Statistical Manual of Mental Disorders").

리 스스로가 몸에 대해서 현상적 설명을 하면 기껏해야 의학적·과학적 설명의 진실성을 미약하게 뒷받침해 주는 증거로 취급된다. 몸에 대한 우리 자신의 설명이 의학이나 과학의 설명을 조금이라도 반증해 준다고 인정된 적은 거의 없다.

나는 이 장에서 의학적 권위가 만들어 내는 어떤 결과들을 논의할 것이다. 의학의 권위는 건강하거나 아픈 사람, 장애가 있거나 장애가 없는 사람 등 모든 이에게 영향을 미친다. 하지만 의학의 권위가 만들어 내는 결과는 가난하거나 장애가 있거나 인종차별을 겪는 대부분의 여성들과 많은 남성들처럼 인지적·사회적 권위를 갖지 못한 사람들, 그리고 그러한 권위가 없다는 취급을 계속 받아 온 사람들에게 훨씬 많은 영향을 끼친다는 사실을 기억해야 한다.

소외

우리 몸을 설명하는 과학적 의학의 권위는 우리 몸과 몸의 경험으로부터 우리를 소외시키도록 만든다. 이 같은 소외는 북미권의 상업적 문화를 포함한 다른 상황들에 의해 이미 촉진되어 온 것이다. 이런 소외에는 여성(그리고 여성만큼은 아니지만 정도의 면에서 소외가 심해져 가는 남성)의 몸을 대상화하고 상품화하는 것, 이상적인 몸을 보편적으로 받아들이며 신체적 '완벽함'을 추구하는 것이 포함된다. 맥신 시츠-존스톤은 "몸에 대해 떠들어 대는 대중적 소음"이 몸을 완전히 물질적 사물과 소유물로 표현하고 있으며, 이는 과학적 의학이 갖고 있는 대상화의 관점과 잘 들어맞는다고 지적한다.[7] 몸에 대한 대중의 이러한 태도 속에서 의학은 고도의 기술을 이용한 서비스 산업의 역할을 수행한다. 이를 통

해 우리가 잠재적으로 가치 있는 소유물을 유지하고 그것을 개선시키
도록 한다. 시츠-존스톤은 그 결과 우리가 잃어버리게 되는 것을 다음
과 같이 설명한다.

몸이 순전히 물질적인 소유물로 취급될 때, 우리의 인간다움은 줄어든
다. 몸에 대해 떠들어 대는 대중적인 소음 속에 우리 몸의 느낌과 개개
인이 느끼는 살아 있다는 감각이 묻혀 버린다. 이러한 감각 대신, 사회
적으로 만연해 있고 문화 속에 뿌리 박힌 태도와 가치에 맞게 꾸며진 매
우 시각적인 물체가 대체하게 된다. 문화적으로 선택된 시각적 물체는
사람들에게 허벅지가 더 가늘어져야 하며, 섬유질 섭취를 늘려야 하고,
스트레스를 줄여야 하고, 집 안에 에어로빅 기구가 필요함을 보여 주는
이미지이다. 우리는 더 이상 우리 몸에 직접 귀 기울이지 않으며, 오로
지 우리 몸에 대해 현대 과학이 말해 주는 것에만 귀를 기울인다. 이는
단지 음식과 섹스, 스트레스 등의 차원에서 그치는 것이 아니다. 우리
뇌가 어떻게 활동하고, 눈이 어떻게 보며, 심장이 충격에 어떻게 반응하
는가 등의 신경해부학적이고 생리학적인 사실의 차원에까지 해당한다.
우리 자신의 살아 있는 감각은 몸에 대해 떠들어 대는 대중적인 소음 속
에 묻혀 사라져 버린다.[8]

현상학자 리처드 재너와 드루 레더는 살아 있는 경험을 하는 몸이
아니라 시체 같은 몸이 서양의학의 중심에 자리 잡고 있다고 지적한다.[9]

---

7 Maxine Sheets-Johnstone ed., *Giving the Body Its Due*, Albany: State University of New
　York Press, 1992.
8 ibid., p.3.

레더는 이것이 의료 관행에 미치는 영향에 주목한다. 환자가 생리학적 기계로 취급될 때, "진단과 치료는 통증을 겪고 있는 살아 있는 사람보다 병으로 인해 드러나는 몸의 변화, 측정된 수치에 초점을 맞추려 한다. 환자 스스로의 경험과 주관적 목소리는 의학적인 만남에서 중요하지 않은 것이 되어 버린다".[10] 여기에 더해서, 나는 의사와 환자의 만남에서 의학의 인지적 권위가 의사의 추상적 입장에 훨씬 더 중요하게 무게를 실어 주고, 환자가 자기 몸을 통한 경험의 중요성에 대해 갖는 지적 자신감을 떨어뜨린다고 생각한다. 이런 현상이 일어날 때, 환자는 그들이 주관적으로 느끼는 고통을 인정받기를 기대하지 않게 되고, 고통을 갖고 살아가기 위해 필요한 도움도 기대하지 않게 된다. 이 때문에 환자들은 자기 경험으로부터 분리될 뿐만 아니라, 경험을 무시하거나 중요하지 않게 여겨야 한다고 느끼는 것이다. 결과적으로 환자는 자신의 몸에서 더욱 소외된다.[11]

재너는 우리가 자신을 살아 있는 몸으로 인식하는 것에 미치는 의학의 문화적 영향력을 강조한다.

광범위한 문화 속에서 살아가는 사람들은 문화에서 의학이 갖는 강력한 존재감 때문에 의학이 인생을 바라보는 방식대로 자신을 바라보게

---

9 Richard M. Zaner, "Flirtations or Engagement? Prolegomenon to a Philosophy of Medicine", eds. William L. McBride and Calvin O. Schrag, *Phenomenology in a Pluralistic Context*, Albany: State University of New York Press, 1983; Drew Leder, *The Absent Body*, Chicago: University of Chicago Press, 1990.

10 Leder, *The Absent Body*, pp. 146~148.

11 환자가 자신의 몸을 대상화하도록 만드는 압력과 그렇게 함으로써 얻는 대가에 대한 개인적 일화를 보려면 Arthur W. Frank, *At the Will of the Body: Reflections on Illness*, Boston: Houghton Mifflin, 1991, pp. 10~11을 살펴보라.

된다. 이러한 것에는 살아 있는 몸을 죽은 몸(시체)으로 생각하는 방식이 포함된다. 그만큼 우리는 스스로를 기계장치로 생각하고, 따라서 영원히 알 수 없는 수수께끼 같은 존재로 생각한다. 결과적으로 우리는 매일 매일의 생활을 바탕으로 우리 자신의 몸을 이해하고 경험한 내용이 근본적으로 잘못된 것이라는 선고를 받고, 우리의 본질적인 경험이 완전한 사기라고 생각하게 된다. 그러면서 우리 자신을 신뢰하지 않고, 결국 어쩔 수 없이 몸에 대한 전문가들이 우리 자신에 관하여 애기하는 것을 믿게 된다. 예를 들어, 우리가 불편하다고 느낀 점들이 전문적 처치와 치료가 필요한 진짜 질병인지 아닌지 전문가들의 의견을 듣는다. 요약하자면, 의학의 관점으로 자신과 몸을 바라보게 되면서, 우리는 자신에게서 그리고 우리의 가장 친밀한 경험들에서 결국 소외된다.[12]

인간의 몸에서 일어나고 있는 일과 일어나야 하는 일을 설명하는 의학의 권위는 몸이 경험하는 과정에 대한 의학적 관리도 정당화한다. 의학적 관리는 몸에서 일어나는 경험을 통제하고 조정함으로써 사람들을 자신의 몸에서 소외시킨다. 예를 들어, 로비 퓨퍼 칸Robbie Pfeufer Kahn과 멕 폭스Meg Fox는 병원 분만실의 운영방식을 지적했다. 그들은 의학적인 관리체계가 출산 경험을 정해진 시간에 따라 순서대로 일어나는 기계적 과정으로 만들면서 많은 변수를 줄인다고 주장했다. 예정된 시간에 분만을 하지 못하는 여성은 보통 약을 처방받거나 수술을 받는다. 반면, 진통이 불규칙한 여성의 경우, "의료진이 손쓸 새도 없이 출산이 빨리 진행된다. 자궁이 쉴 새 없이 수축되면서 그 리듬이 분만시간

---

12 Zaner, "Flirtations or Engagement? Prolegomenon to a Philosophy of Medicine", p.154.

을 기록하는 일을 대신하게 된다. 계속해서 뛰는 심장박동과 영원같이 느껴지는 몸의 시간 속에서 객관적인 시계의 시간은 사라진다".[13]

내가 4장에서 논의한, 몸을 통제하고자 하는 열망은 당연히 우리 몸을 설명하는 의학적 권위를 받아들이도록 한다. 과학적 제삼자의 시각은 소외를 가져온다 할지라도 몸을 통제해 줄 수 있을 것이라는 희망을 부추긴다. 수전 그리핀이 지적했다시피, 시각적인 것이 지배하는 우리 문화에서, 우리는 종종 눈으로 어떤 것을 본다는 것은 그것을 통제하는 것이라는 환상에 사로잡혀 있다.[14] 임신과 출산이나 질병, 상해, 죽음과 같이 우리가 몸의 경험을 전혀 통제할 수 없다고 여길 때 아마 통제의 환상을 가장 많이 원하는 것 같다. 의학은 그런 순간들에 객관적이고, 거리를 둔 관점으로 무슨 일이 일어나고 있는지를 설명해 주기 위해 존재한다. 게다가 드류 레더는 과학적 의학에 의해 일어나는 소외가 우리에게 죽음에 대한 공포를 해결하는 수단을 제공한다고 주장한다.

자신의 죽음이 다가와서 두려울 때 다른 누군가의 시체의 모습을 떠올리며 그런 공포를 누르려고 한다. 왜냐하면 육체는 자신의 모든 비밀을 과학자와 의사에게 넘기기 때문이다. 더욱이 당사자 관점에서 제삼자 관점으로의 전환은 죽음을 덜 위협적인 것으로 만든다. 육체의 죽음은 엄밀하게 나의 죽음이 아닌, 타자의 죽음으로 인지된다. 본래 기계 작용에 불과했던 육체가 죽는 것이라고 생각하면 진정한 자아는 위협받지

---

13 Meg Fox, "Unreliable Allies: Subjective and Objective Time in Childbirth", eds. Frieda Johles Forman and Caoran Sowton, *Taking Our Time: Feminist Perspectives on Temporality*, Toronto: Pergamon Press, 1989, p.127.

14 David Macauley, "Interview with Susan Griffin", *American Philosophical Association Newsletter on Feminism and Philosophy*, Fall 1991, p.124.

않는다. 위험한 육체는 데카르트적 과학에 의해 탈주체화, 탈생명화, 탈
신비화되어 왔다. 육체가 느끼는 위협은 최대한 억제된다.[15]

인식의 주체로 인정되지 못하는 것

의학의 인지적·사회적 권위는 모든 이들이 몸으로 경험하는 현실을 인
정하거나 부정하는 권력을 포함한다. 따라서 의학은 우리들이 인식자
로서 가진 스스로에 대한 믿음을 무너뜨릴 수 있다. 주로 과학적 실험
결과에 의한 권위를 가진 의학적 설명이 우리의 가장 강렬하고 즉각적
인 경험들을 인정하지 않을 경우, 그런 경험이 권위적으로 의심받을 수
있기 때문이다. 게다가 의학이 가지는 이러한 권력 때문에 우리가 인식
하는 것이 사적으로나 공적으로 인정받지 못하게 된다. 우리는 인식하
는 사람으로서 그리고 진실을 말하는 사람으로서 자격을 잃게 된다.

내 몸의 경험과 내 몸에서 일어나고 있는 일에 대한 의학적 설명 간
에 어떤 갈등도 나타나지 않을 수 있다. 내가 내 몸에서 일어나는 일을
느낀다는 사실에 대해 의학도, 사회도, 나 자신도 모두 인정할 수 있다.
의학이 객관적으로 관찰 가능한 용어로 그것을 설명할 수 있는지 여부
에 상관없이 말이다. 하지만 의학의 과학적 목표 중 한 가지는(비록 중요
한 목표는 아닐지라도) 우리가 몸으로 경험하는 것들, 말하자면 통증과
쑤심, 경련과 같은 것을 일으키는 관찰 가능한 원인을 설명하는 것이다.
그렇기 때문에 내 몸의 경험을 설명해 내지 못할 때는 과학이 부적절하
고 불완전하다는 뜻이다. 현대 의학은 의학적 지식의 범위에 대해 별로

15 Leder, *The Absent Body*, p.148.

겸손함을 보이지 않기 때문에(이에 대해서는 나중에 더 논의한다), 의학이 설명할 수 없는 내 몸의 경험을 무시하거나 그 중요성을 최소화하거나 완전히 부정해 버린다. 더구나 의학이 이러한 반응을 보일 수 있는 것은, 내 몸에 대한 제삼자의 과학적 시각이 사회적으로 권위를 가진 것이기 때문이다. 이에 비해 내 몸의 경험에 대한 나의 설명은 지극히 개인적이고 너무나 주관적인 것이어서 사회적 영향력을 갖지 못한다. 과학적 의학의 목표는 내 경험을 설명하려는 것이다. 그러나 이런 목표는 나의 경험을 무시하고 온전히 제삼자적 관점으로만 작동하려는 의학의 욕망, 그리고 그것을 가능하게 해주는 의학의 인지적·사회적 권위와 갈등을 일으키게 된다. 그 결과 의학적 설명의 승인 없이는 내 몸의 경험에 대한 주관적인 나의 설명이 정확하거나 진실된 것으로 인정받기 어렵다.[16]

잉글하트는 이것이 의학의 역사적 변화 때문이라고 본다.[17] 현재 질병에 숨어 있는 증상이라고 여기는 것들을 한때는 질병 그 자체로 여겼다. 예를 들어, 18세기에 "통증"은 질병의 한 가지 유형이었다. 현재는 통증이 실제 질병의 증상일 수도 있고 아닐 수도 있는, 환자들이 호소하는 "불편함"이다.[18] 이러한 변화는 19세기에 해부학, 병리학, 미생물학이 발전한 결과이며, 임상적 소견과 실험실에서 이루어진 검사 결과가 성공적으로 연결되었기 때문이다. 그러나 점차 임상적 소견은 중요성을

---

16 환자와 의사 간 관점의 충돌에 대한 다른 연구는 Kay S. Toombs, *The Meaning of Illness: A Phenomenological Account of the Different Perspectives of Physician and Patient*(*Philosophy and Medicine* vol. 42), Dordrecht: Kluwer, 1992를 살펴보라.

17 Englehardt Jr., *The Foundations of Bioethics*.

18 이는 현대 의학에서 만성통증이 상대적으로 관심을 받지 못하는 이유를 설명한다. 최상의 경우 만성통증은 의학이 치료하거나 도와줄 수 없는 질병의 증상으로 여겨진다. 최악의 경우, 만성통증은 세상에 알려진 질병의 실체와는 아무런 연관성도 없는 "불평거리"일 뿐이다.

잃게 되었으며, 실험실 검사 결과를 바탕으로 한 설명적 모델이 높은 위치를 차지하게 되었다.

환자의 문제는 오로지 그것이 해부학적으로나 병리학적으로 사실임이 증명될 때 진실성 있는 문제로 받아들여진다. 환자가 불편을 호소해도 감염된 부위나 병리적 문제로 쉽게 뒷받침되지 못할 때는 그러한 호소가 거짓으로 간주되기 쉬웠다. 이러한 조건은 그럴 만했는데, 실험실 과학이 존재론적 측면에서 의학의 밑바탕이 되었기 때문이다. 실험실 과학은 임상적 소견에 숨어 있는 실체를 드러낸 것으로 간주되었다. 반면에 임상적 관찰은 …… 이제 부차적인 것이 되었다. …… 이는 설명적 모델의 발전에 관하여, 매우 제한적인 의미에서 옳다고 할 수 있다. 이제 병리생리학적이거나 병리해부학적 기제의 측면에서 질병을 설명하게 되었다. 의학의 목적과 의도를 강조하지 못하는 것에도 오류가 있었다. 응용과학으로서 의학은 인간의 고통을 돌보는 데 집중해 왔다. 임상 의학은 환자의 문제에서 시작하고 환자의 문제에서 끝난다. 그러나 병의 이유를 밝히는(증상을 설명하는) 가설의 변화와 기초과학의 발전은 신체 증상을 이해하는 이데올로기와 관련해 확실히 좋지 않은 변화를 만들어 냈다.[19]

이런 변화가 만들어 낸 결과를 살펴보자. 만약 의사가 직접적으로 관찰할 수 없거나 증명할 수 없는, 이를테면 어지럼증이나 무기력증, 시력 문제, 쇠약함, 통증, 집중의 어려움과 같은 증상('진짜' 원인이 있는지

---

19 Englehardt Jr., *The Foundations of Bioethics*, pp.183~184.

의 여부에 대한 질문을 피하기 위해 의학은 이를 "불편함의 호소"라고 부른다)을 가지고 환자가 의사에게 가는 경우를 생각해 보자. (실험실 검사같이 의사들이 선호하는 방법으로) 그 증상에 대해 객관적으로 식별 가능한 원인을 찾을 수 없는 경우, 의사는 환자의 증상이 얼마나 심각하고 얼마나 환자를 쇠약하게 만드는지에 상관없이 환자에게 "아무런 이상이 없습니다"라는 말을 할 가능성이 높다.[20] 나는 그런 선언이 환자를 얼마나 위협하고 혼란스럽게 하는지, 얼마나 환자의 자기확신을 흔들고 현실과의 관계를 망치는지 의사들 대부분이 실감하지 못한다고 믿는다.

의사가 몹시 아프거나 심각한 고통을 느끼는 환자에게 "아무런 이상이 없습니다"라고 말할 때, 그 의사는 환자에게 억지로 자신의 경험을 무시하든지, 오랫동안 신뢰하고 존경해 온 사람의 지식을 믿지 않든지 둘 중의 하나를 선택하도록 강요하는 것이다. 만약 환자가 여러 명의 의사나 두 명 이상의 최고 전문가에게 같은 진단을 받았다면, 그는 자신의 몸에 대해 아는 본인의 주관적 능력을 고집하거나, 의료 과학의 전문지식에 대한 신뢰를 버리거나 둘 중의 하나를 선택해야만 한다. 비록 대부분의 사람은 과학이 모든 것을 아는 것은 아니라는 사실을 막연하게나마 인정하지만, 한 개인의 사례를 갖고 과학이 부적절하다고 결론 짓는 것에 대한 사회적 공감을 얻기는 힘들다.

셰리 레지스터는 만성질병에 대한 연구를 하며 글로리아 머피(가

20 "문제의 원인을 찾을 수 없습니다"라는 말은 "아무런 이상이 없습니다"라는 말만큼 환자의 확신을 무너뜨리지는 않는다. 게다가, 이 말은 원인을 찾으려는 노력을 계속하도록 촉진하는데, 이러한 노력은 때때로 환자의 생명을 구할 수도 있다. 나는 환자가 '심인성 질환'으로 진단받고, 치료할 수 있는 상태라고 생각지 못하다가 사망했다는 이야기를 종종 듣고 읽는다. 그럼에도 불구하고 "아무런 이상이 없습니다"와 "아무런 이상이 없지만 …… (여기에 어떤 심리적 원인이 있습니다)"이라는 말은 의사가 하는 매우 일반적인 발언인 것 같다.

명)라는 한 여성을 인터뷰했다.[21] 글로리아 머피는 심각한 어지럼증을 느끼고, 다리의 감각이 없어지고, 때때로 걷지 못하게 되고, 사물이 둘로 보이고, 방광과 신장, 창자에 문제가 생기는 경험을 했다. 이런 증상이 시작되고 나서 다발성경화증 진단을 받기까지 5년이 걸렸는데, 글로리아는 5년이라는 시간 동안 메이요 병원과 다른 병원들에서 이것은 "가정주부 증후군"이며 나아지기 위해서는 아이들을 떼어 놓고 바쁘게 지내기만 하면 된다는 말을 들었다. 말하자면 의료 권위자들은 그녀가 신체적으로 아무 이상이 없다고 판단한 것이다. 여기서 나의 흥미를 끈 것은 이미 알려진 질병을 진단해 내지 못한 의사들이 아니라, 오히려 의사들이 권위적으로 증상을 무시해 버린 것에 대한 환자의 반응이다. 글로리아는 분명히 무언가 대단히 잘못됐다고 느꼈지만 이런 자신의 느낌을 의심하기 시작했다. 그리고 "아이들을 떼어 놓고 바빠지기" 위해 직업을 구했고, 자원활동도 본격적으로 시작했으며, 엄청난 속도로 활동을 늘려 나갔다. 그렇지만 (의사가 예견한 대로) 나아지기는커녕, 그녀는 계속해서 쓰러졌고, 증상의 원인을 찾는 예비 수술exploratory surgeries을 포함한 추가 검사를 받기 위해 입원해야 했다. 결국 다발성경화증을 전공한 신경과 전문의가 그녀에게 진단을 내렸다. 글로리아는 진단을 받고 나서 다음과 같이 소감을 말했다.

병명을 받고 나서 기분 좋은 안도감이 들었어요. 낄낄거리고 막 웃었죠. 남편도 저랑 똑같았어요. 우린 꼭 공원을 가로질러 뛰어다니는 어린아

21 Cheri Register, *Living with Chronic Illness: Days of Patience and Passion*, New York: Bantam, 1987.

이들 같았죠. 드디어 병에 이름이 생겼고, 우린 그것에 대처할 수 있게 됐어요. 나는 신경질적인 여성이 아니었던 거죠. 생활의 속도를 줄이고, 일을 그만둬도 되는 거였어요. 어떤 일을 거절해도 괜찮은 거였어요.[22]

이런 반응은 글로리아가 진단의 심각성을 이해하지 못해서가 아니다. 이는 그녀가 느꼈던 상태와 강요된 설명 사이에 존재했던, 끔찍한 인지적·사회적 갈등이 사라졌기 때문이었다. 게다가 레지스터는 글로리아의 반응이 특별하지 않다고 지적한다. 장애를 만들어 내는 신체적 상태를 경험하면서 몇 달 혹은 몇 년 동안이나 진단받지 못한 많은 사람들은 자신의 분별력과 판단력에 대한 걱정이 늘어나는 것을 경험한다고 말한다. 어떤 진단이든 진단명을 받았을 때 느끼는 안도감의 일부는 결국 자신이 '미치지' 않았다는 것을 의학적 권위가 인정해 준 데서 오는 것이다. 이런 반응은 당연하다. 내 몸에서 내가 느끼는 것을 알지 못한다면 과연 내가 알 수 있는 것은 무엇이란 말인가? 내가 아프고 어지럽고 구역질이 나는 것을 부정할 수 없는데(이것을 부정할 수 있으려면 거의 모든 순간 내 의식에 나타나는 것을 다 믿지 말아야 한다), 이를 부정하는 세상과 어떻게 연결되어 살 수 있단 말인가?

글로리아의 사례에서는 결국에 의학이 제시하고 인정해 준 설명이 있었기 때문에 무엇이 잘못됐는지를 찾고자 노력했던 그녀의 이야기를 읽는 누구라도 그녀를 믿고, 그녀의 마음에 공감하며, 그 갈등을 이해한다. 진단명을 받은 사람은 인식의 주체로 인정되지 못하는 것에 대한 두려움 없이 자신의 이야기를 말할 수 있다. 그러나 적절한 의사를 만나지

22 ibid., p.5.

못했기 때문에, 또는 의학에서 아직 발견하지 못한 병을 가졌기 때문에 (이 가능성이 공식적으로 인정되는 경우는 별로 없다), 또는 어떤 다른 이유에서든 진단을 받지 못한 사람의 경우는 어떠한가? 그들 개인이 가진 인지적·사회적 권위는 의학의 그러한 권위에 맞설 수 있는가? 전문가에게 자신의 분별력, 직관력, 판단력을 의심받을 때, 자신의 그런 능력에 대한 믿음을 계속 유지하기 위해 사람들이 얼마나 자신감이 있어야 하고 얼마나 내적으로 강해져야 하는지 상상해 보라. 나는 얼마나 많은 이들에게 이런 경우가 발생하는지를 사람들이 잘 알지 못한다고 생각한다. 나는 많은 사람들이 의사가 언젠가 "아무런 이상이 없습니다"라고 말한 통증이나 다른 신체적 고통에 대해 침묵하고 있을 것이라고 추측한다. 자신이 인식하고 느끼는 것을 인정받지 못하는 상황에 계속 놓이는 것을 원치 않기 때문이다.

게다가 의학이 신체적으로 어떤 문제가 있다고 인정해 준다고 해서, 그 때문에 한 사람이 인식의 주체로서 무시되지 않을 것이라고 결코 장담할 수 없다. 진단명을 받은 어떤 사람들은 의학이 자신의 질병과 장애의 경험을 부정한다는 것을 알게 된다. 의학이 그들의 신체적 문제의 성질을 그들 자신보다 더 많이 안다고 주장하기 때문이다. 예를 들어, 다발성경화증이 진행된 사람들 중 소수는 뼈, 근육, 피부에 심각한 통증을 경험한다. 다발성경화증의 진행 과정에서 이러한 통증이 실제로 나타날 수 있음이 최근의 연구를 통해 인정받기까지, 환자들은 자신들이 얘기하는 이러한 통증은 있을 수 없는 것이라는 말을 들었다.[23]

어떤 환자는 자신의 경험이 의료 종사자에 의해 더 심각한 다른 '사

23 Janet Lee James, *One Particular Harbor*, Chicago: The Noble Press, 1993, p.241.

례들'보다 중요하지 않은 것으로 취급되는 경험을 한다. 의료사회학자 아서 프랭크는 심근경색과 고환암을 겪었으며 자신의 이런 경험을 저술했다. 의료 전문가가 대개 고통을 표현하는 환자에게 다른 사람들은 "훨씬 더 심하다"는 말로 대응한다고 프랭크는 설명한다. 그는 이러한 의사와 간호사에 대해, "지속되는 고통이 의사와 간호사를 위협하므로 그들은 고통이 존재한다는 것을 부인한다. 그들이 치료하지 못하는 것을 환자가 경험해서는 안 된다"고 말한다.[24]

몸에 대한 개인의 경험을 의학이 인식하고 있을 때라도, 환자의 관점에서 봤을 때는 부정확한 방식으로 다시 설명하는 경우가 있다. 올리버 색스는 "절단된 사지四肢에서 움직임이 의식적으로 일어나는 것을 명확하게 인식"하고 있다고 환자들이 오랫동안 얘기해 온 것을 언급한다. 반면 의사들은 이러한 경험이 "슬픔, 애도, 열망 때문에 생겨난 완전히 심리적인 환각"이라고 설명했다.[25] 1872년 의사 사일러스 와이어 미첼Silas Weir Mitchell은 "환각지"phantom limb 현상을 설명하며 뇌와 척수, 사지로 가는 잔존신경들의 자극에서 발생한 신경학적 근거가 있다는 가설을 세웠고, 이는 환자들의 말에 신뢰를 부여했다. 오늘날 환자들의 이런 설명은 신경생리학적 과정을 정확하게 진술한 것으로 인식된다. 생체역학 기술자들은 현재 이러한 설명을 바탕으로 "환각적" 움직임을 정확하게 실행할 수 있는 정교한 인공사지를 개발하려 하고 있다.

의학의 힘이 강력한 사회에서, 자기 몸과 관련하여 인식자로서 개인의 위상은 언제든 달라질 수 있다. 현재 당신이 아무리 신뢰할 만한

---

24 Frank, *At the Will of the Body: Reflections on Illness*, pp. 100~101.
25 Oliver Sacks, "Letters: Phantom Limbs — Oliver Sacks Replies", *The New York Review of Books*, 30 January, 1992, p. 45.

사람으로 여겨진다 하더라도, 희귀하거나[26] 알려지지 않은 질병에 걸린다면 갑자기 믿을 수 없는 사람이 될 수도 있고, 분별력을 의심받을 수도 있다. 의료 종사자 중 환자 앞에서 자신의 의학 지식이나 의학계의 종합 지식이 불완전하다고 인정할 사람은 거의 없다. 4장에서 이야기한 것처럼, 의사가 설명할 수 없는 신체적 증상을 가진 사람, 그 중에서도 특히 여성은 "당신은 증상을 상상하고 있군요"라든지 "당신 자신에게 해를 입히고 있군요"와 같은 말로 요약되는 '진단'을 받기 쉽다. 그들은 모호한 진단을 받거나 특정한 정신병 진단을 받고 정신병원에 입원 조치될 수도 있다.[27] 대부분의 사람이 의학의 인지적 권위를 당연하게 여기기 때문에, 이러한 '진단'이 상당한 사회적 권력을 갖는 것이다. 비록 진단 결과가 환자들에게 그들이 정신적 문제를 갖고 있다고 설득하지 못하더라도, 의사의 의견은 가족이나 친구들, 고용주, 보험회사, 사회 서비스 기관, 법원에 종종 설득력을 발휘한다. 환자가 어떤 의미에서 질

---

26 상당히 희귀하다고 할 수 있는 질병은 많이 있다. 그 중 일부는 주치의가 평생토록 경험해 보지 못한 질병일 수도 있다(혹은 주치의가 알아보지 못할 수도 있다). 희귀병과 그로 인해 고통받는 사람을 위한 환자 지원 정보는 미국 코네티컷 주 뉴페어필드에 있는 국립희귀병기구(National Organization for Rare Disorders)에서 제공받을 수 있다.

27 Toni Jeffreys, *The Mile-High Staircase*, Sydney: Hodder and Stoughton, 1982; Susan Hannaford, *Living Outside Inside. A Disabled Woman's Experience. Towards A Social and Political Perspective*, Berkeley: Canterbury Press, 1985; A. Melvin Ramsay, *Postviral Fatigue Syndrome: The Saga of Royal Free Disease*, London: Gower Medical Publishing, 1986; Register, *Living with Chronic Illness: Days of Patience and Passion*; Andrea Rudner, "Chronic Fatigue Syndrome: Searching for the Answers", *Ms.*, May/June 1992; Sally E. Thorne, *Negotiating Health Care: The Social Context of Chronic Illness*, Newbury Park, CA: Sage Publications, 1993. 나는 미진단 질병을 가진 사람들 중 주치의가 정신과 의사에게 보낸 경우를 여러 번 보았다. 정신과 의사는 어떤 도움도 줄 수 없었고, 환자를 주치의에게 다시 보내면서 뭔가 신체적으로 이상이 있는 것 같다는 말을 했다. 이 경우 환자는 의학적·사회적으로 위험한 림보[불확실한 중간 세계]에 빠진다. 여기에서 환자는 고립감과 절망을 느낀다. 이런 상황에서 경제적 여유가 있는 사람은 '대체' 치료사를 찾게 되는데, 치료사가 다른 도움을 주지 못하더라도 적어도 그들이 고통받고 있다는 점을 인정해 주기 때문이다.

병에 '걸린 척하고' 있거나 그도 아니면 정신적으로 문제가 있어서 치료를 거부하는 것이라고 사람들이나 기관들을 설득한다. 그리하여 어떤 개인이라도 알려지지 않은 질병 하나 때문에 그 사람의 인지적이고 사회적인 권위가 무너질 수 있다.

나는 한때 이런 식으로 의학이 환자를 인식의 주체로 인정하지 않는 문제에서 예외가 있을 수 있다면, 그것은 당연히 의료 전문가 자신이 아프게 된 경우일 거라고 생각했다. 게다가 만약 알려지지 않은 질병에 걸릴 때 '그 병을 인식하는 사람으로서 무시되지 않을 가능성이 높은' 병이 있다면, 그것은 전염병일 거라고 생각했다. 때문에 나는 멜빈 램지의 설명[28]을 찾아보고 놀라지 않을 수 없었다. 램지는 1955년에 런던 로열프리병원의 의사와 간호사, 직원들 사이에 퍼졌던 뇌척수염 encephalomyelitis 전염병이 어떻게 이후에 "집단 히스테리"로 해석되었는지를 설명했다. 그해 7월 13일에서 11월 24일 사이에 292명의 직원들은 두통, 목의 따끔거림, 내분비선 부종, 어지러움증, 목·등·사지의 심한 통증, 전반적인 근육 악화, 방광기능 장애, (종종 심각한) 신경학적 문제를 포함한 일련의 증상들을 보였다. 1970년에 의사 맥에브디C. P. Mc-Evedy와 비어드A. W. Beard는 어떤 환자도 직접 진료하지 않은 상태에서 그 전염병을 앓았던 간호사의 기록을 조사하여, 그 병이 "집단 히스테리"의 한 경우라고 주장하는 논문을 『영국의학저널』*British Medical Journal*에 실었다.[29] 맥에브디와 비어드는 나중에 같은 잡지에 실은 논문

---

28 Ramsay, *Postviral Fatigue Syndrome: The Saga of Royal Free Disease*.

29 그들은 "집단 히스테리"라는 판단을 내릴 때 남녀 피해자 모두 포함된 전염병 기록 중에서 여성 피해자의 기록만을 조사했다. 이는 무언가를 암시한다. 연구자들이 대놓고 여성에게만 "집단 히스테리"라는 것을 적용하면 "집단 히스테리" 가설이 보다 더 받아들여지기 쉬울 것이라고 생각했는지 궁금하다. 램지의 연구는 이러한 특징을 논하지 않는다.

에서 이와 매우 유사한 14번의 다른 집단발병이 있었다고 주장했다. 그들은 이런 집단발병에서 나타난 일부 특성이 비슷한 진단을 내리는 데 정당한 이유가 되지만, 그 증상들은 "집단 히스테리"의 증상과 "완전히 일치하지는 않는다"고 얘기했다.[30] 이 논문은 굉장한 영향력을 발휘했으며, 그들의 의견은 널리 받아들여져서『타임』, 런던의『선데이타임스』와 같은 유명 매체에 실렸다.

그런데 이런 "집단 히스테리" 가설은 의심할 만한 이유가 너무 분명해서 그것이 그렇게 선뜻 받아들여졌다는 것을 믿기 힘들 정도다. 만약 열, 목의 따끔거림, 내분비선 부종, 근육 통증과 같은 증상을 보이는 어떤 전염병이 "집단 히스테리"의 예가 된다면, 왜 모든 전염성 독감을 "집단 히스테리"라고 결론 내리지 않는가? 진짜 독감의 출현과 "집단 히스테리"를 어떻게 구분할 수 있단 말인가? "집단 히스테리"는 어떻게 발생하는 것이며, 어떻게 열과 목의 따끔거림, 내분비선 부종이라는 증상을 일으키는가? 그것이 콧물, 기침, 기관지 손상, 마비, 죽음까지 초래할 수도 있는가? "집단 히스테리"는 어떤 전염성 질병과도 비슷해 보일 수 있는가 아니면 일부 전염성 질병에만 해당되는가? 만일 "집단 히스테리" 가설이 이러한 종류의 질병이 발병하는 것에 관한 적절한 설명이라면, 전염성 질병을 믿을 이유가 무엇이란 말인가? 이와 같이 알 수 없는 새로운 질병의 발병을 어떻게든 설명해 내려 하는 의학의 필사적인 모습이 보이는 기이한 사례를 통해 내가 결론 내릴 수 있는 것은, 환자의 설명을 받아들이기보다 자기 말을 믿게 만드는 일부 의학 전문가의 권력을 절대 과소평가해서는 안 된다는 것이다. 의학의 인지적·사회적

---

30 Ramsay, *Postviral Fatigue Syndrome: The Saga of Royal Free Disease*, p.33.

권위는 대중에게 말도 안 되는 이론을 믿도록 속일 수 있을 만큼 강력하고, 많은 사람이 자신의 분별력과 인지적 진실성을 의심하게 만들 만큼 엄청나다. 이런 사람 중에는 한때 자기 스스로 의학적 권위를 가졌던 사람도 있는데, 이들은 환자가 되는 순간 모든 신뢰를 잃게 된다.[31]

토니 제프리스는 현대 과학의 세계에서 의학 전문가가 인정하기 전까지 하나의 질병은 "존재하지 않는다"고 지적하며, 환자의 변화된 상황을 이렇게 말한다.

예전에는 사람이 앓아누울 때 그 가족과 공동체는 그럴 만한 충분한 이유가 있다고 추측했다. 그들은 자신에게 필요한 대로 할 뿐이었다. 스페인의 테레사 공주, 플로렌스 나이팅게일, 찰스 다윈은 수년간 만성질병을 앓았지만, 병명을 '진단받지' 않은 예라고 할 수 있다. 그들은 그저 아팠으며, 세상은 그것만으로 충분하다고 여겼다. 그러나 20세기에 만일 누군가 많이 아프게 되었는데도 질병에 대한 의학적 '승인'(의학적 진단과 치료)을 받으려 하지 않는다면, 그 사람은 의심받는다.[32]

제프리스의 이러한 관찰은 현대 의학이 환자를 인식의 주체로 인정하지 않는 문제를 일부분이라도 해결할 수 있는 방법을 제시한다. 의

---

31 반대로 램지 자신은 의학계가 로열프리병을 전염성 질병으로 인정해 줄 것을 요구하며 그 병으로 장애를 가지게 된 환자들을 지지하는 데 **30년** 넘는 시간을 보냈다. 램지가 전염성 질병 전문가로서 굉장한 의학적 명성을 가졌음에도 힘든 싸움을 해야 했다는 사실은, 다른 의료 전문가들이 인간의 몸에 대한 자신들의 지식에 엄청난 빈틈이 있음을 인정하지 않으려는 것을 보여 준다. 올리버 색스는 졸림병(기면성 뇌염)과 투렛증후군 모두가 전통 의학의 틀에 수용될 수 없었던 시기 동안 (환자가 아닌 의사에게서) 그 병이 "사실상 사라졌다"고 지적한다(Oliver Sacks, *The Man Who Mistook His Wife for a Hat and Other Clinical Tales*, New York: HarperCollins, 1987, pp.92~94).

32 Jeffreys, *The Mile-High Staircase*, p.183.

료 종사자 개개인이 모르는 것이 있을 수 있고, 의료과학이 불완전하다는 사실을 인정하는 것이다. 또한 환자가 상상하거나 아픈 척한다는 것에 대한 부정할 수 없는 증거가 나타나지 않는 한, 환자의 증상이 실제로 있다고 가정하는 것이다. 불행히도 의학적 권위를 가진 많은 사람에게는 "당신이 아프다는 건(혹은 어지럽다거나 구역질이 난다는 건) 알아요. 하지만 그 이유는 모르겠어요"라고 단순하게 말할 수 있는 용기나 자기확신 혹은 겸손함이 부족한 것 같다.[33] 그러나 이를 순전히 의사들 개인의 성격 문제 때문이라고 여기지 말아야 한다. 내가 보기에 의학은 풀지 못하는 과제가 있다는 것을 공식적으로 거의 인정하지 않는 유일한 과학이다. 그 과제란 의학이 거의 모르거나 전혀 모르는 것에 대한 중요한 물음이다. 텔레비전에 나오는 천문학자와 물리학자, 모든 종류의 비非의학 생물학자가 자신의 영역에서 알려지지 않았거나 비교적 탐구되지 않은 영역에 대해 호기심과 기대감을 가지고 말하는 걸 볼 수 있다. 의료 과학자들이 대중에게 자신의 일을 드러낼 때는 하나같이 전혀 다른 담론을 구사하는데, 바로 질병이라는 적과 대결하는 영웅적 과학자라는 담론이다. 의학의 실패는 질병이 순간적으로 더 강력했던 것으로 추정될 뿐, 과학이 무지했기 때문이라고 이야기되는 적은 거의 없다.

　공식적으로 (그리고 종종 환자 앞에서 개인적으로) 무지를 시인하지 않으려는 것은 아마 과학적 의학에 지속적으로 따라붙어 온 치료자로서의 신비감 때문일 것이다. 환자가 치료자에게 더 많은 힘이 있다고 믿을수록 더 많은 환자가 치료의 혜택을 볼 것이라고 여긴다는 생각이 있

---

33 나는 환자가 무지를 기꺼이 인정하는 의사를 높이 평가한다는 것을 의사나 의사 수련을 하는 사람 대다수가 알고 있는지 궁금하다. 내 친구나 지인은 자신이 경험한 의사 이야기를 하면서, 의사가 가끔 "모른다"고 말하는 경우를 매우 높게 평가하는 경향이 있다.

고, 치료와 연관된 업계는 이런 생각을 통해 흠잡을 데 없는 지식과 권력의 기운으로 스스로를 포장하는 것을 정당화하는 듯하다. 불행히도 이런 생각은 또한 실수와 무지를 인정하지 않으려는 태도와 많은 속임수를 합리화하고, 환자와 의사 모두는 그에 대한 대가를 지불하게 된다.

우리를 치료해 주는 과학이나 의술이 몸에 관한 완전한 지식과 통제력을 가지고 있다고 믿는다면, 어떤 상황이 통제에서 벗어날 때, 즉 환자가 죽거나 계속 아프거나 장애를 가지고 있을 때, 비난을 받게 되는 사람은 오로지 환자와 의사 또는 치료자 개개인이다. 어떤 의사도 더 이상 손쓸 수 없는 상황에서조차, 환자나 그 가족들이 담당 의사를 비난하는 것은 놀랍지 않다. 의학이 모든 걸 해결할 수 없다는 것을 의학 스스로 인정하지 않는데, 환자가 무엇 때문에 이를 받아들이겠는가? 따라서 의학의 인지적이고 사회적인 권위는 어느 정도 의료 종사자 개인의 희생으로 유지되고 있는 것이다.

의사가 질병이나 장애를 설명할 수 없을 때 환자를 비난할 방법을 찾는다는 것 역시 당연하다. 의학의 부풀려진 이미지 때문에 환자는 자신감과 남들의 신뢰를 잃는 대가를 치러야 한다. 때때로 환자는 직업과 가족, 친구, 집, 수입, 자유, 심지어 생명까지도 잃게 된다.

사회적으로 버려지는 것

매우 아프고 장애를 가진 많은 사람들이 사회적 안전망의 범위 밖으로 버려지는 것은 의학의 인지적이고 사회적인 권위 때문이며, 이와 관련된 의료 종사자들이 자신의 한계를 인정하지 않으려 하기 때문이다. 의학적 진단명 없이 아프거나 장애를 가진 사람은 생존하기 위해 필요한 사회적 프로그램의 혜택을 받을 자격이 주어지지 않는다. 놀랍게도 그들 중 많은 사람은 가족과 친구들로부터도 버림받는다. 잉그리드 데린저는 최종적으로 다발성경화증 진단을 받은 여성 여덟 명을 인터뷰했다.[34] 그 연구에서 네 명의 여성은 너무 아파서 일을 할 수도 없었지만 여전히 명확한 진단을 받지 못한 상황에서 사회적 프로그램의 자격 조건이나 보험 혜택을 얻는 데 어려움을 겪었다고 말했다. 그 중 한 명은 두 달간 집세나 식료품비를 지불할 돈이 없어서 이웃이 가져다주는 음식으로 연명해야 했다. 그 여성들 모두가 의료 전문가로부터 '공식적으로' 진단받기 전까지 가족과 친구들로부터 감정적으로나 신체적으로나 금전적으로 전혀 혹은 거의 지원을 받지 못했다고 말했다.[35] 한 여성의 말은 이를 전형적으로 보여 준다. "내 친구들과 가족들은 내가 무척 아픈 것을 보았고 내가 아프다는 걸 알았지만 의사가 병명을 제시하지 못했기 때문에 '아마 네 머릿속에서 지어낸 걸 거야'라고 하거나 '의사가 아무 이상을 찾을 수 없다면 그렇게 심각한 건 아닐 거야'라고 말했어요."[36]

몸이 심각하게 쇠약해지거나 심지어 생명을 위협하는 병이라도, 불확실한 오랜 시기를 거쳐 명확한 진단을 받으면 사람들은 흔히 행복감과 안도감 때문에 눈물을 흘린다. 이것은 당연하다. 아무리 가혹한 진단이라고 해도 진단명은 사람들을 사회로 되돌아갈 수 있게 한다. 데린저의 인터뷰 참여자 여덟 명 중 여섯 명은 다발성경화증으로 진단받았을 때 "날아갈 듯한" 기분이었다고 말했다. 그 병이 치료할 수 없으며, 장애

---

34 Ingrid C. Deringer, "Women's Experiences of Myalgic Encephalomyelitis/Chronic Fatigue Syndrome", Unpublished MA Thesis in the Department of Women's Studies, Simon Fraser University, 1992.

35 ibid., p.84.

36 ibid., p.87.

를 주는 만성질병이라고 들었는데도 말이다.[37] 만성질병을 갖고 사는 삶을 다룬 셰리 레지스터의 책에 따르면, 저자가 인터뷰한 많은 사람들이 진단을 받고 나서 그와 똑같이 반응했다고 한다. 예를 들어, 끔찍하게 아프고 예측할 수 없는 만성질병인 크론병이라고 진단을 받은 한 사람은 아래와 같이 말했다.

의사들이 내가 크론병이라고 말해 주었을 때 무척 안도했고 행복했어요. "어머나 내가 맞았어. 뭔가 이상하다고 느꼈는데 이게 그거야." 내가 특별하고 중요하다는 감정을 느꼈던 걸로 기억해요. 저를 중요하게 생각해 주고 문제의 진상을 밝혀 준 그 의사를 끌어안아 주고 싶더라고요. 의사는 나에게 "모두 마음속에 있는 문제입니다. 우리를 괴롭히지 말고 다시 오지 마세요"라고 말하지 않았거든요.[38]

1972년도에 졸라가 의학에 대해 우려를 표한 부분은 날마다 삶의 더 많은 부분들이 "의료화"되고 의료 "전문가"의 공식적 지배와 비공식적 영향력 아래 놓이게 된다는 것이다. 그 이후로, 의학의 인지적이고 사회적인 권위에 대한 졸라의 우려는 다음과 같은 부분이 지나치게 의료화되는 위험에 초점을 맞추어 나타났다. 즉 행동,[39] 생활방식,[40] 사회적으로 받아들여지지 않는 모든 형태의 한계,[41] 임신·월경·폐경과 같은

---

37 ibid., p.59.

38 Register, *Living with Chronic Illness: Days of Patience and Passion*, p.15.

39 Zola, "Medicine as an Institution of Social Control".

40 Englehardt Jr., *The Foundations of Bioethics*.

41 Mary C. Rawlinson, "The Facticity of Illness and the Appropriation of Health", eds. McBride and Schrag, *Phenomenology in a Pluralistic Context*.

(특히 여성의) 일상적 신체 상태와 과정[42]이 지나치게 의료화되는 것을 지적했다. 그렇지만 그는 의학이 대단한 인지적·사회적 권위를 갖는 사회에서 장애나 질병의 신체 경험이 의학에 의해 무시되거나 정당하지 않게 여겨지는 위험에 대해서는 많은 관심을 기울이지 않았다. 잉글하트와 셔윈이 그러한 문제에 우려를 표하고 있긴 하지만 말이다.[43]

잉글하트는 의학적 진단이 다른 무엇보다도 치료와 사회적 지원에 관해 한 사람의 자격을 결정하는 "복잡한 형태의 사회적 꼬리표 달기"라는 것을 인식한다.[44] 또한 그는 의학적 분류체계가 현실에 바탕을 둔 객관적 과학의 반영물이라는 생각에 명백하게 반대한다. 잉글하트는 "어떤 문제가 의학적 문제인지 그리고 의학적 문제를 어떻게 이해하고 분류해야 하는지에 대한 결정을 내릴 때, 평가와 설명과 관련된 문제가 …… 의료체계와 얽히게 된다"고 말한다.[45] 게다가 그는 서로 다른 이해관계, 종종 갈등이 나타나는 이해관계가 그러한 결정에 개입되어 있을 것이라는 점을 인식하고 있다. 그가 제안하는 해결책은 의학적 분류체계의 과정을 보다 더 민주화하는 것이다.

지역사회는 의료적 현실을 구성하는 특성을 인정하는 것부터 시작해야 한다. 그것을 인정한다는 것은 우리의 선택을 확실하게 해주고, 현실에 대해 잘 알고 있을 뿐만 아니라 현실을 조정할 수 있는 개인으로서 우리가 가진 책임을 나타낸다. 또한 이러한 조정이 공동체적으로 이루어

---

42 Sherwin, *No Longer Patient: Feminist Ethics and Health Care*.

43 Englehardt Jr., *The Foundations of Bioethics*; Sherwin, *No Longer Patient: Feminist Ethics and Health Care*.

44 Englehardt Jr., *The Foundations of Bioethics*, p.185.

45 ibid., p.193.

지는 경향이 있다는 것도 인정해야만 한다. 치료와 치료 평가를 위한 체계적인 프로그램이나 공동 보험정책은 원칙적으로 홀로 고립된 개인이 맡고 있는 것이 아니다. 그 결과, 의사, 보험회사, 일반 대중이라는 공동체들은 세 집단의 이해관계가 일치하지 않는 의료적 현실의 특성에 대해 협상을 할 필요가 있다. 그러한 협상은 공식적으로나 비공식적으로 이루어질 수 있다. 어떤 경우든, 이 협상은 의료적 현실이 민주화되는 것을 보여 준다.[46]

셔윈은 잉글하트가 기술한 건강과 질병에 대한 사회구성주의가 지니는 여성주의적 가치를 인정하면서도, '민주적 공동체' 내에 존재하는 불평등한 권력관계에 대해 경고한다. 이 불평등한 권력관계는 여성의 몸에서 일어나는 과정에 대해 예전부터 널리 존재해 온 부정적 태도와 결합되어, 여성을 위험에 처하게 한다. 이와 같은 조건 아래에서 의학적 분류체계의 민주적 과정은 일상적으로 여성의 몸에서 일어나는 변화들을 계속해서 지나치게 의료적인 문제로 만들 가능성이 있다.[47]

셔윈의 이야기는 어떤 민주적 과정도 진공 상태에서 일어나지 않으며, 모든 사람이 사회에서의 위치와 문화적 배경에 따라 민주적 과정에 참여한다는 것을 떠올리게 한다. 이것은 의학의 인지적·사회적 권위의 일부분에 민주화를 요구한 잉글하트의 주장이 이미 아프거나 장애를 가진 우리들에게 유용한지 평가하는 데 매우 중요하다. 아프고 장애를 가지고 있으며, 일도 못하고, 소외되거나 몸져누워 있고, 가난하고, 재

---

46 ibid., p.194.

47 Sherwin, *No Longer Patient: Feminist Ethics and Health Care*, pp.195~196.

정적·사회적 지원을 간절히 원하는 개개인이 정말로 의사와 보험회사의 이사, 사회복지사, 건강한 비장애시민들과 동등하게 마주앉아 자신이 의료적으로 판별 가능한 문제를 가졌는지를 협상할 수 있는가에 대해선 회의적이다. 설령 협상이 가능하다고 하더라도, 그러한 민주적 과정에도 우려할 만한 근거가 있을 것이다. 어떤 신체 조건이 장애를 일으키는 의료적 문제인지 결정하는 협상을 할 때, 장기적인 장애를 한 번도 경험하지 않은 사람들, 장애에 대한 뿌리 깊은 문화적 두려움에 노출되어 왔던 사람들이 공정한 의견을 내놓을 수 있을지 우려할 수밖에 없다.

셔윈은 잉글하트가 제안한 의료적 현실의 민주화를 생각해 볼 때, 그 결정 과정이 "억압받는 집단의 구성원에게 주로 영향을 미치는 사안과 관련해 억압받는 이의 의견에 특별한 지위를 부여하지 않는다"는 점에 걱정을 나타낸다.[48] 예를 들어, 잉글하트가 제안한 틀에서는 여성의 신체적 조건과 과정에 관한 여성의 의견에 어느 정도 특별한 지위를 부여하는 것이 가능하며, 아마도 잉글하트는 그러한 움직임을 지지할 것이다. 그러나 자신의 장애를 인정받으려고 노력하는 사람에게 그러한 해결책은 불가능해 보인다. 왜냐하면 결정 과정을 통해 도출된 결론 자체가 그들이 특별히 억압받는 집단인가 아닌가를 결정해 주고, 충돌하고 있는 주요한 이해관계가 그 과정에 달려 있기 때문이다.

잉글하트는 의학적 분류체계에 민주적으로 접근하려고 할 때 충돌하는 이해관계의 잠재적 역할을 과소평가한 것으로 보인다. 의학적 분류체계는 확실히 모든 보험업자의 재정적 이익과 직접적으로 관련되어 있다. 보험업자는 한편으로는 소비자에게 폭넓게 보장받을 수 있다고

48 Sherwin, *No Longer Patient: Feminist Ethics and Health Care*, p.195.

설득하면서도, 가능한 한 최소한의 의료적 문제만을 인정하려 한다. 장애인에게 다양한 형태의 도움과 지원을 제공하는 정부기관에서도 충돌하는 이해관계가 나타난다. 정부기관의 재정적 이익에 일치하는 것은 가능한 한 최소한의 장애 조건만을 인정해 주면서 한편으로는 주요한 정치적 저항을 피하는 것이다. 충돌하는 이해관계는 또한 신체적 고통과 한계를 경험하는 모든 사람들의 이익과도 관련되는데, 그들은 사회가 자신의 고통과 한계를 인정하도록 하여 도움과 지원을 받고자 한다. 아프고 장애가 있는 사람을 치료하고 지원하기 위해 장애가 없는 건강한 사람이 (일부분이라도) 비용을 지불하는 것에 대한 대중적 입장은 매우 첨예하고, 이 문제에 대한 적대감이 널리 퍼져 있다. 많은 사람들이 인생을 운에 맡기는 접근방식을 따르려고 한다. 즉 많은 이들이 사회적 프로그램을 지지하기보다 자신은 도움 따위는 절대로 필요로 하지 않으리라 여기며 낮은 확률에 기대려고 하는 것이다. 이런 분위기 속에서 의학적 인정이나 분류체계와 관련해 의견이 일치되지 않는 부분이 많은 것은 당연하다. 아프고 장애를 가진 사람들과 그들의 친구들, 지지자들은 이러한 갈등 속에서 수적으로 열세에 몰릴 수밖에 없을 것이다.

서원은 "사회적으로 필요한 지원이 의학의 가치와 권위로 심사되어서는 안 될 것"이라고 지적하며,[49] 보다 깊이 있는 차원에서 이러한 문제를 제기한다. 이는 많은 장애운동가가 갈채를 보낼 만한 중요한 통찰이다. 만일 우리 한 사람 한 사람이 기꺼이 주요한 사회활동에 최대한 완전히 참여하기 위해 무엇이 필요한지를 실제적으로 평가한다면, 의학적 분류체계의 사회적 중요성은 지금보다 훨씬 줄어들 것이다. 게다

---

49 ibid., p.194.

가 범주로서의 "장애"는 보다 많은 것을 포괄하게 되거나 아니면 아예 사회적으로 중요하지 않게 될 것이다. 사회가 장애를 총체적인 것으로 만들지만 않는다면, 장애가 총체적인 것이 되는 경우는 분명히 거의 없을 것이다.

그러나 이는 장기적인 정치적 이상을 논의에 들여오는 것이다. 셔원은 지원을 필요로 하는 사람을 위해 사회적 구조가 개혁되기 전에 "건강을 위한 명목으로 주어지는 지원"이 약화될 수 있다는 점을 경고한다.[50] 셔원은 "질병을 진단받은 사람에게 사회적 지원의 대부분의 형태를 제한적으로 공급하는 사회에서 우리가 질병을 갖게 되는 신체 조건을 폭넓게 이해하는 것은 전략적으로 중요하다"고 말한다.[51] 여기에 덧붙여, 의사가 환자의 건강과 능력에 대해 선고를 내리는 것에 따른 사회적 결과를 충분히 인식하고 책임감 있게 자신의 인지적·사회적 권위를 사용하도록 훈련받는 것 역시 중요하다. 나아가 대중에게 의료적 지식의 한계에 대해 더 많은 정보가 제공되어야 하며, 그래야 주변 사람들과 자기 자신이 명확한 진단 없이도 몹시 아프거나 장애를 가질 수 있다는 진정한 가능성을 인식할 수 있을 것이다.

소통의 실패와 지식의 격차

나는 의학이 가진 인지적 권위 때문에 우리들이 의사에게 설명할 때 자기검열을 하고, 인정될 만한 확실한 증상들에 대한 설명이 과학적으로

50 Sherwin, *No Longer Patient: Feminist Ethics and Health Care*.
51 ibid.

수용되기를 바라면서 그 설명을 미리 준비한다고 생각한다.[52] 이 때문에 의사와 의학 연구자들은 인간의 신체, 질병, 환자의 요구, 적절한 치료에 대해 알고 있는 것을 변화시킬 수 있는 중요한 정보를 제공받지 못한다.

생의학 윤리학자들은 의사가 환자에게 주는 정보의 흐름에 의사의 권위가 미치는 영향을 우려해 왔다.[53] 그러나 환자가 의사에게 주는 정보의 흐름 또한 똑같이 중요하다. 환자와 의사 사이의 권력의 불균형과 의사가 가진 인지적 권위로 인해, 환자가 주는 정보는 의사가 주는 정보만큼이나 왜곡되고 소통되지 못할 가능성이 있다. 클라인만은 현재 의사들이 환자의 질병 경험을 알아내고, 존중하고, 경청하도록 훈련받지 않으며, 생의학의 설명적 모델은 환자가 의사에게 얘기하고 싶어 하는 정보와 의사가 들으면 도움이 될 만한 정보를 매우 자주 차단한다고 주장한다.[54] 이러한 정보의 흐름에서 발생하는 왜곡과 실패는 의학적 치료를 방해하고 의료과학의 실수를 덮어 버리며, 때때로 환자에게 해롭거나 심지어 치명적인 결과를 초래한다.

토니 제프리스는 병명을 진단받으려고 수십 명의 의사들을 찾아갔지만 오로지 두 명만이 "몸은 좀 어떠세요?"라는 질문을 했다고 언급한다.[55] 다른 의사들은 증상이 적힌 리스트에 따라 "네" 혹은 "아니오"라고

---

52 캐나다에 이주해서 살고 있는 한 중국여성은 교육수준이 매우 높고 영어가 유창하지만 자신과 친구들은 서양 의사들을 방문하기 전에 증상을 어떻게 묘사해야 할지를 언제나 서로 상담한다고 나에게 말했다. 그들은 혹시나 정확한 단어를 사용하지 않아 신뢰받지 못할까 봐 두려워했는데, 특히 의사가 언제나 서두르는 듯이 보였기 때문이다. 이와 관련해 Toombs, *The Meaning of Illness: A Phenomenological Account of the Different Perspectives of Physician and Patient*를 보라.

53 Sherwin, *No Longer Patient: Feminist Ethics and Health Care*.

54 Arthur Kleinman, *The Illness Narratives: Suffering, Healing, and the Human Condition*, New York: Basic Books, 1988.

55 Jeffreys, *The Mile-High Staircase*, p.174.

만 답하라고 했다. 이러한 일반적인 관행이 환자를 진단하는 데는 효율적일지라도, 덜 알려진 의료적 문제에 대한 정보를 끌어내거나 의사가 환자의 질병 경험을 이해하도록 돕지 못한다는 것은 말할 필요도 없다.

증상을 알맞은 언어로 설명하지 않는 것도 매우 위험할 수 있다. 제프리스는 한 여성이 의사에게 "몸 속에 게 한 마리가 있어서 집게발로 몸 속을 찢어 먹고 있다"고 말하려 했던 이야기를 전한다.[56] 그 당시 그 사람에게서는 아무런 신체적 증거가 발견되지 않았는데, 그때의 기술로는 문제를 발견해 낼 수 없었기 때문이다. 그 환자는 정신병원에 들어가게 됐다. 몇 년 후, 다른 의사(제프리스에게 그 이야기를 들려준 의사)가 이 여성에게 응급 수술을 하게 되었는데, 이 의사는 지름이 자몽보다 더 큰(이는 위궤양으로는 상당히 큰 크기이다) 위궤양을 발견했다. 처음에 신체적 증거를 발견하는 데 실패했던 데다가, 환자가 증상을 현상학적으로는 훌륭하게 묘사했지만 그 설명이 은유적이었던 탓에 결국 그녀는 신뢰받지 못했고, 자유를 뺏겼으며, 생명마저 위험해졌다.

나는 의학을 알면 알수록 내 증상을 설명할 때 더 예민하고 조심스러워진다. 한번은 내가 어떤 전문가에게 내 병이 매우 갑자기 재발할 수 있기 때문에 이럴 때는 마치 강한 독이 주입된 것 같다고 말한 적이 있다. 아직도 나는 이 표현이 대부분의 사람들이 즉시 이해할 만한 훌륭한 은유라고 생각하고, 다른 근육통성 뇌척수염 환자도 그 설명에 동의했다. 하지만 의료 전문가 앞에서 다시는 그런 말을 하지 않았다. 나의 말을 들은 전문가의 얼굴은 내가 당장 정신과 의사에게 가야 할 위험에 처해 있다는 표정을 짓고 있었다. 그러나 나의 은유적 표현이 질병을 조사

56 Jeffreys, *The Mile-High Staircase*, pp. 172~173.

하는 초기 단계에서 질병의 성격에 대한 가치 있는 단서를 제공할 수 있지는 않을까?

질병에 관한 용어는 제삼자의 과학적이거나 유사과학적인 설명 중심의 용어로 변해 왔는데, 이는 의료진과 환자 모두에게 적절하지 않다. 『두 목소리로 말하는 암』에서 바버라 로젠블럼은 당시 진행성 암으로 고통받고 있었는데, 신체적 질병으로 인한 감각을 설명할 만한 용어가 거의 없었기 때문에 자신이 어떻게 느끼는지를 명확하게 설명하기가 힘들었다고 호소한다.[57] 토니 제프리스는 이렇게 질문한다. "언어가 없다면, 환자를 돌보는 사람이 어떻게 이해할 수 있는가?"[58] 예를 들어, 환자가 몇 분 동안이나 가능한 한 매우 자세하고 정확하게 자신이 어떻게 느끼는지를 설명해도 의사들은 노트에 고작 "불편함"이라고 한 단어로 적는다. 이는 몸 전체가 아프다고 느끼는 것을 나타낼 수 있는 유일한 의학적 용어이다. "불편함"이란 몸 상태가 조금 이상하다는 느낌에서부터 죽음이 임박한 것 같은 느낌까지 모든 것을 포함한다. 질병의 현상학에서 이처럼 용어가 부족하기 때문에 환자 지지집단의 역할이 중요하며, 그런 집단은 환자들 사이에서 높게 평가받고 있다. 환자 지지집단은 아픈 사람이 사신의 몸의 경험을 설명해 내고 적절한 현상학적 용어를 발견하거나 만들어 내는 데 함께할 수 있는 맥락을 제공한다.[59]

예를 들어, 내 생각에 근육통성 뇌척수염 환자가 경험하는 피로감

---

57 Sandra Butler and Barbara Rosenblum, *Cancer in Two Voices*, San Francisco: Spinsters Book Company, 1991, p.138.

58 Jeffreys, *The Mile-High Staircase*, p.173.

59 댈러리는 만성질병 자조집단이 "의료 시술과 다른 사회·문화적 구조에 뺏긴 자신에 대한 이해와 소외를 극복"하도록 돕는다고 지적한다(Arleen B. Dallery, "Illness and Health: Alternatives to Medicine", eds. McBride and Schrag, *Phenomenology in a Pluralistic Context*, p.169).

을 표현하는 제일 좋고 간단한 설명은 그 병을 앓았던 의사가 만들어 낸 것이다. 그 의사는 그것을 "세포질의 피로"라고 불렀다.[60] 이것은 나에게 흥미롭게 느껴지는 표현인데, 표준적인 생의학의 설명은 아니지만, "세포질"이라는 과학적 개념을 사용하기 때문이다. 이 표현이 내 경험에 완벽하게 맞는 현상학적 설명으로 다가왔다는 사실은, 내가 내 몸의 경험을 어느 정도 과학적 지식으로 구성하거나 생각했음을 의미한다. 확실히 나는 내 몸을 세포질로 경험하지는 않지만, 너무나 깊고 전반적이며 세포 차원으로 내 몸 전체에 무언가 이상이 있다고 느낄 만큼의 피로를 경험한다(확실히, "세포 차원"이라는 개념은 과학교육을 통해 형성된 것이다). 게다가 일반적인 의료적 설명과 달리 "피로"는 잘못 이해될 수 있는데, 이 말은 건강한 사람들이 정상적 상태에서 경험하는 것, 즉 휴식이나 음식 혹은 회복을 위한 다른 방법들로 나아질 수 있는 상태를 표현하기 때문이다. "세포질의 피로"는 질적으로나, 심각성이나 그 지속성의 면에서 건강한 사람들이 경험할 수 없는 비정상적 상태를 표현하는데, 이는 곧 회복을 위한 일반적인 방법을 쓴다 하더라도 변화가 없는 상태를 말한다. 후자가 근육통성 뇌척수염 환자의 경험에 훨씬 더 가깝다.

이러한 표현은 서양의학 의사들과 전통 한의학 의사들이 이해하는 것과는 많이 다르다. 서양의학 의사는 내가 원인이 알려지지 않은 장기간의 혹은 만성적인 질병을 갖고 있다고 할 것이다. 이 병은 감기와 같은 증상으로 갑자기 발병하고, 피로감 증가, 불안함, 근육통, 관절통 등과 같은 증상을 보이며, 처음 일 년 동안은 심각한 면역이상이 나타나

---

60 이것의 원래 자료를 분실한 것이 안타깝다. 몇 년 전에 환자들을 위한 소식지에서 읽었던 것으로 기억한다.

고, 이후 지속되는 장애는 적응이 가능하다고 의사는 설명할 것이다. 미국의 질병통제예방센터 진단기준에 의하면, 내 병은 만성피로 면역장애증후군이다. 같은 질병이 영국과 캐나다에서는 근육통성 뇌척수염ME이라고 불린다. 나는 이러한 설명에 반박하지 않는다. 그것은 어느 정도 선에서는 정확한 설명이다.

전통 한의학 의사는 나에게 이렇게 말했다. 내가 과로했고, "심장"(여기서 의사가 말하는 "심장"은 서양의학적 의미보다 서양문학적 개념에 가까운데, 의사는 내가 심장으로 생각한다고 말했다)이 지쳤기 때문에 내 에너지, 즉 기氣가 복잡한 불균형 상태에 있으며, 여전히 내가 과로하고 있고 너무 많이 생각하기 때문에 충분히 숙면을 취할 필요가 있다는 것이다. 이 설명 역시 어느 정도 선에서는 정확한 설명이다.

따라서 나는 해석되지 않고 문화의 영향을 받지 않는 어떤 '순수한' 몸의 경험이 있으니 이를 의학과 여타의 사회적 억압으로부터 해방시켜야 하며 그 경험을 표현하는 용어를 개발해야 한다고 제안하려는 것이 아니다. 반대로 나는 자주 혹은 어쩌면 대부분의 경우에, 과학을 포함한 문화가 몸을 이해하는 것에 따라 몸의 경험이 많이 해석되고 영향을 받는다고 믿는다. 나는 생명의학이 생산해 낸 몸에 관한 용어와 지식이 우리가 몸으로 겪는 고통의 현상에 대해 소통하는 능력을 뒷받침해주기보다 이를 방해하는 경우가 많다는 것을 이야기하려는 것이다. 의료과학에서 가장 유용하게 쓰이는 개념적 분류체계는 종종 환자들의 가장 중요한 경험, 자신의 몸이 겪는 고통의 경험을 배제하거나 왜곡한다. 의학의 언어가 의사와 환자의 만남을 지배할 때, 그것은 의사와 환자를 멀어지게 하고, 환자가 대상화되고, 자신의 경험으로부터 소외되게 만든다.

18세기 초 독일 아이제나흐 지역의 한 의사는 1,800명 이상의 여성 환자들의 증상과 그들을 진단하고 치료한 내용을 기록했다. 그 의사의 기록을 연구한 바바라 두덴은 "통증을 언어로 표현하고 고통을 말로 애기한다는 것은 역사적인 현상이다. 이것은 통증을 견딜 수 있게 한다는 점에서 문화적 성취이다"라고 언급한다.[61] 두덴은 의사 요하네스 스토흐 Johannes Storch가 많은 환자들이 질병에 대해 호소한 내용을 수집하여 정리된 목록을 만들었는데, 이는 통증을 표현하는 언어가 가지는 역사적 특수성을 잘 보여 주는 증거이다. 다음은 그 목록을 짧게 발췌한 것이다.

> 혈액이 가슴을 향해 솟구침, 호흡 부족, 심한 호흡 부족, 가슴 답답함, 가슴 주변을 찌르는 통증, 불안감, 두려움, 심장에 나무말뚝이 박히는 느낌, 심장 밑의 조임, 심장 불안, 가슴에서 무엇인가 침식하고 있는 듯 느껴지는 통증, 불안, 심장의 두근거림, 가슴뼈 밑이 타 들어감.
> 고통스러운 자궁 산통, 자궁에서 느껴지는 공포와 불안함, 자궁의 문제, 경련, 넓게 벌어진 차가운 자궁, 자궁의 뭉침, 자궁에 불어오는 바람, 대개 입과 혀에서 나타나며 나중에 말을 못하게 만드는 자궁 경련.[62]

두덴이 쓴 책의 이 부분과 다른 많은 예시들에서 내가 흥미를 느끼는 것은, 비록 증상에 대한 일부 묘사가 현재 누구라도 서양의학 의사

---

61 Barbara Duden, *The Woman beneath the Skin: A Doctor's Patients in Eighteenth-Century Germany*, trans. Thomas Dunlap, Cambridge, Massachusetts: Harvard University Press, 1991, p.88.
62 ibid., p.90.

에게 얘기할 만한 설명과 동일하지만, 어떤 것들은 매우 낯설어 보이고, 분명히 현대 서양의학이 가지는 인간의(특히 여성의) 몸에 대한 개념과는 매우 다른 개념을 바탕으로 했다는 점이다. 물론 환자들이 호소한 내용을 의사가 기록한 것이고, 우리들은 의사가 그 내용을 어떤 식으로 재해석하거나 고쳐 썼을지 도무지 알 길이 없다. 그러나 현대 서양의 사고방식에서 이런 표현들이 낯설게 느껴지는 것은 과거에는 환자들이 매우 다른 개념틀 안에서 고통을 표현했으며, 그 개념틀을 상당 부분 의사와 공유했다는 점을 나타낸다. 또한 당시 환자들이 현대 서양의학의 문화적 권위 아래서 살고 있는 우리와는 매우 다르게 몸을 경험했음을 시사한다.

나는 생의학이 만들어 낸 몸에 대한 지식과 어휘가, 몸의 고통을 말로 표현하는 능력뿐만 아니라 몸으로 하는 경험의 가능성을 형성하거나 제한하는 방식에 대해 더 많은 탐구가 이루어지길 원한다. 내 생각에, 일부 서양인들이 비서양 '대체' 의술에 끌리는 것은 다른 개념을 통해 몸을 다르게 경험할 수 있을 것이라는 직감 때문이다. 또한 다른 개념틀을 가진 의료 종사자들이 환자의 몸의 경험을 더 주의 깊게 듣고 더 잘 이해해 줄 것이라는 희망 때문이기도 하다. 만성통증을 치료하고 만성통증과 더불어 살아가기 위하여 여러 가지 대체요법 접근을 시도한 사람으로서, 나는 만성통증을 다루기 위해 이제까지 있었던 것 중에 현대 서양의학이 가장 최악이 아닐까 생각한다.[63] 현대 의학은 의학으로 제거할 수 없는 고통을 치료하는 데 관심이 없을 뿐만 아니라, 현대 의학의 개념틀 자체에서 환자의 삶에 존재하는 고통의 의미와 맥락을 없

---

63 7장에서 나는 만성통증을 갖고 살아가기 위한 전략을 일부 설명한다.

애 버린다. 의미와 맥락이 종종 만성적 고통을 가지고 살아가는 데 핵심적임에도 말이다.

만성통증을 다루는 부분에서 과학적 서양의학이 최악이라는 것에 놀랄 필요는 없다. 육체를 통제할 수 있다는 환상과 육체를 통제하고자 하는 욕망은 의학의 우선순위를 결정할 때 상당히 많은 영향을 끼친다. 의료적 관행은 생명을 구하기 위한 중재에 집중하고, 완치할 수 없는 상태에 있는 환자의 삶을 돕는 데는 상대적으로 준비가 되어 있지 않다. 의학이 치료할 수 없는 한계와 고통을 가지고 살아가는 것에 관한 지식은 의학의 주변부에 머물고 있으며, 의학의 인지적·사회적 권위는 (4장에서 논의한 바와 같이) 장애와 치료 불가능한 질병에 대한 문화적 무지가 영원히 지속되도록 만든다.

의학이 '과학적이라는' 정체성을 가지고 있으며, 통제의 환상에 가담하고 있기 때문에, 서양의학은 종종 환자의 요구와 충돌을 일으킨다. 의료 종사자들은 환자 몸의 '객관적' 상태로 자신들의 성공을 측정하며 죽음을 가장 커다란 실패로 여기는 경향이 있다. 반면 환자는 자신들의 주관적 경험으로 치료자의 성공 여부를 판단하고, 절망적이거나 의미를 찾을 수 없거나 지지받을 수 없거나 인정받을 수 없는 고통의 사례를 의학의 가장 커다란 실패로 여길 가능성이 더 크다. 클라인만은 이렇게 환자의 요구와 충돌하는 것을 줄이도록 의학교육이 완전히 재구성되어야만 한다고 말한다.[64] 눌런드는 "오로지 아픈 이웃을 돌보기를 원하는 젊은 의학도가 자신도 모르는 사이에 점차 생의학의 문제 해결사로 변신하게 되는 미세한 변화 과정"을 묘사한다.[65] 불행하게도 의학계의 최

---

64 Kleinman, *The Illness Narratives: Suffering, Healing, and the Human Condition*, p.255.

고의 위치에서 인지적·사회적 권위를 얻은 사람은 보통 '객관적', '과학적' 시각과 가장 가깝게 동일시하는 사람이지, 환자의 관점을 가장 가깝게 알고 있는 사람이 아니다.

철학자들의 역할

생의학적 윤리학을 다루는 철학자는 보통 의학의 인지적·사회적 권위에 의문을 갖거나 비판하지 않는다. 대신 그들은 의학의 권위가 어떻게 개별 환자에게 윤리적으로 발휘될 수 있는지의 문제에 중점을 둔다. 또한 의료정책을 만들고 적용하는 것과 관련해 의학의 권위를 어떻게 윤리적으로 이용할 수 있는지에 초점을 맞춘다. 그들은 주어진 사회적 상황 그리고 힘과 자원의 분배를 당연하게 여기는 경향이 있다.[66] 생의학적 윤리학 역시 낙태나 안락사와 같은 삶과 죽음의 문제에 집착해 왔으며, 의학계에서 재활의학을 중요하게 여기지 않는 것처럼 장애인에게 중요한 다른 문제들을 사실상 무시해 왔다.

그러나 새롭게 떠오르는 여성주의 의료윤리학 분야는 의학의 관행과 권력을 너 큰 사회적 맥락에서 검토하고, 윤리적 관심을 개별 환자와 의료 종사자 간의 관계를 넘어선 영역으로, 죽음과 삶의 문제 이상으로 확장시킨다.[67] 수전 셔윈은 여성주의 생명윤리학이 제도적 구조, 정보와 행위를 통제하는 권위주의 관행, 남녀 환자에 대한 차별대우를 비판한

---

65 Sherwin B. Nuland, *How We Die: Reflections on Life's Final Chapter*, New York: Vintage Books, 1993, p.247.

66 Anthony Weston, "Toward a Social Critique of Bioethics", *Journal of Social Philosophy* 22(2), 1991; Sherwin, *No Longer Patient: Feminist Ethics and Health Care*.

67 Sherwin, *No Longer Patient: Feminist Ethics and Health Care*.

다고 설명한다. 그리고 여성 건강의 다른 측면들을 희생하면서 재생산 능력에만 강박적으로 집중하는 것, 의학의 권위로 여성의 정신적·신체적 '정상성'에 대한 사회적 기준을 정하고 남녀 모두에게 '정상적' 성의 기준을 정하는 것에 대해서도 비판한다고 말한다. 따라서 여성주의 의료윤리학은 이미 의학의 인지적·사회적 권위의 일부분을 비판하는 일에 전념하고 있다. 이러한 여성주의 비평은 알려지지 않은 질병이나 불치병을 가진 사람들과 장애인의 경험을 더 많이 고려함으로써 더욱 확장되고 심화될 것이다.

6장 장애와 여성주의 윤리학

장애인과 이들을 보조하고 돌보는 사람들의 경험과 관심사는 여성주의 윤리학의 주된 철학적 주제이자 실질적인 문제인 낙태, 안락사, 의료제도 개혁에 접근하는 방식과 밀접한 관계가 있다. 이 장에서 나는 장애인과 이들에게 돌봄과 보조care[1]를 제공하는 사람들이 제기하는, 여성주의 윤리학에서 논의되는 주요한 관심사를 다룸으로써 이러한 관련성을 보여 주고자 한다. 여기에서 나의 목표는 그러한 문제들에 관해 어떤 특정한 입장을 주장하거나 나의 결론을 설명하는 것이 아니라, 그러한 문제들을 적절하게 다루기 위해서는 장애의 경험을 가진 사람들, 특히 그 중에서 여성주의 관점을 가진 사람들의 분석이 반드시 필요함을 보여 주는 것이다.

여성주의 윤리학은 현재, 장애인의 삶에 매우 중요한 함의를 가지

---

1 Care는 한국어로 케어, 돌봄, 보살핌으로 번역되어 왔고, 일본에서는 개호(介護)라고 번역된다. 이 글에서 Caregiver는 주된 보호자, 간병인, 활동보조, 양육자 등을 포함한다. 장애인이 주고받는 지원의 종류와 문맥에 따라 "돌봄과 보조" 또는 "돌봄", "보살핌", "양육", "보호" 등을 혼용하여 번역하였다.——옮긴이

는 핵심적이고 서로 관련된 두 가지 철학적 문제를 두고 고심하고 있다. 첫째는 돌봄을 필요로 하는 사람에게 이를 제공해야 하는 책임과 관계성을 강조하는 돌봄의 윤리학ethic of care을 어떻게 개인과 개인이 가진 권리, 의무, 자유를 강조하는 전통적인 정의의 도덕성morality of justice과 통합할 수 있는가 하는 것이다. 둘째는 자율성과 독립성이라는 전통적인 윤리적 이상을 어떻게 해야 할 것인가에 대한 문제이다. 여성주의 윤리학자들은 자율성과 독립성이 여성의 삶보다 남성의 삶을 더 반영한다는 점을 비판해 왔다. 이와 관련된 문제는 과연 이런 윤리적 이상을 보존해야 할 것인가, 수정해야 할 것인가 아니면 거부해야 할 것인가라는 점이다.

돌봄의 윤리학과 정치학

돌봄의 윤리와 그것이 돌봄의 실천 및 정치학과 맺는 관계에 대한 여성주의 논의는 대부분 돌봄을 제공하는 사람의 관점에서 이루어져 왔다. 대개 돌봄을 제공하는 사람은 도움이 필요 없는 사람인 것처럼 논의되고, 흔히 돌봄을 받는 사람은 돌봄의 내용과 방식에 대해 보조하는 사람과 협상을 할 수 있을 만큼 동등하지 않다고 가정한다. 돌봄의 윤리에 대한 논의에서 기준이 되는 상황은 비장애성인이 비장애아동을 돌보는 상황이다.[2] 하지만 돌봄을 필요로 하는 많은 아동들이 장애를 가지고 있고, 장애아동을 돌보는 것은 비장애아동을 돌보는 것과 완전히 다르다.

2 Joan C. Tronto, *Moral Boundaries: A Political Argument for an Ethic of Care*, New York: Routledge, 1993, p.103.

또한 보조하는 역할을 하는 많은 사람들에게도 도움이 필요하다. 보조와 돌봄을 필요로 하는 장애인은 돌봐야 할 자녀가 있는 부모이기도 하다.[3] 그들은 다른 장애인을 챙겨 주는 친구이기도 하고, 친척이기도 하다.[4] 이는 곧 돌봄에 대한 적절한 윤리학이 돌보는 사람이 가진 욕구와 상호적인 돌봄의 가능성을 반드시 고려하여야 한다는 것을 의미한다. 또한 돌봄을 필요로 하는 사람 중 다수가 장애를 가진 성인들이다. 미국의 대규모 조사에 따르면, 평균적으로 여성은 17년 동안 아이들을 돌보고, 이에 더해 18년을 아프거나 장애가 있는 성인 가족(배우자 제외)을 보살피면서 보낸다고 한다.[5] 대부분의 아동들의 경우 자신의 삶에 대해 결정을 내릴 준비가 되어 있지 않거나 그럴 능력이 없지만, 대부분의 장애인은 자신의 삶에 대한 모든 결정을 직접 내리기를 원하고 그럴 능력이 있는 사람들이다. 이는 곧 돌봄에 대한 적절한 윤리학이 돌보는 사람과 돌봄을 받는 사람 양쪽이 모두 능력 있는 성인이면서, 한 사람이 다른 사람의 신체적인 보조를 필요로 하는 경우에 일어나는 문제를 다룰 수 있어야 한다는 것을 의미한다. 또한 한쪽의 능력이 부분적이거나 불안정하거나 쇠퇴해 가는 경우에 (예를 들어, 한 사람이 정신적 장애가 있을 때) 일어나는 애매하고 복잡한 관계를 다룰 수 있어야 한다. 따라서 돌봄을 중요시하는 윤리학을 만들어 낼 때, 장애인, 그리고 장애인을 보조하고 돌보는 사람의 경험과 생각, 감정을 참고하는 것이 필수적이다.

3 Susan Shaul, Pamela J. Dowling, and Bernice F. Laden, "Like Other Women: Perspectives of Mothers with Physical Disabilities", eds. Mary Jo Deegan and Nancy A. Brooks, *Women and Disability: The Double Handicap*, New Brunswick, NJ: Transaction Books, 1985.

4 Jenny Morris, *Pride Against Prejudice: Transforming Attitudes to Disability*, Philadelphia, PA: New Society Publishers, 1991, pp.166~167.

5 G. W. Weinstein, "Crisis of Elder Care", *Ms.*, October 1989, p.73.

바버라 힐리어는 중복장애가 있는 딸과의 관계를 통해서, 또한 장애인 옹호자이며 여성주의자로서의 자신의 경험을 통해서 알게 된 돌봄에 대한 여러 가지 좋은 의견들을 제시한다.[6] 장애아동을 돌보는 어머니들의 경우 비장애인을 돌보는 어머니들과는 매우 다른 것들이 필요하고, 보살피는 상황 자체가 장애아와의 관계에 깊은 영향을 미친다. 예를 들어 장애아의 어머니는 의료 전문가들과 기관들에게 자신의 자녀가 적절한 치료와 서비스를 받을 수 있게 해달라고 부탁해야 하는 위치에서 이들과 상호작용해야 하는 경우가 많다. 이런 상호작용 중에 이들은 빈번하게 어머니로서의 지위가 매우 축소되어 자신의 아이에 대해 알고 있는 것을 무시당하고 인정받지 못하기도 한다.[7] 의료 전문가들과 기관들은 장애아동의 어머니가 아이를 보살피기 위해 자신을 완전히 희생할 것이라고 가정한다. 더욱이 아동이 장애를 가진 것에 대해, 치료 프로그램이 효과가 없는 것에 대해, 또 아동이 '독립적'이 될 능력이 없는 것에 대해 부모(특히 어머니)를 비난하기도 한다. 간략히 말해서, 장애아의 어머니들은 비장애아의 어머니들보다 기관의 통제와 관료적인 점검, 보살핌의 질에 대한 사회의 가치판단으로부터 더 많은 영향을 받는다.

장애아와 어머니의 관계에는 또한 더 심한 스트레스가 따라올 수 있다. 돌보는 과정에서 엄마는 아이가 싫어하는 약을 억지로 먹여야 하

6 Barbara Hillyer, *Feminism and Disability*, Norman and London: University of Oklahoma Press, 1993.

7 힐리어는 주로 다른 전문가들 사이에서는 전문가로 인정되는 지위에 있는 자신이, 장애아의 어머니 역할을 할 때에는 딸의 치료에 대한 회의에서 자신의 의견이 무시되는 등 지위가 낮아지는 상황이 있다고 말한다. 다른 전문가를 함께 대동하여 자신이 딸에 대해 말한 것을 그 사람이 그대로 되풀이해서 설명을 할 때에서야 자신의 의견이 반영되었다고 한다(Hillyer, *Feminism and Disability*, p.180).

기도 하고, 재미없고 아프기도 한 치료요법을 집에서 시행해야 하기도
하고, 무섭고 아픈 치료를 위해 아이를 의사와 병원에 넘겨야 하기도 한
다.[8] 힐리어가 지적한 대로 돌봄의 이런 임무들이 아이의 생명을 구하거
나 아이가 더 나은 삶을 살 수 있게 해주기도 하지만, 아이들은 학대받
는 것처럼 느끼거나 사랑과 보살핌을 제대로 받지 못하는 것처럼 경험
하고 기억할 수 있다. 비장애아의 어머니들도 아이에게 그런 일들을 해
야 할 때가 있지만, 비교적 흔치 않은 일이고, 이렇게 가끔 있는 일 때문
에 관계에 심각한 문제가 생기거나 아이와 엄마 사이에 원망과 죄책감
의 감정을 불러일으키는 경우는 별로 없다.

　게다가 바람직하다고 여겨질 만큼 자녀가 '독립적으로' 크지 못한
경우, 자녀들과 장애운동가들이 성인 장애인의 어머니를 비난하는 일
이 흔하다고 힐리어는 말한다. 집에서 다 큰 장애인 자녀를 보살피는 부
모들은 부모의 보살핌으로부터 독립하려고 애쓰는 젊은이들을 묶어 두
고 있는 것처럼 보일 수 있다. 그런데 이런 상황에서 가능한 대안이라고
는 수용인원이 너무 많고 질이 형편없는 시설뿐이기 때문에 집에 있도
록 하는 경우가 많다. 하지만 힐리어는 때때로 부모들이 장애가 있는 자
녀를 독립시켜 내보내는 것을 힘들어하는 경우도 있고, 자녀가 부모를
필요로 하는 상황에 감정적으로 매달리는 경우도 있음을 부정하지 않
는다. 그러면서도 사회가 장애인에게 적절한 자원을 제공하지 못하면
서 '독립'이라는 높은 이상을 이루기를 요구하는 것 때문에 부모, 특히
어머니들이 희생양이 되는 경우가 많다고 힐리어는 강조한다. 그런 사

---

8 ibid., p.97; Deborah Samuelson, "A Letter to My Daughter/Myself on Facing the Collective
　Fear of Being Different", *Feminist Studies* 12(1), 1986.

회는 어머니의 보살핌을 착취하고 그들에게 무제한의 희생을 요구한 뒤에 어머니의 보살핌이 지나치다고 비난한다.

힐리어는 또한 장애인의 보조인으로 고용된 사람들 중에 즉각적인 도움을 제공하거나, 도움을 받는 사람과 날마다 접촉하는 사람들은 활동보조인, 간호보조인, 가사도우미이며 이들이 임금을 가장 적게 받는다고 지적한다. 이러한 저임금 보조인들은 보통 소수민족 사람들로, 장애인에게 서비스를 제공하는 기관의 관료적인 위계에서 가장 낮은 지위에 있다. 이들이 고객의 욕구와 능력에 대해 밀접하게 알고 있는 지식은 어머니가 아이에 대해 알고 있는 지식과 마찬가지로 별로 중요하지 않게 여겨지고 거의 알려지지 않는다. 이런 보조인들의 돌봄을 둘러싼 사회적 조건들은 곧 이들이 권위는 없고 책임만 가지고 있다는 것을 의미한다. 힐리어는 모든 종류의 돌봄 노동자들의 관점에서 돌봄의 경험을 이해해야 할 필요가 있다고 강조한다. 이런 이해가 확산되면 장애인들에 대한 돌봄의 질이 좋아지고, 돌봄 노동자들이 필요로 하는 것들에 대해 보다 현실성 있는 인식을 가질 수 있다고 힐리어는 생각한다.

힐리어는 돌봄이 이루어지는 사회적이고 정치적인 맥락과 이를 제공하는 사람의 욕구를 인정해야 한다고 주장함으로써 돌봄의 윤리학에 대한 여성주의 논의에 주요한 기여를 했다. 그동안 우리가 해온 철학적인 논의는 돌보는 사람들의 복지와 실제적인 한계를 간과해 왔다고 생각한다. 돌보는 사람이 돌봄을 전혀 받을 필요 없이 다른 사람에게 돌봄을 제공할 수 있다고 전제하는 돌봄의 윤리학은 실제 생활에서는 현실성이 없다. 다른 한편 돌봄을 둘러싼 사회적이고 정치적인 맥락은 돌봄의 윤리학과 정의正義를 바탕으로 한 윤리학 사이에서 어떻게 균형을 맞출 수 있는가 하는 논쟁의 중요한 주제가 되어 왔다. 여성주의 윤리학자들은 여성의 돌보는 일이 착취되어 왔다는 사실과 많은 여성이 돌보는 일을 선택한 것이 아니라 그렇게 하도록 사회화되었거나 압력을 받아서 돌봄을 제공하고 있다는 것을 인식하고 있다. 또한 그들은 돌봄의 윤리학이 여성의 지속적인 종속과 착취를 뒷받침하는 방식으로 이용될 위험성을 인식하고 있다.[9] 이 문제에 대해서 힐리어는 장애인을 위한 돌봄이 이루어지는 맥락의 여러 측면을 덧붙임으로써 돌봄이 이루어지는 사회적이고 정치적인 맥락에 대한 논의를 풍부하게 하였다.

힐리어와 극명한 대조를 이루는 입장을 가진 제니 모리스는 장애를 가진 영국의 여성주의 작가이자 연구자이다.[10] 모리스는 여성의 돌봄에 대한 여성주의의 정치 분석이 거의 독점적으로 돌봄을 제공하는 사람의 입장에서 이루어져 왔다고 주장한다. 또한 그러한 분석은 "돌봄을 받는" 사람을 의존적이고 수동적인 수혜자라고 가정하며, "여성"이라는 범주와 "여성주의자"라는 범주에 돌봄을 필요로 하는 여성은 포함시키지 않는다고 말한다. 그러한 분석의 한계가 가져온 매우 치명적인 결과는 (영국의) 여성주의자들이 장애인을 위한 "지역사회 돌봄" 확대에 반대하고 나섰던 일이다. 여성주의자들은 지역사회 돌봄을 확대하는 깃이 여성의 무임노동에 대한 착취를 증가시킬 위험을 강조한다. 왜냐하면 "지역사회 돌봄"은 대개 집에서 돌보는 것을 의미하기 때문이다. 모리스도 그런 경우 여성의 무임노동이 착취될 위험성을 인정한다. 그렇지만 비장애 여성주의자들이 그러한 분석 과정에 장애인의 주관적인 경험을 통합시키지 못함으로써, 많은 장애인들(장애여성주의자를 포함

---

9 Susan Sherwin, *No Longer Patient: Feminist Ethics and Health Care*, Philadelphia: Temple University Press, 1992, pp.42~57을 보라.

10 Morris, *Pride Against Prejudice: Transforming Attitudes to Disability*.

한 사람들)이 반대하는 시설 보호 제도를 너무나 쉽게 지지하게 되었다는 것을 모리스는 지적한다. 더구나 모리스는 장애 운동가들이 집과 가족을 억압적인 공간으로 생각한다는 것을 지적한다. 장애인들은 가족의 돌봄에 의존하는 것보다는 서비스를 구매할 수 있는 권리를 원한다. 따라서 여성을 착취하고 장애인을 억압하는 기존의 가족구조를 반대하기 위해 비장애 여성주의자들과 장애인들이 연대를 할 수 있는 가능성이 존재한다. 하지만 그런 연대는 비장애 여성주의자들이 '우리'(돌보는 여성)와 '그들'(의존적인 사람)이라는 이분법을 타파하고, 돌봄을 받는 사람의 관점이 돌봄에 대한 여성주의의 분석에서 핵심적으로 다루어지기 전까지는 일어날 수 없다.[11]

모리스가 돌봄을 받는 사람들의 관점을 강조하고 힐리어가 돌봄을 제공하는 사람의 관점을 강조하고 있긴 하지만, 두 사람은 한 가지 중요한 관심사를 공유하고 있다. 그것은 돌봄을 제공하는 사람은 돌봄이 필요 없다거나 돌봄을 받는 사람은 돌봄을 제공하지 않는다는 기존의 전제에 대한 것이다. 이런 전제 때문에 돌봄을 제공하는 많은 사람이 가진 현실적인 욕구와 실제 보살핌의 상황에 존재하는 상호적인 본질을 알아볼 수 없게 된다는 것이다. 힐리어는 장애여성과 장애여성을 돌보는 사람들 사이의 상호성reciprocity이 모든 사람에게 상호성의 모델을 제공할 수 있을 것이라고 제안한다. 하지만 그것은 "우리가 장애여성들과 그들을 보조하고 돌보는 사람들이 깨닫게 된 것을 심사숙고하여 듣고, 그 사람들이 하는 말에 대한 신뢰를 가져야만 가능한 것이다".[12] 돌봄의

---

11 Morris, *Pride Against Prejudice: Transforming Attitudes to Disability*, pp. 167~168.

12 Hillyer, *Feminism and Disability*, p. 18.

윤리학을 발전시키는 데 중요하다고 여겨지는 상호성이라는 주제에 대해서는 의존성과 독립성을 논의할 때 다시 언급할 것이다.

애니타 실버스는 고등교육 내 장애인 통합 운동을 이끄는 사람이다.[13] 그녀는 돌봄의 윤리학과 평등의 윤리학이 장애인의 삶에 미치는 영향을 고려하면서, 평등의 윤리학과 비교하여 돌봄의 윤리학을 평가한다.[14] 실버스는 돌봄의 윤리학이 제도화되면 장애인이 스스로를 보살핌받는 의존적인 수혜자라는 사회적인 역할로 제한하게 된다고 주장한다. 그로 인해 장애인이 자신을 무능력하고 보살핌이 필요한 사람으로 만든다는 것이다.

평등의 윤리를 돌봄의 윤리로 대체하는 것은 가부장제를 타파하기는 커녕 더욱 억압적인 온정주의라는 위험을 가져온다. 도움을 주는 관계가 자발적이라 할지라도 그 관계가 불균형하다는 것에 주목하면 이를 잘 이해할 수 있다. 도움을 주는 사람은 어떤 방식으로 도움을 주고 싶은지 선택할 수 있지만, 도움을 받는 사람은 어떤 방식으로 도움을 받을지 선택하지 못한다. 자신에게 제공된 방식의 도움을 거부하기로 선택하는 순간, 단순히 도움을 받지 않겠다고 하는 것일 뿐만 아니라 도움으로 이루어지는 관계 자체를 그만두는 것이 되기 때문이다. 다른 사람에

---

13 Anita Silvers, "Reconciling Equality to Difference: Caring (F)or Justice For People with Disabilities", *Hypatia: A Journal of Feminist Philosophy* 10(1), 1995.

14 실버스는 이를 '정의로움 대 돌봄'이라는 대결구도로 몰고 가지는 않는다. 대신 "정의가 평등의 기준을 잣대로 하여 평가될 수 있는지(여기서 평등은 중립성을 의미한다), 아니면 차이를 기준으로 하여 평가되어야 하는지(여기서 차이는 현실을 개선하기 위한 의도적인 편중성을 의미한다)"와 같은 질문으로 설명한다(ibid., p.53). 그럼에도 실버스의 논의는 돌봄에 기반한 윤리학, 그리고 평등과 같은 전통적으로 정의와 관련된 이상에 기반한 윤리학이 가진 상대적인 장점에 대한 논쟁에 더 많은 관련이 있다.

게 도움을 받는 방식으로 주로 관계를 맺는다는 것은, 도움을 받는 상태에 남아 있는 한 도와주는 사람에게 자신의 선택권을 빼앗기는 것을 의미한다. 물론 도움이 억압적일 필요는 없다. 애정을 바탕으로 한 유대감과 존중을 바탕으로 한 유대감은 서로 돕도록 하기 때문이다. 도움을 받는 것의 목적이 이전에 종속적이었던 사람들의 사회적인 성장을 위한 것이라면, 도움 자체를 제도화할 수는 없다. 그 대신 서로 나누고 공동체를 만들고 평등해지려는 실천의 틀 안에서 도움이 일어나야 한다. 그럼으로써 도움이 근본적으로 갖는 불균형적인 특성을 바로잡는다.[15]

나는 돌봄의 윤리가 가진 가능성에 대해, 또 제도화된 돌봄의 윤리에 대해 실버스보다는 낙관적으로 생각하는 편이다. 돌봄을 받는 사람을 계속해서 의존하게 만들거나 거기에 종속된 사회적 역할을 강요하지 않는 돌봄의 윤리학이 가능하다고 본다. 예를 들어 교육의 경우, 실버스가 지적한 형태의 돌봄이 가진 함정과 비슷한 점을 많이 갖는다. 가르침의 경우 불균형적인 관계를 피할 수 없고, 학생은 교사에게 종속되고 의존하게 되며, 학생과 교사는 변화가 일어나지 않는 사회관계 속에 놓여 있다. 하지만 반드시 그럴 필요는 없다. 제도화된 구조에서 교육과 윤리를 실천하는 경우라도 적절한 교육의 윤리는 교사와 학생 모두 종속과 의존을 넘어 발전해 가면서 변화하는 관계를 추구하는 것이며, 나는 그것이 실제로 현실이 될 수 있다고 생각한다. 실버스도 돌봄을 주고받는 관계의 억압적인 가능성을 극복할 수 있는 제도를 고민하고 있는

---

15 Anita Silvers, "Reconciling Equality to Difference: Caring (F)or Justice For People with Disabilities", p.41.

것으로 보아, 실버스와 나는 아마 이 주제에 대해 그다지 다르게 생각하지는 않는 것 같다. 하지만 실버스가 돌봄의 윤리에 대해 지나치게 비관적이라 하더라도, 실버스의 경고는 시기적절하고 중요한 것이다. 실버스는 제도를 만들어 낼 때 돌봄의 윤리를 사회적인 평등보다 더 우선시하는 위험에 대해 경고한다. 돌봄의 윤리가 가진 함정들 중 어떤 것들은 우리가 장애를 가진 성인을 돌봄의 수혜자로 상상해 볼 때 좀더 분명하게 드러난다는 점을 실버스는 잘 보여 주었다. 장애인에게 무능력하고 의존적인 역할을 하도록 부당하게 강요해 온 역사의 무게 때문에 장애인들이 고생하고 있기 때문이다. 실버스는 우리가 윤리적인 이상을 제도화하려고 할 때, 장애인들에게 생길 수 있는 결과에 대해 아주 신중히 고려하여야 한다는 것을 말해 주었다.

의존성, 독립성, 상호성

비장애 여성주의 윤리학자들은 자율성과 독립성을 윤리적인 이상理想으로 삼는 것을 비판해 왔다. 자율성과 독립성이란 개념을 통해서는 독립적이기보다 상호의존적이며, 자율적이기보다 서로 연결되어 있는 여성의 삶의 경험을 대변하거나 존중하지 못하기 때문이다.[16] 이들은 이런 질문을 던졌다. 자율성과 독립성을 대체할 수 있는 이상적인 가치는

16 Carol Gilligan, *In A Different Voice: Psychological Theory and Women's Development*, Cambridge: Harvard University Press, 1982; Susan Sherwin, "A Feminist Approach to Ethics", *Dalhousie Review* 64(4), 1984-85; Susan Sherwin. "Feminist Ethics and In Vitro Fertilization", eds. Marsha Hanen and Kai Nielsen, *Science, Morality and Feminist Theory*, Calgary: University of Calgary Press, 1987; Sherwin, *No Longer Patient: Feminist Ethics and Health Care*; Eva Feder Kittay and Diana T. Meyers eds., *Women and Moral Theory*, Totowa: Rowman and Littlefield, 1987.

무엇인가? 우리가 다른 사람에게 의존하는 것과 다른 사람이 우리에게 의존하는 것에 관련된 대안적인 덕목의 개념은 무엇일까? 이와는 다른 이유로, 장애인과 장애인에게 보조와 돌봄을 제공하는 사람들 또한 자율성과 독립성을 의심할 수 없는 이상으로 받아들이는 것에 대해서 질문을 던진다. "자립생활"independent living은 장애인 단체들이 오랫동안 쟁취하고자 해온 중요한 목표였다. 자립생활이라는 개념에는 많은 장점이 있고, 특히 독립성이 핵심적인 가치로 여겨지는 사회에서는 더욱 그러하다. 하지만 자립생활의 개념은 다른 사람의 많은 도움 없이는 살 수 없는 사람의 자존감을 떨어뜨리고, 의존적인 관계나 상호의존적인 관계를 무시하거나 비하하는 경향이 있다. 더욱이 다른 사람이 적절하다고 정한 목표를 달성해야 한다고 장애인에게 비현실적으로 요구하거나, 필요한 서비스를 제공하지 않기 위해 장애인이 독립적이어야 한다고 핑계를 대는 경우, 독립이라는 이상은 장애인에게 해로울 수 있다. 이처럼 의존성과 상호의존적인 관계를 인정하고, 이에 가치를 부여하고, 이를 발전시켜 나갈 대안적인 이상을 설정하는 것의 문제는 비장애여성의 삶, 장애여성과 장애남성의 삶에 민감한 윤리학을 원하는 사람들 사이에서 공유되는 과제이다.

제니 모리스는 비장애세계에서 독립을 이해하는 바에 따라 만들어진 몇 가지 환상을 지적한다.[17] 산업화된 사회에서 살고 있는 대부분의 비장애인들은 "일상생활 활동"activities of daily living[장애평가에 이

---

17 다른 여성주의자들이 쓴 장애에 관한 글도 '독립'에 대해 비슷한 비판을 한다. 특히 Debra Connors, "Disability, Sexism and the Social Order", eds. Susan E. Browne, Debra Connors, and Nanci Stern, *With the Power of Each Breath: A Disabled Women's Anthology*, San Francisco: Cleis Press, 1985.

용되는 용어]이라고 불리는 것들, 즉 씻기, 옷 입기, 요리하기, 쇼핑하기, 청소, 글씨 쓰기 등의 활동을 스스로 수행할 수 있는 것을 독립의 필요조건이라고 믿으며 따라서 장애인들이 이를 하지 못할 때 의존적이라고 본다. 이때 비장애인들은 자신들이 서비스에 의존하는 것, 예를 들어 수도꼭지를 통해 나오는 물에 의존하는 것 때문에 자신의 '독립성'에 장애가 있다고 인식하지 않는다. 하지만 "강에서 물을 길어 오는 우리 자신의 노력에 의존하기보다, 수도꼭지로 물을 내보내는 수도기술에 의존할 수 있는 사회 제반 시설과 기술을 만들어 내는 것이 가능한 것처럼, 장애인이 가진 의존성의 성격을 바꿀 수 있는 기술과 서비스를 발전시키는 것도 가능하다".[18]

"독립성"도 분명히 "장애"와 마찬가지로 한 사회에서 사람들이 '정상적으로' 수행하는 것이 무엇이고, 어떻게 그 활동들을 하는지에 대한 기대에 따라 정의된다. 내가 사는 도시에서는 수도에서 나오는 물을 제공받기 위해 다른 이들에게 의존한다고 해서, 난방을 하고 불을 밝히고 컴퓨터를 작동하고 세탁을 하는 데 필요한 전기를 얻기 위해 다른 이들에게 의존한다고 해서, 음식과 옷을 직접 만들지 않고 시장에서 산다고 해서 나를 '의존적'이라고 보는 사람은 별로 없다. 어쩌면 어떤 사람들은 내가 정원에서 무거운 것을 들지 못해서 정원사에게 의존해야 하고 집 청소를 하기 위해 청소 서비스에 의존해야 하는 것 때문에 나를 '의존적'인 사람이라고 생각할 수도 있다. 하지만 이런 서비스는 자신이 이런 것을 직접 하지 못해도 스스로를 '독립적'이라고 생각하는 사람들 또한 많이 이용하는 것이다.[19] 이런데도 내가 침대에서 일어날 때, 화장실

---

18 Morris, *Pride Against Prejudice: Transforming Attitudes to Disability*, p.140.

갈 때, 목욕할 때, 옷 입을 때, 밥 먹을 때, 이 닦을 때 다른 사람의 도움을 받으면 사람들은 내가 매우 '의존적'이라고 간주할 것이다. 누가 '독립적'인 사람인가에 관련한 우리의 생각이 철학적으로 임의적이라는 것이 분명해 보인다. 심리적으로는 그것이 임의적이지 않을 수도 있다. 많은 성인들이 유아기에 필요로 했던 신체적인 도움 같은 것을 필요로 하지 않는 것에 자부심을 갖는 듯하다. 아마도 우리가 아이들을 좀더 존중하는 마음을 갖고 그것을 표현한다면 아이들과 성인들을 구분하는 것이 그렇게 중요하지 않을 수 있을 것이다. 어쨌든 물, 음식, 보금자리, 옷을 자신이 직접 해결할 수 있는 사람이 봤을 때, 산업화된 사회에서 살아가고 있는 우리들 모두는 갓난아기처럼 무능력해 보이리라는 사실을 기억해야 한다.

하지만 특정한 종류의 도움을 필요로 하지 않는 것과 독립적인 것을 대놓고 찬양하는 사회에서 기본적인 신체 활동 중 어떤 부분을 다른 사람에게 의존하는 것은 모욕적인 일이 된다. 더욱이 그런 도움을 제공하는 조건으로 도움받는 사람의 삶을 마음대로 통제하는 상황이 매우 흔하게 일어난다. 그렇기 때문에 비장애인처럼 독립적으로 살 수 있는 가능성을 가진 장애인이나 오랜 고생 끝에 독립이라는 목표를 달성한 장애인이 자신들의 독립성을 매우 중요하게 생각하는 것은 당연하다. 초기 장애인권운동은 '독립성'에 부여된 높은 사회적 가치에 문제를

19 장애가 없는 기혼남성이 보통 쇼핑, 요리, 집 청소, 정원 관리를 해보지 않았고 어떻게 하는지 모르는 경우에도 '의존적'이라고 여겨지지 않는다는 점은 주목할 만한 일이다. 이런 일을 하면서 유급 노동을 하지 않는 비장애 기혼여성은 '의존적'이라고 여겨진다. 메러디스 킴볼은 특권이 있는 상류층 사람들이 제공받는 도움은 이들을 의존적으로 만드는 것이 아니라 이들의 독립에 기여하는 것으로 보인다고 지적한다(Meredith M. Kimball, *Feminist Visions of Gender Similarities and Differences*, Binghamton, NY: The Haworth Press, 1995).

제기하지 않은 채, 공공장소, 행사, 교육, 훈련, 직업에 접근할 수 있기를 요구하면서 장애가 있는 구성원들이 보다 독립적이 되기를 지향했다. 하지만 장애인들은 장애운동에서 강조한 '독립성' 때문에 대가를 치러야 했다. 셰릴 매리 웨이드는 독립성에 대한 강조가 '비장애인 같은 장애인'이라는 장애인의 새로운 이미지를 만들어 냈다고 지적한다.[20] 또한 생활의 중요한 부분을 차지하는 신체적 한계, 약점, 취약함이 가진 중요성을 받아들이려 하지 않는 거부감도 나타났다. 독립성에 대한 강조는 도움이 필요한 것들에 따라오는 수치심을 줄이지 못하고 오히려 그것을 강화하게 되었다고 한다.

대놓고 말하자면──이런 생리현상은 대놓고 말할 수밖에 없기 때문에──우리는 대소변을 보고 나면 누군가가 엉덩이를 닦아 주어야 한다. 대변을 보기 위해서 다른 사람이 항문에 손가락을 넣어 주어야 하기도 한다. 소변을 보기 위해 플라스틱관을 몸 속에 삽입해야 하기도 하고, 항문과 요도를 몸의 다른 부분으로 빼내어 몸에 주머니를 달고 그 안에다 대소변을 보아야 하기도 한다.

활동보조가 필요한 사람과 그렇지 않은 사람의 차이는 사생활을 가질 수 있는 사람과 그렇지 않은 사람이라는 것이다. 우리는 이런 것들을 거의 이야기하지 않는다. 우리가 이런 얘기를 할 때는 장애인들끼리 통하는 유머나 일반적인 말로 돌려 말하면서 숨기게 된다. 현실을 인정하자.

---

20 Cheryl Marie Wade, "It Ain't Sexy", ed. Barrett Shaw, *The Ragged Edge: The Disability Experience from the Pages of The First Fifteen Years of The Disability Rag*, Louisville, KY: Advocado Press, 1994(최초 출간 1991년); Cheryl Marie Wade, "Identity", *The Disability Rag and ReSource*, September/October 1994.

그런 얘기를 하기를 꺼리는 이유는 우리가 이런 생리현상과 관련된 도움에 대해 매우 심한 수치심을 느끼기 때문이다. 이런 생리현상과 관련된 보조는 아기들과 '고장 난' 사람들에게만 필요한 것이다.

이런 수치심은 뿌리가 매우 깊기 때문에, 또한 장애인이 능력 있다는 것만을 강조하면서 우리들의 운동에서도 이런 수치심을 지속시키고 있기 때문에, 우리에 대한 거짓된 언어를 빌려 오게 되고 이런 언어가 우리의 운동의 일부가 된다. 수많은 장애인이 침대에서 일어날 수조차 없고 활동보조 없이는 생존할 수 없는 상황에서 우리의 운동은 편의시설이 장착된 버스를 위해 모든 힘을 쏟아부으면서 현실적인 삶의 표면에서만 겉돌고 있는 것이다. 이는 우리가 살아가는 사생활이 없는 세계를 이해하지 못하는 사람들 앞에서 수치스러운 생리적인 욕구에 대해서 말하고 싶어 하지 않기 때문이다. 그 상대가 장애인 동지일 경우에도 그렇다. 우리는 기본적인 진실 즉 우리 몸 중 어느 한 구석도 (머릿속에서 상상하는 경우만 빼고) 사적인 부분이 없다는 것을 소리내어 말하고 싶어 하지 않는다.

그렇다. 이런 점이 사생활이 있는 몸을 가진 당신들과 우리를 구분하는 것이다. 정말 그렇다. 이것은 너무나 의미심장한 차이다. 우리가 수치심 때문에 침묵한다면 그것은 계속 의미심장한 차이로 남아 있을 것이다. 이 세상에서, 우리들 안에서 정말 편안해지고 싶다면 우리는 이런 것들을 소리내어 말해야 한다. 그리고 생생한 언어로 말해야 한다. 그래야 그런 활동보조가 일상생활에서 꼭 필요한 것으로, 매일 우리가 겪어야 하는 어려움으로 이해될 수 있다. 우리가 생리적 욕구에 대해 너무 수치스러워하며 드러내 놓고 말할 수 없다면, 어떻게 (활동보조에 대한) 권리를 주장할 수 있단 말인가?[21]

「정체성」이란 글에서 웨이드는 장애운동가로서의 자신의 정체성 때문에, 몸이 말을 듣지 않게 되기 전까지는 몸이 가진 한계를 인정하기 어려웠다는 이야기를 한다.[22] 이는 자신의 건강에도 좋지 않았을 뿐만 아니라 자아 이미지와 자존감에도 안 좋은 영향을 주었다고 말한다. 웨이드는 "비장애인 같은 장애인이라는, 정치적인 장애 정체성에서 결여된 것은 불구의 몸에 대한 진정한 존중감이었다".[23]

그저 살아가기 위해 언제나 다른 이들로부터 많은 도움을 받아야 하는 사람들이 존재한다(예를 들어 몸을 거의 마음대로 움직일 수 없는 사람들이 있다). 또한 항상 그런 것은 아니지만 때때로 많은 도움이 필요한 사람들이 있다. 가끔 매우 심하게 아픈 사람들 같은 경우이다. 모든 사람이 존중을 받고 자아존중감을 갖기 위해 '독립성'이 반드시 필요하다고 생각하는 한, 이런 사람들은 무시될 수밖에 없다. 게다가 어떤 일들은 독립이 별로 중요하지 않은 문화에서라면 아주 사소하게 여겨질 텐데, 독립을 강조하는 사회에서는 이런 일들을 '독립적으로' 해내려고 엄청난 에너지를 소모해야 할 수도 있다. 이런 경우 상호의존성을 중요하게 여기는 문화라면 같은 양의 에너지를 보다 만족스러운 활동을 하는 데 쓸 수 있다.

공정하게 말해서 장애운동 단체들이 비장애인들이 사용하는 '독립'의 정의를 언제나 받아들이는 것은 아니다. 특히 다양한 능력을 가진 사람들을 더 많이 포함시키는 것을 목표로 삼아야 한다는 인식이 증가하고 있는 상황에서, 장애인 단체들은 자신들이 추구하는 '독립'을 일반

---

21 Wade, "It Ain't Sexy", p.89.

22 Wade, "Identity".

23 ibid., p.35.

적으로 이렇게 정의한다. 첫째, 시설에서 살지 않는 것; 둘째, 기본적인 욕구를 충족하기 위해 가족들의 선행에 의존하지 않는 것; 셋째, 일상생활에 대한 모든 중요한 결정을 자신이 내리고 그 결정대로 이루어질 것을 아는 것; 넷째, (이것은 언제나 해당되는 것은 아니지만 장애운동가에게 '독립'이 의미하는 것의 일부를 이룬다) 의미 있는 일을 할 수 있는 것, 자신의 생계를 꾸려 가고 필요한 서비스를 받을 수 있는 만큼의 소득을 가지는 것이다.[24] 이러한 정의가 '독립'에 대한 최소한의 기준이라 할지라도, 어떤 장애인에게는 이것이 부담스러울 수 있고 어떤 사람들은 이런 기준 때문에 독립적인 삶에서 제외된다. 휴 갤러거는 이렇게 말한다.

> 이런 자립 모델은 중증장애인에게 새로운 부담이다. 이 부담은 일관된 방식으로 해결할 수 없는 것이다. 이런 사람들은 만성적인 감염, 약함, 피로, 우울증과 싸우고 있다.
> 이들은 적절한 활동보조를 받고, 그것을 유지하며 돈을 지불하기 위해 계속 투쟁하고 있다. 장애인권운동 안에서는 이런 말을 별로 선호하지 않지만, 이들은 살아가기 위해서 대단한 용기를 발휘해야 한다. 전일제 직업이 없다는 이유로 실패한 장애인이라는 말을 듣는 것이 이들에게는 전혀 달갑지 않다.[25]

'독립'을 위한 요구는 장애인에게 권력을 행사하는 기관에 의해 장애인에게 해로운 방식으로 이용될 수도 있다. 젤리어 프랭크는 다이앤

---

24 이 정의는 론 애먼슨(Ron Admundson)과 개인적으로 나눈 자율성에 대한 대화를 포함하여 다양한 자료를 통해 갖게 된 내 생각에서 나온 것이다.

25 Hugh Gallagher, "The New Stereotype", *Polio Society Update*, August 1993.

드브리스의 일생을 연구하면서 의사와 재활 전문가들이 가진 고정관념에 따라 '독립'의 목표가 결정되며, 그 목표가 다이앤 드브리스에게 불리한 방식으로 이용되었음을 보여 주었다(그 사람들은 드브리스가 보장구가 없는 것이 더 편하다고 했음에도 보장구를 사용하도록 부추겼다).[26] 그 결과 드브리스는 자신이 원하는 삶을 살기 위해서 그 사람들의 영향력에 맞서 싸워야 했다. 다른 한편으로는 정부에서 사회적 서비스를 감축하면서, 지역사회에서 살아갈 수 있는 적절한 자원을 제공하지 않은 채로 시설에서 '퇴소'시킬 수도 있고, 그런 변화를 설명할 때 이것이 장애인을 보다 '독립적'으로 만들어 주는 길이라고 말할 수도 있다. 이런 종류의 '독립'은 장애인을 외로움과 고립으로 몰아넣을 뿐만 아니라, 방치되어 질병에 걸리게 만들고, 죽음에까지 이르게 할 수 있다.

바버라 힐리어는 정신적 장애가 있는 사람의 어머니와 보호자가 그들을 '독립적'으로 만드는 목표를 향해 계속 노력하도록 얼마나 압력을 받는지에 대해 설명한다. 그 목표가 현실적인지 아닌지에 상관없이 말이다. 이 때문에 다음과 같은 결과가 생긴다. "비현실적인 목표를 추구하는 프로그램들은 그 목표를 향해 발전하여 나아가고 있다는 환상에 불과한 이미지를 꾸며대고, '이용자'가 나아지지 않은 경우 이용자를 비난한다. 그리고 제대로 관리되지 않는 보호를 '자립생활'이라는 표현으로 둘러대고, 다른 사람이 손에 약을 쥐여 줘야만 약을 먹을 수 있는 사람을 '자신이 알아서 약을 먹을 수 있는 사람'으로 표현한다"는 것이다.[27]

---

26 Gelya Frank, "On Embodiment: A Case Study of Congenital Limb Deficiency in American Culture", eds. Michelle Fine and Adrienne Asch, *Women with Disabilities: Essays in Psychology, Culture and Politics*, Philadelphia: Temple University Press, 1988.

27 Hillyer, *Feminism and Disability*, pp.204~205.

또 다른 부작용은 한 사람이 다른 사람으로 하여금 스스로 무엇인가를 할 수 있도록 만드는 것을 가장 우선된 목표로 삼는 순간, 관계 속에서의 따뜻함과 친절함이 사라져 버린다는 것이다.[28]

'자율성'과 '독립성'이 장애를 고려한 방식으로 정의되었을 때조차 어떤 사람들에게는 그것이 달성할 수 없는 목표임을 깨달으면, 덕목과 도덕적 목표를 정하는 어떤 체계 안에서든 이런 자율성과 독립성이 가진 가치가 과연 무엇인가라는 질문을 하게 된다. 어떤 특정한 몸을 갖고서 달성할 수 없는 것을 한 사회가 보편적으로 적용하는 윤리적인 이상으로 추구해야 할 것인가?

일부 여성주의 윤리학자들은 장애인의 입장에서 이론을 만드는 것은 아니지만, 서로의 돌봄을 필요로 하는 대부분의 사람들의 현실을 더욱 잘 반영하는 윤리적인 이상을 마련해야 하는 것이 아닌지에 대한 질문을 던진다. 조앤 트론토는 이렇게 표현한다.

돌봄이 인간 삶의 근본적인 요소라는 단순한 사실에는 심오한 함의가 담겨 있다. 그것은 먼저 인간이 완전히 자율적이지 않으며, 언제나 상호 의존적인 조건에 따라 인간을 이해해야 한다는 것을 의미한다. 모든 사람들이 다른 사람의 도움을 항상 필요로 하지는 않는다 해도 우리의 자율성이 언제나 아주 오랜 기간의 의존성을 거친 후에야 달성된다는 것은 인간 조건의 일부이다. 우리는 살아가면서 많은 상황에서 다른 사람

에게 의존적으로 남아 있게 된다. 동시에 우리는 다른 사람을 도와야 하고 보살펴야 하는 요청을 종종 받게 되기도 한다. 사람들은 어떤 때는 자율적이고, 어떤 때는 의존적이며, 또 어떤 때는 의존적인 다른 사람을 보살펴야 하기 때문에 인간을 상호의존적이라고 설명하는 것이 가장 적절하다. 인간을 상호의존적이라고 생각함으로써 자율적이기도 하고 서로 얽혀 있기도 한 인생의 요소들을 이해할 수 있게 된다.[29]

많은 장애운동가들이 지적한 것처럼, 오직 특정한 사람들에게만 돌봄이 필요하다고 생각하는 경향과 돌봄이 필요한 사람들을 모두 한 집단으로 묶어 버리는 경향이 공식적으로 드러난다. 그리고 돌봄이 필요한 사람 모두를 '의존적인' 사람으로 보기 때문에 이들 사이에 존재하는 중요한 차이들을 놓치게 된다. 예를 들어 도움이 필요한 많은 사람들은 자신의 삶에 대한 중요한 결정을 내릴 수 있으며, 스스로 결정을 내려야 한다. 또한 자신이 어떤 종류의 도움을 받을 것이고 그 도움이 어떤 상태에서 이루어질 것인지에 대해 협상할 수 있어야 한다. 하지만 어떤 사람들은 (특히 갓난아기 그리고 알츠하이머병이 진전된 상태에 있는 성인과 같은 경우에는) 분명 그렇게 할 수도 없고, 해서도 안 되는 경우가 있다. 많은 사람들은 이 두 가지 극단 사이에 존재하는 어느 정도의 결정 능력을 가지게 된다. 더욱이 돌봄이 필요한 어떤 사람은 돌봄을 받는 만큼 혹은 그보다 더 많은 돌봄을 제공하고, 또 어떤 사람들은 자신이 줄 수 있는 정도보다 훨씬 더 많은 돌봄을 받아야 한다. 우리가 모든 사람들을 상호의존적이라고 생각할 때, 기존의 이분법적인 전제 속에 숨겨져 있

---

29 Tronto, *Moral Boundaries: A Political Argument for an Ethic of Care*, p.162.

던 이러한 차이점이 잘 드러나게 되고 중요해진다.

게다가 우리가 모든 사람을 상호의존적이라고 생각하면, 돌봄을 제공하는 사람은 돌봄을 받을 필요가 없다고 생각하지 않게 되고, 이들에게 어떤 형태의 돌봄이 필요한지 질문할 수 있게 된다. 그리고 돌봄을 많이 받는 사람들이 다른 사람에게 제공하는 돌봄의 형태, 특히 감정적인 돌봄과 같은 것을 간과하지 않게 될 가능성이 높다.[30] 장애인과 장애인을 보살피는 사람들의 관계에 대해 설명하면서 모리스와 힐리어가 강조하는 상호성은 도덕적으로 중요하다고 볼 수 있다. 이 상호성이 돌봄을 제공할 능력이 있는 사람들 사이의 관계에서 윤리적인 이상과 안내도가 될 수도 있다. 힐리어는 상호성에 대해 이렇게 말한다.

상호성에는 서로에게 필요한 것을 알아차리고, 서로에게 의지하며, 도움을 요청하고, 도움을 제공하며, 책임을 분담하고, 공감을 주고받으면서도 경계를 존중해야 하는 어려움이 뒤따른다. 또한 엘리노어 루스벨트Eleanor Roosevelt가 말한 것처럼 상호성을 위해서는 우리가 다른 사람에게 줄 수 없는 것과 다른 사람이 우리에게 줄 수 없는 것을 받아들일 수 있는 능력이 필요하다. 이는 훨씬 더 어려운 원칙이다.[31]

상호성의 관계가 늘 평등한 것만은 아니다. 힐리어가 말하는 것처

---

30 Morris, *Pride Against Prejudice: Transforming Attitudes to Disability*, p.167. 여기에서 내 관심은 성인에게 초점이 맞추어져 있다. 하지만 나는 아동들이 제공하는 보살핌이라는 주제가 매우 중요하며 그동안 무시되어 왔다고 느낀다. 내 생각에 아동들, 심지어 어린 아동들이 보호자들에게 제공하는 보살핌은 그러한 상황이 아동들에게 해롭다고 간주되는 경우를 제외하고는 거의 인식되지 못하고 있다. 아동들이 보호자에게 제공하는 보살핌의 일부는 분명히 아이들의 자아를 강하게 하고 상호성의 능력을 개발시킨다.

31 Hillyer, *Feminism and Disability*, p.18.

럼 한 사람이 다른 사람보다 더 많은 돌봄을 주며 더 많은 돌봄의 책임을 가지고 있을 수도 있다. 하지만 이런 관계에는 양쪽에 도덕적인 책임이 따르며, 윤리적인 도전이 되기도 하고 윤리적인 성취가 되기도 한다. 내 생각엔 이러한 상호성의 관계가 자율적이고 동등한 두 사람이 공정함에 대해 협상하는 것보다 훨씬 일반적으로 존재하는 것 같다. 그렇기에 상호성의 관계는 우리 사회에서 남성들보다 더 많은 돌봄을 제공하는 여성들뿐만 아니라 남성들에게도 유용한 모델이 될 수 있다. 장애는 모든 이의 삶에서 언젠가는 매우 중요한 역할을 할 수 있기 때문이다.

장애의 입장에서 윤리적인 이상을 생각하는 사람들, 그리고 장애의 입장을 채택하지 않는 여성주의 윤리학자 두 집단 모두 '자율성'과 '독립'에 과도한 가치를 부여하고 그것을 과대평가하는 것에 대한 우려를 나타낸다는 점에서 일치하는 것 같다. 나는 이 점이 윤리의 이론화가 이루어 낸 희망찬 발전이라고 생각한다. 장애를 가진 모든 사람들이 우리 사회에서 완전히 통합된다면, 그리고 이들이 도덕적 실패를 상징하는 방식으로 '타자'가 되지 않는다면, 서로 도움을 주고받는 것의 가치와 상호의존적인 현실을 인정하는 방향으로 사회적인 이상이 달라질 것이다. 또한 그런 변화는 아마도 어린이들의 지위를 개선시키고 노년의 의존성에 관련된 두려움과 수치심을 줄일 수 있을 것이다.

낙태, 안락사, 의료개혁

"장애인의 삶은 살 가치가 없다고 하는 널리 퍼져 있는 전제"[32]가 낙태, 안락사, 의료개혁을 이론화하는 데 핵심을 이룬다. 이런 전제가 장애인들의 복지와 안정, 사회적 수용을 위태롭게 하고 있다. 의학적 치료를 집중적으로 받은 경험이 있고 의학의 한계를 아는 장애인들은 생명의 윤리학을 무조건적으로 지지하지는 않을 것이다. 그리고 이들은 죽음을 선택할 개인의 권리를 제한하는 것도 지지하지 않을 가능성이 높다. 장애운동가들은 장애인의 선택과 자기 삶에 대한 결정권을 높이기를 원하면서도, 개인의 '선택권'과 '선택지'(낙태하거나 죽거나 치료를 선택하는 것)가 장애에 대한 두려움으로 인하여 나타나는 강력한 사회적 편견과 합쳐졌을 때, 그것이 선택이 아닌 사회적인 의무사항이 될 수 있다는 점에 우려를 나타내고 있다. 장애여성의 관점을 포함하는 여성주의 윤리학은 낙태, 안락사, 의료개혁에 대한 입장 중 어떤 것이 장애인의 삶을 보호하고 존중하는 것과 함께 갈 수 있는지를 반드시 고려하여야 한다.

낙태

「공유된 꿈: 장애인 권리와 재생산 권리에 대한 좌파의 입장」에서 에이드리엔 애시와 미셸 파인은 여성에게 "자신이 적절하다고 생각하는 어떤 이유에서든 낙태를 할 권리가 있다"고 주장한다.[33] 또한 장애를 갖고 태어난 신생아는 "부모가 치료하기를 원하든 원치 않든 의료적 치료를 받을 권리가 있다"고 주장한다.[34] 파인과 애시는 어머니의 몸 안에 있는 태아와 밖으로 나온 신생아 사이에 도덕적인 선을 그으면서, 여성의 "무조건적인" 낙태권을 존중하면서도 장애인의 삶의 가치를 인정한다. 그

---

32 Morris, *Pride Against Prejudice: Transforming Attitudes to Disability*, p.12.

33 Fine and Asch, "Shared Dreams: A Left Perspective on Disability Rights and Reproductive Rights", *Women with Disabilities : Essays in Psychology, Culture, and Politics*.

34 Fine and Asch eds., *Women with Disabilities: Essays in Psychology, Culture and Politics*, p.297.

들은 잠재적인 장애를 가진 태아를 낙태하는 것에 대해 이렇게 말한다.

한 여성이 다운증후군을 가진 태아를 낳으려고 하지 않고 낙태를 원한다고 결정할 때, 이것은 그 아이가 자신의 삶에 어떤 영향을 미치는지에 대해 이 여성이 생각하는 바와 아이를 기르는 것에 대해 이 여성이 원하는 것을 드러낸다. 모든 여성은 자신이 필요로 하는 어떤 방식으로든 이런 결정을 내릴 권리가 있다. 하지만 이 여성이 더 많은 정보를 가질수록 더 나은 결정을 내릴 수 있을 것이다. 유전 상담가, 의사, 그리고 양수 검사를 하는 동안 이 여성을 보조하는 사람은 장애를 가지고 살아가는 삶에 대해서 현재 보편적으로 알려진 것보다 훨씬 더 많은 정보와 다른 종류의 정보를 수집하여야 하고 이를 그 여성에게 제공하여야 한다. 장애아동과 장애성인이 어떻게 살아가는지에 대한 적절한 정보가 주어졌을 때, 많은 여성들은 낙태하지 않기로 결정할 수 있다. 그리고 많은 사람들은 여전히 낙태를 원할 수도 있다. 태아가 여성의 몸 속에 있는 동안에는 여성이 자신의 몸과 삶에 대해 결정할 권리가 있고 이런 이유에서든 다른 이유에서든 임신을 중단할 권리가 있다.[35]

비장애여성이 "장애아를 낳지 않는 것"을 선택하지 않기를 바라면서도 여성들에게 낙태를 선택할 권리가 있음을 지지하는 장애여성들이 있다.[36] 제니 모리스는 이런 장애여성들의 태도가 문제의 핵심을 회피하는 것이라고 말한다.

---

35 ibid., p.302.

36 Morris, *Pride Against Prejudice: Transforming Attitudes to Disability*, p.81.

장애아를 낳을 것인지 안 낳을 것인지 선택할 수 있는 절대적인 권리 같은 것은 존재하지 않는다. 그런 절대적인 권리를 받아들이는 것은 공동체의 권리와 사회의 책임을 전혀 인정하지 않고 모든 권리와 책임을 개인에게만 주는 개인주의 전통에 속한다. 우리의 권리를 높이기 위해 자유주의적 개인주의에 의존하는 것은 여성과 장애인[원문표기][37] 둘 다에게 이롭지 않다.[38]

모리스는 장애 가능성이 있는 태아를 낙태할 목적으로 실시하는 유전자 검사를 남용하는 것은 모든 장애인이 존재할 권리를 의심하는 것이라고 믿는다. 그런 관행은 장애인을 비하하는 것이다. 그것은 곧 장애를 갖고 태어난 사람들은 태어나지 말았어야 하고, 그와 비슷한 사람들의 출생을 미리 막았어야 하는 것을 의미한다. 모리스가 예측하기를, 유전자 검사는 유전 장애가 있는 여성에게 아이를 낳지 말라는 압력을 가중시킬 가능성이 높다.[39]

궁극적으로 모리스는 여성이 장애 가능성이 있는 태아를 낙태할 "어느 정도의 권력"을 가지는 것을 지지하지만, 그 권력은 반드시 "태아가 인간으로서 가진 권리"와 비교하여 균형이 맞아야 한다고 주장한다.[40] 모리스가 제안하는 해결책에 의하면, 모체 밖에서 생존 가능한 태아는 산모가 출산을 거부할 권리보다 더 큰 권리를 갖는다. 태아가 모체

37 모리스가 여성과 장애인을 분리된 두 집단으로 표현한 것을 저자는 오류라고 지적하고 있다. ──옮긴이

38 Morris, *Pride Against Prejudice: Transforming Attitudes to Disability*, p.81.

39 유전자 검사는 불임시술의 망령도 불러온다. 서양세계에서는 오랫동안 장애여성에게 강제불임시술을 시행한 수치스러운 역사가 있다.

40 ibid., p.82.

밖에서 생존 가능한 시기 즈음이나 그 직후에 출산 전 진단이 이루어지기 때문에, 모리스가 도덕적인 토대 위에서 내리는 이 해결책을 따르면 많은 장애신생아가 살아남을 수 있게 될 것이다. 그러나 유전자 검사와 진단 기술이 급속도로 발전하여 태아가 모체 밖에서 생존 가능한 시기 이전에 장애를 만들어 낼 만한 신체 조건을 발견하게 될 수도 있다. 그렇다면 장애 가능성이 있는 태아를 선별적으로 낙태함으로써 장애인에게 가해지는 위협과 여성의 낙태선택권 사이에 존재하는 갈등은 쉽게 해결되지 않을 것이다.

많은 장애인들 사이에서, 심지어 장애여성주의자들 사이에서도 낙태에 대한 입장은 매우 다양하다. 애시와 파인이 주장하는 충분한 정보를 가진 상태에서의 선택옹호론에서부터 시작하여 낙태 선택을 반대하는 운동가와의 연대를 주장하는 사람도 있다. 장애를 존중하는 사람들은 재생산 기술과 모든 장애인에 대한 낙태 정책의 결과에 질문을 던짐으로써 낙태의 도덕성과 정치학에 대한 논쟁을 더욱 깊이 있게 만들었다. 나는 이 주제에 대한 모든 연구물을 다 설명하려고 하기보다 중요한 몇 가지 요점을 설명하고, 독자들이 더 읽어 보려고 했을 때 찾아볼 만한 문헌을 제시할 것이다.

(1) 더욱 정교한 유전자 검사와 출산 전 진단 기술이 발전하면서 선별낙태를 통해 유전적인 장애와 출산 전 장애 가능성이 있는 상태의 많은 경우를 없앨 수 있다는 '희망'을 보여 준다. 하지만 질병과 사고가 늘 존재할 것이다. 따라서 의학이 매우 강력해져서 모든 신생아의 장애를 다 치료할 수 있기 전에는 언제나 장애인과 장애아동이 존재하게 된다. 실상 출산 전 의학은 장애를 없애는 것을 약속하는 게 아니라 장애를 갖고 태어나는 사람의 수를 줄임으로써 장애인의 수를 줄이려는 것이다.[41]

(2) 장애를 갖고 태어나는 사람의 수를 줄이려는 선별낙태를 널리 시행하게 되면 장애에 대한 지식이 없는 사람들이나 장애에 대한 비하를 당연하게 여기는 사람들이 미처 생각하지 못한 잠재적인 영향을 끼친다. 그런 영향은 다음과 같다.

(i) 장애선별낙태는 장애아동과 장애인에게, 특히 유전장애와 선천성장애가 있는 사람들에게 "우리는 당신 같은 사람을 원하지 않아"라는 메시지를 전달한다. 사회에서 자신과 같은 몸을 가진 사람의 출생을 막기 위해 가능한 모든 노력을 하고 있음을 안다면 자신이 가치가 없고 그 사회에 속할 자격이 없다고 느끼게 된다. 특히 장애인을 배척하고 조롱하는 태도와 생활조건을 가진 사회에서는 더욱 그러하다. 신경근육계에 장애를 가져오는 매우 드문 상태로 태어난 로라 허시는 "장애태아를 낙태하는 선택은 장애가 있는 아동에 대한 거부감을 표현하는 것"이라고 말한다.[42]

(ii) 장애선별낙태는 장애를 가진 삶이 살 가치가 없다는 널리 퍼진 통념을 강화한다. 이러한 통념은 대부분 장애인의 삶을 잘 알지 못해서 생긴다. 애니타 실버스가 했던 말(2장에서 논의했던 것)을 기억해 보자. 장애인이 되느니 차라리 죽는 것이 낫다는 비장애인의 생각에 비추어 봤을 때 장애인의 자살률은 훨씬 높아야 할 것이다.[43] 더욱이 장애를 가지고 살아가는 삶이 살 가치가 없다는 판단은 장애인이 현재 수준의 사회적 배척과 편견을 겪으며 살아가야 한다는 것을 가정한다. 이는 장애

---

41 Lisa Blumberg, "Eugenics and Reproductive Choice", ed. Shaw, *The Ragged Edge: The Disability Experience from the Pages of The First Fifteen Years of The Disability Rag*. 그동안 생명을 살리는 의학기술의 발전은 살아남아서 후천적으로 중증장애를 가지게 된 사람의 수를 늘려왔다. 하지만 이 문제는 다른 문제이고 이 장의 후반부에서 논의할 것이다.

를 가진 삶을 현재 상태보다 더 가치 있는 것으로 만들 수 있는 사회적인 진보의 가능성을 인정하지 않는 것이다.

많은 장애인은, 심지어 가장 강도 높은 사회구성주의 관점[장애는 사회적으로 만들어지는 것이라는 관점]을 가진 사람들조차 장애를 가져오는 신체적 상태(통증, 질병, 좌절, 원치 않는 한계)로 인한 신체적·정신적인 영향과 관련하여 개인적인 괴로움이 있다는 것을 인정한다. 이것은 아무리 접근성과 편의시설이 좋아지고 사회정의가 이루어진다 해도 없앨 수 없다.[44] 하지만 다른 사람이 장애의 괴로움을 겪지 않기를 바라는 것과 장애로 인한 괴로움을 겪고 있는 사람들이 존재하지 않기를 원하는 것 사이에는 매우 중요한 차이가 있다. 또한 장애를 치료하고 예방하기를 바라는 것과 장애를 가진 사람들의 출생을 예방하는 것 사이에도 중요한 차이가 있다. 예를 들어 내 친구의 아기가 근육통성 뇌척수염을 가지고 태어날 가능성이 높다는 말을 들으면 나는 정말 마음이 안 좋겠지만 그 태아를 낙태하라고 권하지 않을 것이다. 다시 말해 많은 장애인이 장애로 인한 개인적인 괴로움을 매우 잘 알고 있지만 우리와 같은 삶이 살 가치가 없다는 판단을 내리지는 않을 것이다. 모든 사람이 삶에는 괴로움이 있기 마련이고 장애보다 더 심한 괴로움도 많다.

(iii) 장애선별낙태는 접근성을 높이고 장애인을 위한 기회를 늘리려는 노력을 약화시킬 수 있다. 장애인의 수를 줄임으로써 장애인이 겪는 사회적인 문제를 줄일 수 있는 것처럼 보이게 하기 때문이다. 따라서

---

42 Laura Hershey, "Choosing Disability", *Ms.*, July/ August 1994, p.30.

43 Anita Silvers, "'Defective' Agents: Equality, Difference and the Tyranny of the Normal", *Journal of Social Philosophy* 25(1), June 1994, p.159.

44 Anne Finger, *Past Due: A Story of Disability, Pregnancy and Birth*, Seattle: Seal Press, 1990; Morris, *Pride Against Prejudice: Transforming Attitudes to Disability*.

로라 허시는 이렇게 질문한다. "정부가 지원하는 고비용의 유전자 연구
계획들은 장애와 관련된 도움을 지원하지 않으려는 사회의 이익을 주
된 목적으로 하는 것인가?"[45] 만약 그러하다면 우리는 장애를 이미 가지
고 살아가는 사람들의 사회적인 운명은 무엇일지, 또 미래에 사고나 질
병으로 장애를 가지게 될 사람들의 사회적인 운명은 무엇일지 질문해
보아야 한다.

(iv) 장애선별낙태는 낫지 않는 상태에 있는 사람들의 삶을 더욱 편
안하고 보람되게 만들어 줄 수 있는 의학적 치료를 지원하는 것에 대한
반대를 더욱 심하게 만들 수 있다. 메리 존슨이 말하기를 "장애인의 삶
을 편안하게 만들어 주는 데는 관심이 없고 장애인을 없애려고 하는 사
회에서, 완치로 이어지지 않는 치료는 별 관심을 끌지 못한다".[46]

(3) 장애여성주의자들은 대부분의 사회에서 현재 상태로는 개개인
의 부모들, 특히 (대부분의 보살핌을 담당하는) 어머니들이 장애아동을
기르기 위해 더 많은 시간과 에너지를 들여야 한다는 것을 알고 있다.
따라서 많은 장애여성주의자들은 장애아를 낳지 않는 선택을 할 권리
를 지지한다. 하지만 우리는 자기 뱃속에 있는 태아의 장애 가능성을 알
게 되는 대부분의 여성들이 적절한 정보를 제공받지 못한다는 사실 또
한 알고 있다.

예를 들어 리사 블룸버그가 지적하듯, 예비부모들은 산전 검사가
단지 태아의 진단명만을 제시할 뿐이며 어린이로서 또는 성인으로서
어느 정도 기능에 장애가 있을지 예측할 수 없다는 설명을 듣지 못한다.

45 Hershey, "Choosing Disability", p.31.
46 Mary Johnson, "Defective and Us", *Disability Rag*, March/April 1990, p.34.

예를 들어, 이분척추spina bifida라는 진단명은 아이가 걷는 데 약간의 어려움이 있을지, 아니면 휠체어를 사용해야 할지, 또는 그 아이가 지적으로 남다른 재능을 가지고 있을지, 평균적인 지능일지, 지적 장애가 약간 있을지 말해 주지 않는다. 또한 낭포성 섬유증cystic fibrosis이 있다는 것을 알아낸다고 해서 그 사람의 수명이 8년일지, 58년일지 아니면 그 중간일지 알 수는 없다.[47]

더욱이 장애 가능성이 있는 태아의 예비부모는 같은 장애를 가진 사람들이 어떻게 살고 있고 얼마나 잘 살 수 있는지에 대한 정보를 제공받지 못한다. 그리고 아이를 낳기로 선택했을 때 어떤 서비스와 지원을 어느 정도 받을 수 있는지에 대한 정보를 얻지 못할 수도 있다.[48] 장애 가능성이란 것은 흔히 의사가 가치와 사회적인 맥락을 고려하지 않고 부모에게 조언해 줄 수 있는 '객관적인' 의학적 문제로 여겨진다. "예비부모에게 장애인들이나 다른 장애아의 부모들과 그 장애에 관련된 얘기를 하도록 권하는 경우는 거의 없다."[49]

(4) 태아검사와 선별낙태는 스스로 원해서 하는 의료시술로 시작해서 곧 사회적인 의무로 바뀔 가능성이 매우 높다. 많은 사람들이 장애를 가지고 태어나는 것을 비극이라고 믿는 상황에서 산모가 가능한 의료시술을 받지 않는다면, 그런 비극을 자청했다는 이유로 비난받을 가능

---

47 Blumberg, "Eugenics and Reproductive Choice", p.220. 이 주제에 대해서는 Council for Responsible Genetics, "Documents: Position Papers", *Issues in Reproductive and Genetic Engineering* 3(3), 1990과 Peggy McDonough, "Congenital Disability and Medical Research: The Development of Amniocentesis", *Women and Health* 16(3/4), 1990을 보라.

48 Morris, *Pride Against Prejudice: Transforming Attitudes to Disability*; Hershey, "Choosing Disability".

49 Blumberg, "Eugenics and Reproductive Choice", p.221.

성이 높다. 게다가 대부분의 비장애인이 장애인을 사회에 어떤 기여도 하지 않는 부담스런 존재라고만 생각하기 때문에 장애아를 낳은 여성들은 사회적 자원의 낭비를 초래한다고 비난받기 쉽다. 더 많은 여성들이 검사를 하고 태아를 선별하여 낙태하기를 '선택할' 수록, 장애아를 낳는 여성들은 더 많은 비난을 받을 것이고 장애아를 기르기 위한 자원은 더 줄어들 것이며 선택의 요소도 점점 더 줄어들 것이다.[50]

(5) 유전자 검사와 장애 가능성이 있는 태아에 대한 선별낙태는 우생학적 정책을 더 쉽게 받아들이도록 하고, 그런 정책을 다른 영역에까지 확대시키는 결과로 이어질 수 있다.[51] 이는 통제에 대한 환상과 몸의 완벽함에 사로잡혀 있는 사회에서 특히 위험한 것이다. 미국에서처럼 인간의 세포핵 안에 있는 유전 물질을 모두 기록하는 장기간의 과학 연구인 인간게놈프로젝트에 정부가 수천만 불이 넘는 돈을 지원하고 과학적 지원을 제공하는 상황에서 이 모든 것이 근거 없는 우려는 아니다. 현재 이 프로젝트는 장애와 질병을 예측하고 예방하고자 하는 의학적 혜택을 주된 목적으로 하여 계획되었다.[52] 열등하게 여겨지는 특성들에 대한 유전적인 원인을 알아내는 과학적 연구는 몇 가지 성공을 거두며 매우 빠르게 이루어지고 있다. 매달 어떤 병이나 장애를 유발하는 '유전자'를 발견했다거나 사람들이 싫어하는 성격 또는 특성에 대한 '유전자'를 알아냈다는 소식이 들리곤 한다.

몸을 완벽하게 만들고 통제하려는 욕망, 우리가 두려워하고 잘 이

---

50 Morris, *Pride Against Prejudice: Transforming Attitudes to Disability*.

51 Theresia Degener, "Female Self-Determination between Feminist Claims and 'Voluntary' Eugenics, between 'Rights' and Ethics", *Issues in Reproductive and Genetic Engineering* 3(2), 1990; Hershey, "Choosing Disability".

52 *The Women's Review of Books*, 11(10-11), Wellesley, MA: The Women's Review, July 1994.

해하지 못하거나 열등함을 나타낸다고 믿는 차이를 없애려는 욕망은 고통을 멈추거나 예방하려는 연민에서 우러나는 열망인 것처럼 쉽게 가장된다. 이것은 다른 사람에게 속는 문제만이 아니라 빈번히 자기 자신을 기만하는 문제로 나타난다. 자신이 특정한 상황에서 더 이상 살고 싶지 않을 것이라고 상상하는 것으로부터, 그런 상황에서는 어느 누구도 살고 싶지 않을 것이라고 믿어 버리는 비약이 너무나 쉽게 일어난다. 또한 이런 비약은 그러한 상황에서 아이가 태어나는 것을 막아야 한다고 결정하는 것으로, 또 그런 상황에서 살아가고 있는 사람을 '자비롭게' 죽여 주어야 한다는 정책을 지지하는 것으로도 나타난다. 이 모든 것들이 그런 상황에서 살아가는 것을 경험하여 알고 있는 사람들에게 어떤 조언도 구하지 않은 상태에서 일어난다.

과거의 우생학 운동이 강제적으로 일어났던 것과는 달리 유전검사, 산전 진단, 선별낙태는 자발적으로 이루어지고 개인이 선택하는 것이라고 주장한다고 해도 그다지 안심이 되지는 않는다. 우리는 의학기술에 의해 제공되는 선택의 가능성이 복잡한 소비문화 속에서 얼마나 빠르게 사회적 필수요건이 되어 버리는지 알고 있다.[53]

안락사

여성주의 의료윤리학이 안락사에 대한 윤리를 거의 다루지 않는다는 점에서 여성주의 이론이 거부당하고 고통받는 몸을 직면하고 싶어 하지 않는다는 것을 짐작할 수 있다.[54] 안락사가 많은 장애여성에게 개인

---

53 Sherwin, *No Longer Patient: Feminist Ethics and Health Care*.
54 몸에 대한 여성주의 이론에 대한 논의는 7장을 보라.

적으로 중요한 문제이고 자신의 죽음을 생각할 만큼 나이가 들어가는 비장애여성에게도 중요한 문제이므로, 여성주의 윤리학은 반드시 안락사를 다루어야 한다. 더욱이 낙태 문제나 체외수정 같은 의료시술에 대한 논쟁과 마찬가지로 안락사는 자신의 몸에 일어나는 일을 통제하는 개인의 권리와 연관되어 있고, 또 개인들의 선택이 축적되어 나타나는 사회적인 효과에 대한 우려와 연관되어 있다.

장애운동가들의 글에서 다루어진 안락사에 대한 논의는 중요한 두 가지 문제에 초점을 맞추는 경향이 있었다. 하나는 장애를 가지고 태어나는 신생아를 의학적으로 죽이거나 의학적 처치, 음식, 물을 제공하지 않음으로써 죽게 내버려 두는 것이다. 그리고 다른 하나는 자살을 하는 것이 신체적으로 불가능한 장애성인의 자살을 도와주는 것이다.

장애가 있는 신생아를 죽이거나 방치함으로써 죽게 내버려 두는 것에 대해 장애운동가들은 정당하지 않은 살인이라며 널리 비판해 왔다. 이 살인은 단순히 장애를 가진 삶이 살 가치가 없다는 전제가 사회적으로 수용되기 때문에 안락사로 여겨지는 것이다. 많은 장애운동가들이 장애신생아와 같은 종류의 장애를 가진 사람이 아닌 그 누구도 이들의 삶이 살 가치가 없는 것이라고 판단할 도덕적 지위에 있지 않다는 점에 동의한다.[55] 하지만 내 경험에서 봤을 때 (여성주의자를 포함한) 비장애여성들에게는 산모가 장애신생아의 의료적 살해를 요구할 힘을 가져야 한다고 가정하는 것이 여전히 보편적이다. 분명히 이 주제는 신생아

---

55 예를 들어 Fine and Asch eds., *Women with Disabilities: Essays in Psychology, Culture and Politics*; Morris, *Pride Against Prejudice: Transforming Attitudes to Disability*; John R. Woodward, "It Can Happen Here", ed. Shaw, *The Ragged Edge: The Disability Experience from the Pages of The First Fifteen Years of The Disability Rag*를 보라.

를 살해하는 것이 도덕적으로 정당화될 수 있는가 하는 문제를 고려함에 있어서 장애를 비하하지 않는 여성주의 윤리학자들의 관심을 필요로 한다.[56]

자살보조는 장애운동가들 사이에서 더욱 많은 논쟁을 일으켜 왔다. 장애인들 중에 안락사를 지지하는 경우는 대부분 자살보조에 초점을 맞추었다. 왜냐하면 장애인들이 죽음의 질에 대해서 우려하는 것은 비장애인들과 마찬가지라 하더라도, 장애인들은 자살에 대해, 현재 또는 장래에 실행할 수 있는 접근권이 평등하게 보장되지 못하는 권리의 일종으로 생각하는 경향이 더 많기 때문이다. 캐나다에서는 자살이 불법이 아닌데, 어떤 장애인들이 자신의 생명을 끝낼 신체적인 능력이 없는 사람의 자살을 보조하는 것을 허용하도록 형법을 바꾸려고 시도했다. 그들은 그것이 평등권의 문제라고 주장하였다. B.C.[캐나다의 브리티시 컬럼비아 주] 장애인연대가 자살보조와 안락사에 관한 캐나다 의회 위원회에 낸 제안서에 따르면, "신체적으로 자신의 삶을 중단시킬 능력이 없는 사람들은 자신이 선택한 시기에 삶을 끝내는 권리를 포함해서, 비장애인들과 똑같은 권리와 선택권을 가질 수 있어야 한다".[57] 물론 B.C. 장애인연대는 보조를 요청하는 사람이 정말 자살을 원하는지 확인할 수 있는 안전장치를 제안한다. 그 사람이 삶의 질을 향상시킬 수 있는 치료와 지역사회의 지원에 대한 모든 정보를 제공받아야 하고, 가능

---

56 나는 이 문제가 열려 있는 도덕적 문제라고 본다. 왜냐하면 어떤 아기들은 매우 고통스럽고 결국 단기간 안에 죽을 수밖에 없거나 너무나 쇠약하여 죽음보다 나은 삶을 살 어떤 합리적인 희망도 없는 상태에서 태어날 수 있기 때문이다. 하지만 나는 중증의 진행성 장애와 통증이 심한 장애를 가진 성인들이 적어도 이런 사례들의 경우에 자문을 제공할 수 있어야 하고, 이런 상황에서 이 아기를 죽도록 해야 하는지 결정하는 책임을 가지도록 요구해야 한다고 생각하는 쪽으로 기울고 있다.

57 B.C. Coalition of People with Disabilities, "Submission to the Senate Special Committee on Euthanasia and Assisted Suicide", 1995, p.2.

한 모든 대안을 이해하고 있어야 하며, 자살보조 요청이 강요된 것이 아니어야 한다. 이 제안서에서는 장애인의 선택을 박탈하는 잘못된 온정주의에 대해 경고한다.

만약 비장애인이 삶을 끝내기로 한다면, 그 사람이 강요나 권고를 받았는지 절대 알 수 없는 경우가 대부분일 것이다. 그러나 심한 신체적 장애가 있는 사람이 자살을 고려할 때는 강요가 존재했을지도 모른다는 것과, 따라서 장애인의 선택은 비장애인들과는 다르게 통제되어야 한다는 여론과 법의 가정에 연루된다. 신체적인 상태 때문에 통제가 쉬운 사람들의 선택을 통제하는 것을, 우리 서양사회의 죽음에 대한 공포와 이를 통제하려는 욕망으로 정당화해서는 안 된다.[58]

모순적으로 자살보조가 불법이기 때문에 어떤 사람들은 삶을 단축할 것을 강요당한다. 근위축성 측상경화증(루게릭병) 같은 진행성 퇴행질환을 가진 사람들은 나중에 스스로 자살을 시행할 수 없게 되었을 때 누군가 자신의 바람대로 해줄 것임을 알고 있다면, 장애가 더욱 심해지더라도 더 오래 살려고 할 수 있다. 만약 자살하려고 할 때 보조를 받을 수 없다면, 실행 가능한 상태에 있을 때 삶을 끝내려고 할 수도 있다. 예측하기 어려운 병을 가진 사람들은 조금이라도 더 살고 싶은 마음과 더 견디기 힘들어지기 전에 자살할 수 있는 힘이 없어질 위험 사이에서 계속 고민을 해야 한다.[59]

58 B.C. Coalition of People with Disabilities, "Submission to the Senate Special Committee on Euthanasia and Assisted Suicide", p.5.
59 John Hofsess, "Sue Rodriguez", *Transition*, February 1993.

자살보조를 반대하는 사람들은 두 가지 주요한 이유를 꼽는다. 첫째, 자살보조를 허용하면 장애인과 장애인을 돌보는 사람들 모두 장애를 가진 삶이 살 가치가 없다는 가정을 너무 쉽게 받아들이게 된다는 점이다. 둘째, 자살이라는 '선택권'과 '선택지'가 직접적인 강요는 아니지만 사회적인 명령이 되어 장애인이 가족과 돌보는 사람 그리고 사회에 '부담'이 되었을때 자살만이 유일하게 할 수 있는 일이라고 여겨질 것이라는 점이다.

메리 존슨과 제니 모리스는 자살보조에 대한 법적 권리를 추구했던 장애인들의 유명한 판례를 논의하면서, 장애인과 주변 사람들 모두 장애인이 자신의 신체적 상태 때문에 죽기를 원하게 된다고 가정하기 쉽다는 것을 지적한다.[60] 사실 그 사람의 삶이 비참하고 무의미한 이유는 지원 서비스가 적절하지 않고 기회가 박탈되었기 때문일 수도 있다. 죽기를 원하는 사람의 주변인들 중에 다른 상황에서는 더 나은 삶을 살 수 있는 가능성을 아는 사람이 아무도 없다면, 그 상황이 정말 절망적인지에 대한 질문을 하지 않을 것이다. 대부분의 비장애인이 만약 자신이 그와 같은 신체적 상태에 있다면 죽기를 원할 것이라고 가정한다는 사실 또한 그 사람의 장애가 사회적으로 구성된다는 것을 무시하도록 한다. 선별낙태의 경우와 마찬가지로 장애인의 삶을 잘 모르기 때문에 한 개인의 상황이 절망적이지 않은데도 그렇게 볼 수 있다. 같은 신체적 상태를 가진 다른 사람은 더 잘 살아가고 더 좋은 상태일 수도 있다.

자살을 요청하는 사람이 정말 그것을 원하는지를 확인하는 법적 안

---

60 Mary Johnson, "Life and Death: Unanswered Questions", ed. Shaw, *The Ragged Edge: The Disability Experience from the Pages of The First Fifteen Years of The Disability Rag*; Morris, *Pride Against Prejudice: Transforming Attitudes to Disability*, ch.2.

전장치가 있다고 해도 이 문제를 풀지는 못할 것이다. 적어도 그 안전장
치가 그 사람에게 더 나은 서비스와 기회를 제공하고 더 잘 살 수 있기
위한 방법을 알려주지 않는 이상은 말이다. 안타깝게도 모리스가 말하
는 것처럼 "재정적인 자원과 거주시설, 주택, 개인 활동보조, 교통시설
그리고 삶의 질을 높이는 데 반드시 필요한 자원들을 통제하는 것은 비
장애인의 사회이다".[61] 비장애인의 사회는 여전히 개인의 신체적 상태가
절망의 원인이라고 쉽게 생각한다. 더욱이 이런 생각을 유지하는 것 자
체가 비장애인에게 경제적으로 이득이 될 수도 있다. 비장애인들은 사
회적 장애를 없애는 방법에 돈을 쓰고 싶어 하지 않을 수 있다. 모리스
가 지적하는 것처럼 사람들이 개인의 몸 상태 때문에 필연적으로 그 삶
을 견딜 수 없는 것이라고 받아들인다면 왜 그들이 서비스와 접근성을
늘리는 데 자원을 투자하겠는가? "시력을 잃는 것이 삶이 끝났다는 것
을 의미한다면 인쇄된 글을 말소리로 바꾸는 기술을 개발할 필요가 있
겠는가?"[62]

　　자살보조와 관련한 법적 안전장치는 스스로 가치가 없다고 여기는
장애인의 내면화된 느낌에 대해서 아무런 효과가 없을 수 있다. 모리스
가 말하기를 "장애인들에 대한 편견이 바깥세상, 공적인 세계에만 존재
하는 것이 아니다. 그런 편견은 우리 머릿속에도 존재하는데 특히 성인
이 된 후에 장애를 갖게 된 사람들에게는 더욱 그러하다".[63] 모리스는 장
애인이 종종 자신의 장애가 특정한 방식으로 악화된다면(예를 들어 휠
체어를 사용해야 한다면) 더 이상 살고 싶지 않을 것이라는 선언을 한다

---

61 Morris, *Pride Against Prejudice: Transforming Attitudes to Disability*, p.46.
62 ibid., p.60.
63 ibid., p.43.

고 말한다. 자신이 가진 장애보다 더한 장애를 가지면 살 가치가 없을 것이라는 가정은 이미 더욱 심한 장애를 가지고 살아가는 사람들의 삶을 비하하는 것이다. '불완전한' 몸을 두려워하고 무시하는 문화가 뒷받침하는 성급한 가정들을 피해 갈 수 있는 사람은 없다.

자살보조를 반대하는 사람들은 장애인의 경제적이고 사회적인 상태가 안 좋을수록 더 많은 사람이 죽음을 '선택'하게 될까 봐 두려워한다. 더 많은 사람이 죽기를 '선택'할수록 장애를 가진 삶 자체가 '피할 수 없는' 괴로움으로 여겨질 것이고, 그러면 서비스와 접근성 제공을 강하게 반대하는 것이 정당화되는 듯이 보일 것이다. 결국에는 자살보조가 중증장애에 대해 사회적으로 예상되는 '해결책'이 될 것이다.[64] 서비스가 적절히 제공되지 않아서 중증장애인에 대한 지원과 보살핌이 가족과 친구들의 책임이 되고, 이 때문에 장애인들이 죄책감을 느끼고 그들과의 관계가 안 좋아지면 이러한 예상은 더욱 분명해질 것이다.

신체적으로 자신을 죽일 능력이 없는 사람이 가진 인권으로 생각하여 자살 보조에 대한 요구를 들어 주면서, 장애인의 삶에 대한 사회적 가치를 위협하지 않고, 서비스와 접근성을 늘리기 위한 정치적인 노력을 훼손하지 않을 수 있는 방법이 있을까? 모리스는 안락사를 시한부생명인 사람들에게만 허용하는 영국의학협회British Medical Association의 입장에 대해 설명한다.[65] 영국의학협회는 의사가 신체 장애인의 자살보조 요구를 받아들여서는 안 된다고 구체적으로 밝히고 있다. 모리스는

64 물론 자신의 생명을 끝낼 수 있는 능력이 있는 장애인이 보조받지 않고 자살을 실행하는 경우에도 비슷한 우려가 제기될 수 있다. 보다 중증의 신체적 장애를 가진 사람들이 더 자살 위험이 높다고 전제되는데, 그 이유는 잘 살기 위해 필요한 서비스와 기회가 이들에게 더 적게 제공됨에 따라 그들의 삶이 견디기 힘들어질 가능성이 더 높아지기 때문이다.

65 ibid., pp.60~61.

이것이 타협점을 보여 주는 희망적인 문장인 것처럼 보이지만 이를 해석하기가 상당히 어렵다고 설명한다. 많은 신체적 장애는 결국 시한부 생명이 될 질병의 결과로서 나타난다. 따라서 자살보조를 허용할 수 있는지 판단하려면, 보조를 요청하는 많은 이들을 위해 의사나 다른 사람들이 그들의 고통이 어느 정도인지, 죽음에 얼마나 가까워졌는지, 더 나은 삶을 살 가능성이 얼마나 있는지를 저울질해 보아야 한다.

의료제도 개혁

장애인들과 이들을 돌보는 사람들은 의료제도 개혁과 관련하여 의료체계가 가진 문제점과 가능성에 대해 많이 알고 있다. 게다가 의료계의 흐름은 장애인의 삶에 막대한 영향을 미친다. 예를 들어, 목숨을 살리는 영웅적인 의료시술이 종종 사람들의 생명을 구하여 장기적인 장애를 가지고 살아가게 한다. 하지만 모순적으로 그런 의료시술에 초점을 두는 것은 장애인의 삶을 나아지게 할 수 있는 장기적인 돌봄이나 재활을 없애는 대가를 치르게 만든다.

　『장애소식지』의 편집자인 배릿 쇼는 의료 윤리학자인 대니얼 캘러한이 쓴 『어떤 종류의 삶: 의학적 진보의 한계』[66]라는 책에 대한 비평을 했다. 배릿 쇼는 이 서평을 통해 완치를 낮은 순위에 놓고, 보살핌을 더 우선순위에 놓자고 하는 캘러한의 제안이 장애인들에게 호응을 얻는다고 말한다.[67] 하지만 그는 또한 장기적인 보살핌을 우선순위에 두고 고

<hr>

66 Daniel Callahan, *What Kind of Life: The Limits of Medical Progress*, New York: Simon and Schuster, 1990.

67 Barrett Shaw, "Meet the Other Callahan", *The Disability Rag and ReSource*, March/April 1994.

도의 응급기술을 요하는 치료를 낮은 순위에 놓는 것이 가져오는 함의 (캘러한이 강조하는 함의)에 대해서 설명한다. 적은 수의 생명을 구하게 되면 장기적인 돌봄을 필요로 하는 장애인의 수 또한 줄어들 것이라는 점이다. 장애인의 삶을 비하하는 비장애인들에게는 이것이 좋은 소식처럼 들릴 수도 있고, 또 의료에 돈을 많이 쓰고 싶어 하지 않는 정치가들에게도 그러할 것이다. 생명을 구하는 응급 치료를 강조하지 않으면 장기적인 치료와 재활을 필요로 하는 사람이 줄어들 것이다. 결국 응급처치와 장기적인 돌봄 양쪽에 모두 돈이 덜 들 것이다. 이것은 예산을 삭감하려는 사람들에게 꿈 같은 해답이다. 장애운동가의 관점에서 보면 이것은 위험해 보인다.

그런데도 장애운동가들이 불치병을 가진 사람들에게 보살핌을 제공하는 대신 완치법을 발견하려고 애쓰는 의학에 대해 비판적인 태도를 보이는 데는 이유가 있다. 이런 이유 중에서 어떤 것들은 4장에서 이미 논의했다. 더욱이 비용이 많이 드는 첨단기술의 완치법이나 그런 치료의 가능성은 그 비용을 지불할 수 있는 아주 소수의 사람들에게만 주어질 수 있다. 그리고 그러한 완치법이 보다 건강한 환경과 보다 나은 서비스와 접근성을 마련하는 것을 대신할 것이다. 공기오염 때문에 생긴 폐기종을 페이식으로 해결한다거나 교통사고로 생긴 반신마비를 척수재생법(이는 오래전부터 희망을 일으켜 온 가능성이다)으로 해결하려는 것을 비판하는 사람은 거의 없을 것이다. 하지만 그런 '완치법'은 개인에게만 혜택을 주는 방법일 뿐이며, 건강, 안전, 능력의 문제를 고도의 의학기술에 접근할 수 있는 사람만을 위해 주어지는 비정치적인 문제로 만든다. 특정한 소수만을 위한 '완치법'이 존재한다는 것은, 사회적인 원인으로 생겨났으며 사회적으로 해결할 수 있는 문제들에 대한 해결책을 돈으로 사야 한다는 책임을 개인에게 안기는 것이다.

생명윤리학자들 사이에서 의료 "배당제"에 대한 논의가 늘어나고 있는데,[68] 생명을 구하는 값비싼 의료시술을 우선순위 배당제로 운영하자는 이야기이다. 이러한 논의에서는 의술을 통해 구하려는 생명의 가치와 자격을 비교해 봄으로써 배당제를 정할 수 있는지에 대한 질문이 등장한다. 이런 종류의 비교는 1960년대 초기에 시애틀에 있는 중산층 시민 위원회에서 나타났다. 워싱턴 대학 의대에서 처음으로 신장투석기를 쓸 수 있게 되었을 때, 그것을 이용할 수 있는 접근성을 우선순위에 따라 배당하고자 하였다.[69] 영국은 현재 신장투석에 우선순위 배당제를 실행하고 있어서 65세 이상 된 전국의료서비스 소속 환자들은 신장투석을 받을 수 없다. 65세 이상의 환자들에게는 살아갈 날이 얼마 남지 않았다는 근거 때문인 것 같다.[70] 장애를 가진 삶이 살 가치가 없다고 널리 믿는 사회의 장애인들은 의료배당제의 전망을 보면서, 생명을 살리는 의료시술이 비장애인에게만 해당되고 본인들은 받지 못하게 될 것이라고 우려하게 된다.

[1990년대 초] 오리건 주는 의료제도 계획을 고안하면서 공공복지 수혜자들이 이용 가능한 의료서비스를 '우선순위 배당제로 제공함으로써 빈곤한 사람들에게 의료혜택을 확장하려고 했다. 이때 의료서비스 부서는 지역 회의, 공공청문회, 천 명을 대상으로 한 설문조사 등을 통해 배당제를 포함한 의료정책을 이끄는 가치가 무엇이어야 하는지

---

68 David J. Rothman, "Rationing Life", *The New York Review of Books*, 5 March, 1992.

69 ibid., p.32.

70 ibid., p.33. 많은 국가에서 생명을 살리는 비싼 의료시술은 비용을 지불할 수 있는(또는 비용을 댈 민간보험이 있는) 사람에게만 "배당된다". 생명윤리학자들은 주로 정의와 효용성의 원칙에 입각하여 의료서비스를 분배하는 방법을 찾고 있다.

에 대한 여론을 알아내고자 하였다. 담당 부서는 이 결과를 가지고 의료 서비스의 범주를 개발하고 우선순위를 매겼다.[71] 여론 조사 결과, 예상한 대로 장애를 가진 삶은 살 가치가 없다는 믿음이 드러났다. 그에 따라 초기 오리건 주 의료제도 계획에 의하면 치료할 수 없는 손상이 있는 경우, 다양한 종류의 의료서비스를 받을 수 있는 적격성이 줄어들었다.[72] 미국 연방정부가 오리건 주에게 해당 계획의 이러한 부분을 바꾸라고 요구했지만, 오리건에서 얼마나 쉽게 그런 계획이 제안되고 승인되었는지를 보면 장애인이 직면한 위험을 짐작할 수 있다.

현존하는 의료체계와 개혁안을 평가할 때, 그것이 장애인들에게 얼마나 효과적으로 이루어지는지에 대한 평가는 자주 무시당한다.[73] 존 R. 우드워드는 건강관리기구Health Maintenance Organization, HMO에서 통제하는 메디케이드(공공의료원조)Medicaid의 수혜자인 장애인 이용자에게 필요한 수술을 승인받기 위해 초인적인 노력을 들여야 했다고 설명한다.[74] 의사는 그 환자의 욕창을 봉합하기 위해 수술을 제안했다. 그런데 어떤 의료시술이 환자에게 승인되는지를 결정하는 HMO의 "문지기"인 행정직원이(의사가 아님) 그 수술을 승인하지 않기로 결정했다. 결과적으로 우드워드의 고객은 수술을 받기 위해 HMO에서 탈퇴해야

---

71 Holly Korda, "Review of Rationing America's Medical Care: The Oregon Plan and Beyond", *Disability Studies Quarterly* 14(3), 1994.

72 Silvers, "'Defective' Agents: Equality, Difference and the Tyranny of the Normal".

73 예를 들어 미국에서 장애인에 대한 주요 의료문제는 보험회사들의 "기존 질병상태" 제외 조항이다. 이 때문에 많은 장애인이 의료보험을 가질 수 없고 또 보험이 있는 사람들은 보험을 잃어버릴까 봐 직장을 바꾸지 못하게 된다.

74 John R. Woodward, "Mismanaged Care", *The Disability Rag and ReSource*, July/August 1994. [HMO는 미국의 의료관리기구 중의 하나로 환자들이 일반의를 먼저 만나 전문의와 전문화된 치료에 대해 의뢰서를 받아야 하고 HMO의 승인을 받아야만 한다. 메디케이드는 장애인과 저소득층에게 한정적으로 주어지는 공공의료원조이다. 주에 따라 다르게 운영된다. ──옮긴이]

만 했다. 우드워드는 HMO의 경제적인 구조 때문에 장애인이 의학적으로 필요한 것을 제공받지 못한다고 믿게 되었다. HMO의 경제학에 관해 천 개가 넘는 책과 논문들이 있음에도, 우드워드는 장애가 있는 회원과 환자의 요구에 부응하는 효과성에 대한 연구를 단 하나도 찾을 수 없었다.[75] 그렇지만 미국에서 HMO는 점점 확장되고 있고(현재 주민의 16퍼센트에게 기본 건강보험 혜택을 제공하고 있다), HMO를 의료 비용과 의료서비스 전달의 문제점에 대한 잠재적인 해결책으로 여기고 있다.

이 장을 끝맺으면서 낙태, 안락사, 의료개혁이라는 세 가지 주제만이 실질적인 윤리학에 있어서 장애의 경험을 통해 핵심적인 관점을 제시할 수 있는 영역이라고 독자들이 생각하지 않기를 바란다. 내가 보기에 우리는 이제 겨우 장애의 경험이 어떻게 우리의 가치와 윤리적인 사고에 영향을 미치는지에 대한 탐구를 시작하는 단계에 있다. 여성주의 윤리학이 여성의 삶의 다양성을 반영하고 탄생에서 죽음에 이르기까지 의미 있는 도덕적 전망을 제시하기 위해서는 장애여성주의자들이(단지 여성주의 의료윤리학만이 아닌) 여성주의 윤리학의 모든 측면을 발전시키는 데 기여해야 한다

여성주의 윤리학은 장애인들의 통찰력을 필요로 한다. 그렇다면 장애인들은 여성주의 윤리학이 필요할까? 나는 그렇다고 생각한다. 여성주의 윤리학이 이미 돌봄의 윤리학을 발전시키고, 도덕적인 이상으로서의 자율성과 독립의 가치에 대해 문제제기하는 것과 관련 있기 때문이다. 뿐만 아니라 여성주의 윤리학의 방법론적 접근방식이 장애인들이 가진 고민을 드러내는 데 효과적이기 때문이기도 하다. 수전 셔윈은

75 Woodward, "Mismanaged Care", *The Disability Rag and ReSource*, p.22.

여성주의 윤리학의 기본적인 요소들을 이렇게 열거한다. "순전히 자기이익에만 관심 있는 사람을 중심으로 조직된 사회의 밑그림을 거부하는 것"; 돌봄이 언제나 도덕적으로나 정치적으로 적절한 반응방식이 아니라는 것을 인식하면서도, 돌봄의 일이 가진 도덕적인 가치를 인식하는 것; 사회정의를 추구하면서 개인적인 감성의 중요성을 존중하는 것; 실천을 평가하면서 경험의 세세한 사항에 관심을 기울이는 것; "자율적이고 이성적이고 독립적이고 획일화되고 표준화된 도덕적 주체"를 거부하는 것; 정치적인 관계와 경험의 맥락에서 사람들과 그들의 행위를 검토하는 것; 억압이 도덕적으로 옳지 않다는 통찰에 중요성을 부여하는 것; 억압적인 관행을 밝히는 것; 평등한 관계와 비억압적인 사회 구조를 만들어 내는 방법을 탐색하는 것들이다.[76] 이 목록을 읽어 가면서 나는 장애운동을 다룬 동시대의 많은 서적, 학술지, 잡지가 보여 주는 윤리적인 접근을 잘 표현했다고 생각했다. 장애의 윤리학과 정치학에 관련되어 있는 사람들은(특히 여성주의자들은 물론) 이미 여성주의 윤리학을 실천하고 있다. 이제 여성주의 윤리학자들이 장애의 윤리학을 실천할 때이다.

76 Sherwin, *No Longer Patient: Feminist Ethics and Health Care*, pp.49~57.

7장 여성주의, 장애, 그리고 몸의 초월

여성주의 신학자를 비롯한 여성주의자들은 몸을 초월한다는 생각을 대체로 거부해 왔다. 그런 생각이 몸(특히 여성의 몸)과 몸의 경험을 폄하하는 철학과 종교에서 나왔다고 생각하기 때문이다. 예를 들면 나오미 골든버그는 전통신학에서의 초월이라는 개념을 "삶과 맺는 특정한 관계, 몸, 시간을 넘어선 무언가를 원하는 것"으로 보고 "완벽한 안전이라는 개념"으로 설명한다. 골든버그는 "물질과 합쳐지는 것에 대한 남성 특유의(반드시 남성들에게 국한된 것은 아닌) 두려움 때문에 그런 개념이 나타나는 듯하다"고 했다.[1]

여성주의 이론가들은 정신-몸의 이분법과 몸에 대한 지적인 비하를 비판해 왔다. 이 두 가지 생각은 몸을 초월하고자 하는 동기를 부여하며, 서양 사상의 역사에 널리 퍼져 있다. 우리는 그런 생각들이 추상적인 형태가 물질적인 것보다 우월하며, 이성이 몸에서 비롯된 욕망보

---

1 Naomi R. Goldenberg, *Returning Words to Flesh: Feminism, Psychoanalysis, and the Resurrection of the Body*, Boston: Beacon Press, 1990, p.211.

다 우월하다는 고대의 사상들, 즉 플라톤과 아리스토텔레스의 사상에 철학적인 뿌리를 두고 있음을 알 수 있다. 여성주의자들은 또한 다음과 같이 주장했다. 지배적인 형태의 기독교 신학에서는 몸을 원죄에 이르게 하는 욕망과 나약함의 근원으로 보고, 그러한 몸을 극복하는 것이 도덕적인 완성에 이르는 근본적인 요소라고 봄으로써, 앞서 언급된 고대의 관점을 강화했다고 말이다.

하지만 여성주의 이론은 몸을 극복하고자 하는 또 다른 원인의 영향력을 지금까지 제대로 인식하지 못했다. 몸의 초월을 제안하는 삶의 철학이 가진 매력은 몸을 비하하고 정신을 높게 평가하자는 것이 아니다. 그 매력은 병, 통증, 약함, 피로, 사고와 무관하게 자신의 행복을 만들고, 자아를 인식하고자 하는 이성적인 욕망(병적인 욕망과는 다른)에 있다. 우리는 그것을 인정해야 한다. 우리가 이것을 인정하지 않았던 이유는 몸에 대한 여성주의 연구가 부정적인 몸의 경험을 충분히 직면하지 않았기 때문이다. 이는 여성주의의 주된 관심이 막을 수 있는 고통을 일으키는 사회적 구조를 알아내고 그것을 변화시키고자 하는 것이었기 때문이기도 하고, 이런 접근방식을 몸에도 적용해 왔기 때문이기도 하다. 또한 우리가 몸에 대한 나머지 관심을 몸으로부터의 소외와 남성과의 신체적 차이에 쏟아 왔기 때문이다. 이런 부분들에 초점을 맞추다 보니 몸의 고통을 여성주의적으로 이해하는 데 도움을 주지 못했다.

여성주의 이론과 몸

여성주의의 주된 고민 중 하나는 남성이 여성의 몸을 통제하려고 하는 것이다. 특히 폭력과 강압, 법, 경제 관계, 종교, 관습, 제도화된 의학을 통해 여성의 성과 재생산 과정을 통제한다는 것이 문제이다. 이런 통제의 부당함과 여성을 다치게 하는 여러 가지 통제 방식에 대한 분노가 여성의 성, 재생산 과정, 의료 서비스를 여성 자신이 통제할 수 있도록 하는 운동으로 오랫동안 이어졌다. 이러한 운동은 여성이 자신의 몸에 대해 결정을 내리는 힘을 기르고, 몸의 고통을 감소시키고 예방하는 힘을 키우도록 하기 위해 노력해 왔고, 이 목표를 이루기 위해서는 아직도 해야 할 일들이 많이 남아 있다. 그래서 여성주의자들은 통제할 수도 없고 예방할 수도 없는 몸의 고통에 대한 경험은 잘 이야기하지 않았다.

특히 남성과 여성이 몸으로부터 소외되는 것이 어떻게 여성을 억압해 왔는지 그리고 여성이 남성 지배의 사회에서 어떻게 자신의 몸으로부터 소외되는지가 몸에 대한 여성주의 논의의 또 다른 흐름이다. 당연히 이러한 논의에서 등장하는 몸으로부터의 소외는 매우 부정적인 개념이고, 문화와 사람들을 몸의 경험과 재결합시킴으로써 소외를 극복할 수 있다고 생각했다.

도러시 디너스타인과 수전 그리핀은 몸으로부터의 소외가 여성 억압에 일조한다는 관점을 발전시킨 주요 학자들이다.[2] 두 사람 모두 몸의 취약함, 특히 충족되지 않은 욕구에서 오는 취약함으로부터 벗어나고자 하는 욕망에 중점을 두고 있는데, 이는 유아기 때 어머니와의 관계에서 경험하는 것이다. 이들은 이러한 욕망이, 여성을 대상화하고 분노와 통제의 대상으로 만드는 문화와 이데올로기를 만들고 유지하는 원초적인 동기라고 주장한다. 디너스타인과 그리핀은 여성과 남성의 몸의 경

---

2 Dorothy Dinnerstein, *The Mermaid and the Minotaur: Sexual Arrangements and Human Malaise*, New York: Harper&Row, 1976; Susan Griffin, *Pornography and Silence: Culture's Revenge Against Nature*, New York: Harper&Row, 1981.

험을 적대적인 것으로 만드는 문화의 병적인 측면을 우리에게 보여 주고자 한다. 때문에 두 사람 모두 비교적 양호한 물리적 환경에 있는 건강한 몸의 경험만을 논의하고 있다는 것은 이해할 만하다. 그들의 이론이 설득력이 있다고 믿는다 하더라도(나도 그렇게 믿는 사람이다), 성인이 겪는 몸의 부정적인 경험을 무시하는 것 때문에 생겨나는 어려움이 있다. 즉 몸으로부터의 문화적 소외를 극복할 수 있다면 우리와 몸 사이의 모든 것이 다 괜찮아질 것이라는 믿음을 갖게 될 수 있다.

몸에 대한 여성주의의 다른 논의는 여성이 몸으로부터 사회적으로 또 문화적으로 소외되는 것을 극복하는 데 뚜렷하게 집중해 왔다. 여성주의자들의 주된 관심은 여성 고유의 몸의 경험을 여성이 직접 다시 설명하는 것이었다. 서양의 전통이 여성의 몸을 비하해 왔고 여성 고유의 몸의 경험을 설명하는 권위를 독점해 왔기 때문에, 몸의 경험에 대한 여성주의 연구들은 이성애 여성·레즈비언·양성애 여성의 성, 월경의 변화, 임신, 출산 그리고 양육에 대해 집중하는 경향이 있다. 또한 여성주의자들은 이런 서양 전통과 그에 따른 결과에 대응하기 위해, 몸의 경험이 쾌락과 만족, 친밀함의 근원이라는 측면을 강조함으로써 몸을 찬양해 왔다. 이 두 가지 대응방식은 중요하며 수긍이 가기도 한다. 그러나 이 때문에 몸이 괴로움과 고통, 통증의 근원이기도 하다는 사실을 여성주의자들은 간과하고 있다. 그 결과 장애여성들은 여성주의자들이 여성의 몸과 몸의 경험에 대한 어떤 이상형을 가지고 있다는 것을 알게 된다. 그리고 자신들이 성차별적 사회의 이상적인 몸에 도달할 수 없는 것처럼 여성주의자들의 이상에도 도달할 수 없으며, 자신들의 경험은 여성주의자들의 몸에 대한 인식에 포함될 수 없다고 느낄 수 있다.

하지만 여성주의자들이 자신들의 이론에서 몸의 고통을 자주 무시해 왔다고 하더라도, 부정적이거나 거부당하는 몸의 어떤 측면들은 무시하지 않았다. 여성주의자들은 여성들을 자신의 몸으로부터 소외시키고 사회적 통제의 기능을 하는 몸의 이상형을 꾸준히 드러내고 비판해 왔다. 몇 가지 예를 들자면, 특정한 체형과 패션의 유행, 젊음에 대한 숭배, 마른 몸에 대한 강요, 활동을 제한하는 여성다움의 기준, 지나친 용모 가꾸기와 화장, 여성들이 '성형' 수술로 몸을 바꾸어야 한다는 부유한 국가의 문화적 압력에 대해 여성주의의 비판이 많이 이루어졌다(이러한 주제들에 관한 논의를 더 보려면 바트키와 보르도의 연구를 보라[3]). 대개 이런 비판들은 여성들이 이상화의 압력에 대해 저항하며 보다 긍정적이고 현실적인 신체상을 가질 수 있도록 해왔고, 외모보다는 몸의 경험과 능력에 초점을 두어 자신의 몸으로부터 소외되는 것을 줄이도록 여성들에게 권장해 왔다. 이런 것들은 비장애여성뿐만 아니라 장애여성들에게도 중요한 목표이다. 하지만 소외에 대한 다른 여성주의 논의처럼, 여성들이 체현embodiment을 가치 있게 생각하도록 회복시키는 것을 목표로 삼을 때에는 몸의 고통을 살펴볼 여지가 거의 없다. 이런 점에서 최근에 나온 연구들은 다른 방향을 택하고 있다. 자신의 몸을 이용해서 미모와 여성다움의 기준에 저항하고 비평하면서 이러한 기준을 장난스럽게 흉내 내고 조롱하는 입장을 취하도록 여성들에게 설득한다(그 예로 울프와 모건의 연구를 보라[4]). 여기서 보듯 주체성에 대한 강조에

---

3 Sandra Lee Bartky, *Femininity and Domination: Studies in the Phenomenology of Oppression*, New York: Routledge, 1990; Susan Bordo, *Unbearable Weight: Feminism, Western Culture, and the Body*, Berkeley: University of California Press, 1993.

4 Naomi Wolf, *The Beauty Myth*, Toronto: Vintage Books, 1990; Kathryn Morgan, "Women and the Knife. Cosmetic Surgery and the Colonization of Women's Bodies", *Hypatia: A Journal of Feminist Philosophy* 6(3), 1991.

서, 개인이 대상화되는 방식에 대한 통제권을 갖는 것으로 강조점이 옮겨 가고 있다. 나는 이런 방향이 포스트모던 여성주의 연구에서 영향을 받았다고 생각한다. 포스트모던 여성주의 연구는 남성과는 다른 여성의 신체적 차이의 중요성에 대한 여성주의적 질문에서 발전된 것이다.

　남성과 구별되는 여성의 몸이 가진 차이에 대한 서양 여성주의의 관심은 과학적이고 대중적인 믿음과는 반대되는 견해로서, 그러한 차이 자체가 여성의 사회적이고 심리적인 성별gender(혹은 우리가 예전에 많이 이야기했던, 보다 제한된 의미의 "성 역할")을 결정하지 않는다는 주장으로 시작한다. 이러한 주장은 특히 생물학자, 인류학자, 심리학자들 사이에서 아직도 계속되고 있고, 당연히 이들은 몸의 고통에 대해 거의 또는 전혀 할 이야기가 없다. 하지만 성별이 생물학적으로 결정되는 것은 아니라는 관점은 여성주의 후기구조주의자들과 포스트모던 비평에서 보다 급진적인 방향으로 발전했다. 이런 비평은 남성과 다른 여성의 신체적 차이의 상징적이고 문화적인 의미를 면밀히 검토한다. 여기서 "몸"은 종종 문화적 구성물로서 논의되고, 그 몸이나 신체 부위는 문화 안에서 상징적 형태로 간주된다. 이러한 논의에서 몸의 경험은 누락되어 버리거나 최악의 경우에는 아예 차단되어 버린다. 캐럴 빅우드는 "몸과 본성은 사회적이고 정치적인 의미, 담론, 몸에 새겨진 내용으로만 형성된다. 몸과 본성은 문화적 산물이며 실존적 내용물 전체가 모두 도려내어진 것이다. 후기구조주의적인 몸은 유연하여 거의 어떤 제한도 없이 구현될 수 있다. 그 몸은 실제 지구상에서 무게가 없다"[5]고 말한다. 하

---

5 Carol Bigwood, "Renaturalizing the Body (With a Little Help from Merleau-Ponty)", *Hypatia: A Journal of Feminist Philosophy* 6(3), 1991, p.59.

지만 경험되는 몸에는 한계도 있고 무게도 있다.[6]

　　나는 도나 해러웨이의 신명나고 해학적인 「사이보그를 위한 선언문」을 읽으면서, 최근의 몸에 관한 여성주의 이론화 방식에서 몸의 경험이 소외되고 있는 것에 충격을 받았다.[7] 이 글에서 해러웨이가 제시하는 문화적이고 기술적인 구성물로서의 몸에 대한 관점은 내가 겪었던 종류의 경험을 배제하는 듯하다. 나는 내가 아팠을 때 몸의 엄청난 취약함에 지배당한다는 감정과 배신감을 느꼈다. 내 몸은 내가 몸과 맺고 있었던 관계를 재개념화하도록 강요했다. 이 경험은 몸에 대한 어떤 문화적인 "해석"의 변화나 몸에 가해진 기술적인 침투 때문에 일어난 것이 아니다. 나는 신체적이고 심리적으로 사람을 쇠약하게 하는 바이러스에 감염된 것이다. 물론 내 병은 사회문화적 맥락 안에서 발생한 것이며 그러한 맥락이 나의 질병 경험에 엄청난 영향을 끼친 것은 사실이다. 하지만 내 경험에서 중요한 부분은 바로 문화적 한계가 아닌 몸의 한계를 갖고 살아가는 것을 인정하고 배우도록 강요당한 부분이었다. 여성

6　1984년에 에이드리엔 리치가 이렇게 썼다. "아마 우리는 '몸'(the body)이라는 말을 쓰는 것을 중단해야 할 필요가 있다. 왜냐하면 [구체화하는 수식어 없이] 그냥 몸이라고만 하면 추상화되어 버릴 수 있기 때문이다. '몸'이라고 말할 때 나는 특정한 어떤 것도 생각하지 않는다. '내 몸'이라는 말을 쓸 때는 생활한 경험, 독특함이 모두 다가온다……"(Adrienne Rich, *Of Woman Born: Motherhood as Experience and Institution*, New York: W. W. Norton, 1986, p.215). 분명히 리치는 [그냥 '몸'이라고 쓰는 것에 대해] 어떤 문제가 있다고 보는데, 나는 그녀의 제안에 동의한다. 하지만 "몸"에 대해 1984년 이전에 그리고 이후에 너무 많은 글이 쓰여졌고 본 논의와 그것에 관련한 내 입장이 어떤 것인지 보여야 하기 때문에 그 용어를 사용해야만 한다고 생각한다. "몸"에 대한 문헌의 맥락 외적인 것을 이야기할 때는 몸에 대한 특정한 정보를 포함하고자 노력하였다.

7　Donna Haraway, "A Manifesto for Cyborgs: Science, Technology, and Socialist Feminism in the 1980s", ed. Linda J. Nicholson, *Feminism/Postmodernism*, New York: Routledge, 1990. 해러웨이의 글을 즐겨 읽고 그로부터 많은 것을 배움에도 불구하고, 이 책에서 나는 해러웨이의 연구에 문제제기를 하고 있다. 문제제기를 하는 이유는 해러웨이가 포스트모던 여성주의 이론가 중의 한 사람으로 몸에 대해서 분명히 이야기하고 있고, 장애를 이해하는 것과 관련해 포스트모던 여성주의 이론가들이 가진 한계에 대한 나의 우려와 해러웨이의 연구 초점이 일치하기 때문이다.

의 삶의 모든 면이 생물학에 의해 결정된 것이라는 관점에서 멀어지려
고 하는 급진적인 운동 안에서, 여성주의 이론은 "몸"을 이상화할 수 있
고, 살아 있는 몸의 현실의 많은 부분을 지워 버릴 위험이 있다.[8] 수전 보
르도가 말한 것처럼 "몸에 대한 해체주의적 삭제는 데카르트적 사고처
럼 '아무 데도' 존재하지 않는다는 관점에서 나타난 것이 아니라, 사람
은 언제나 어딘가에 존재하며 한계를 가지고 있다는 것을 인정하려 하
지 않는 저항에서 나타난다".[9]

몸에 대한 여성의 통제력을 늘리고 불필요한 고통을 예방하고자 하
는 여성주의의 지속적인 노력은 몸의 고통을 사회적으로 치유가 가능
한 현상으로 생각하게 하는 경향이 있다. 더욱이 여성주의 이론이 몸으
로부터의 소외 그리고 남성과는 다른 여성의 몸의 차이에 초점을 맞춤
으로써, 그 이론 안에 우리와 몸의 관계에 대한 비현실적인 상像이 만들
어졌다. 한편으로는 우리가 사회적 정의를 이루어 내고 몸으로부터의
소외를 극복하면 몸에 대한 우리의 경험은 대부분 즐겁고 만족스러울
것이라는 신념이 내재해 있다. 다른 한편으로 몸은 오직 상상 속에서만
제한되어 있다고 생각하며, 몸의 경험을 아예 무시하는 경향을 보인다.
이 두 경우 모두에서 여성주의적 사고는 몸의 고통의 경험을 직면하지
못한다. 그 결과 여성주의 이론은 몸을 초월하기를 원하는 매우 중요한
이유를 고려하지 않았다. 그것을 고려하지 못하는 이상, 우리는 정신-

---

8 맥신 시츠-존스톤도 몸과 "체현"에 대해서 이야기하면서 몸의 경험을 고려하지 못하는 해러웨이
  와 다른 여성주의 이론가들을 비판하고 있다(Maxine Sheets-Johnstone, "Corporeal Archetypes
  and Power: Preliminary Clarifications and Considerations of Sex", *Hypatia: A Journal of
  Feminist Philosophy* 7(3), 1992, pp.43~44).

9 Susan Bordo, "Feminism, Post modernism, and Gender-Scepticism", ed. Linda J.
  Nicholson, *Feminism/Postmodernism*, New York: Routledge, 1990, p.145.

몸 이원론이 갖는 주관적인 매력을 과소평가하게 될 뿐만 아니라, 의식과 몸의 관계에 대한 대안적인 개념을 적절하게 제시하지 못할 것이다.

고통받고 제한된 몸

철학적 현상학자인 드류 레더는 『몸은 없다』라는 책에서 몸의 경험을 다루는 현상학이 정신-몸 이원론의 서양 전통과 몸에 대한 폄하를 조장하며 지지하고 있다고 주장한다. 레더는 몸이 고통, 괴로움, 급격한 변화(사춘기와 임신)의 시기, 새로운 기술 습득의 경우를 제외하고는 의식 속에 존재하지 않는 경향이 있음을 설명한다.[10] 몸의 부재에 대한 우리의 경험은 "이질적인 몸에 갇혀 있는 비물질적인 정신이라는 원리를 따르는 것 같다"라고 말한다.[11] 레더는 데카르트적 이원론을 따르지도 않고 동의하지도 않으며, 그러한 이원론 때문에 여성, 동물, 자연 그리고 다른 '타자들'을 억압하게 된다고 주장한다. 하지만 그는 우리가 "이원론의 개념적인 헤게모니를 파괴"하면서도 그것을 뒷받침하기 위해 쓰였던 존재론적 진실은 되찾아야 한다고 주장한다.[12]

　다른 학자들은 병과 장애가 생겼을 때에야 비로소 몸을 인식하고 그 존재를 알게 되는 현상에 대해 논한다. 로버트 머피는 "질병은 우리의 사고와 행동을 이끄는 부분에서 몸에 대해 인식하지 않고 있었던 현실을 더 이상 지속시킬 수 없게 한다. [병에 걸리게 되면] 몸 자체가 이미 문제가 되어 버렸기 때문에, 암묵적으로든 명시적으로든 몸을 더 이

10　Drew Leder, *The Absent Body*, Chicago: University of Chicago Press, 1990, p.92.

11　ibid., p.3.

12　ibid., p.3.

상 당연하게 생각할 수 없다.[13] 메이 사턴은 『뇌졸중 그 후』라는 일기에서 "나에게 젊음이라는 것은 몸을 의식하지 않을 수 있다는 것과 연관되어 있는 반면, 노년은 종종 고통이나 몸 내부에서 일어나는 것들을 의식적으로 극복해 나가는 일이다. 누구나 실제로 그것을 의식한다"라고 적었다.[14]

최소한 우리는 몸을 인식하는 것이 많은 경우 통증과 불편함, 신체적 어려움을 인식하는 것임을 인정해야 한다. 장애인은 몸이 경험하는 이러한 부분에 대해 집단적으로 엄청난 지식을 가지고 있기 때문에, 몸에 대한 문화적 이해를 돕기 위해 장애인이 주된 역할을 해야 한다. 나는 이런 점을 보여 주기 위해, 통증의 흥미로운 측면 그리고 몸과 동일시하려는 우리의 욕망에 대해 몸의 고통이 끼치는 영향을 겸허한 자세로 논의하고자 한다. 나의 바람은 몸의 초월에 대한 새로운 여성주의 논의를 시작하여 그것이 궁극적으로 몸의 고통에 대한 현상학을 완전히 설명할 수 있게 되는 것이다.

통증

모든 사람이 신체적인 통증을 경험한다. 드류 레더는 만성적이지 않은 급성통증에 대해 훌륭한 현상학적 설명을 제시한다. 레더는 급성통증의 경험이 간헐적으로 일어나는 일이라고 지적한다. 또한 급성통증은

---

13 Robert F. Murphy, *The Body Silent*, New York: W. W. Norton, 1990, p.12.

14 May Sarton, *After the Stroke*, New York: Norton, 1988. Kathleen Woodward, *Aging and Its Discontents: Freud and Other Fictions*, Bloomington: Indiana University Press, 1991, p.19에서 재인용.

항상 우리의 주의를 요하며, 공간에 대한 인식을 우리의 몸으로 제한하고, 시간에 대한 인식을 지금 여기 이 순간으로 제한한다고 설명한다. 그리고 통증을 제거하는 것이 우리의 의도와 행동의 초점이 되고, 통증은 우리 자신을 다른 사람들의 현실로부터 차단시킴으로써 심리적인 고립을 일으킨다고 한다. 또한 급성통증은 우리의 자아가 아픈 몸으로부터 어느 정도 소외되도록 만든다고 말한다.[15] 이 모든 말이 다 맞는 말 같다. 그럼에도 나는 만성통증의 경험을 통해 통증을 더 잘 이해할 수 있다고 생각한다. 여기에서 만성통증이라는 말은 (운동선수들이 심한 훈련을 할 때 겪는 것처럼) 어떤 목적을 달성하기 위해 참아 내는 통증이 아니며, (어떤 때는 일정한 간격을 두고 일어나고 어떤 때는 갑자기 나타나기도 하는) 무기한으로 지속되는 통증을 말한다. 또한 우리가 아는 한 어떤 조치로도 없어지지 않기 때문에, 어떤 조치도 필요로 하지 않는 통증을 의미한다.

나 자신과 다른 사람들이 겪은 만성통증의 경험으로부터 나는 통증이 해석된 경험이라는 것을 배웠다. 이 말은 곧 우리가 통증의 경험을 이런 저런 의미가 있는 것으로 해석한다는 말이기도 하고(레더가 지적했듯이 우리는 그러한 해석을 한다. 나는 통증의 의미에 대해서는 이후에 얘기할 것이다), 통증의 경험 자체가 부분적으로 감각의 해석에 따른 산물이라는 말이기도 하다. 예를 들어 통증이 가져오는 아픔의 주된 요소 또는 통증에 의해 생겨나는 괴로움은 통증을 제거하고 멈추려는 욕망이며, 통증으로부터 도망치고자 하는 욕망이라는 것은 대단히 흥미로운 모순이다. 통증을 받아들이고 그것에 항복하고 그것을 다른 경험과 마

15 Leder, *The Absent Body*, pp. 70~79.

찬가지인 하나의 경험으로 바라보고 관찰하려는 성숙한 태도는 통증이 흔히 만들어 내는 괴로움을 줄일 수 있다. 만성통증을 가진 사람들은 때로 통증과 친구를 맺는다는 말로 이를 표현한다. 이런 말을 하는 사람들은 내가 아직 도달하지 못한 정도의 경지에 이른 것 같다. 하지만 나는 이것이 무슨 의미인지는 알 것 같다(예로 앨버트 크레인헤더가 류머티스 관절염의 극심한 통증과 자신의 관계를 설명하는 것을 보라[16]).

만성통증을 가지고 살아가는 것에 대한 나의 설명이 다른 모든 사람들에게 적용되는 것은 아니며 다른 누군가를 위한 처방전도 아니라는 것을 분명히 해두고 싶다. 통증을 가지고 살아가는 것은 매우 복잡하며 개인적인 협상이다. 성공적인 전략은 통증의 강도와 부위에 따라 달라진다(예를 들어, 나는 두통이나 복통이 허리나 팔, 다리의 통증보다 더 힘들다는 것을 알게 되었다). 또한 체력이 얼마나 강한지, 그 사람이 가진 체력이 돈 문제와 가족, 치료, 다른 문제들로 인해 소모되고 있는지, 그 사람이 어떤 일을 하는지, 의사와 친구들이 도와주는지, 어떤 즐거움이 있는지, 열의를 가진 일이 무엇인지에 따라, 그리고 다른 많은 요소들에 따라 달라진다(전략의 예시로 레지스터의 연구를 보라[17]), 즉 통증은 그 경험을 만들어 내고 변화시키는 복잡한 신체적·심리적·사회적 맥락에서 일어난다는 것을 기억하는 것이 매우 중요하다.

나에게 통증은 더 이상 레더가 설명한 것과 같은 현상이 아니다. 통증에 저항하지 않고 집중하며 받아들이는 경우 그것은 종종 통증이나

---

16 Albert Kreinheder, *Body and Soul: The Other Side of Illness*, Toronto: Inner City Books, 1991, ch.6.

17 Cheri Register, *Living with Chronic Illness: Days of Patience and Passion*, New York: Bantam, 1987.

불편함으로도 설명할 수 없는 다른 어떤 것으로 변화된다. 예를 들어 내 질병은 팔 근육, 흉부, 등 부분에 실제로 멈추지 않는 통증을 유발한다. 내가 이를 알고 있는 이유는 그 부분들에 신경을 쓸 때마다 통증을 느끼기 때문이다. 나는 이 통증을 언제나 켜져 있는 라디오와 비슷하다고 생각한다. 그러나 이 라디오의 소리 크기는 시시때때로 크게 달라진다. 그 소리가 작거나, 주의를 완전히 기울여야 하는 어떤 일을 하고 있을 때에는 이를 무시할 수 있다. 하지만 그 소리가 크게 높아졌을 때는 신경 쓰지 않을 수 없고 오랫동안 무시할 수가 없다. 내가 통증에 완전히 집중하는 경우에는 다른 모든 일을 중단해야만 하는데, 보통 나는 긴장을 풀고 '통증 속으로' 들어갈 수 있다. 이때의 정신 상태는 통증을 인식하고 통증과 싸우지 않는 것에 집중한다는 말로밖에는 설명하기가 힘들다. 그러면 통증을 겪고 있는 경험은 다른 어떤 것으로 변화된다. 어떤 때는 마음속의 이미지가 되고, 어떤 때는 꼬리를 물고 일어나는 생각이 되고, 어떤 때는 감정이 되고, 어떤 때는 눕고 싶고 따뜻해지고 싶고 자고 싶은 것처럼 어떤 일을 하기를 원하는 욕망으로 변한다. 아마 이런 식으로 계속 주의를 집중하고 있으면 통증으로 고통받는 일은 거의 없을 것이지만, 나는 이렇게 하는 데 너무 많은 신경을 쓰고 싶지는 않다. 다른 일에 더 관심이 간다는 것, 내게는 이것이 통증의 문제이다.

지속적인 통증 때문에 내 몸이 어떻게 느끼는지에 대해 관심을 기울여야 하는 것과 내가 하고 있는 다른 어떤 일에 필요한 관심을 기울이는 것 사이의 균형을 반드시 맞추어야 한다. 나는 이것을 어떻게 하는지 배울 수 있다는 것과 연습을 통해 더 잘하게 될 수 있다는 것을 알고는 매우 놀라지 않을 수 없었다(물론 건강한 사람보다 쉬는 시간을 훨씬 더 많이 갖고, 몸에 관심을 쏟을 수 있도록 내 생활을 계획해야 한다). 하지

만 가장 놀라운 것은 나의 사고 능력, 태도나 기분이 몸 상태에 따라 좌
우되는 정도가 아프기 전보다 더한 게 아니라 덜한 것 같다는 점이다.
나는 근육통성 뇌척수염에 걸리기 전에는 아침에 일어났을 때 몸이 아
프면 어려운 글을 쓸 엄두를 내지 못했다. 낫기 위해서 쉬어야 한다고
생각했기 때문이기도 하지만 몸이 안 좋으면 글도 잘 쓸 수 없고 생각도
잘 할 수 없을 것이라고 생각했기 때문이다. 지금은 그런 상태에서도 글
을 자주 쓴다. 꼭 해야만 하기 때문이 아니라, 그런 상태에서 어떻게 글
을 쓰는지를 알고 있고 그렇게 하고 싶기 때문이다. 이런 결과는 내가
예상했던 것과는 정반대이다. 내 몸의 경험에 신경을 많이 쓰면 쓸수록
이랬다 저랬다 하는 몸 상태에 따라 나의 모든 것이 더욱 좌우될 것이라
고 생각했다. 어떤 면에서 보면 나는 몸의 경험이 의식에게 고통이나 몸
의 한계로부터의 어떤 자유를 알려줄 수 있다는 것을 발견한 셈이다. 나
는 몸으로부터 이탈하기 위한 전략들에 대해서 논의한 뒤 이 주제로 돌
아와서 더 이야기할 것이다.

몇 가지 이탈 전략들

몸의 욕구와 감각을 무시해 버림으로써 몸으로부터 이탈하거나 초월하
고자 하는 것은 대개 건강하고 장애가 없는 사람들의 사치이다. 아프거
나 장애가 있는 사람들은 생존을 위해서 또 신체 상태가 (때때로 회복될
수 없을 만큼) 더 나빠지는 것을 예방하기 위해서 몸에 신경을 많이 쓰는
것이 필요하다. 하지만 질병과 장애는 우리가 한때 당연하게 여겨 왔던
몸의 경험을 해석하기 어렵게 만들고 심지어 우리를 속이기도 한다. 바
버라 로젠블럼은 암에 걸린 자신의 몸이 극도로 예측 불가능한 상태인

것 때문에 어떻게 "의미의 혼란"이 만들어졌는지 설명한다.

우리의 문화에서는 진실에 대한 궁극적 판단자로서 몸에 의지하는 경우가 매우 흔하다. …… 상황에 따른 몸의 반응을 보고 우리는 "정말 어떻게 느끼고 있는지"를 짐작할 수 있게 된다. 예를 들어 어떤 사람이 방에 들어올 때마다 당신의 배가 뭉치고 몸에 긴장이 느껴진다면 몸이 주의를 요하는 중요한 단서를 주고 있는 것이다. 몸이 주는 신호를 해석하는 방식은 몸이 가진 변함없는 안정성과 지속성에 바탕을 두고 있다. 나처럼 몸이 시간에 따라 일관적이지 않을 때, 예를 들어 4월에 어떤 의미를 가졌던 것이 5월에는 전혀 다른 의미를 가질 때, 몸의 안정성에 기대기는 (따라서 진실을 알아내기도) 힘들다.[18]

만성통증은 이와 비슷한 (하지만 더 제약이 심한) "의미의 혼란"을 만들어 낸다. 건강한 사람에게 통증이란 뭔가가 잘못되어 이에 대처해야 한다는 것을 뜻한다. 만성적 통증에 대해서 나는 스스로 이 통증이 아무런 의미가 없는 것이고, 걱정하거나 저항할 필요가 없고, 저항하면 긴장만 하게 되고 그것이 통증을 더 심하게 할 것임을 끊임없이 염두에 두고 있어야 한다. 단지 통증을 알아채고 받아들이면 내 마음이 자유로워져서 다른 것에 신경을 쓸 수 있게 된다. 이는 내 몸을 무시하는 것과는 다르다. 몸을 무시하는 것은 위험할 수 있다. 쉬어야 할 때 쉬지 않는 것은 극심한 증상을 유발하거나 질병을 재발시켜서 며칠 동안 누워 있

18 Sandra Butler and Barbara Rosenblum, *Cancer in Two Voices*, San Francisco: Spinsters Book Company, 1991, pp. 136~137.

어야 할 수도 있기 때문이다. 나는 내가 쓰는 전략이 내 몸의 감각을 재해석하여 그것에 피해를 입거나 압도당하지 않도록 하는 것이라고 생각한다. 이 과정은 내가 몸과 맺는 관계 전체에 엄청난 영향을 끼쳐 왔다. 나의 병 때문에 피로, 구역질, 어지러움, 식욕 감퇴, 심지어 우울증까지 이따금 발생했고, 그것들의 의미가 모두 달라졌기 때문이다. 이런 증상들을 내가 외부 세계와 맺는 관계에 대한 신호로, 또는 대처해야만 하는 욕구에 대한 신호로 해석하는 것이 대개는 (언제나 그런 것은 아니지만) 적절하지 않다. 유감스럽게도 어떤 일이 부적절하다고 인식하는 것보다 부적절한 그 일을 하지 않는 것이 훨씬 더 어렵다.

이런 이유로 나는 내 병 때문에 생겨나는 몸의 여러 감각과 우울한 기분에 대해 '관찰자'의 태도를 기르는 것이 중요함을 알게 되었다. 이런 태도를 통해 나는 일어나고 있는 일을 하나의 현상으로 관찰하고 주의를 기울인다. 그렇게 하면서 슬프거나 구역질 날 만한 이유가 없는데도 우울하고 메스꺼워지는 것에서 발생하는 인지적인 부조화를 참아내고, 최대한 적응하고, 증상이 지나갈 때까지 기다린다. 이는 이리한 기분의 원인을 찾고 행동하는 것처럼 흔히 하게 되는 반응과는 아주 다르다. 우울에 대해서 관찰자의 태도를 가지는 것은 가장 어렵다. 과거에 다른 증상들을 유발하는 병을 잠시 앓았던 적은 있지만, 우울할 일이 없는데도 심각하게 우울한 증상을 겪어 본 적은 없기 때문이다. 따라서 우울증에 대해서 내가 가장 먼저 쉽게 했던 반응은 나를 우울하게 만드는 일을 찾아내는 것이었다. 나를 둘러싼 (거의 모든 사람들의) 세상에 주의를 기울여 보면 우울증을 유발할 만한 일이 잔뜩 있기 때문에, 나는 습관적으로 이렇게 원인을 찾는 반응을 함으로써 내가 겪는 우울증을 더 연장시키고 악화시켜 왔다. 심각한 우울(일상생활에서 느끼는 안 좋은 기분을 말하는 것이 아니라, 차라리 죽었으면 좋겠다고 느껴지는 기분)에 대해, 지나갈 때까지 견뎌 내야 하는 신체적 현상으로 여기고 심각하게 생각하지 않는 법을 배운 것은 나의 괴로움을 많이 줄여 주었고 아마도 나의 생명을 구해 주었던 것 같다. 레지스터는 재발하는 우울증 질병을 겪고 있던 한 남자가 이와 비슷한 전략을 이용한 것에 대해서 설명한다.[19]

일반적으로 (보통 나 자신에게) "내 몸은 아프지만(혹은 구역질이 나지만, 녹초가 되었지만 등등), 나는 행복하다"라고 말할 수 있는 것은 기운을 나게 할 수 있고 기분을 나아지게 할 수 있다. 내 몸이 느끼고 있는 방식이 내가 경험하는 것의 전부가 아니며 내 마음과 기분은 몸에서 전달하고 있는 통증 너머로 나아갈 수 있고, 내 마음의 상태가 완전히 몸 상태에 달려 있는 게 아님을 주장하는 것이기 때문이다. 심지어 "내 두뇌가 바로 지금 안 좋은 영향을 받아 기분이 우울하지만, 나는 괜찮고 내 인생은 잘 풀리고 있다"라고 말할 수 있는 것은 내 삶의 질이 전적으로 몸 상태에 달려 있는 것은 아니며, 여전히 할 일을 생각해 내고 일을 마칠 수도 있으며, 현재가 전부가 아님을 확인시켜 주는 하나의 방법이다. 즉 나는 나의 몸과 동일시하지 않는 것을 배우는 중이며, 이렇게 함으로써 내 몸을 쇠약하게 하는 만성질병을 갖고도 좋은 삶을 살아갈 수 있다.

많은 사람들이 이런 태도를 심리적·영적으로 순진한 생각이라고 여기리라는 것을 알고 있다. 이들은 몸의 고통에 심리적이거나 영적인 의미가 있으며 내가 치유되기 위해서 그 의미를 찾아야 한다고 주장할 것이다.[20] 이는 단지 북미 지역만이 아니라 세계의 많은 곳에서 널리 퍼

---

19 Register, *Living with Chronic Illness: Days of Patience and Passion*, p.280.

져 있는 믿음이다. 나는 이런 믿음이 장애인과 치명적인 질병이 있는 사람들에게 초래하는 결과에 대해 이 책의 앞부분에 논의한 바 있다. 나는 이 믿음을 전부 거부하진 않는다. 나 또한 어떤 사람이 방을 들어설 때 배가 단단히 뭉치면, 그것이 내가 그 사람을 어떻게 생각하는지에 대해 내 몸이 주는 신호라고 믿으며, 그 사람과의 관계를 피하거나 관계에 변화가 생기면 신체적인 반응도 좋아질 것이라고 믿는다. 하지만 몸에 대한 의미의 혼란을 겪어 본 바에 따르면, 나는 매우 강력한 몸의 경험에 대해서조차 심리적이거나 영적으로 의미 있는 것이라고 더 이상 가정할 수가 없다. 그렇게 가정하는 것은 심리적이고 영적인 삶의 근원으로서 몸을 너무 중요하지 않게 여기는 것 같다는 생각이 든다. 이는 몸을 다른 과정의 반사경으로만 보고 몸 자체에 우리가 해석할 수 없는 복잡한 생명이 있다는 것을 간접적으로 부정하는 것이다.

처음 병에 걸렸을 때는 내 의지와 상관없이 몸이 침해당한 것 같은 생각이 들었고 지금도 그런 생각이 들 때가 있다. 하지만 지금은 그렇게 침해당하는 것이 나 자신을 확장시키거나 기존의 내 모습을 완전히 없애 버리도록 요구하기 때문에, 때로는 더 나은 삶의 시작을 가져올 수도 있다고 느낀다. 병은 내가 고맙게 여길 만큼 나에게 달라질 것을 요구했다. 따라서 내 병에 치유법이 있다면 기쁘게 받아들이겠지만 아팠던 것을 후회하진 않는다. 하지만 병이 나에게 가르쳐 준 것을 배우기 위해 내가 아프게 되었다고는 믿지 않는다. 또한 내가 병을 통해 알아야 하는 것을 배우고 나면 다 나을 거라 생각하지도 않는다. 우리는 뭔가 배워야

<hr>

20 Ken Wilber and Treya Wilber, "Do We Make Ourselves Sick?", *New Age Journal*, September/October 1988.

하기 때문에 일어나는 것이 아닌 일에서도 많은 것을 배운다(예를 들어 사랑하는 사람의 죽음을 자신을 위한 교훈으로 생각하는 것은 끔찍하게 자아도취적인 생각이다). 그리고 이와 같은 것을 배움으로써 혜택을 받을 사람이 많다고 해도, 이들이 모두 가르침을 주는 경험을 하게 되지는 않는다.

나는 나의 증상을 받아들이고 이에 항복하기 시작했다. 의학적·심리적·영적인 치유법을 찾는 것을 그만두었을 때, 몸에 일어나고 있는 일시적인 괴로움과 나를 동일시하는 것을 줄이고 증상들을 관찰하는 능력을 발달시키기 시작했을 때, 나는 내 삶을 다시 구성해 나갈 수 있었다. 내 몸 상태가 새로운 방식으로 가능성을 제한하긴 하지만, 새로운 종류의 이해력, 새로운 관심, 새로운 열의와 계획들을 제시해 주었다. 이런 점에서 질병의 경험은 깊은 의미가 있는 것인데, 이는 내가 오직 근원 그 자체로서 몸을 받아들였기 때문이다. 만약 내가 병에 대해 심리적이고 영적인 문제를 나타내는 것이라 생각하고 나의 증상이 가진 의미를 발견하기 위해 에너지를 썼다면 나는 아직도 아픈 것에 완전히 매몰되어 있을 것이다. 사실 내가 내 몸에서 일어나고 있는 일에 전보다 덜 동일시하게 되었는데도 이렇게 내 몸은 나에게 새로운 정체성을 갖게 했고 나 자신에 대해 다르게 생각하도록 하였다.

장애인들은 몸과 동일시하지 않는 것이 가진 장점에 대해서 자주 이야기한다. 아픈 사람들은 강한 자아의식을 갖고서 아픈 몸으로 계획을 실행하는 능력을 조절해 가면, 예측이 어렵고 몸을 쇠약하게 만드는 증상을 갖고 순간순간을 살아가는 어려움이 줄어들 수 있다고 한다.[21]

21 Register, *Living with Chronic Illness: Days of Patience and Passion*, ch.9.

이러한 자아의식과 계획은 몸과 강하게 동일시하는 사람들에게는 매우 혼란스러울 수 있는 삶에 연속성이라는 것을 제공해 준다. 사지마비 상태인 인류학자 로버트 머피는 몸이 마비된 다른 사람들의 삶을 연구했는데, 그는 자아를 탈육체화하는disembodying 것의 또 다른 동기를 설명한다. "마비가 있는 사람은 다른 사람이 자신의 몸을 들고 돌리고 밀고 당기고 비트는 것에 익숙해지게 되는데, 자신과 자신의 몸 사이에 감정적 거리를 둠으로써 이런 상황을 이겨낸다."[22]

또한 장애인은 몸이 가진 약함, 무능력, 질병과 동일시되지 않기를 바란다는 이야기를 자주 하기도 한다. 이 때문에 "장애를 가진 사람들"people with disabilities이란 말이 "장애인"disabled people이란 말보다 더 선호되는 것이다. 세상이 한 사람 전체를 장애로만 보면 그 사람의 능력은 간과되거나 무시당하게 된다. 사람들은 남들이 자신에 대해 생각하는 것을 쉽게 믿어 버리기 때문에 이는 장애인의 자존감에 큰 타격을 줄 수 있다. 여전히 안정적이고 대단한 신체능력을 가지고 있는 장애인들은 그 능력을 발휘함으로써 사람들의 오해에 대응할 수 있다. 남아 있는 신체능력이 대단하지도 않고 안정적이지도 않은 우리 같은 사람들은 우리 몸과 우리 자신을 동일시하지 않으려는 것이 가장 좋은 방어책이다. 또한 지적이고 정서적인 경험과 활동, 다른 사람과 맺는 관계를 우리 자신에 대한 감각, 즉 자존감의 바탕으로 삼는 것도 좋은 심리적 전략이다.

로버트 머피는 척추에 생긴 종양이 서서히 자라면서 마비가 심해졌는데, 그는 움직이는 능력을 잃어버리게 된 결과에 대해서 호소력 있게

22 Murphy, *The Body Silent*, pp.100~101.

서술했다. 머피는 자기 자신에게 "내 사고와 살아 있다는 감각이 내가 지금 살고 있는 곳인 나의 두뇌 속으로 몰려가게 되었다"고 말했다.[23] 또 "다른 사지마비인들과 마찬가지로 나는 그냥 내버려지거나 어떤 도움을 받을 수 없이 무력한 상태가 되는 것에 대한 큰 두려움이 있다. 하지만 그 외의 스스로에 대한 감각은 나의 머릿속의 제한된 공간 안으로 수축되어 들어간다"고 말했다.[24] 머피는 이 경험으로 인해 자신이 잃어버린 것을 인식하기를 꺼리지 않았고, 오히려 자신이 얻은 것이 무엇인가를 생생하게 설명했다.

> 나는 신체적으로 일어나는 일들의 수용체가 되었다. 이렇게 수동성이 증가하면서 내 생각을 압도하려고 하는 경향에 맞서 계속해서 싸워야 한다. 하지만 따뜻한 전기담요 안에 감싸여 나에게 꼭 필요한 것들만으로 이루어진 미세환경 속에 정착해 매일 밤 나만의 작은 고치 안으로 돌아갈 때 어떤 안전함과 편안함을 느끼게 된다. 이는 사회적 유대와 의무가 주는 어려움과의 의사소통을 멈추는 것이고, 나만의 두뇌의 세계로 잠시 피하는 것이다. 이럴 때 나의 마음은 가장 멀리 나아가 돌아다닌다. 이렇게 심오한 고요 속에서 의외의 자유를 진정 맛볼 수 있다.[25]

나는 장애인들이 몸으로부터의 분리전략에 의존하는 정도에 대해 과장된 인상을 남기고 싶지 않다. 자아를 몸과 분리시키는 것은 어느 정도 질병과 장애에 대처하는 데 좋을 수 있지만, 장애가 있고 아픈 몸과

---

23 Murphy, *The Body Silent*, p.102.
24 ibid., p.193.
25 ibid., pp.193~194.

동일시하게 되는 과정은 그러한 몸에 적응하는 데 중요한 역할을 할 수 있다. 성인이 되어서 장애가 생겼거나 아프게 된 많은 사람들에게는 삶을 재구성하는 것이 새로운 정체성을 형성하는 것에 달려 있다. 이 과정의 중요한 측면은 레지스터가 "수용: 질병을 [그리고 장애를—인용자] 존재의 정상적 상태로 생각하기"라고 표현한 것이다.[26] 이는 새로운 몸과 동일시하고, 더불어 우리들 대부분에게 새롭게 느껴지는 사회적 역할과 동일시하기를 학습하는 것이라고도 설명할 수 있는데, 나에게는 이런 생각이 많은 도움이 되었다. 회복하는 것을 기대하거나 좋아질 때까지 내 삶을 미루어 놓는 것을 그만두었고, 아픈 몸으로 살아가는 전략들을 개발해 나가고 도움을 청하였다. 내 신체적 한계에 맞추어 일과 계획을 수정하였고 다른 장애인과 동일시하면서 그들로부터 배우기 시작했다. 따라서 나는 나의 아픈 몸과 많은 부분 동일시하지만, 또한 건강했던 어떤 때보다도 내 사고와 감정이 몸과는 더욱 분리된 별개의 것이라고도 믿는다.

초월

이 모든 것들이 몸의 초월과 무슨 관계가 있는가? 그것은 물론 초월이라는 것을 말할 때 무엇을 염두에 두고 있느냐에 따라 달라진다. 몸의 고통으로부터 독립하는 것에 대해 내가 설명했던 형태는 일부에 불과하고, 평범한 것이다. 그것들은 대단한 영적인 승리가 아니라 일상생활의 전략이다. 어떤 사람들은 심지어 그것을 신체의 경험으로부터 소외

26 Register, *Living with Chronic Illness: Days of Patience and Passion*, p.31.

되는 형태의 하나라고 간주하기도 할 것이다. 하지만 나는 그렇게 생각하는 것은 실수라고 생각한다. 소외는 우리가 보통 이해하는 것처럼 자유를 제한한다. 소외는 경험의 가능성을 제한하기 때문이다. 우리가 고통으로부터 소외된다고 말한다면 그것은 어떤 필요한, 혹은 목적이 있는 통증을 직면하지 못하거나 겪어 낼 수 없음을 의미할 것이다. 만성적이고 종종 무의미한 신체적 고통으로부터 거리를 두도록 하는 마음의 습관을 기르기로 선택하는 것은 자유를 증진시킨다. 그것이 괴로움과 몸의 제약을 넘어서 경험의 가능성을 확장시키기 때문이다.

　그런 방법들이 의식의 자유를 늘려 주기 때문에 나는 그러한 전략들을 초월의 형태라고 불러야 한다고 생각한다. 우리가 몸의 통증과 불편함, 어려움 때문에 그러한 전략들을 사용하게 되며, 그것들이 몸의 경험을 해석하고 대처해 나가는 방식이기 때문에 나는 그것들을 몸의 초월이라고 부른다. 의식과 자아의식이 몸의 감각과 한계에 결부된 정도를 인식하기 위해서, 또는 어떤 상황에서 몇몇 사람들이 그 연결을 느슨하게 만드는 데 사용하는 실천방식의 가치를 알기 위해서 반드시 정신-몸의 이원론을 채택할 필요는 없다고 생각한다. 또한 몸으로부터 감정적이고 인지적인 거리를 두는 능력을 높이 평가하기 위해서 반드시 몸과 몸의 경험을 무시해야 한다고 생각하지도 않는다. 이와는 반대로 이런 이유로 몸을 비하하는 것은 어리석은 것 같다. 몸의 변화와 몸 상태가 바로 이런 전략들을 발견할 수 있도록 안내해 주기 때문이다. 레더나 다른 학자들이 말한 것처럼, 질병의 발병, 장애, 통증은 의식에서 몸이 "없는 상태"를 파괴하고, 우리가 새롭고 때론 예리하게 몸을 인식하는 의식적인 반응을 찾아내도록 요구한다. 따라서 몸 그 자체는 우리를 고통이나 한계 안으로 이끌고, 그리고 나서 그것을 넘어서도록 해준다.

전통적인 신학적 개념인 초월에 대한 대안으로, 나오미 골든버그는 "몸과 함께" 초월하기라는 새로운 개념을 제안한다. 그러한 개념은 우리가 다른 사람들의 삶, 인간의 역사, 그리고 사회와 연결되어 있다는 느낌과 인식을 포괄하는 것이다.[27] 드류 레더는 데카르트적 이원론과 몸에 대한 불신을 거부하는 대신, 초월에 대한 설명을 다음과 같이 제시한다. 우리가 살고 있는 몸은 개인들의 소통이고, 세상과 우리가 하나의 몸을 이루며, 우리가 이 하나의 몸으로 된 관계를 온정과 미학적 통합, 그리고 영적인 공동체 속에서 경험할 수 있다는 깨달음이 바로 초월이다.[28] 나는 골든버그와 레더, 이 두 사람의 개념이 모두 좋다고 생각한다. 하지만 두 사람 모두 자아의 초월을 이야기하고 있고, 이들이 몸의 초월을 자아의 초월로 대체하는 것을 이상적으로 본다는 생각이 들기도 한다. 적어도 나에게는 가끔 자아의 욕구를 초월하는 능력이 영적인 삶과 인간의 행복에 중심이 되는 것으로 보이기도 한다. 그래서 아마도 그것이 몸의 초월보다 더 중요한 형태의 초월일 것이다. 그럼에도 나는 정신-몸 이원론, 몸에 대한 비하 그리고 그런 이름 아래 이루어진 모든 잘못을 거부하기 위해 몸의 초월이라는 개념이 너무 쉽게 부정되는 것은 아닌지 의심스럽다.

나는 몸의 초월에 대한 일부 개념을 변호하는 말을 하면서 비장애인들이 자아를 몸으로부터 분리하는 전략을 사용해야 한다고 제안하는 것은 아니다. 대신 나는 의식과 몸의 관계를 이론화할 때 장애를 가진 사람들의 경험을 고려하는 것이 얼마나 중요한지를 보여 주고 싶은 것

27 Goldenberg, *Returning Words to Flesh: Feminism, Psychoanalysis, and the Resurrection of the Body*, pp.211~212.

28 Leder, *The Absent Body*, ch.6.

이다. 한 가지는 분명하다. 우리가 몸으로부터의 소외를 줄이는 것, 몸을 더 잘 인식하는 것, 몸의 힘과 쾌락을 찬양하는 것만을 이야기할 수는 없다는 것이다. 우리는 반드시 고통받는 몸, 고통 없이는 인식되지 않는 몸, 또한 상반되는 감정 없이 단순하게 찬양하기 힘든 몸을 가지고 살아가는 것에 대해 이야기해야만 한다. 그러면 우리는 몸에 대한 논의에 초월의 일부 개념이 들어올 자리를 찾을 수 있을 것이다.

참고문헌

Addelson, Kathryn Pyne, "The Man of Professional Wisdom", *Discovering Reality*, eds. Sandra Harding and Merrill B. Hintikka, Boston: D. Reidel, 1983, pp.165~186.

Alcoff, Linda, "Cultural Feminism versus Poststructuralism: The Identity Crisis in Feminist Theory", *Signs: Journal of Women in Culture and Society* 13(3), 1988, pp.405~436.

Amundson, Ron, "Disability, Handicap, and the Environment", *Journal of Social Philosophy* 23(1), 1992, pp.105~118.

Arsenault, Francine, "Stakeholder Speech — Chairperson of the Council of Canadians with Disabilities", *Transition*, April/May 1994, p.6.

Asch, Adrienne, and Michelle Fine, "Shared Dreams: A Left Perspective on Disability Rights and Reproductive Rights", *Women with Disabilities: Essays in Psychology, Culture and Politics*, eds. Michelle Fine and Adrienne Asch, Philadelphia: Temple University Press, 1988, pp.297~305.

Bartky, Sandra Lee, *Femininity and Domination: Studies in the Phenomenology of Oppression*, New York: Routledge, 1990.

B.C. Coalition of People with Disabilities, "Submission to the Special Senate Committee on Assisted Suicide and Euthanasia", 1995.

Beauvoir, Simone de, *The Second Sex*, New York: Alfred A. Knopf, 1952.

Bigwood, Carol, "Renaturalizing the Body(With a Little Help from MerleauPonty)", *Hypatia: A Journal of Feminist Philosophy* 6(3), 1991, pp.54~73.

Blumberg, Lisa, "Eugenics and Reproductive Choice", *The Ragged Edge: The Disability Experience from the Pages of The First Fifteen Years of The Disability Rag*, ed. BarrettShaw, Louisville, Kentucky: Advocado Press, 1994, pp.218~227.

Bolt, Bill, "Sweden: Not All It's Cracked Up To Be", *The Disability Rag and ReSource* September/October, 1994, pp.15~19, 43.

Bordo, Susan, "Feminism, Postmodernism, and Gender-Scepticism", *Feminism/Postmodernism*, ed. Linda J. Nicholson, New York: Routledge, 1990, pp.133~156.

______ , *Unbearable Weight: Feminism, Western Culture, and the Body*, Berkeley: University of California Press, 1993.

Brison, Susan J., "Surviving Sexual Violence: A Philosophical Perspective", *Journal of Social Philosophy* 24(1), 1993, pp.5~22.

Browne, Susan E., Debra Connors, and Nanci Stern eds., *With The Power of Each Breath: A Disabled Women's Anthology*, San Francisco: Cleis Press, 1985.

Bullard, David G., and Susan E. Knight eds., *Sexuality and Physical Disability*, St. Louis: C. V. Mosby, 1981.

Bury, Michael R., "Disablement in Society: Towards an Integrated Perspective", *International journal of Rehabilitation Research* 2(1), 1978, pp.33~40.

Butler, Sandra, and Barbara Rosenblum, *Cancer in Two Voices*, San Francisco: Spinsters Book Company, 1991.

Callahan, Daniel, *What Kind of Life: The Limits of Medical Progress*, New York: Simon and Schuster, 1990.

Campling, Jo ed., *Images of Ourselves-Women with Disabilities Talking*, London: Routledge and Kegan Paul, 1981.

Canadian Woman Studies: Women and Disability 13(4), North York, Ontario: York University, Summer 1993.

Carver, Roger J., "Deaf Culture or Disability?", *Transition*, December 92/January 93 1992, pp.6~7, 24~25.

Collins, Patricia Hill, *Black Feminist Thought*, New York: Routledge, 1991.

______ , "The Social Construction of Black Feminist Thought", *Signs: Journal of Women in Culture and Society* 14(4), 1989, pp.745~773.

Connors, Debra, "Disability, Sexism and the Social Order", *With the Power of Each Breath: A Disabled Women's Anthology*, eds. Susan E. Browne, Debra

Connors, and Nanci Stern, San Francisco: Cleis Press, 1985, pp.92~107.

Council for Responsible Genetics, "Documents: Position Papers", *Issues in Reproductive and Genetic Engineering* 3(3), pp.287~295, 1990.

Dahl, Marilyn, "The Role of the Media in Promoting Images of DisabilityDisability as Metaphor: The Evil Crip", *Canadian Journal of Communication* 18, 1993, pp.75~80.

Dallery, Arleen B., "Illness and Health: Alternatives to Medicine", *Phenomenology in a Pluralistic Context*, eds. William L. McBride and Calvin o. Schrag, Albany: State University of New York Press, 1983, pp.139~154.

Davis, Kathy, "Remaking the She-Devil: A Critical Look at Feminist Approaches to Beauty", *Hypotia: A Joumol of Feminist Philosophy* 6(2), 1991, pp.21~43.

Degener, Theresia, "Female Self-Determination between Feminist Claims and 'Voluntary' Eugenics, between 'Rights' and Ethics", *Issues in Reproductive and Genetic Engineering* 3(2), 1990, pp.87~99.

Deringer, Ingrid C., "Women's Experiences of Myalgic Encephalomyelitis/Chronic Fatigue Syndrome", Unpublished MA Thesis in the Department of Women's Studies, Simon Fraser University, 1992.

Dinnerstein, Dorothy, *The Mermaid and the Minotaur: Sexual Arrangements and Humun Muluise*. New York: Harper&Row, 1976.

Disability Studies Quarterly 14(2), Irving Kenneth Zola ed., Waltham, Massachusetts: Department of Sociology, Brandeis University, Spring 1994.

Disability Studies Quarterly 14(3), Irving Kenneth Zola ed., "Persons with Disabilities Lag Behind Other Americans in Employment, Education, Income", Waltham, Massachusetts: Department of Sociology, Brandeis University, Summer 1994.

Driedger, Diane, and Susan Gray eds., *Imprinting Our Image: An International Anthology by Women with Disabilities*. Canada: Gynergy Books, 1992.

Duden, Barbara, Translated by Thomas Dunlap. *The Woman beneath the Skin: A Doctor's Patients in Eighteeth-Cenrury Germany*. Cambridge, Massachusetts: Harvard University Press, 1991.

Dyck, Isabel, "Human Geographies: The Changing Lifeworlds of Women with Multiple Sclerosis", *Social Science and Medicine* 40(3), 1995, pp.307~320.

Edemikpong, Ntiense Ben, "We Shall Not Fold Our Arms and Wait: Female Genital Mutilation", *Imprinting Our Image: An International Anthology by Women with Disabilities*, eds. Diane Dreiger and Susan Gray, Canada: Gynergy Books, 1992, pp.124~133.

Englehardt, H. Tristram Jr., *The Foundations of Bioethics*. Oxford: Oxford University Press, 1986.

Fellows, Mary Louise, and Sherene Razack, "Seeking Relations: Law and Feminism Roundtables", *Signs: Journal of Women in Culture and Society* 19(4), 1994, pp.1048~1083

Fiedler, Leslie A., "The Tyranny of the Normal", *The Hastings Center Report* April, 1984, pp.40~42.

Fine, Michelle, and Adrienne Asch eds., *Women with Disabilities: Essays in Psychology, Culture and Politics*, Philadelphia: Temple University Press, 1988.

Finger, Anne, "Disability and Reproductive Rights", *Off Our Backs* 13(9), 1983, pp.18~19.

______ , "Feminism and Disability: Mother Knows Best?", *The Disability Rag and ReSource* September/October, 1994, pp.38~40.

______ , *Past Due: A Story of Disability, Pregnancy and Birth*, Seattle: Seal Press, 1990.

Fisher, Bernice, and Roberta Galler, "Friendship and Fairness: How Disability Affects Friendship Between Women", *Women with Disabilities: Essays in Psychology, Culture, and Politics*, eds. Michelle Fine and Adrienne Asch, Philadelphia: Temple University Press, 1988, pp.172~194.

Foucault, Michel, *Discipline and Punish*, New York: Vintage Books, 1979.

Fox, Meg, "Unreliable Allies: Subjective and Objective Time in Childbirth", *Taking Our Time: Feminist Perspectives on Temporality*, eds. Frieda Johles Forman and Caoran Sowton, Toronto: Pergamon Press, 1989, pp.123~134.

Frank, Arthur W., *At the Will of the Body: Reflections on Illness*, Boston: Houghton Miffiin, 1991.

Frank, Gelya, "On Embodiment: A Case Study of Congenital Limb Deficiency in American Culture" *Women with Disabilities: Essays in Psychology, Culture and Politics*, eds. Michelle Fine and Adrienne Asch, Philadelphia: Temple University Press, 1988, pp.41~71.

Gallagher, Hugh, "The New Stereotype", *Polio Society Update* August, 1993, pp.2~5.

Gill, Carol J., "Continuum Retort — Part II", *The Disability Rag and ReSource*

March/April, 1994, pp.3~7.

Gilligan, Carol, *In A Different Voice: Psychologicol Theory and Women's Development*, Cambridge: Harvard University Press, 1982.

Goffman, Erving, *Stigma: Notes on the Management of Spoiled Identity*, New York: Simon and Schuster, 1963.

Goldenberg, Naomi R., *Returning Words to Flesh: Feminism, Psychoanalysis, and the Resurrection of the Body.* Boston: Beacon Press, 1990.

Grealy, Lucy, *Autobiography of a Face.* New York: HarperCollins, 1994.

Griffin, Susan, *Pornography and Silence: Culture's Revenge Against Nature*, New York: Harper&Row, 1981.

________ , "The Way of All Ideology", *Signs: Journal of Women in Culture and Society* 7(3), 1982, pp.641~660.

Hannaford, Susan, *living Outside Inside. A Disabled Woman's Experience. Towards A Social and Politicol Perspective*, Berkeley: Canterbury Press, 1985.

Haraway, Donna J., "A Manifesto for Cyborgs: Science, Technology, and Socialist Feminism in the 1980s", *Feminism/Postmodernism*, ed. Linda J. Nicholson, New York: Routledge, 1990, pp.190~233.

Haraway, Donna J., *Simians, Cyborgs, and Women: The Reinvention of Nature*, New York: Routledge, 1991.

Harding, Sandra, *The Science Question in Feminism*, Ithaca, New York: Cornell University Press, 1986.

Health and Welfare Canada and Statistics Canada, *The Health of Canadians: Report of the Canada Health Survey*, Ottawa: Supply and Services Canada, 1981.

Hershey, Laura, "Choosing Disability", *Ms.,* July/August, 1994, pp.26~32.

Higginbotham, Evelyn Brooks, "African-American Women's History and the Metalanguage of Race", *Signs: Joumal of Women in Culture and Society* 17(2), 1992, pp.251~274.

Hillyer, Barbara, *Feminism and Disability*, Norman and London: University of Oklahoma Press, 1993.

Hofsess, John, "Sue Rodriguez", *Transition*, February 1993, p.6.

James, Janet Lee, *One Particular Harbor*, Chicago: The Noble Press, 1993.

Jeffreys, Toni, *The Mile-High Staircase*, Sydney: Hodder and Stoughton, 1982.

Johnson, Mary, "Defective Fetuses and Us", *The Disability Rag*, March/April, 1990, p. 34.

________ , "Life and Death: Unanswered Questions", *The Ragged Edge: The Disability Experience from the Pages of The First Fifteen Years of The Disability Rag*, ed. Barrett Shaw, Louisville, Kentucky: The Advocado Press, 1994, pp.186~201(최초 출간 1990).

Jongbloed, Lyn, and Anne Crichton, "A New Definition of Disability: Implications for Rehabilitation Practice and Social Policy", *Canadian Journal of Occupational Therapy* 57(1), 1990, pp.32~38.

Kahn, Robbie Pfeufer, "Women and Time in Childbirth and During Lactation", *Taking Our Time: Feminist Perspectives on Temporality*, eds. Frieda Johles Forman and Caoran Sowton, Toronto: Pergamon Press, 1989, pp.20~36.

Kavka, Gregory S., "Disability and the Right to Work", *Social Philosophy and Policy* 9(1), 1992, pp.262~290.

Kent, Deborah, "In Search of a Heroine: Images of Women with Disabilities in Fiction and Drama", *Women with Disabilities: Essays in Psychology, Culture, and Politics*, eds. Michelle Fine and Adrienne Asch, Philadelphia: Temple University Press, 1988, pp.229~244.

Kimball, Meredith M., *Feminist Visions of Gender Similarities and Differences*, Binghamton, NY: The Haworth Press, 1995.

Kittay, Eva Feder, and Diana T. Meyers eds., *Women and Moral Theory*. Totowa: Rowman and Littlefield, 1987.

Klein, Bonnie Sherr, 1992, "'We Are Who You Are': Feminism and Disability", *Ms.* 3(3), pp.70~74.

Kleinman, Arthur, *The Illness Narratives: Suffering, Healing, and the Human Condition*. New York: Basic Books, 1988.

Korda, Holly, "Review of Rationing America's Medical Core: The Oregon Plan and Beyond", *Disability Studies Quarterly* 14(3), 1994, pp.54~56.

Kreinheder, Albert, *Body and Soul: The Other Side of Illness*, Toronto: Inner City Books, 1991.

LaPlante, Mitchell P., *Disability Statistics Report(2): Disability Risks of Chronic Illnesses and Impairments*, Washington, DC: National Institute on Disability and Rehabilitation Research, U.S. Department of Education, 1991.

Leder, Drew, *The Absent Body*, Chicago: University of Chicago Press, 1990.

Lessing, Jill, "Denial and Disability", *Off Our Backs* 11(5), 1981, p.21.

Linton, Simi, "Teaching Disability Studies", *Disability Studies Quarterly* 14(2), 1994, pp.44~46.

Lorde, Audre, *Sister Outsider: Essays and Speeches*, Freedom, CA: The Crossing Press, 1984.

Macauley, David, "Interview with Susan Griffin", American Philosophical Association Newsletter on Feminism and Philosophy, Fall 1991.

Madruga, Lenor, *One Step at a Time*, Toronto: McGraw-Hill, 1979.

Mairs, Nancy, *Voice Lessons: On Becoming a (Woman) Writer*, Boston: Beacon Press, 1994.

Martin, Jane Roland, "Methodological Essentialism, False Difference, and Other Dangerous Traps", *Signs: Journal of Women in Culture and Society* 19(3), 1994, pp.630~657.

Mason, Micheline, "'The Courage of Crippled Clara'-the Media and Disability", *In Out of Focus: Writings on Women and the Media*, eds. Kath Davies, Julienne Dickey, and Teresa Stratford, London: The Women's Press, 1987, pp.63~66.

Matthews, Gwyneth Ferguson, *Voices from the Shadows: Women with Disabilities Speak Out*, Toronto: The Women's Press, 1983.

McDonough, Peggy, "Congenital Disability and Medical Research: The Development of Amniocentesis", *Women and Health* 16(3/4), 1990, pp.137~153.

Milner, Henry, *Sweden: Social Democracy in Practice*, New York: Oxford University Press, 1989.

Moegan, Kathryn, "Women and the Knife. Cosmetic Surgery and the Colonization of Women's Bodies", *Hypatia: A Journal of Feminist Philosophy* 6(3), 1991, pp.25~53.

Monmaney, Terence, "Marshall's Hunch", *The New Yorker*, 20 September, 1993, pp.64~72.

Moore, Maureen, "Coping with Pelvic Inflammatory Disease", *Women and Disability*, eds. Frances Rooney and Pat Israel, *Resources for Feminist Research* 14(1), 1985, pp.18~20.

Morris, Jenny ed., *Able Lives: Women's Experience of Paralysis*, London: The Women's Press, 1989.

Morris, Jenny, *Pride Against Prejudice: Transfarming Attitudes to Disability*, Philadelphia, PA: New Society Publishers, 1991.

Ms., 1989. "Crisis of Elder Care", October, pp.73~79.

Muller, Charlotte, "Women and Health Statistics: Areas of Deficient Data Collection and Integration", *Women and Health* 4(1), 1979, pp.37~59.

Murphy, Robert F., *The Body Silent*, New York: W.W. Norton, 1990.

Newsweek, 1992, "The Misreading of Dyslexia", 3 February, p.57.

Nuland, Sherwin B., *How We Die: Reflections on Life's Final Chapter*, New York: Vintage Books, 1993.

Owen, Mary Jane, "Like Squabbling Cubs", *In The Ragged Edge: The Disability Experience from the Pages of The First Fifteen Years of The Disability Rag*, ed. Barrett Shaw, Louisville, KY: Advocado Press, 1994, pp.7~10.

Pope, Andrew M., and Alvin R. Tarlov eds., *Disability in America: Toward a National Agenda for Prevention*, Washington, DC: National Academy Press, 1991.

Ramsay, A. Melvin, *Postviral Fatigue Syndrome: The Saga of Royal Free Disease*, London: Gower Medical Publishing, 1986.

Rawlinson, Mary C., "The Facticity of Illness and the Appropriation of Health", *Phenomenology in a Pluralistic Context*, eds. William L. McBride and Calvin O. Schrag, Albany: SUNY Press, 1983, pp.155~166.

Register, Cheri, *Living with Chranic Illness: Days of Patience and Passion*, New York: Bantam, 1987.

Reisine, Susan T., and Judith Fifield, "Defining Disability for Women and the Problem of Unpaid Work", *Psychology of Women Quarterly* 12, 1988, pp.401~415.

Rich, Adrienne, "Notes toward a Polities of Location(1984)", *Blood, Bread and Poetry*, New York: W.W. Norton, 1986, pp.210~231.

______ , *Of Woman Born: Motherhood as Experience and Institution*, New York: W.W. Norton, 1976.

Ridington, Jillian, "Beating the 'Odds': Violence and Women with Disabilities", Vancouver, BC: DisAbled Women's Network Canada Position Paper 2, 1989.

Rooney, Frances, and Pat Israel eds., *Women and Disability. Resources for Feminist Research* 14(I), 1985.

Rothman, David J., "Rationing Life", The New York Review of Books 5 March, 1992, pp.32~37.

Rudner, Andrea, "Chronic Fatigue Syndrome: Searching for the Answers", *Ms.* May/June, 1992, pp.33~36.

Russell, Susan, "Social Dimensions of Disability: Women with M.S.", *Women and*

Disability: Resources for Feminist Research 14(1), 1985, pp.56~58.

Russo, Nancy Felipe, and Mary A. Jansen, "Women, Work, and Disability: Opponunities and Challenges", *Women with Disabilities: Essays in Psychology, Culture, and Politics*, eds. Michelle Fine and Adrienne Asch, Philadelphia: Temple University Press, 1988, pp.229~244.

Sacks, Oliver, *The Man Who Mistook His Wife for a Hat and Other Clinical Tales*, New York: HarperCollins, 1987.

______ , "Letters: Phantom Limbs — Oliver Sacks Replies", *The New York Review of Books*, 30 January, 1992, pp.45~46.

______ , "The Last Hippie", *The New York Review of Books* 26 March, 1992, pp.53~62.

______ , "The Revolution of the Deaf", The New York Review of Books 2 June, 1988, pp.23~28.

Samuelson, Deborah, "A Letter to My Daughter/Myself on Facing the Collective Fear of Being Different", *Feminist Studies* 12(1), 1986, pp.155~167.

Saxton, Marsha, and Florence Howe eds., *With Wings: An Anthology of Literature by and about Women with Disabilities*, New York: The Feminist Press at the City University of New York, 1987.

Shaul, Susan, Pamela J. Dowling, and Bernice F. Laden, "Like Other Women: Perspectives of Mothers with Disabilities", *Women and Disability: The Double Handicap*, eds. Mary Jo Deegan and Nancy A. Brooks, New Brunswick, NJ: Transaction Books, 1985, pp.133~142.

Shaw, Barrett, "Meet the Other Callahan", *The Disability Rag and ReSource* March/ April, 1994, pp.32~33.

Sheets-Johnstone, Maxine, "Corporeal Archetypes and Power: Preliminary Clarifications and Considerations of Sex", *Hypatia: A Journal of Feminist Philosophy* 7(3), 1992, pp.38~76.

______ ed., *Giving the Body Its Due*, Albany: State University of New York Press, 1992.

Shelp, Earl E., "The Experience of Illness: Integrating Metaphors and the Transcendence of Illness", *The Journal of Medicine and Philosophy* 9(3), 1984, pp.253~256.

Sherwin, Susan, "A Feminist Approach to Ethics", *Dalhousie Review* 64(4), 1984-85, pp.704~713.

_______ , "Feminist Ethics and In Vitro Fenilization", *Science, Morality and Feminist Theory*, eds. Marsha Hanen and Kai Nielsen, Calgary: University of Calgary Press, 1987, pp.265~284.

Sherwin, Susan, *No Longer Patient: Feminist Ethics and Health Care*, Philadelphia: Temple University Press, 1992.

Silvers, Anita, "'Defective' Agents: Equality, Difference and the Tyranny of the Normal", *Journal of Social Philosophy* 25(1), 1994, pp.154~175.

_______ , "Reconciling Equality to Difference: Caring (F)or Justice For People With Disabilities", *Hypatia: A Journal of Feminist Philosophy* 10(1), 1995, pp.30~55.

Snitow, Ann, "A Gender Diary", *Conflicts in Feminism*, eds. Marianne Hirsch and Evelyn Fox Keller, New York: Routledge, 1990.

Sobsey, Dick, "Sexual Offenses: Research and Implications", *Transition*, May 1989, pp.17~18.

Sontag, Susan, "AIDS and Its Metaphors", *Illness as Metaphor and AIDS and Its Metaphors*, New York: Doubleday Anchor, 1988.

_______ , "Illness as Metaphor", *Illness as Metaphor and AIDS and Its Metaphors*, New York: Doubleday Anchor, 1977.

Spelman, Elizabeth V., *Inessential Woman: Problems of Exclusion in Feminist Thought*, Boston: Beacon Press, 1988.

Statistics Canada, *The Health and Activity Limitation Survey*, Ottawa: Minister of Supply and Services Canada, 1986 and 1991.

Stewart, Houston, Beth Percival, and Elizabeth R. Epperly eds., *The More We Get Together: Women and Disability*. Charlottetown, PEl: Gynergy Books, 1992.

The Women's Review of Books, "Biology is Not Destiny: An Interview with the Women's Community Cancer Project", II(10-11), July 1994, pp.7~10.

Thorne, Sally E., *Negotiating Health Care: The Social Context of Chronic Illness*. Newbury Park, CA: Sage Publications, 1993.

Todoroff, Milana, and Tanya Lewis, "The Personal and Social Implications of 'Passing' in the Lives of Women Living with a Chronic Illness or Disability", *In The More We Get Together: Women and Disability*, eds. Houston Stewart, Beth Percival, and Elizabeth R. Epperly, Charlottetown, PEl: Gynergy Books, 1992, pp.29~38.

Toombs, Kay S., *The Meaning of Illness: A Phenomenological Account of the Different Perspectives of Physician and Patient(Philosophy and Medicine* vol.

42), Dordrecht: Kluwer, 1992.

Tronto, Joan C., *Moral Boundaries: A Political Argument for an Ethic of Care*, New York: Routledge, 1993.

U.N. Decade of Disabled Persons 1983-1992, *World Programme of Action Concerning Disabled Persons*, New York: United Nations, 1983.

Vanderheiden, Gregg C., "Thirty-Something Million: Should They Be Exceptions?", *Human Factors* 32(4), 1990, pp.383~396.

Vargas, James W., "Enhancing Self-Esteem", Keynote Address to the 10th Annual Adult Special Education Conference, Vancouver, BC, 22-23 February, 1989, Personal copy.

Vlug, Henry, "Deaf Culture or Disability?", *Transition*, December 92/January 93 1992, pp.6~7, 24~25.

Wade, Cheryl Marie, "Identity", *The Disability Rag and ReSource* September/October, 1994, pp.32~36.

______ , "It Ain't Exactly Sexy", *The Ragged Edge: The Disability Experience from the Pages af The First Fifteen Years of The Disability Rag*, ed. Barrett Shaw, Louisville, KY: Advocado Press, 1994, pp.88~90(최초 출간 1991).

Wellesley, MA: The Women's Review, The Women's Review of Books, "The Politics of Genetics. A conversation with Anne Fausto-Sterling and Diane Paul" 11(10-11), July 1994, pp.17~20.

Weston, Anthony, "Toward a Social Critique of Bioethics", *Journal of Social Philosophy* 22(2), 1991, pp.109~118.

Wilber, Ken, and Treya Wilber, "Do We Make Ourselves Sick?", *New Age Journal* September/October, 1988, pp.50~54, 85~90.

Wolf, Naomi, *The Beauty Myth*. Toronto: Vintage Books, 1990.

Woodward, John R., "A Place for Everyone, and Everyone in Place: A History of the Diagnostic and Statistical Manual of Mental Disorders", *The Disability Rag and ReSource* March/April, 1995, pp.17~22.

______ , "It Can Happen Here", *The Ragged Edge: The Disability Experience from the Pages of The First Fifteen Years of The Disability Rag*, ed. Barrett Shaw, Louisville, KY: Advocado Press, 1994, pp.230~235.

______ , "Mismanaged Care", *The Disability Rag and ReSource* July/August, 1994, pp.18~23.

Woodward, Kathleen, *Aging and Its Discontents: Freud and Other Fictions*,

Bloomington: Indiana University Press, 1991.

Wright, Beatrice A., *Physical Disability: A Psychosocial Approach*, 2nd ed. New York: HarperCollins, 1983.

Young, Iris Marion, *Throwing Like a Girl and Other Essays in Feminist Philosophy and Social Theory*, Bloomington: Indiana University Press, 1990.

Zaner, Richard M., "Flirtations or Engagement? Prolegomenon to a Philosophy of Medicine", *Phenomenology in a Pluralistic Context*, eds. William L. McBride and Calvin O. Schrag, Albany: State University of New York Press, 1983, pp.139~154.

Zola, Irving Kenneth, "Medicine as an Institution of Social Control", Sociological Review 20(4), 1972, pp.487~504.

______ , "Self, Identity, and the Naming Question: Reflections on the Language of Disability", *Social Science and Medicine* 36(2), 1993, pp.167~173.

거부당한 몸: 장애와 질병에 대한 여성주의 철학

발행일 초판1쇄 2013년 1월 15일   초판6쇄 2021년 1월 20일
지은이 수전 웬델 | **옮긴이** 강진영, 김은정, 황지성
펴낸이 유재건 | **펴낸곳** (주)그린비출판사 | **주소** 서울시 마포구 와우산로 180, 4층
주간 임유진 | **편집** 구세주, 신효섭, 홍민기 | **디자인** 권희원
마케팅 유하나 | **경영관리** 유수진 | **물류유통** 유재영, 한동훈
전화 02-702-2717 | **팩스** 02-703-0272 | **이메일** editor@greenbee.co.kr | **등록번호** 제2017-000094호

이 도서는 시각장애인이 음성이나 점자로 읽을 수 있도록 데이지(DAISY, Digital Accessible Information System) 형태로도
제공되고 있습니다. 등록시각장애인은 국립장애인도서관 홈페이지(http://nlid.nl.go.kr)에서 이용 가능합니다.

이 책의 한국어판 저작권은 에릭양 에이전시를 통해 Taylor & Francis Group LLC와 독점 계약한 (주)그린비출판사에 있습니다.
저작권법에 의해 한국 내에서 보호를 받는 저작물이므로 무단전재와 무단복제를 금합니다.
책값은 뒤표지에 있습니다. 잘못 만들어진 책은 구입처에서 바꿔 드립니다.
ISBN 978-89-7682-767-8 93330

철학과 예술이 있는 삶 **그린비출판사** **www.greenbee.co.kr**